対比列伝

ヒトラーとスターリン

第4巻

アラン・ブロック

鈴木主税＝訳

草思社文庫

対比列伝　ヒトラーとスターリン【第4巻】　目次

対比列伝　ヒトラーとスターリン【第4巻】

第17章 スターリンの戦争

ヒトラー　一九四三―四四（五三―五五歳）
スターリン　一九四三―四四（六三―六四歳）

1

一九四三年は戦局が左右された年だった。そして、この年の末には、ドイツに勝ち目がないことは誰の目にも明らかになっていた。一度に一国だけを相手にして電撃戦を展開するという賭けは、失敗に終わっていた。ヒトラーに対抗する連合国側には、ドイツをはるかにしのぐ予備兵力があったし、（年末のテヘラン会談以降は）その予備兵力をどのように配置してドイツの敗北を決定的にするかについても充分な合意が成立していた。

いまではこうした事実のすべてがよくわかっているし、一九四三年末にも――この事実がどういう意味をもつかは別として――知られていたが、その年の初めにはもちろん、ほぼその年を通じてまったくわかっていなかった。一九四一年十二月以来、戦争は世界大戦になっていたが、実際上は三つの戦争が別々に戦われている状態がつづいていた。それは東部戦線、極東の太平洋沿岸地域における対日戦争、それからヨーロッパ西部での英米の作戦であり、これには大西洋での戦闘、ドイツ本土への爆撃が含まれるが、ヨーロッパ大陸における地上の第二戦線はまだ開かれていなかった。チャーチルとローズヴェルトは毎日連絡をとりあっていたが、スターリンをまじえた会談は一九四三年十一月のテヘラン会談でようやく実現した。個別に平和条約を結ばないということですでにスターリンとのあいだにも合意はできていたし、一九四一年夏にはソ連への補給品の引き渡しも始まっていた。しかし、全体的な戦略に関する合意はなく、三大国の利害の調整もできていなかった。

三人の指導者が交換したメッセージには、スターリンが最初から一貫して追い求めていた二つの目的がはっきりとうかがわれ、彼が合意を拒みつづけた原因もそこにあったのだ。一九四一年七月十八日付のチャーチル宛のメッセージで、スターリンは、ソ連を救う最良の方法はイギリスとアメリカがフランス北部に上陸することだと主張している。その後二年以上にわたって、たとえば北アフリカやイタリアへの上陸といった他の選択肢を提示しても、ソ連側はそれを満足できる代案として受け入れなかった。一九四四年六月にノルマンディー進攻が始まるまで、スターリンは同盟国がドイツ打倒に対等の貢献をしていると認めようとはしなかった。

もう一つの目的は、ソ連が独ソ不可侵条約の秘密議定書によって東ヨーロッパで獲得した領土の回復に関して、西側の合意を取りつけることだった。イギリス側の見解では、これは和平を調停する際の争点だったが、早くも一九四一年十二月にイギリスの外相アンソニー・イーデンがモスクワを訪れたとき、彼はスターリンから、戦後の問題を決める英ソ協定に関する提案――相互援助の協定に加えて――を突きつけられた。つまり、ソ連が独ソ不可侵条約の秘密議定書のおかげで確保した東欧のすべての領土を保全するというソ連の要求をイギリスが進んで承認することを謳った第二の議定書である。イーデンは話し合いを一般的な事柄についての合意だけに留めようとしたが、スターリンは耳を貸さなかった。両者の会談は、ソ連側の記録（原注：オレグ・ルジェシェフスキー編『ある大同盟の形成』（ロンドン、一九九六）に収録されている）によると以下のとおりである。

同志スターリンはイーデンの提案する文言は、まるで何かの宣伝のようだと答えた。ソ連政府はそれにたいして、二つの条約を提案している。宣言というのは、代数のようなものだ。それにたいして、条約はやさしく、実際的な算数である。われわれは代数ではなく、算数を望んでいるのだ。

赤軍はいぜんとしてドイツ軍をモスクワから駆逐するために戦っており、レニングラードは包囲されていた。しかし、スターリンは東欧へ拡張したソ連の領土を永久不変のものにしようと腹をくくっていた。これが満足のいくかたちで取り決められないかぎり、彼は英ソ同盟条約に調印するつもりがなかった。

六カ月後の一九四二年五月、連合国の士気が最も低下していた時期に訪米したモロトフは、なお頑なに秘密議定書が認められなければ条約は結べないと主張していた。ところが、出し抜けにスターリンから反対を取り下げ、領土上の承認がなくても条約に調印せよと命じられた。モロトフはスターリンの態度が急変した理由を知りえなかったが、素直に主人の意向に従い、たちまち新条約の価値を理解した。だが実際のところ、争点は先送りされたにすぎず、一九四二〜四三年にポーランドの戦後の国境をめぐる問題が焦点となるにおよんで再浮上した。

しかし、英米地上軍がいつ、どこでヨーロッパの戦場に新しい戦線を開くのかというもう一つの問題は、延期するわけにはいかなかった。英米両国のあいだでもなかなか意見がまとまらず、結局は妥協案としてフランス領北アフリカへの上陸が提案されたが、それはとうていスターリンを満足させるものではなかった。その結論を知る前ですら、スターリンはチャーチルにこう言って抗議していた。「はっきり申し上げますが、ヨーロッパにおける第二戦線の構築を一九四三年まで延期することは、ソ連政府としては容認できません」[*1]。チャーチルはそれに答えて、ローズヴェルトとのあいだで結論が出たら、ソ連まで出向いて直接お伝えしましょうと言った。

しかし、チャーチルのこの任務は容易でなくなった。六月にソ連への補給品を積んだPQ一七船団の商船三四隻のうち一一隻しかアルハンゲリスクに到着しなかったため、イギリスがUボートの脅威にさらされている北方ルートを通る護送船団の運航を中断することに決めたのである。彼はのちにこう書いている。

私はかつて自ら力を尽くしてその誕生を妨げようとした、扱いにくくて邪悪なこのボリシェヴィキ国家にたいする自分の任務について、あれこれ考えていた……それは、まるで氷の塊を北極へ運んでいるようなものだった。それでも私は、彼らに自分で事実を話し、スターリンに面と向かって告げるのが義務だと信じていた。[*2]

一九四二年八月十二日、ソ連入りしたチャーチルは、まず最悪のニュースをスターリンに伝えなければならなかった。それは、四三年まではヨーロッパ上陸はないということだった。チャーチルが話を終えると、「重苦しい沈黙がたちこめた」。それからチャーチルは、その場の緊張を和らげようとして、遅くとも十月までには北アフリカに上陸し、地中海を掃討するつもりだと約束した。二四時間の冷却期間をおいて開かれた二回目の会談で、スターリンは英米が四二年にヨーロッパ進攻を始めると固く約束したのに、いまその約束を破り、しかも彼らが請けあった補給品の引き渡しもなされていないと主張した。チャーチルのメモによれば、スターリンはイギリスの約束不履行は「第二戦線が開かれることをあてにしていたソ連の世論全体に精神的な打撃を与える」と言い、さらに討論の過程でこうつけ加えた。イギリス軍がソ連軍と同じくらいドイツとの戦闘経験をもっていたら、それほど恐れることはなかっただろうに、と。[*3] チャーチルがその非難に激しく反論すると、それが訳されないうちに、スターリンはチャーチルの気迫のこもった話しぶりが気に入ったと言った。

ソ連を発つ前に、チャーチルはもう一度、スターリンと二人だけで――といっても通訳はいたが――話しあい、予定外の夕食をともにすることになった。そして、結局は夜半過ぎまで一緒に過ごした。スターリンは客をクレムリン内の自分の居室に案内すると、娘を紹介した。そのあと、だしぬけにこう言った。「モロトフを呼びましょう。彼はコミュニケのことをとても心配しています。ここでその問題を解決すればいい。モロトフという男にも取柄はある。酒が飲めるんです」。チャーチルの回想によると、三人は実際に午後八時半から午前二時半まで食卓を囲んでいたという。くつろいだ雰囲気だったが、一つだけ、イギリスが護送船団の派遣を取り消したことに話がおよぶと、スターリンは突然「イギリス海軍には誇りというものがないんですかね」と尋ねた。チャーチルは平静を保ち、逆にこう切り返した。あなたにとって、戦争の重圧は農業の集団化を進めたときと同じくらい大きいですか、と。午前一時半、スターリンの通常のディナーの時間になると、彼は一匹の子豚を一人で平らげ、それから執務室へ行き、全戦線から最新の報告を受けた。[*4]

この会談に関するソ連側の記録によれば、スターリンは訪問客に次のように断言したという。

私とあなたは、こうして知りあって理解できるようになりました。二人のあいだに意見の相違があったとしても、それはごく自然なことである……二人が会見して、理解しあい、将来の合意に向けての基礎を築いたというのは、たいへん意義深いことです。私は事態をもっと楽観的に見ようという気になりました。[*5]

しかし、二人のあいだにある問題はいぜんとして未解決であり、スターリンはその年のうちにチャーチルにたいし「一九四三年の春には西ヨーロッパで第二戦線を開くというモスクワでの約束」を破るつもりなのかと問いただすことになる。[*6]

一九四三年の初めにソ連が大祖国戦争における最も有名な勝利を収める助けになったのは、連合国軍の西部への上陸ではなく、ヒトラーの頑迷さだった。四二年十一月、ソ連軍が攻勢に出てパウルスの第六軍を包囲すると、ヒトラーもドイツ軍の参謀幕僚も驚き、とりわけその攻撃の規模に目を見張った。そのわずか一〇日前には、ヒトラーは一九二三年のミュンヘン一揆を記念する例年の祝典でナチの古参の闘士《アルテ・ケンプファー》に、（「スターリン氏とその名にちなんだ市街」へのひどい当てこすりをまじえて）ドイツ軍はすでにその都市を占領しており、あとは孤立した若干の部隊を掃討するだけだと断言した。ヒトラーは前から、スターリンは予備軍を使いはたしてしまったにちがいなく、ドイツ軍を圧迫しつづけるのは無理だろうと主張しており、第六軍はせいぜい「一時的に包囲される」危険があるかもしれないと認めるにすぎなかった。ツァイツラーとパウルスが、「われわれはヴォルガ川で身動きがとれない状態です」と言って、まだ時間があるうちにパウルスの部隊が敵の罠から逃れることを許可するよう執拗に嘆願しても、ヒトラーは認めようとしなかった。そのかわりに、包囲されている部隊に空軍が補給をつづけることになり、同時にフォン・マンシュタインがレニングラード戦線から急いで呼び戻され、新しい軍集団を編成してソ連の包囲を外から破るよう命じられた。

　スターリングラード西部の孤立地帯に閉じこめられている二五万人の部隊に補給するため、パウルスは一日数百トンの燃料、食糧、弾薬を必要としており、それを空輸する能力が空軍にあるかどうかについては、懐疑的な者がかなりいた。しかし、ドイツの諸都市にたいする連合国軍の空襲を防げないということで、すでにドイツ空軍への批判が高まっており、ゲーリングは気後れしていると思われたくなかった。そこですぐに、空軍は必要とあれば、結果を顧慮せずに何でもやる、とヒトラーに「個人的に請けあった」。十二月九日には、フォン・マンシュタインも、自分が編成している援軍は十七日までにパウルスの第六軍と連絡がとれるだろうとの見通しを立て、ヒトラーを安心させた。この件に関するOKWの戦争日誌の記述は、こう結んでいる。「総統は意を強くして、ドン川沿いの陣地を奪回する計画を立てている。ソ連による冬季攻勢の第一局面は、何ら決定的な成功を収めることなくして終わったと見てよかろう」[*7]。前線が固定すると、ヒトラーは一九四三年の春に少なくとも一作戦区で攻撃を再開しようと提案した。

その希望が錯覚にすぎないことは、すぐにわかった。第四航空隊の司令官であるウォルフラム・フォン・リヒトホーフェンが見越していたとおり、ドイツ空軍はパウルスが最低限必要としていた一日三〇〇トンの補給物資を送り届けるのに必要な航空機を東方に保有しておらず、そのうえソ連の冬の到来を告げる氷と霧のため、手もちの航空機も離陸できないことがしばしばあった。フォン・マンシュタインの救援部隊は、スターリングラードまであと半分の地点まで到達したものの、左側面を固めていたイタリア軍がソ連軍の新たな攻撃によって破られ、自身の部隊が包囲される危険を考慮する必要が生じ、作戦を放棄せざるをえなくなった。ツァイツラーもフォン・マンシユタインも、第六軍に——それだけの燃料を見つけられるとして——脱出の最後の試みをさせるよう再び求めたが、ヒトラーは拒んだ。「第六軍は踏みとどまらなければならない。春まで包囲を解くことができないとしてもだ」。このような決定を下したのは、前年の冬にドイツ軍がもちこたえたからだが、今回はそれが致命的になった。ヒトラーは、一年前と同じく強固な意志をもち、どれほどの生命が犠牲になろうとも、撤退を許さなければ再び危機を乗り越えられると確信していた。

ツァイツラーに根負けして、ヒトラーがしぶしぶ同意したのは、フォン・クライストの率いるA軍集団の七〇万人が包囲されて第六軍と同じ運命をたどらないうちに、カフカースから撤退させることだった。ヒトラーが考えを変えて命令を送るのをやめようとすると、ツァイツラーは即座に、もう出発してしまったので手遅れだと答えた。おかげで、A軍集団は人命と装備の損失を最小限にとどめて、一月中に撤退できた。しかし、そのために、ヒトラーの予見どおり、ドイツが戦争を継続するのに必要な油田を確保する見込みがなくなったのである。

一月九日、ソ連の司令官コンスタンチン・ロコソフスキーは、パウルスに降伏するよう呼びかけた。パウルスがそれを拒否すると、ソ連軍は七〇〇〇門の火砲と迫撃砲による集中砲火を浴びせて、飢えて疲弊し、祖国に見捨てられた部隊を叩きのめした。二日後、今度はハンガリー軍が、北部のヴォロネジ戦線でソ連軍の攻撃を受けて壊滅した。ヒトラーの司令部は混乱しており、将軍たちが空軍は第六軍に補給物資を送りつづけられなかったと言って非難すれば、逆に空軍の司令官たちは陸軍を責め、空輸に使う飛行場を守れなかったではないかと応酬した。しかし、ヒトラーは動じなかった。ソ連は再びパウルスに、無意味な抵抗はやめたらどうかと提案したが、ヒトラーは「降伏は認めない」と言い張った（数個師団を犠牲にしても、スターリングラードで降伏せずに死ぬまで戦ったというドイツ兵の伝説は、つくりだすだけの価値があったのだろう）。それはまた、ローズヴェルトがカサブランカ会談（原注：本章2節参照）で最初にドイツに無条件降伏を要求したときのヒトラーの返答だった。ヒトラーはパウルスをかたちだけでも激励しようと思い、彼を陸軍元帥に昇進させた。

パウルスがドイツの将軍一一人およびルーマニアの将軍五人とともにソ連の捕虜になったと聞くと、ヒトラーは憤慨した。自分の命令のために殺されたり捕虜になったりした数千の兵士のことなど考えもせず、司令官を恩知らずで不忠だと罵るだけだった。二月一日の正午の会議におけるヒトラーのコメントは、議事録に逐一記録されている。

あの男は昔の司令官のように拳銃で生命を断つべきだった。昔であれば、自らの大義が失われたと知ると、司令官は自刃したものだ。あらためて言うまでもない。

ローマの将軍ヴァルスでさえ、奴隷にこう命じている。「さあ、私を殺せ」と……考えてもみたまえ、彼はモスクワへ連れていかれ、何にでも署名してしまうだろう。告白し、声明を出すことになる。わかるだろう、彼らはいまや魂の破滅という下り坂を転がりはじめ、どん底まで落ちていくのだ……とにかく、個人は死ななければならない。個人の生命を超えたところにあるのが、国家だ。しかし、使命によって浮世につなぎとめられているのでないなら、この惨めな状態から解放してくれる死の瞬間を、どうして恐れることがあろうか。まったく恐れる必要などないではないか。

個人として最も気にさわるのは、彼を陸軍元帥に昇進させたことだ。彼にこの最高位を与えて満足させたかったのだ。この戦争では、もう、誰も元帥に任命すまい。卵がかえらないうちに雛を数えたりしないことだな。それにしてもまったく気が知れない。無数の人間が死ななければならないというのに、ああいう男が土壇場で大勢の者の英雄的行為に泥を塗るのだ。彼はあらゆる悲しみから永遠に解き放たれて民族の不滅の高みにのぼることもできたのに、モスクワへ行くことを選んだ。何という選択だ。まったくばかげている。*8

ソ連軍にとって、スターリングラードでの勝利は、この戦争で最も重要なものだった。一九四一年にさんざんな目にあわされ、四二年にも後退を余儀なくされて以来、ロシア人の多くが、そしてドイツ人自身も、ドイツ軍は負けないと信じていたのだが、この勝利によってその信念は崩れてしまった。第六軍は国防軍のなかでも最も強力な部隊の一つだった。スターリングラード攻防戦が始まったころは、空と陸とを問わずすべての面で防戦にあたるソ連軍をしのいでいた。しかし、対等な力をもつチュイコフの第六二軍と相対することになった。この部隊は、包囲されて三カ月が過ぎ、いまでも第二次大戦で最も激しい戦いの一つと言われている攻防戦を展開したあと、援軍なしに、いぜんとしてヴォルガの川岸を固守していた。つづいてソ連軍は反撃に転じ、ドイツ軍に奇襲攻撃をかけて、戦闘でも作戦でも負けないことを示したのである。

赤軍がスターリンによって粛清され、フィンランドで醜態をさらしたあと、ロンドン、パリ、ワシントン、ベルリンの軍当局は、重要な軍事大国のリストからソ連をはずしていたが、スターリングラード攻防戦でその判断を訂正しなければならなくなった。ドイツ人は国防軍があらゆる作戦と戦闘で勝利を収めることに慣れていたので、敗北のショックはソ連側の喜び以上に大きかった。とりわけ、ソ連軍兵士は軍司令官から戦車の操縦士にいたるまで、この勝利のおかげで心のなかにあった音速の壁のようなものを打ち破り、それまで抑圧されていた自信を解き放つことができた。

しかも、それは単なる自信の問題ではなかった。モスクワからドイツ軍を押し戻したときにシャポシニコフが発した失意に満ちた言葉――「われわれはもっと近代戦の経験を積まなければならない」――は、もはや妥当ではなかった。一九四二年十月十六日、スターリンは指令第三二五号を発し、それまでの失敗の理由を分析して、戦車部隊と機械化部隊の新しい独自の役割を説いた報告書の全文を、歩兵中隊のレベルにいたるすべての将校が学ぶことを求めた。ソ連軍は戦車軍を編成しつつあり、少なくともそのうちの一個軍をスターリングラードにおける反攻で使用した。戦車および機械化部隊は、スターリングラードで敵の防御を破り、相手のそれまでの成果を根こそぎにする任務を負っていた。ドイツ軍から得た教訓をすでに活用していたのだ。一〇〇万人以上が関与する作戦の計画を立てて準備し、敵から隠す技術、機動部隊の扱い方、空軍と地上軍との作戦行動の調整、砲兵隊の集結と連絡の改善などからうかがえるのは、赤軍が非常に多くのことを吸収し、実戦で活用していたことである。

　このように自信をつけたことから最も大きな影響を受けたのは、ほかならぬスターリンだった。当初、スターリンはドイツ軍侵攻の恐れがあるのを認めようとせず、実際にドイツ軍が攻めてくると怯《ひる》んでしまった。また、退却を禁じて「あくまでも攻撃せよ」と言い張り、ヴォロシーロフやブジョンヌイのような旧友、ジダーノフのように軍事経験のない政治家、メフリスやクリークのような取巻きに頼って命令が実行されているかどうかを調べさせた。またこれらのすべては、スターリンが赤軍の力を信頼していなかったことの現われであり、それは中核となる士官を彼自身が粛清したためだった。赤軍を頼りないと見る彼の目の確かさを裏づけるように、赤軍はドイツ軍の攻勢をもちこたえられず、膨大な数のソ連軍兵士が戦うのをやめて降伏していた。

スターリングラードでの反撃の成功は、スターリンと軍の指導部が一九四一年から四二年にかけての作戦行動という厳しい試練を経て築いた新たな関係の産物であり、またその関係を確認することでもあった。初めのうち、粛清のために開いた穴を埋めるべき生存者のなかで、スターリンと軍の双方から充分な信頼を得た職業軍人は参謀総長のシャポシニコフとチモシェンコの二人だけだった――しかも、チモシェンコは優秀な指揮官とは言えなかった。シャポシニコフはツァーリの軍隊で大佐の地位にあった人物で、スターリンが進んで教えを請うた唯一の軍人だった。その物腰は穏やかで、スターリンは彼の高い知性と、議論にのぞんで我を張らず、豊かな経験をもとに論理的に展開される話に感銘を受けていた。ジューコフによれば、スターリンはシャポシニコフに敬意を表して、話しかけるときはつねに「シャポシニコフさん」と呼び、話しあいをしていて意見が分かれても声を荒らげはせず、また最高統帥部《スタフカ》のメンバーのなかでただ一人、彼にはクレムリンの自分の執務室で喫煙を許したという。

一九四二年の夏に重要な任官が二つあった。一つは、ジューコフをスターリンの代理にしたことで、最初は国防人民委員代理、次いで最高司令官代理となった。もう一つはヴァシレフスキーを参謀総長に任命したことである。チームの第三のメンバーはN・N・ヴォーロノフで、赤軍の名高い砲兵隊の指揮官だった。ヴァシレフスキーとジューコフが多くの時間をモスクワから離れてさまざまな戦線で過ごすため、参謀本部作戦部長になった者は、いつもスターリンと顔を合わせていなければならず、ひどいストレスに悩まされた。四一年から四二年にかけてこの要職についた者は、ほとんどが二、三カ月でスターリンに解任されたのだが、四二年十二月にヴァシレフスキーは、A・I・アントーノフが参謀将校としてスターリンに気に入られると考えて推挙し、アントーノフは実際に終戦まで参謀本部にとどまった。

スターリンは、アントーノフをモスクワにとどめておいたが、しだいに他の参謀を戦場におもむかせ、彼らに重要な作戦の実行を調整させるようになった。すでにジューコフとヴァシレフスキーがスターリングラード反攻作戦でそうしていた。それまで、スターリン自身が作戦を厳格に監督していたが、二人にその役割を与えたからといって、手綱を緩めたわけではない。二人の率いるスタフカというのは、最高司令官スターリンの個人的なスタッフであり、一般幕僚はそれに付属する作戦計画立案グループだった。スターリンはいぜんとして名実ともに最高司令官だった。たとえば、ヴァシレフスキーは移動の際に通信連絡隊を同行しており、一日に二回、正午には前夜の出来事、午後九時から十時のあいだにはその日のことをスターリンに報告した。緊急の知らせはすぐに伝えた。ジューコフをはじめ、モスクワにいるスタフカのメンバーと話しあったうえで、スターリンはヴァシレフスキーの提案を承認したり、変更を命じたりしたのである。

こうした意見の交換はつねに、スターリン、各戦線の指揮官、スタフカのあいだで行なわれ、しばしば詳細にわたるものとなった。たとえばヴォーロノフは、一九四二年十二月にヴォロネジでの作戦行動を調整するために派遣されて南西方面軍に加わり、二十八日に次の指示を受けた。

貴下が提案した計画の大きな欠陥は、主力部隊と支援部隊が離れてしまうことにある。スタフカの見解では、貴下の主要な任務は、クラフツォフ、バブルキン、マリノフカ、カルポフカを結ぶ地域において、包囲されている敵軍の西部集団を分断して殲滅し、南部のわが軍による主力攻撃がドミトロフカ－バブルキン地域からカルポフカ駅地区へと転じられるようにし、第五七軍の支援攻撃をクラフツォフ－スクリャローフ地域から移動させて主力攻撃と連結するように導いて、カルポフカ駅で合流させることだ。

これと並び、第六六軍に準備させ、オルロフカを抜けてクラースヌイ－オクチャブリに向かって攻撃を進めさせ――これと合流するよう――第六二軍の攻撃準備も進めて、両軍の攻撃を連結し、工場地区から敵の主力部隊を排除するのだ。

スターリングラードでもこの包囲攻撃を実行するために、スターリンは兵員二一万八〇〇〇人、火砲七〇〇〇門、航空機三〇〇機からなる部隊を投入することに同意した。ヴォーロノフが援軍との合流を四、五日遅らせるよう求めると、いかにもスターリンらしい厳しい調子の返事が返ってきた。

> そこでぐずぐずしていると、ロコソフスキーともどもドイツ軍の捕虜になってしまうぞ。貴下は何ができるかを考えずに、できないことばかり考えている。われわれはできるだけ早くそこを切り上げる必要があるのに、貴下はわざとぐずぐずしている。*9

それでもスターリンはヴォーロノフの要求どおりに四日の猶予を与えた。攻撃は一月十日の定刻に始まり、すでに述べたように包囲していたドイツ軍に集中砲火を加えた。

スターリンはまた、政治局員——南方戦線ではフルシチョフ、北方戦線ではジダーノフ——とマレンコフのような国家防衛委員を自分の政治的な代理人として利用しつづけた。しかし、スターリングラード反攻作戦を開始する前にも軍は貴重な勝利を収めており、それによって赤軍の上級司令官にたいするスターリンの態度は明らかに変化した。十月九日に出した指令第三〇七号では、政治委員による監督制、つまり嫌われ者のメフリスが指導していた「二重の指揮」体制を廃止した。これは一九四一年七月にドイツ軍の攻撃を受けて前線が崩壊していく危機に対処するため、急遽再導入したものだった。「統一的な指揮」が復活し、それは軍の指揮官の手に戻された。

軍の再建は、さらに三つの段階を経て、一九四三年に完了した。第一段階は、スターリングラードでの勝利の立役者を元帥に昇進させたことだった。ジューコフとヴァシレフスキーはソ連邦元帥に就任した。ヴォーロノフは砲術元帥に、ノヴィコフ（一九四一年の災厄から空軍を救った）は空軍元帥になった。そして、何よりも重要だったのは、一九四三年一月二十三日の第一回建軍記念日にスターリン自身がソ連邦元帥に就任し、公式に軍の幹部になったことである。前例のないことだったが、ロコソフスキーのような前線指揮官も元帥に昇進し、勲章も新たに定められた。たとえばスヴォーロフ勲章があり、これは皇帝アレクサンドル一世時代にナポレオンを撃退した武勇の誉れ高い軍人を記念したものだった。

第二段階は、それ以上に過去を思い起こさせるもので、階級章とポゴンと呼ばれる肩章が再導入されたことである。このポゴンを、一九一七年の反乱で兵士たちは帝政ロシア軍将校の制服からもぎ取っていた。スターリンは長いことためらっていたが、最終的に、これが士気を高める手段となり、「二重の指揮」の廃止につづいて当然実施されるべきだとの意見を受け入れたのである。六カ月後の一九四三年七月、伍長から中将までに対応する階級の形式を整え、「将校」という言葉を復活させて、帝国将校団との連続性を回復した。この「将校」という言葉も、革命で禁止されて以来、階級を示すものとしてタブーにされていたのである。

　スターリンは近代戦を見たことがなかったので、作戦の遂行にどれくらいの時間がかかるか想像できなかったし、戦場の指揮官たちを悩ませる戦術的な問題も理解できなかった。スターリンは方面軍よりも小さい部隊の行動を把握していなかった、とジューコフは語っている。軍事的な公文書に接していたヴォルコゴーノフ将軍によれば、スターリンは最高司令官としての自分の評判を大きな危険にさらさないよう、作戦計画の扱い方を工夫したという。記録からは、スターリンが二つのレベルで自分のアイデアをつくりあげていたことがわかる。一つは全般的なレベルで、一九四二年一月のスタフカの会議における発言がその一例である。「敵に息つくひまを与えず、西へ追い払わなければならない」。しかし、この発言は願望を述べているだけで、戦略を欠いている。もう一つのレベルは、具体的な計画ないし予定の調整あるいは改良というレベルである。ただし、スターリンは自分の所見をおおまかに示すにとどまった。計画全体を詳細に練り上げるのは一般幕僚だったが、スターリンが権威を背景にそれを要約すると、彼の仕事だという印象を与えた。*10

職業軍人にとって最もショックだったのは、スターリンが作戦でどれほどの人命が犠牲になるかにまったく関心を示さないことだった。これもヒトラーと共通した特徴である。ソ連国民の第二次大戦による犠牲は、死者二〇〇〇万人と推定されているが、実際にはもっと多いと思われる。この莫大な損失――それに加えて一〇〇〇万人の負傷者――の大部分は、スターリンがドイツの攻撃開始前に適切な準備をすることを許さず、また開戦後一八カ月のあいだに判断を誤って無謀な指令を出したことに起因する。こうしたことは、スターリングラード攻防戦のあともつづいた。ヴァシレフスキーも認めているように、スターリングラードでの勝利は画期的な出来事ではあったが、スターリンが戦闘の新しい形態と方法を理解したのは、一九四三年七月のクルスクの戦い以降だった。*11

このことは、一九四三年初めの数カ月に行なった冬季攻勢の計画にも見てとれる。スターリングラードでの勝利に酔っていたスターリンは、ドイツの三個軍集団すべてを同時に攻撃するという、四二年の初頭に一度失敗した作戦を繰り返すよう主張した。いまや戦略的な主導権をソ連が握っているとの確信のもと、敵軍を戦闘で粉砕するとともに、豊かな工業資源のあるドネツ盆地を含めてウクライナを解放するという計画である。

一月二十九日に南部で攻撃が始まり、春の雪解けが始まるまでにソ連軍をドニエプル川まで進めることを目指していた。その途中で、ロストフ、ベルゴロドを奪回し、二月十六日にはウクライナ第二の都市ハリコフを奪還するという成果があった。しかし、ここにいたって、スターリンが一九四二年の初頭と同じ間違いを犯していたことが明らかになった。またしても敵を過小に、赤軍の能力を過大に評価して、スターリングラードでの勝利にひきつづいて、一回の持続的な作戦により決定的な勝利を収められると考えたのである。

六週間にわたって第六軍に苦闘を強い、それを救いえなかったことが、ヒトラーの心に重くのしかかった。人前ではそれをうまくごまかしても、夜ごとに悪夢を見るのがいやで、なかなか床につかず、スタッフをますます遅くまで独白につきあわせたため、誰もが疲れてしまった。パウルスが降伏しても危機が去ったわけではなかった。赤軍が有利な立場を生かしてドイツ戦線を崩壊させる脅威が現実に存在したのだ。

ヒトラーは、自分がたえず作戦行動に介入することにたいして将軍たちが批判的なことを充分に承知していた。フォン・リヒトホーフェンのヒトラーにたいする次の指摘は的を射ていた。「軍の指揮官たちに問題はありません……が、戦場における自分自身の経験にもとづいて行動するという、戦術面での自由が必要です。子供みたいに首筋をつかんで言うことを聞かせようとしても相手を傷つけるだけです」。因習にとらわれぬざっくばらんなフォン・リヒトホーフェンは、第六軍を空輸によって救援するという考えに反対したけれども、その後はとにかく作戦を成功させるために努力した。彼はヒトラーに率直に話すことを許された数少ない人物の一人だった（ヒトラーはまもなく彼を元帥に任命した）が、彼の日記はこうつづいている。「総統は、自分がそのように指導しなかったら、指揮官たちはいまごろドイツで戦っているだろうと答えた[*12]」

ヒトラーはそれまでになく職業軍人の助言を聞く気になっていた。占領地を放棄して東部戦線を短縮することに同意し、一九四三年は全戦線の戦略的防衛の年として、シュペーアとミルヒとデーニッツが唱えた、戦車と航空機とUボートの生産を増やすまで攻勢を控えてはどうかとの意見を受け入れた。しかし、陸軍最高司令官の地位をしりぞく、あるいはせめてフォン・マンシュタインを東方の最高司令官に任命すべきだという提案は聞き入れず、しまいにはあえて面と向かってそう言う者はいなくなった。

あらゆる証拠から見て、スターリングラードでの敗北は、ドイツ人にとって今次の戦争における最大のショックであり、そのとき「銃後の士気はいちじるしく低下した」[13]。最終的な段階にいたるまで、悲惨な結果になるという見込みは——そしてその規模も——隠されていた。ソ連の反攻については発表されず、スターリングラードのニュースについても、「特別発表」では将校と兵士たちが最後の弾丸が尽きるまで勇敢に戦ったと伝えるだけで、パウルスが降伏したことにはまったく触れられなかった。

このとき初めて、政府ではなくヒトラー個人にたいする批判の声が聞かれるようになった。シュペーアによれば、ゲッベルスは内輪にこう語ったという。「われわれが見舞われているのは『指導部の危機』ではなく、厳密に言えば『指導者の危機』である」[14]。ヒトラーはこうした状況に気づいたとみえ、二月七日に大管区指導者の全員を総統司令部に召集した。そのときの出席者によれば、彼はこう語ったという。「諸君が目にしているのは、かつてない規模の破局である……ドイツ人が目的をはたせないなら、われわれがドイツ人の将来のために戦うだけの価値などない」[15]

ミュンヘン大学では、「白バラ」という少人数の若い学生のグループが勇気をふるって声明書を配布し、スターリングラードでは三三万人のドイツ人が無意味に死んでいったと公表した。「総統には感謝しています……学生諸君、ドイツ国民がわれわれに期待するのは、一八一三年にはナポレオンの恐怖を打ち砕くことだったが、いまは国家社会主義の恐怖を破壊することなのだ……スターリングラードの死者たちがわれわれにそれを求めている」[16]。この声明書のために、「白バラ」の学生たちは処刑された。

しかし、世論に関する報告からは、全体的なムードが「反抗的というよりは絶望的で、人びとが落胆しており、厭戦的で無関心」になっていたことがうかがえる。[*17]

このムードを逆転させようと、ゲッベルスは「総力戦」のキャンペーンを考え出した。いまや全力を尽くして、ドイツ人に総力戦の現実――「無条件降伏」も含めて――と、全員が例外なしに引き受けなければならない負担とを直視させ、「ダンケルク精神」を呼び起こすべきだというゲッベルスの意見を、ヒトラーは受け入れた。ゲッベルスはキャンペーンの手始めとして、二月十八日のベルリンでの演説を成功させたが、一カ月後の英雄記念日（訳注：戦没者追悼記念日を改称）に放送されたヒトラー自身の演説は、陰気で気が滅入るようだと評され、ドイツ側の死者はこれまでのところ戦争全体を通じて五四万二〇〇〇人だという彼の発言を信じる者もいなかった。

ヒトラーはいかなるかたちの政治的解決にも目を向けようとしなかった。彼が却下した提案のなかには、次のようなものがあった。モスクワに和平を打診するというリッベントロープ案、ソ連国民に向けて公告を発し、「われわれとともに、憎むべきボリシェヴィズム、残忍なスターリンおよび彼の仲間のユダヤ人と戦いつづける」よう呼びかけるというゲッベルス案、それと競合するローゼンベルク案の私有財産と信教の自由およびソ連の少数民族の自治権の回復を約束するというもの、さらにとりわけツァイツラーが推薦していた、ロシア人捕虜のアンドレイ・ヴラーソフ将軍が指揮する「ロシア解放運動」を支援するという案である。ヒトラーは、そうした動きはドイツ軍が大きな軍事的勝利を収めるまでいっさい認めないと言った。だが、ドイツ軍が勝てば勝ったで、そうした動きは不必要だとしてはねつけたにちがいない。

ヒトラーがもっぱら希望をつないでいたのはフォン・マンシュタインの南方軍集団であり、再編成ののち、彼らはハリコフとウクライナ東部を再び占領するため、反撃開始の準備をすすめていた。フォン・マンシュタインの司令部はドニエプル川沿いのザポロージエにあり、そこではドイツの電機製造会社AEGが巨大な水力発電所を建て直し、付近の炭鉱や軍需品工場に再び電気を供給していた。シュペーアはドネツ盆地に重化学および爆薬工業を拡張したいと思っていたが、ウクライナ奪回を目指すソ連軍の進撃を阻止しなければ、それは不可能だった。ヒトラーはフォン・マンシュタインの攻撃開始にあたってザポロージエに飛んで激励した。ヒトラーがそこを飛び立つとき、ソ連軍戦車による砲撃の音が飛行場まで聞こえてきた。

だが、ドイツ軍はまたしても戦術の冴えを見せ、戦車で――いまや武装親衛隊（ヴァッフェンSS）も加わり――ソ連軍を急襲してその進撃を食い止めるとともに、彼らを孤立させそうになった。三月半ばに、フォン・マンシュタインの部隊はハリコフとベルゴロドを取り返しており、ドネツ盆地を奪回してドニエプル川まで進むというソ連側の思惑を打ち砕いた。雪解けが始まって戦闘が停止するころには、ソ連軍は撤退を終えて戦線をドネツ川とミウス川の流域に固定できてひと息ついていた。北部では、ヒトラーの同意を得て戦線を短縮するためにドイツ軍が撤退したおかげで、ソ連軍は東に八〇キロ進んだが、オリョール、ブリャンスク、スモレンスクを奪回してフォン・クライストの中央軍集団を包囲するというスターリンの希望は、ねばり強いドイツ軍の抵抗にあって消滅した。

全体的に見て、ソ連軍のこの数カ月の収穫は申し分のないものだった。戦線の南翼における形勢は、スターリングラードでの勝利とカフカースからのドイツ軍の撤退によって変化した。しかし、ドイツ軍はなおソ連の奥深くに入りこんでおり、士気を回復していたので、ヒトラーは三月に軍が立てた「砦作戦」の計画を承認した。この作戦は、南方軍集団と中央軍集団との大規模な合同攻撃で、モスクワとアゾフ海の中間にあるクルスクのソ連軍陣地が目標だった。

当初の目論見どおり、一九四三年五月に砦作戦が実行されていたら、成功していただろう。しかし、五月になると、ヒトラーはイタリアにおける大きな脅威に直面した。砦作戦を延期し、必要とあれば機甲師団八個と歩兵師団四個を東部戦線からイタリアへ移動する手配をしなければならなかった。七月五日に砦作戦を開始するころには、ソ連側はそれまでの時間を利用して軍を増強し、ドイツの挑戦を迎え撃つ準備を整えていた。

2

連合国軍の「松明作戦《トーチ》」は、一九四二年十一月八日から九日にかけて仏領北アフリカに上陸するというもので、この作戦により、アメリカの地上軍は地中海を経てすばやくヨーロッパの戦場に参入するのであった。アメリカがヨーロッパの戦争に影響をおよぼすまで一年はかかるだろうとヒトラーが言ったのは、あながち見当違いではなかったが、間違っていたのはその年のうちにドイツがヨーロッパにおける戦争で勝利を収められると思ったことである。

モロッコとアルジェリアにおけるフランスの抵抗は、三日しかもたなかった。しかし、北アフリカを掃討して地中海を支配しようと思うなら、チュニジアが戦略的に重要な目標になるのだが、連合国軍の進攻部隊はそれを確保できなかった。ヒトラーは英米の北アフリカ進攻の知らせに驚きはしたが、すぐに手を打った。四八時間以内に、アメリカとジャン・フランソワ・ダルラン提督（少し前までヴィシー政府の副首相と外相を務め、このときたまたまアルジェリアにいた）の取引をかぎつけ、ヴィシー・フランスを占領せよと命令したのである。ドイツ軍はフランス艦隊をトゥーロンで接収できなかった。フランス艦隊は、北アフリカに向かえとのダルランの命令を無視して、船をドイツの手に渡すよりも沈没させるほうを選んだのだ。しかし、ヒトラーの軍は連合国軍よりもずっと早くチュニジアに現われて、その機会を利用しようとした。彼はすでに、ムッソリーニ個人の立場が不安定になっていて、イタリアが戦線から離脱する可能性があることに気づいていた。連合国軍よりも早くチュニジアを占領できれば、イタリアにたいするいかなる攻撃も寄せつけず、作戦行動をとるための場所と時間を確保できる。万全を期して、彼は海と空から人員と装備を注ぎこんだ。一九四二年十二月には、新設の第五機甲軍を指揮するユルゲン・フォン・アルニム将軍にドイツ兵七万八〇〇〇とイタリア兵二万七〇〇〇を供給してフランスの元植民地を保持させ、東部にいるモントゴメリーのイギリス第八軍と西部からくる連合国の進攻部隊が合流するのを阻止しようとした。

連合国軍の攻撃が充分な効果をあげえなかった理由は、軍事的であると同時に、政治的なものでもあった。ローズヴェルトはドゴールの自由フランスと関わろうとせず、ヴィシー政権の代表であるダルランと取引したため、英仏で嵐のような抗議の声が起こり、ダルランを暗殺することによって連合国は最悪の結果を辛うじて免れた。信頼を取り戻すため、ローズヴェルトはチャーチルとスターリンに三巨頭会談を一九四三年一月に開こうと提案した。スターリンは、スターリングラードの戦いがクライマックスを迎えているので、一日たりとも留守にするわけにはいかないと返答した。そのため、チャーチルとローズヴェルトはカサブランカでスターリン抜きの会談をした。

この一三カ月で三回目の会談だった。西欧側のパートナーが望んだことではないとしても、ヨーロッパで第二戦線を開くというスターリンの以前からの要求に応えることができず、同盟関係に緊張をもたらしたのは遺憾なことだった。スターリンは三月の会談への招待も拒否したが、一九四二年十二月十七日付のローズヴェルトへのメッセージで自分の気持ちを明らかにし、元来は一九四二年、いまでは一九四三年の春に英米連合軍が第二戦線を開くという西欧の指導者たちの約束を頼りにしていると伝えた。ローズヴェルトが連合国はいかなる和平交渉にも応じないでドイツに無条件降伏を要求すると宣言したのは、スターリンの疑いを晴らしたかったかららしい。

しかし、カサブランカでのもう一つの重要な決定事項――シチリア島への進攻――は、第二戦線があてにならないという印象を強めただけだった。この進攻計画は、一九四三年八月にノルマンディー地方のコタンタン半島の橋頭堡を奪取してヨーロッパ大陸に戻ってくるための準備計画と対になっていたが、スターリンが具体的にはどういうことなのかと問いただすと、但し書がつき、航行および上陸用舟艇をどれほど用意できるかが「制約条件」になるだろうということだった。作戦は九月まで延期されるかもしれず、「その時点でのイギリス海峡の対岸におけるドイツ軍の防衛能力しだいである」[*18]ということだった。

三月に行なわれた最後の意見交換の折りに、スターリンは、連合国軍の北アフリカにおける進軍の停止が、ドイツ軍の機甲師団六個を含む三六個師団を東部戦線に移動させることになったと主張した。さらに、シチリア作戦はフランスでの第二戦線に代わるものとはなりえず、第二戦線がさらに遅れれば「深刻な危機」におちいるだろうとしたうえで、「フランスに第二戦線を開くことに関するあなた〔ローズヴェルト〕の声明は漠然としており、抑えがたい不安を感じます」[*19]と記した。

スターリンが認識していたかどうかは別として、真に重大だったのは、明らかにされてはいなかったが、シチリア進攻後の作戦に関する英米の意見の相違だった。ひきつづきイタリア本土に軍を進めるのか。もしそうなら、フランスにおける第二戦線を一九四四年夏まで延期することになるのか。

一九四三年三月、西から進んでくる英米連合軍と東からくるモントゴメリーのイギリス第八軍はまだ合流していなかった。ドイツ軍の弱点は、戦力の不足ではなかった。困難だったのは物資、とりわけガソリンの補給で、補給ルートは連合国軍の空と海からの攻撃にさらされていた。二月には、八万トンが必要なのに二万五〇〇〇トンしか届かず、フォン・アルニムはこう言った。「いつ終わりがくるかは、紙と鉛筆で答を出せる」[*20]

ロンメルはすっかり悲観的になり、ヒトラーに撤退の許可を強く求めた。ヒトラーの返答は、マレス防御線（イタリア軍が入ってこないようにフランス軍が設置した）

の前にいるモントゴメリーを攻撃せよという命令だった。ロンメルはその命令に従ったが、イギリス軍に作戦負けして撤退を余儀なくされると、すぐに召還された。ヒトラーは、「砂漠の狐」はエジプトから長距離を退却したため気力がなえてしまったので、病気ということで休暇をとり、もうアフリカに戻らないほうがよいと考えたのである。しかし、ロンメルが戦場を去ったことは極秘だった。ロンメルの名声は貴重な財産であり、それを捨てるわけにいかなかった。フォン・アルニムはその後二カ月をもちこたえるのがやっとで、アフリカ軍団は弾薬が尽き、ヒトラーの精鋭部隊一四万人と、ほぼ同数のイタリア人が捕虜になった。

ヒトラーは、この損失と引き換えに六カ月の時間を稼いだといったが、その時間をどう利用できるかは、これから考えなければならないことだった。彼はまだ連合国軍のヨーロッパ上陸、イタリアの戦線離脱という脅威にさらされていた。英米連合軍は主導権を奪い返した。ヒトラーはなす術もなく、二カ月後——七月——に脅威が現実のものになるのを目のあたりにした。そして、急にソ連から軍隊を移動させる準備を始め、砦作戦を延期し、五月十五日に将軍たちに語ったように、東部でさらに撤退する必要があるかもしれないと認めた。

同じ一九四三年五月十五日、スターリンは不意にコミンテルンの解散を発表した。

二〇年以上にわたって、ソ連が世界革命に関与していることを象徴してきた組織である。それを廃止したことは、ソ連の指導者が資本主義政権を倒して労働者階級をなくすという革命的な企図よりも、伝統的な国家の利益を防衛することに関心がある事実をより明確に示す証拠として、西欧では歓迎された。スターリンもインタビューで同じ趣旨の発言をし、これで各国の共産党は外部から命令を受けて自国民よりもモスクワのために活動しているという「虚偽宣伝」は終わりにしたいと言明した。彼の二番目のコメントは、この決定の本当の理由にもっと近かった。他国の共産主義者が、ヒトラーに対抗する広範な国民戦線に参加するのが容易になるということだ。[*21] 二カ月後、モスクワに「自由ドイツ国民委員会」がつくられたことに、スターリンの思惑が見て取れる。この組織には、のちの東ドイツの指導者ワルター・ウルブリヒト、捕虜になったドイツ軍将校でビスマルクの曾孫にあたるハインリヒ・フォン・アインジーデル伯が加わっており、「愛国的な」アピールをしようとしていたことは、かつてのドイツ帝国の三色旗(黒白赤)を採用したことからも明らかである。

のちにスターリンは、コミンテルンは時代錯誤であるばかりでなく障害にもなっており、亡命してきたメンバーがスターリンの路線から逸脱した政策を推進しようとしていたと、ユーゴスラヴィア共産党員ジラスに語った。「各国の共産党は独自の理論を模索し、それぞれ自分たちが置かれている状況と戦うべきなのであり、そういうときに世界の共産党の全体的な討論の場が存在するのは、それ自体、不自然で異常なことだった」[*22]。戦後の状況を考慮して、スターリンは各国の共産党を個別に（そして内密に）相手にしたほうがよいと判断し、コミンテルンの執行委員会における総論的な討議をやめたのである。おかげで、のちに赤軍が進撃を開始して中欧の大部分と東欧を占領したとき、国に応じて意のままに異なる策略を用いることが可能になったのである。

五月に、チャーチルはワシントンを訪れ、ローズヴェルトと話しあって――今回もスターリン抜きで――シチリア島進攻計画を進めることで合意し、その結果、イギリス海峡を渡ってフランスに進攻するのは一九四四年まで延期することになった。二人はスターリンの激しい抵抗にあうと予想し、覚悟を固めていた。スターリンはその決定が「戦局のその後の展開に重大な影響をおよぼしかねないので」自分は絶対に賛同できないと言って抗議した。さらに意見を交換するなかで、これは連合国にたいするソ連の信頼を揺るがす問題であり、信頼は「重大な危機に瀕している」と断言した。ソ連軍の犠牲は莫大で、それにくらべれば英米軍の損失は「微々たるもの」だから、ソ連軍の犠牲を減らさなければならないというのだ。しかし、会談して難問の解決にあたろうという英米の招待も、七月五日にヒトラーがついに砦作戦を開始したので、実を結ばなかった。

ソ連の抵抗を打破しようとするこの三度目の試みが、東部戦線のどの地域を目標にするかについては疑問の余地がなかった。ハリコフ（ドイツの手中にあった）の北二〇〇キロにあるクルスクの重要な鉄道の連絡駅を中心として、ソ連側の大きな突出部（イギリスの半分ほどの大きさ）があり、フォン・クルーゲの中央軍集団が北のオリョールから、フォン・マンシュタインの南方軍集団が南のベルゴロドとハリコフから攻撃しやすかった。一九四三年三月末に、ドイツの戦力は機甲二〇個師団を擁しており、そのなかにはSS師団四個が含まれていて、ヒトラーは彼らが国家社会主義者の真の闘争精神を発揮することを期待していた。それから七月初めまでに、双方とも戦力を増強した。ソ連の戦時生産はいまではドイツが太刀打ちできない水準に達しており、一カ月に戦車二〇〇〇両、自走砲二〇〇〇門、航空機二五〇〇機というペースだった。四三年四月一日には、ソ連軍の戦車一二〇〇両が突出部に配備されていた。二カ月後、この数字は三倍になった。ソ連側はこの時間を利用して部隊を増強し（戦闘開始時に兵員一三〇万人）、補給物資を蓄えただけでなく、要塞線を築き、部隊を訓練した。スターリングラードにおける反攻と同様、ジューコフ、ヴァシレフスキー、ヴォーロノフが前線における各部隊を調整する責任者となり、一日に二回、モスクワのスターリンおよびスタフカに戦況を報告した。

ヒトラーはイタリアの状況とドイツ国内の諸都市にたいする連合国軍の空襲に心を

奪われていて、砦作戦の計画はツァイツラーと二人の司令官、フォン・マンシュタインおよびフォン・クルーゲにまかせていた。三人は大きな希望を抱いていた。その根拠となっていたのは、空軍力を結集し、かつて東部戦線に見られなかった規模――航空機一八〇〇機――にし、さらに七〇万の兵員、二四〇〇両の戦車および突撃銃を動員できることだった。七月五日、ドイツ軍による攻撃が始まった。それは史上最大の戦車戦となり、その戦闘の激しさと惨状は筆舌に尽くしがたいものだった。一週間後の七月十二日、スターリンは反撃を開始し、プロホロフカ地区では機甲部隊が極度に集中してぶつかり、一八時間以上にわたって一〇〇〇両を超える戦車が轟音を立ててわたりあい、横転し、もつれあった。これが戦闘のクライマックスであり、戦いの凄惨さによって後世に知られるようになった。戦闘は双方が消耗しきってやっと終わった。武装SSの機甲師団――SS師団「髑髏」、SS師団「アドルフ・ヒトラー」、SS師団「ドイツ帝国」――は正規軍のどの部隊よりも強力で、新型戦車ティーガーとパンターを充分に装備していることを誇っていたが、力が拮抗する敵とわたりあい、とりわけひどい損害をこうむった。ドイツ機甲軍総監のグデーリアンはこのときの会戦を回想して、決定的な敗北と書いている。双方とも兵員、兵器のこうむった損害は甚大だったが、その日の終わりに戦場を押さえて軍を進めていたのはソ連軍で、退却したのはドイツ軍だった。

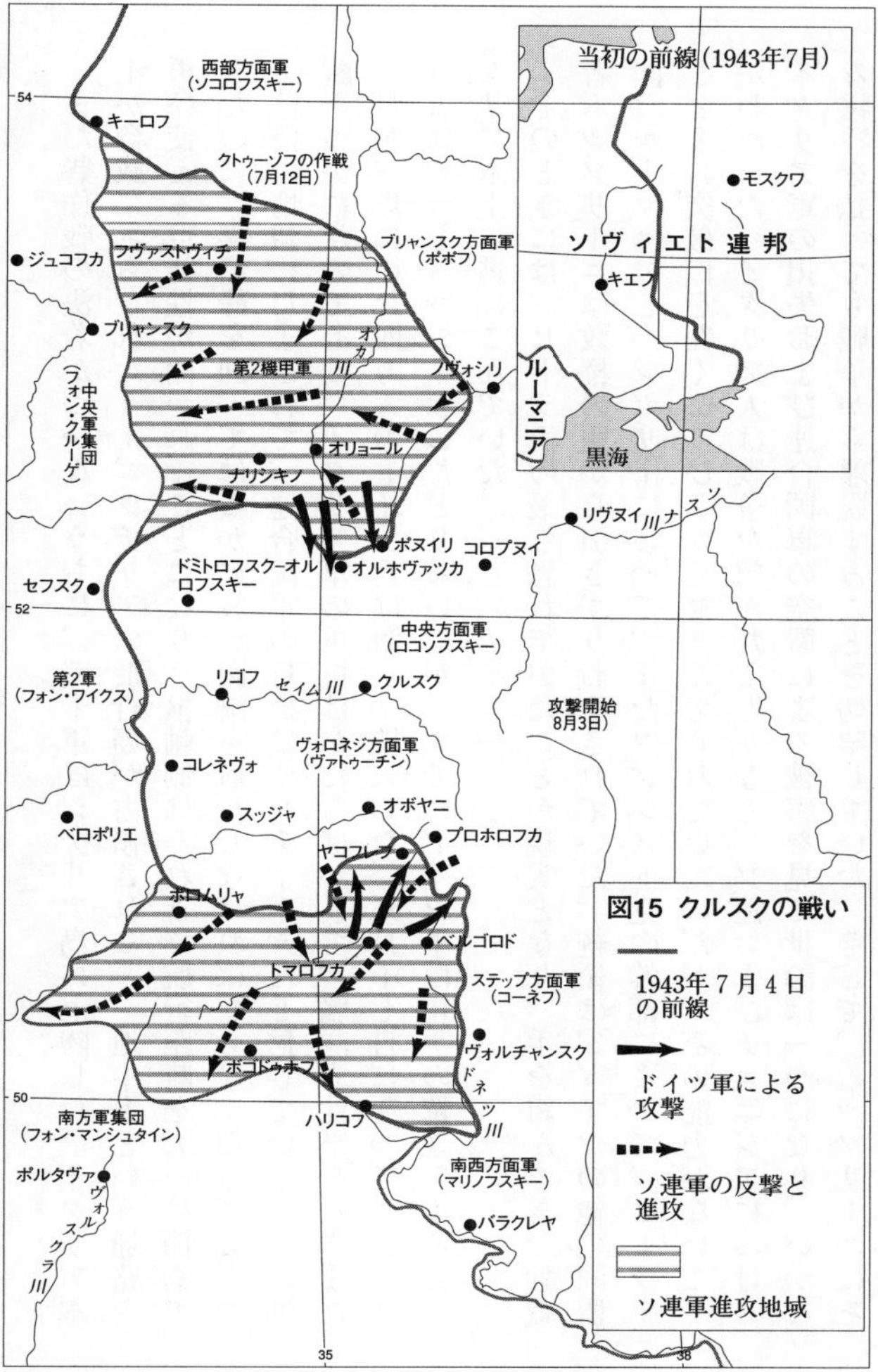

当初の前線(1943年7月)
モスクワ
ソヴィエト連邦
キエフ
ルーマニア
黒海
西部方面軍
(ソコロフスキー)
キーロフ
クトゥーゾフの作戦
(7月12日)
ジュコフカ
フヴァストヴィチ
ブリャンスク方面軍
(ポポフ)
ブリャンスク
第2機甲軍
オカ川
ノヴォシリ
中央軍集団
(フォン・クルーゲ)
オリョール
ナリシキノ
リヴヌイ
ナ ス ソ 川
ポヌイリ
コロプヌイ
ドミトロフスク-オルロフスキー
オルホヴァツカ
セフスク
中央方面軍
(ロコソフスキー)
第2軍
(フォン・ワイクス)
リゴフ
セイム川
クルスク
攻撃開始
8月3日)
ヴォロネジ方面軍
(ヴァトゥーチン)
コレネヴォ
オボヤニ
スッジャ
ベロポリエ
プロホロフカ
ヤコフレフ
ボロムリャ
ベルゴロド
トマロフカ
ステップ方面軍
(コーネフ)
ヴォルチャンスク
ボゴドゥホフ
ドネツ川
南方軍集団
(フォン・マンシュタイン)
ハリコフ
南西方面軍
(マリノフスキー)
ポルタヴァ
ヴォルスクラ川
バラクレヤ
54
52
50
35
38
図15 クルスクの戦い
1943年7月4日の前線
ドイツ軍による攻撃
ソ連軍の反撃と進攻
ソ連軍進攻地域

まだ砦作戦の決着がつかないうちに、英米軍はシチリア島に上陸した。イタリア本土が脅威にさらされたうえ、シチリアの飛行場が占領されると、地中海という通路を再び使える可能性が開かれることになり、枢軸側はそれまで航行距離を大いに節約できたのに、喜望峰を回ってはるかに長い距離を航行しなければならなくなる。ヒトラーは偽の情報にだまされて、連合国軍の目標はサルデーニャだと信じていて、その油断をつかれたのである。イタリア軍の抵抗はかたちばかりで、艦隊も沈黙したままだったが、島にいた四万人のドイツ兵は激しく抗戦した。八月十七日になって、アメリカ軍はやっとメッシーナにたどり着いたが、すでにドイツ軍は相手の驚きをよそにイタリア本土に逃げこんでいた。

そのときには、ヒトラーの最も恐れていたことが現実となり、手を組んできた独裁者ムッソリーニは政権の座から引きずりおろされていた。統領は、ドイツの他の同盟国、ルーマニアとハンガリーによって、またファシスト党の幹部によって、ヒトラーとともに突破口を開くようひそかにせきたてられていたのだが、その能力がないことがわかった。イタリア人は戦争を望んだことがなく、ソ連およびチュニジアにおけるイタリア軍の損失および連合国軍の空襲による被害を見て世論は一つになり、いかなる犠牲を払っても戦争から離脱することを切望していた。そして、ムッソリーニにそれができないなら、ムッソリーニ抜きでそうしようということになった。七月二十四日、開戦以来初めて、ファシスト大評議会が開かれた。ファシスト政権の指導的人物であるディノ・グランディが一時間にわたってムッソリーニの戦争の進め方を非難したあと、評議会は午前二時に投票を行ない、国王を軍の最高司令官に復帰させることを決定した。翌日、ヴィットリオ・エマヌエーレ国王は二〇年前に任命した首相の地位を統領から取り上げ、落胆したムッソリーニは抵抗もせずに逮捕された。

イタリア人がムッソリーニをお払い箱にしてしまうのであれば、ドイツ人もそれにならう可能性があることは、言われるまでもなくヒトラーにもわかっていた。航行不能になったUボートが四月は一四隻だったのに、五月には三八隻になったため、デーニッツは北大西洋での作戦を中止せざるをえなかった。のちに明らかになったように、これも決定的な敗北だった。Uボートの損失は隠せたが、イギリス空軍が連夜、数百機を繰り出してドイツの都市を次々に爆撃している事実は隠しようがなかった。前線からのニュースも不安を与えたが、空襲は、戦争が五年目に入って、それでなくても低下していたドイツ国民の士気を直撃した。

一九四二年から四三年にかけての冬の四カ月間、ベルリンは一六回にわたって大規模な夜間空襲を受けた。ヒトラーが激怒したのは、イギリス空軍の小型で高速の木製爆撃機モスキートが白昼に単機で首都に飛来して、数百万の市民を防空壕にとじこめ、頭上を旋回してから一・八トンの爆弾を落とすと、ドイツ側の応戦をかいくぐって帰投していくことだった。三月から七月までのあいだ、イギリス空軍の爆撃機集団はルール地方の工業都市に攻撃を集中し、大規模な空襲だけでも四三回におよび、その頂点になったのがヴッパータル＝バルメンにたいする破壊的な焼夷弾攻撃だった。それにつづいて、ハンブルクが四回、焼夷弾で爆撃され、街の中心部はほぼ完全に破壊された。四二年以来、イギリス空軍には「空の要塞」と呼ばれるアメリカのB17が加わって、昼間も爆撃をつづけていた。イギリス空軍もB17も損失は高率で、五～一〇パーセントに達した。また、工場や交通機関が損害を受けたにもかかわらず、四三年末までシュペーアは工業生産のペースを維持できた。しかし、大部分のドイツ人はそうした話を割り引きして受け取った。彼ら自身の目に映じるのは被害の状況であり、おのずとこんな問いが頭に浮かんでくるのだった。総統はなぜ手を打たないのか。

この問いを、ヒトラーも自身に向けて発した。ゲーリングはスターリングラードの第六軍に空から補給するという約束を守れなかったため、空軍最高司令官としての名声をすでに失いかけていた。そのうえ、空軍は連合国軍の爆撃機がドイツ上空を飛びまわるのを阻止できず、ゲーリングが約束したとおりにイギリスへの報復爆撃も実行できなかったので、彼の信用は地に堕ちた。空軍参謀総長のハンス・イェショネク将軍はヒトラーに進言し、一九四二年に陸軍の指揮権を握ったように、空軍のリーダーシップも握ってはどうかと訴えた。ヒトラーは自分の後継者と目していた男の評判を公然と傷つけるのは気が進まなかった。そんなことをすれば、政権にダメージを与えるだけだった。しかし、四三年になると空の戦いに関する主な決定はすべてヒトラーが下すようになり、そのなかには東部戦線と地中海戦線の双方に空軍部隊を戦略的に配置する決定も含まれていた。だがヒトラーは、イギリス、ソ連、アメリカが開戦時から実戦用に配備していた航空機に匹敵する新世代の機種をドイツ空軍と航空機産業がつくりだせないのが、無能と競争心と特殊な利害がからまりあったためだとは理解できなかった。イェショネクは絶望し、自殺した。

一九四〇年から四二年にかけて航空機の生産は減少していたが、ミルヒとシュペーアは少なくともその流れに歯止めをかけることに成功し、四二年には一万五六〇〇機だった生産が四三年には二万五〇〇〇機になった。しかし同じ時期に、ソ連の生産は二万五四三六機から三万四八四五機に、英米は合わせて五万機から一〇万機に増えていた。ドイツは、イギリスのランカスター機やアメリカのB17に匹敵する長距離重爆撃機を生産してドイツのルール地方に相当するイギリスとソ連の地域を爆撃できなかっただけでなく、戦略に関する合意もなかった。ミルヒの主張どおり、防衛のために戦闘機の生産を優先させるべきか、それとも攻撃を主体として爆撃機と、しだいにヒトラーの想像のなかで大きな部分を占めるようになっていた「特別兵器」に優先権を与えるべきか。

不安と落胆が蓄積し、ヒトラーの健康に影響がおよんだ。スターリングラード攻防戦のあと、彼はインフルエンザにかかり、さらに脳炎も併発した。主治医のモレルによれば、長期にわたる精神的緊張のためだということだった。数週間療養すべきだったが、ヒトラーにはそれだけの休暇をとる余裕がなかった。その結果、頭が割れそうな激痛、片腕の震え(モレルはヒステリーが原因だと考えたが、パーキンソン病の最初の兆候だったのかもしれない)、片足を引きずるような症状が現われた。ひどい鬱病の発作にも悩まされており、モレルはホルモン注射でそれを軽減しようとした。一九四三年二月に、グデーリアンは四一年十二月以来久しぶりにヒトラーに会って、その変わりはてた姿をこう記している。

彼の左手は震え、背は曲がり、一点を見つめ、目は突き出ているが以前のような輝きがなく、頰には赤い斑点がある。興奮しやすくなり、すぐに平静を失い、怒りを爆発させがちで、その結果、ろくに考えもしないで決定を下す。[*23]

その直後にヒトラーと会ったゲッベルスは、彼が老いはじめたことに初めて気がついた。

運動をせず、いつも戦況のことばかり考えていたので、ヒトラーはまた胃痙攣に苦しむようになり、鎮静剤を飲んでも容易に寝つかれなかった（このころになると、イギリスの爆撃機がすべてドイツの領空を去るまでは床につこうとしなかった）。痛みを和らげるため、モレルが大量に入手した特許医薬品「ケスター博士の鎮屁錠」を飲みはじめたし、いろいろな錠剤を毎日八錠から一六錠摂取していた。一九四四年十月に、外部の医者がモレルの監視の目を盗んで薬のラベルを見た。ヒトラーが毎日飲んでいた薬は、ストリキニーネとアトロピンという二種類の劇薬を主成分としていることがわかった。どちらも強力な興奮剤として神経系統に作用する薬物である。

ムッソリーニが失脚したあと、早まって介入するとイタリアの終局を早めてしまうのではないかとの不安からいつまでも行動を起こさなかったため、ヒトラーのストレスは増した。ムッソリーニのあとを継いで首相になったバドリオ元帥は、リスボンとマドリードで連合国とひそかに交渉しながら、一方では繰りかえしドイツへの忠誠を誓っていた。チャーチルとローズヴェルトはシチリア島制圧につづいて、イタリアを戦争から離脱させるということで意見が一致していたが、イタリアは政治交渉によって戦線を離れ、ドイツに占領されるのを避けようとする可能性があり、そうなった場合にどう対処するかは前もって考えられていなかった。政治交渉は、イタリアにとっても連合国にとっても利益になるはずだったが、「無条件降伏」というスローガンを掲げていたために、英米の指導者は判断力がにぶり、イタリア半島全域でドイツと長く困難な戦闘をつづける以外に選択肢がなくなってしまう危険性が明らかに存在するのに、それに気づかなかったようだ。そうなれば、スターリンを満足させる唯一の方法であるフランスに第二戦線を開くのがさらに遅れることになる。アルジェリアでは、三日間でダルランとの取り決めができた。七月二十九日、連合国軍総司令官のアイゼンハワー将軍は、すぐにイタリアと交渉する権限を要求したが、三週間後（八月十七日）になってやっと指示を受け、イタリアと合意に達したのはようやく九月三日になってからだった。

ヒトラーが、イタリアは離反しようとしているとの確信を抱きつつ、しかしことの成り行きを見きわめるまでは躊躇して、いらいらしながら待っていたとき、スターリンはドネツ盆地を奪回してドイツ軍をドニエプル川の西まで押し戻すことを目的とする大規模な攻撃を新たに開始した。八月十一日、ヒトラーはしぶしぶフォン・マンシュタインの求めに応じて、東部の要塞線まで撤退することを認めた。東部要塞線の構築命令は、スターリングラード攻防戦のあとで初めて出されたのだが、ヒトラーは抵抗して、その位置をどこにするか、また軍とシュペーアのどちらにそれをつくらせるかに関して意向を明らかにしなかったので、ドイツ軍がドニエプル川まで押し戻されても、そこには新たな拠点とするべきものが用意されていなかった。

ムッソリーニの失脚に対処するため、ヒトラーは、すぐに行動を起こしてローマを奪い、バドリオ内閣の要人を逮捕し、国王および皇太子を捕らえて人質にするよう命じた。連合国が急いでこの状況を利用するつもりのないことが――チャーチルとローズヴェルトが大西洋を挟んで交わした会話を傍受したことによって――明らかになったので、ヒトラーはこの機をとらえてドイツ軍をイタリアに侵入させえたのである。イタリア側は相変わらず同じことを繰りかえしており、枢軸側に忠誠を表明する一方で、できるだけドイツ軍の動きを妨げようと、ローマ周辺にイタリア軍の大部隊を集中させた。だが、どちらもうまくいかなかった。八月三十日、シチリア島からの撤退を完了すると、ドイツ軍は「枢軸」という暗号が発せられたらすぐにイタリア軍を武装解除して北イタリアを「制圧」するよう指示され、その間に南イタリアのドイツ軍は戦闘をつづけながらローマに撤退することになった。

九月八日、イタリアの降伏がＢＢＣの放送で伝えられ、ドイツ人はもとより、イタリア人も驚いた。その朝、ヒトラーはソ連軍がフォン・マンシュタインの軍集団とフォン・クルーゲの軍集団との接点を突破し、キエフとドニエプル川を目指して続々と西に向かっているとの知らせを受けて、ウクライナのザポロージエに出向いていた。しかし、イタリアがいよいよ大詰めを迎えそうだとの予感があったので、到着して短時間のうちに東プロイセンへ飛んで帰った。暗号が発せられ、ドイツ軍はローマを占領し、同じ目的をもった連合国軍の空輸部隊が離陸する前にローマの飛行場を奪取した。イタリア軍は武装解除され、同時にマルタに向かっていたイタリア艦隊をドイツ空軍が攻撃して戦艦『ローマ』を撃沈し、その姉妹艦『イタリア』にも損害を与えた。

ドイツ軍は連合国軍がローマ付近に上陸すると考えていたので、首都より南からは全軍を撤退させる用意をしていた。この計画を立てたのは、北イタリアのドイツ軍司令官ロンメルで、彼は南部および中央イタリアでの損失は避けられないと考えていた。しかし、連合国軍の主力部隊がナポリの南にあるサレルノに上陸すると、ヒトラーはローマにおける指揮官アルベルト・ケッセルリング元帥が提案した、首都の南を流れるヴォルトゥルノ川沿いに防衛線を築くという代案に変更した。これは重要な決定であり、このために連合国軍は九カ月におよぶ山岳地帯での困難な戦闘を強いられ、一九四三年九月にはまだローマに到達できず、やっとローマに着いたのは四四年六月になってからだった。これと並行して、SS大尉のオットー・スコルツェニーが空からのムッソリーニ救出作戦を敢行し、グラン・サッソ山に監禁されていた彼をみごとに救出した。ドイツが後押しする北部のイタリア社会共和国の統治者にするためである。

3

ムッソリーニが失脚したあと、ヒトラーはフリックに代えてヒムラーを内相に任命した（一九四三年八月二十日）。イタリアで起こったことがドイツでも繰りかえされないようにするには、SSを起用するのが最良の措置だった。

武装SSが東部戦線で活躍していたため、ヒムラーにたいするヒトラーの信頼は大いに高まった。正規軍は、レームの突撃隊（SA）にたいして抱いたのと同じ敵意をもってこのライバルが成長するのを見てきた。一九三〇年代、ヒムラーはSSの軍隊化した組織を、軍が起こしかねない反乱の鎮圧など、国内の目的にのみ用いる武装勢力と考えていた。しかし、戦争が始まり、SSを陸軍最高司令官の指揮下に置くというヒトラーの命令が出て、武装SSは戦場における戦闘組織になった。だが、将軍たちは武装SSを無規律で訓練も不充分だと考えており、その戦いぶりにも批判的で、徴兵の管理権を握っていることを利用してSSの兵員数が増えないように妨害工作をした。

しかし、SS本部の新兵補充の責任者ゴットロープ・ベルガーは、国防軍の支配のおよばない人員供給源を見つけた。それは、他国に住む「民族上のドイツ人」の若者で、ナチによる「大ドイツ」の宣伝にあおられた者や、武装SSが目覚ましい役割をはたしたノルウェーとフランスの作戦における輝かしい成功に強く刺激された者たちである。ベルガーはルーマニアを手始めに志願兵をつのり、ソ連侵攻までに武装SSの数を一六万人まで増やした。ソ連軍との戦闘で発揮された彼らの「国家社会主義者にふさわしい能力」は、ヒトラーに称賛された。熱狂と気迫と冷酷さが異常なかたちで入りまじった彼らの戦いぶりは、プロイセン軍よりも義勇軍《フライコール》の伝統に近かったが、一九四二年から四三年にかけて、正規軍よりもずっと多くの死傷者を出しながら、激しく攻撃し、ねばり強く防御して、自分たちが精鋭部隊であることを立証してみせたのである。

一九四四年には、武装SSの兵員数は総計五〇万人を超え、四五年には九一万人に達した。その三分の一以上がヨーロッパ各地の出身で、バルト人、ウクライナ人、ロシア人、バルカン半島のイスラム教徒なども含まれていた。このころになると、死傷者が増大して人手が不足したために初期の組織に見られた特徴は薄まっていたが、四四年になってもヒトラーは彼らを自分の親衛隊と見なしていた。

ヒムラーには東方をドイツ化しようという願望があり、その意欲は衰えていなかった。一九四二年五月、SSの作戦本部が立案し、ヒトラーも承認した「東方総合計画」が発表された。この計画は、ソ連の西部一帯、レニングラードに始まってヴァルダイ丘陵、ブリャンスク、そしてドニエプル川の大屈曲部を結んだ線の西側の地域に、ドイツ人を入植させるというものだった。他民族の人間一四〇〇万人を東方のさらに遠いところへ追放し、入植者のための土地を確保することになった。総督府領とバルト諸国は住民を完全に入れ替える予定だった。二〇〇〇万のポーランド人のうちの八五パーセントと、西ウクライナ人の六五パーセントをシベリア西部へ移し、空いた土地にドイツ人を移住させようというのである。

この東部地域全体を、SS長官であるヒムラーの支配下に置き、東方の君主として「一代限りの領地」と「世襲の領地」を認めるという提案を聞き、ヒムラーはことのほか喜んだ。彼は、かかりつけのフィンランド人マッサージ師フェリクス・ケルステン（原注：ケルステンは、ヒムラーから聞いた計画についてフィンランドのユダヤ人に伝え、その生命を救うことができた。またそのおかげで、他のユダヤ人数千人もスウェーデンに移住できた）に、「想像してもみたまえ、まったくすばらしい考えではないか」と言い、つづけてこう語った。

これはかつてなかったほど偉大な植民地建設になるだろう。西欧世界をアジアの侵略から守るという、きわめて崇高かつ重要な任務があるのだから。

ポーランドとバルト諸国でドイツ化を完了した地域を守るには、三カ所の「境界地《マルク》」を確立し、最初の二五年のあいだそこに住むドイツ人の割合を五〇パーセントまで引き上げなければならなかった。三カ所の「境界地」として考えられていたのは、ヒムラーがインゲルマンラントと名づけたレニングラードの西側の地域と、クリミア半島からヘルソンにかけての地域（ゴーテンラントと改名することになっていた）、そしてメーメルからナルヴァにかけての地域である。また、植民地の防衛拠点を二六カ所建設して、それぞれ人口約二万の小さな町をつくり、そのまわりにドイツ人が住む村を環状に配置する。そして、ドイツ軍の輸送路の交差点は、SS配下の農民兵士に守らせる。しかし、そこへの入植者は、国外のドイツ人コミュニティや北ヨーロッパの他のゲルマン民族国家、ドイツ化に適した先住民集団から集めなければならないのである。*24

そこに入植する予定で、それまで住んでいた土地を離れた数十万におよぶ民族上のドイツ人が、行くあてのないまま放置され、そのあげくにドイツ軍の退却の巻き添えを食う（原注：本章6節参照）という事件が起こったが、その一件以外、この計画はヒトラーとヒムラーの夢想の一つに終わり、今回は幸いなことに実行されなかった。しかしヒムラーには、軍事面だけでなく経済面でも自分の帝国を拡大しようとの野心があり、こちらのほうはもう少し現実味をおびていた。ベルガーが武装SSを拡充したように、WVHA（SS経済・管理本部）を発展させたのはオスワルト・ポールだった。元海軍主計官のポールは、出世してSS全体の財務管理者となっていた。そして、この地位から担当範囲を広げていき、武装SSの運営と補給を支配して、二〇の強制収容所と一六五の強制労働収容所を管理下に置き、またSSおよび警察の建設計画と、SSの事業計画をすべて指揮した。SSの事業計画は一九三〇年代に始まり、一九四二年には採石とレンガ製造から食料品や織物にいたるさまざまな活動領域で多くの企業を擁していた。

ポールの成功の鍵は、強制収容所と強制労働収容所を支配したことであり、おかげで労働力不足がひどくなってきたときでも、収容者――捕虜を含めて――をＳＳの企業で使ったり、他の国営ないし民間の工場にかなりの高額で貸し出したりすることができた。この労働力の供給は急速に大事業へと発展し、とりわけ兵器製造会社には多数の労働力を送りこんだ。

そのために収容所の目的が変化した。ポールは任命を受けてまもなく、一九四二年四月三十日に、ヒムラーにあててこう書いている。

もはや、予防ないし安全上の理由から収容者を管理することが重要なのではありません。主眼点は、いまや経済的な側面に移り……収容者の労働力をすべて動員し、最初は……軍需生産の増加に、のちには平時の国家建設に役立てるのです。

ポールは、「強制収容所をそれまでの純粋に政治的な形態から経済的な要求に応じられる組織へ」[*25]と転換するための処置を求めたのである。それはソ連のグラーグの強制労働収容所ではもっと早い時期から行なわれていたことだった。

ヒムラーはこれを、戦後のＳＳの経済的な権力基盤を築くと同時に、自分の軍需産業の育成につながる方法だと考えて歓迎した。それはまた、彼がかかえていたもう一つの問題の解決策ともなった。最終的解決策を実行しようとするたびに、彼はOKWの軍備調査官と、東部地方を管理している二人の大管区指導者（ローゼとクーベ）のしぶとい抵抗にぶつかっていた。ドイツの労働力不足を補うために、ますます多くのポーランド人やロシア人を徴用するようになっていたから、ユダヤ人の熟練工――一〇万人が総督府領にいた――で占領地域の戦時経済にどうしても必要な者は、手元におくことを認めてもらわなければならない、というのが彼らの主張だった。ヒムラーはその要求をはねつけた。経済的な問題を民族原理に優先させるべきではないという理由からである。しかし彼は、すべてのユダヤ人従業員をその労働契約ともども強制収容所に移すつもりでいた。収容所へ行けば、ユダヤ人たちは労働に耐えられるあいだはSSに雇われ（収容所内での平均余命は六カ月だった）、その後は銃殺されるか、ガス室送りになるか、さもなければ文字通りに死ぬまで働かされるのである。

労働力を供給するという新しい方針を反映して、強制収容所の収容者は急増した。一九三九年九月から四二年三月までの増加はゆるやかで、約二万五〇〇〇人から一〇万人弱に増えただけだった。それが四四年八月には総計五〇〇万人を超えており、四五年一月には七〇万人以上になって、看守も四万人を数えていた。

ルブリンの近くのマイダネクにあった強制収容所は、多くのユダヤ人からなる囚人労働力を利用するためのものだった。収容者のうちの二〇万人以上が死ぬまで働かされるか、あるいはガス室送りや銃殺によって処分された。当初からのアウシュヴィッツ強制収容所（アウシュヴィッツ1）は、ずっと大きな収容所群の一部となった。ビルケナウ収容所（アウシュヴィッツ2）は、その収容所群の一部として建設されたもので、二〇万人の囚人を収容していた。ビルケナウは、ユダヤ人の労働力を産業のために利用する中心施設であると同時に、絶滅収容所としても機能していた。あの忌わしい「選別」の方法はここで開発されたのである。こうして、ヨーロッパの各地から列車が到着するたびに、同じ家族が労働に適すると判断されるグループと、即座にガス室送りを指示されるグループに分けられた。

アウシュヴィッツ＝ビルケナウのガス計画がようやく終了したのは一九四四年十一月二日で、そのときまでの犠牲者は二二五万人以上を数え、その大半がユダヤ人だったが、ポーランド人やジプシー、ロシア人捕虜も含まれていた。彼らが死に追いやられた状況が非人道的なものだったことから、アウシュヴィッツは「世界の尻の穴」という名前で呼ばれるようになった。

アウシュヴィッツ＝ビルケナウ収容所は上シュレージエンの工業地域の近くにあり、そこへ労働力を供給していた。I《イー》・G《ゲー》・ファルベンは安価な労働力を利用するという同じ発想から、アウシュヴィッツの隣に合成ゴム工場を建て、さらにアウシュヴィッツ収容所群の一部として、モノヴィッツ（アウシュヴィッツ３）に独自の強制労働収容所をつくった。

ほかにもドイツの多くの会社が収容所の囚人を利用し、終戦までの数年、ＳＳはますます大がかりに東方出身の外国人労働者の集団を強制収容所に送って組織するようになった。そのころになると、収容所にいるドイツ人は少数派――一九四五年にはわずか五パーセントから一〇パーセント――でしかなかった。占領下ヨーロッパのさまざまな国の出身者――ロシア人捕虜から「夜と霧」の布告（原注：「夜と霧」の布告は、一九四一年十二月に発布された。第3巻16章6節参照）によって捕らえられたフランス人とオランダ人まで――がいた。ソ連の強制労働収容所と同様、生産性は低いままだったが、その理由も同じだった。強制的に働かされる者たちはひどい扱いを受けており、長時間労働を強いられ、食事は乏しく、収容施設も粗末だったので、処刑された者以外にも多くの死者が出たのである。

ユダヤ人をドイツ本国およびボヘミア‐モラヴィアから東方に「移住」させるための移送は、一九四一年の秋に始まった。四二年一月のヴァンゼー会議では、ポーランド総督府領の「浄化」を優先することが認められた。ゲッベルスは四二年三月二十七日の日記にこう書いている。

ルブリンから始めて、ユダヤ人を総督府領から東方へ移送する手筈は整った。ひどく野蛮な仕事だ――誰もくわしく述べたいとは思わないだろう――が、ユダヤ人はあまり残っていない。約六〇パーセントが処刑され、約四〇パーセントは強制労働に従事させられていると考えてよいだろう。前ウィーン大管区指導者〔グロボクニク、このときはSSにいた〕はきわめて慎重に事をはこんでいる……こうしたことに感傷的になってばかりはいられない……総統は言行ともにこの根本的な解決の主導者である。[*26]

ゲッベルスが総督府領を浄化する「ラインハルト作戦」に触れると、ヒムラーはそれを一九四二年末までに終わらせるよう要求した。この作戦名の由来となったラインハルト・ハイドリヒは、自ら主催したヴァンゼー会議で練られたこの計画が実行に移されるのを見ずに死んだ。ボヘミア－モラヴィア保護領の副総督に就任したのだが、イギリスの航空機からパラシュートで降下したチェコ人とスロヴァキア人の二人組に殺されたのである。その報復として、ただちに一五〇〇人以上のチェコ人が銃殺され、三〇〇〇人のユダヤ人がポーランドに連行されて殺され、ゆえなくスケープゴートにされたリディツェ村では、男が全員銃殺され、女は強制収容所に送られて、村は焼き払われた。

ポーランド総督府領から「特殊任務」を遂行するために選ばれたSSチームのメンバーにたいし、ヒムラーはその一人一人に秘密の厳守を宣誓するよう求めたうえで、こう言った。「私は諸君に、非人間的かつ超人的に活動するよう要求しなければならない。しかし、これは総統のお考えなのだ」[*27]。作戦の第一段階は、ユダヤ人をすべてゲットーに集めることだった。ワルシャワでは、すでに二八万人のユダヤ人が収容されている区域になお一五万人を詰めこみ、そのまわりに壁を築いて外界から隔離した。ゲットーはそれ以外にルブリン周辺とウッチに設けられた。ハイドリヒが考え出した残酷な策略によって、SSの特別行動隊の指示を実行したのはユダヤ人評議会の責任だとされた。たとえば、ゲットーに送りこまれた人間と、その資産の正確なリストをつくったことである。第二段階は、最終的解決を目指す計画のおかげで使えるようになった絶滅収容所にゲットーの住民を移送することだった。この移送（つねに「再移住」と言われた）によって、ワルシャワ・ゲットーの住民が七万人に減ったとき、残りの者たちは団結して抵抗した。戦車、火炎放射器、ダイナマイトで武装した二〇〇〇人の武装SSが送りこまれ、ゲットーが焼かれ、爆破された。指揮官のユルゲン・シュトロープ将軍（のちに、自らの「勝利」を祝うための特別な写真アルバムをつくった）が驚いたことに、ユダヤ人が男も女も断固たる決意をもって戦ったので、ドイツ軍は完全な装備をしていたにもかかわらず、作戦ははかどらず、最終的に彼らを一

1944年７月の暗殺計画
［上］ムッソリーニに破壊現場を見せるヒトラー。「奇跡的に死を免れて、われわれの共同の企てを成功に導くことが自分の運命だと、これまで以上に強く確信しました」
［下］爆発事件後、緊張した面持ちでゲーリング、ムッソリーニと話すヒトラー。

現存するヒトラー生前の最後の写真。ベルリン郊外に迫ったソ連軍との戦いにおもむくヒトラー・ユーゲントの一団を視察する。

1945年４月30日。「ドイツ帝国の首相となったヒトラーがバルコニーに姿を見せて群衆の歓呼にこたえてから12年と３ヵ月が経っていた。その日の夕刻、ソ連軍兵士が国会議事堂の屋根に勝利の赤旗を立てた」

勝利者［上］左から国防相をつとめたブルガーニン、ヴォロシーロフ、スターリン、大祖国戦争で勲功をあげたヴァシレフスキー元帥、同ジューコフ元帥。ブルガーニン、ヴォロシーロフが求められたのは、スターリンの意志に対する絶対的な服従だった。彼らものちにソ連の元帥となる。
［下］「ヒトラーの軍旗をスターリンの足下に投げ出す――それはクトゥーゾフ軍の兵士がナポレオンの軍旗をアレクサンドル皇帝の足下に投げ出したのと同じだった」

［上］チャーチル（背中を向けている）がスターリンに「名誉の剣」を贈る（テヘランにて、1943年12月）。「スターリンはうやうやしく受け取ると、無言のまま、その立派な剣をかかげ、鞘に口づけした。しばらくのあいだ、全員がこの歴史的瞬間に心を動かされた」
［下］ヤルタにおける三巨頭会談（1945年２月）。「ヤルタ会談は、同盟国の指導者にとってもそうだったが、スターリンにとっても個人のキャリアの頂点となった」

スターリンの勝利（ポツダムにて、1945年７月）。

老いゆく独裁者
［上］スターリン70歳の誕生日。左から、毛沢東、ウルブリヒト、スターリン、フルシチョフ。
［下］1952年、第19回党大会で中央委員会報告を行なうマレンコフとそれを見守るスターリン。従来はスターリンが基調演説をしていた。

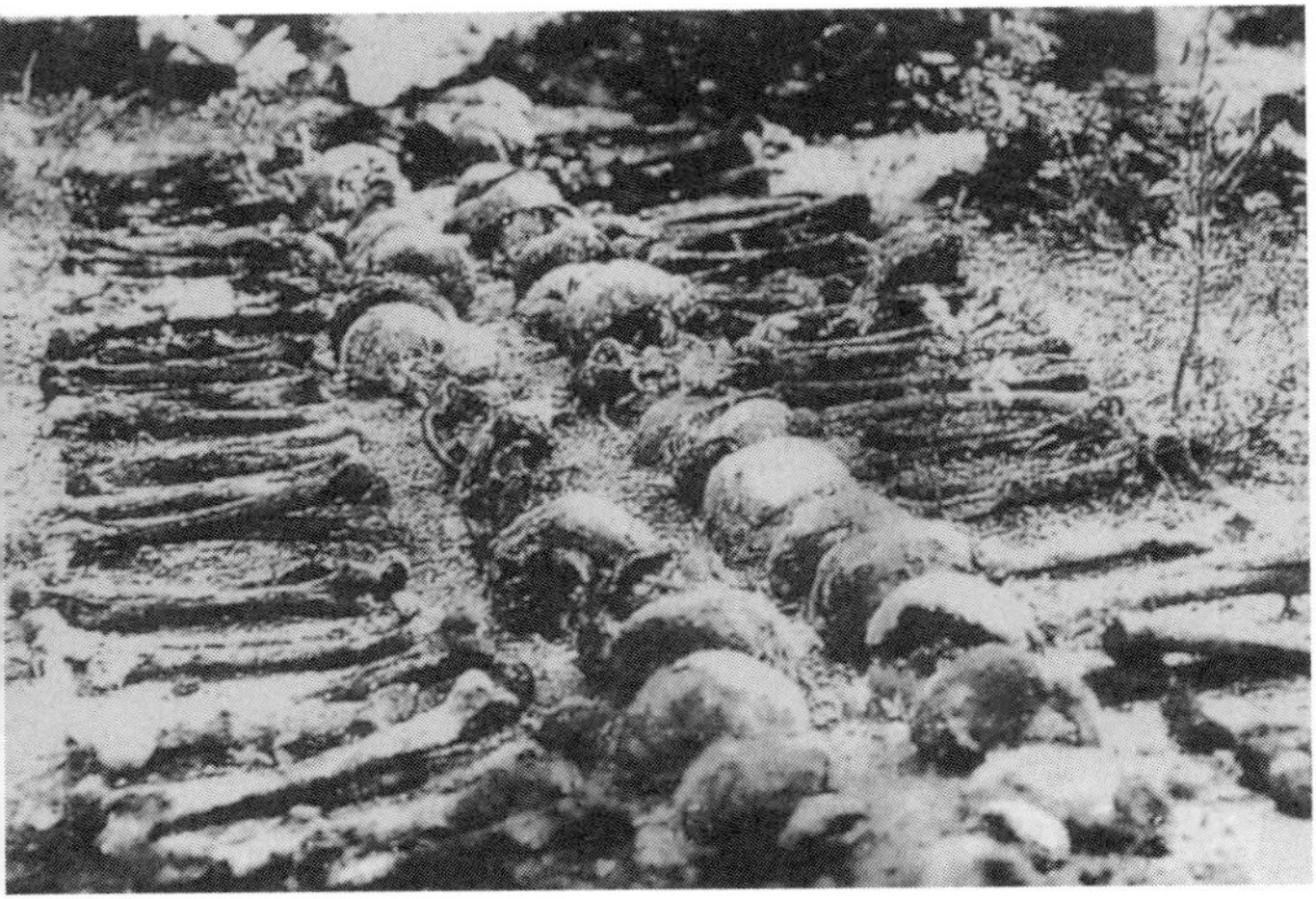

「人はどこまで残酷になれるのか」
［上］ミンスク近郊のクロパトゥイにあるNKVDの処刑場から掘り出された犠牲者。
［下］連合国軍に接収されたナチの強制収容所（1945年）。

掃するまでに四週間（一九四三年四月〜五月）かかった。ようやく逮捕された五万六〇〇〇人のうち、七〇〇〇人は銃殺され、二万二〇〇〇人は死の収容所に送られ、残りは強制労働収容所へ運ばれた。

アウシュヴィッツ以外の最も重要な施設で殺されたユダヤ人の推定数は、ヘウムノ四〇万、ソビボル三〇万、ベウジェツ六〇万、トレブリンカ七〇万で、合計二〇〇万人である。アウシュヴィッツ＝ビルケナウに向かう列車は、ドイツ支配下のヨーロッパ各地から犠牲者を運んだ。犠牲者は自分たちがどこへ、なぜ運ばれていくのか知らなかった。一九四二年三月、最初に到着したのはスロヴァキアとフランスから運ばれた人びとだった。一九四四年十一月にナチがアウシュヴィッツ＝ビルケナウの施設を解体するまでに、少なくともさらに二二五万人のユダヤ人が殺された。ドイツ軍が退却するのに従って西へ強行軍を強いられるさなかに死亡し、あるいは銃殺された人の数は数十万に達する。ドイツ占領下のロシアおよびバルト諸国ないしその他のヨーロッパ諸国において殺された一二五万人を加えると最終的な数字は約六〇〇万人に達し、世界のユダヤ人人口の三分の一が五年足らずで組織的に殺されたことになる（原注：くわしくは『オクスフォード第二次世界大戦必携』を参照されたい）。

こうした処置の最盛期には、しばしば数千人の成人男女と子供を積んだ列車が一日に数本アウシュヴィッツ＝ビルケナウに到着した。ガス室と焼却炉で「処理された」

人の数は一日に平均して二万人に達した。この「生産性」の水準は工業生産にふさわしく入念に調整することによってのみ維持しえたのである。

ＳＳは作戦遂行にかかる費用の計算にも同じく慎重だった。ポールのＷＶＨＡは、ガス室送りではなく死ぬまで働かせるほうに割り振った労働者を組織する責任を負っており、その作戦にかかる費用をこう計算している。

強制収容所の収容者を企業に貸し出すことによって、一日に平均して六ライヒスマルクから八ライヒスマルクの収益が得られるが、うち七〇ペニッヒは食費および衣料費として差し引かなければならない。予測される収容者の寿命が九カ月として、これに二七〇をかける。総計は一四三一ライヒスマルクになる。死体の合理的な利用、たとえば金歯、髪、衣服、貴重品などの利用によって利益を増やせるが、一方、死体を火葬するのに一体あたり二ライヒスマルクの費用がかかる。[*28]

即刻処刑を宣告された者は、裸になってガス室に入るまでに八分から一〇分の猶予しか与えられなかった。女性の場合は、最初に頭を剃らなければならなかったので、そのために一五分が加算された。剃った髪はマットレスの製造業者に売られた。どの収容所でも残酷で非人間的な行為は「普通の」こととなっており、うんざりするほど多くの記録が残っているが、このような処刑の「日常化」(列車の到着予定時刻表がつくられていたこともその一例)によって他に例のない、おぞましい特徴が加わった。

上記のような数字を記録にとどめておくことは重要である。しかし、これほど多くの人びとの苦しみを想像することは不可能である。これらの数字は想像力を麻痺させてしまいかねないので、この何百万という数字の一つ一つは、恐ろしく堕落した残酷な行為が、われわれと同じ人間である男や女、子供、あるいは赤ん坊の一人一人に加えられた証だという事実を強調することもまた重要である。

一九四三年六月、ヒムラーはベルクホーフでヒトラーと会い、総督府領では浄化の達成に向けて作戦が進行中であると報告した。ヒムラーはこう記している。「総統が言われるには、ユダヤ人の移送は以後三、四カ月間にわたってつづけるべきであり、そのために社会不安が生じても委細かまわず包括的に遂行しなければならないとのことである[*29]」

一九四三年十月までかかって、ラインハルト作戦はようやく完了した。その十月に、ヒムラーはポーゼンでSSの多くの指導者たちに向かって「きわめて重大な問題」について語った。

仲間うちでは包み隠さずに話してもかまわないが、公の場では決して口にしてはならない。誰もが肝をつぶすだろうが、同時にまた、このような命令が出れば、誰でもきっと、今度は自分でやってみたいと思うだろう……それは何かというと、ユダヤ人の疎開計画、つまりユダヤ人を絶滅させる計画である……諸君の大部分は、一〇〇体の死体が並んで横たわっている、あるいは五〇〇ないし一〇〇〇体が転がっている光景がどういうものか、よく知るようになるだろう。それをやりぬき、なお取り乱したりしないことによって、われわれは強くなる。これはいままでも、そしてこれから先もまったく例のない、われわれの歴史における栄光の一ページなのだ。[*30]

二日後の一九四三年十月六日、ヒムラーは党の幹部にこう語った。

今年中に、ユダヤ人問題は占領下のすべての国々で解決されるだろう。生きのびうるのは、どうにかして網の目をくぐり抜けたごくわずかなユダヤ人にすぎない……

諸君は、私の話に耳を傾けなければならないが、それを誰にも話してはならない。われわれの誰もがこう自問したにちがいない。女や子供はどうするのだ。私はこの問題にも明確な答を出すべきだと決心した。私は、男を除去して——殺して——おきながらその子供を生かしておき、やがてその子が成長してわれわれの息子や孫に復讐することになったら、申し訳が立たないと考えた。困難ではあっても、意を決して、この種は地上から一掃しなければならないとの結論を下すのだ。[*31]

強制収容所で殺されたのは、ドイツとポーランドのユダヤ人だけではない。ベルリンから命じられたアイヒマンの最終的解決の計画は、占領下のヨーロッパ全域を対象としており、そうした国々の犠牲者の多くがポーランドに移送された。
最も徹底的に作戦が実施されたのはオランダであり、一四万人のオランダ系ユダヤ人のうち一一万人が移送され、生き残ったのは六〇〇〇人だけだった。一九四四年二月三日、一二一四人のユダヤ人を乗せた六七本目の列車がパリを発ってアウシュヴィッツに向かった。そのうちの一四人は八十歳以上で、一〇〇人以上が十六歳未満だった。終戦まで生きのびたのはわずか二六人だけだった。一週間後に出発した列車には、一二二九人が乗っていた。[*32]
ユダヤ人が援助を受け、保護された国もあった。イタリアとイタリア占領下のフランスでは、イタリア軍が介入した。占領地のデンマークでは（デンマーク王室があいだに入り、民政長官ウェルナー・ベストが見逃してくれたおかげで）七二〇〇人いたユダヤ人のうち移送されたのは五〇〇人だけで、残りは船で安全にスウェーデンへ送られた。フィンランドでは、四〇〇〇人のユダヤ人のうち一一人を除いて全員が無事だった。スロヴァキアとブルガリアでも同様だった。しかし、SSの魔の手は遠方にもおよび、クレタ島のカニアでは二六〇人、コルフ島では一八〇〇人のユダヤ人が犠牲になり、サロニカでは聖パウロの時代から住んでいたユダヤ人五万六〇〇〇人のうち四万三〇〇〇人が被害者となった。ユダヤ人狩りが行なわれたのは都市だけではなかった。ユダヤ人住民がわずかしかいない小さな町や村も捜索された。任意に四つの例をあげると、プルート川沿いにあるベッサラビアのコリバシのユダヤ人二人、セルビアのドゥジャ・ポリャナの九人、ギリシアのサモトラキ島の三人、エストニアのフィンランド湾沿いにある町ヨーヴィの八人が犠牲になった。[*33]

アイヒマンが最後に収めた大きな成功は、ハンガリーのユダヤ人の根絶だった。ハンガリーの摂政ニコラウス・ホルティ提督は、一九四四年三月にドイツによるハンガリー占領に同意したとき、同国のユダヤ人八〇〇〇〇人を、ドイツ外務省の言葉を借りれば「東部地域に配置するため」SSの手に引き渡すというヒトラーの要求を受け入れた。そこでアイヒマンはブダペストに移動した。東部戦線で労働大隊に加えられていた五万人のハンガリー系ユダヤ人のうち四万人以上がすでに殺されていた。ポーランドの場合と同様、第一段階では生存者をゲットーに集め、東部に移動して農作物の収穫を手伝い、レンガ工場や製材所で働くことになると告げた。五月半ばに移送が始まり、最初はルテニアとトランシルヴァニアの住民が対象となった。四四年の夏に合計四三万七〇〇〇人のハンガリー系ユダヤ人がアウシュヴィッツに移送されたが、ハンガリー政府は国際的な抗議に動かされて、七月にユダヤ人を乗せた列車の出発を停止させた。[*34]

今度は、ベルクホーフに呼び出した軍司令官たちにたいして、ヒトラーのほうが弁解した。もっと人道的にユダヤ人の「特権的な地位」を奪えなかったのかとたずねられて、ヒトラーはこう答えた。「諸君、われわれは生死をかけて戦っているのだ。この戦いで敵が勝利を収めれば、ドイツ人は根絶されてしまうだろう」。彼は戦争の責任をユダヤ人に押しつけて――「この非道な行為はすべてユダヤ人が準備したのだ」――さらにこうつづけた。

実際のところ、どこでもそうなのだが、ここでも親切心を起こせば、国民にとって最もむごたらしい結果がもたらされるだろう。ユダヤ人に憎まれたら、私はせめてその憎しみを利用したい……

ほかの国を見たまえ……たとえば、ハンガリーだ。国全体が堕落し、腐敗してしまった。ユダヤ人がそこかしこにいる……私はこの国にも介入し、問題はいまや解決されつつある……ユダヤ人はドイツ国民を根絶する計画を立てている。帝国議会で告げたように、世界大戦でドイツ国民を絶滅させられると信じている者がいるなら、その者は間違っている。ユダヤ人が本当にそれを試みるなら、絶滅するのはユダヤ人のほうなのだ。[*35]

一九二〇年代の初めにミュンヘンの街角で一人のアジテーターがユダヤ人を痛烈に攻撃するのを聞いた者のうち、それがこういう結果につながると思った者がいただろうか。

4

北アフリカへの上陸とエル・アラメインでの敗北以来の地中海における事態の推移を考えると、ヒトラーは一九四三年の秋に、行動と決断と幸運によって手ぎわよく悲惨な状況を救ったことを喜んでもよかった。イタリアのかなりの部分がドイツの占領下にあり、連合国軍をローマの南部でしっかりと阻止していた。しばらくのあいだ、ヒトラーはイタリアの占領地域だったクロアチア、アルバニア、ギリシアにイギリス軍が上陸するのではないかと危惧していたので、ドイツ軍を移動させてそこを接収した。ムッソリーニを救出し、彼を指導者としてイタリア社会共和国をつくったのは、危機を克服した証拠だと強弁できたとはいえ、実際には空虚なジェスチュアにすぎなかった。夏には大ドイツ帝国の南部国境が直接連合国軍の攻撃にさらされる恐れがあったのだ。

とにかく、それは勝利とは言い難かった。一九四三年は、ドイツ軍がスターリングラードとクルスクで喫した敗北とあわせて考えると、一九三三年十月にジュネーヴ軍縮会議を脱退して以来、一〇年にわたってヒトラーが保持してきた外交および軍事の主導権が失われた年ということになる。

ソ連軍はクルスクでの勝利につづいて、八月にはオリョールとハリコフを奪回し、ウクライナのさらに南でもたたみかけるような攻撃を開始した。両軍の戦車と航空機の数こそ接近していたとはいえ、二五〇万人以上のソ連軍がその半分の勢力のドイツ軍に立ち向かったのだ。ソ連軍はドネツ盆地を掃討し、九月中にドニエプル川に達した。ドイツ軍は六五〇キロにわたる前線から巧妙に退却し、川を渡ると、フォン・マンシュタイン軍はどの橋頭堡でもねばり強く戦った。それでも、十一月六日にはソ連軍にキエフを奪回され、再びそこを占領しようとするドイツ軍の試みは成功しなかった。初冬の雨と泥のために戦闘が中断されるころになっても、ドイツの南方軍集団はいぜんとして当初からの前線を維持していたが、ソ連軍はドニエプル川西岸を固め、同時にプリピャチ湿地の北では別の部隊が白ロシアおよびその州都ミンスクを守っていたドイツ側の大きな突出部を攻撃しはじめた。十二月の第一週の終わりには、スタフカは冬季攻勢の最終計画を仕上げており、それによれば年末に攻撃を開始し、そのまま手をゆるめずに侵略者をソ連国境の向こう側へ押し戻すことになっていた。

赤軍が西進し、枢軸が崩壊して、イタリアがいまや英米の「共同戦争参加国」となったため、ドイツのそれ以外の同盟国――東部戦線で甚大な損害をこうむったルーマニアとハンガリー、それにスロヴァキア、ブルガリア、フィンランド――は、さしせまった災難の兆しを読み取り、何とかしてイタリアにつづいて寝返ろうと躍起になっていた。こうした同盟国の動きを、ヒトラーはドイツの情報機関と盗聴を通じて充分に知った。しかし、イタリアの場合と同様、ドイツの衛星国家体制を崩壊に導くよりも、しばらくは行動を控えたほうがよいと判断した。

ドイツ自体は交渉によって難局の打開を図るべきではない、とヒトラーは頑強に主張していた。そして、リッベントロープにストックホルムで模索していた接触の努力をやめるよう命じ、こう言った。「いいかね、リッベントロープ。今日ソ連と休戦したところで、明日になればまた取っ組み合いをすることになる。それは避けられないことなのだ」[*36]。ゲッベルスもソ連とイギリスのどちらかと話しあって二つの戦線での戦争をやめなければならないと主張したが、ヒトラーはにべもなくこう答えた。チャーチルは「理性でなく憎しみにつき動かされている」ので交渉しても無駄であり、スターリンと交渉したほうがまだましだとも思うが、(ゲッベルスが日記に書いているように)「スターリンはヒトラーが東方で要求している領土を割譲できない」から「こちらもうまくいくとは思えない」[*37]。

党の古参の闘士《アルテ・ケンプファー》がミュンヘンに集まり、一九二三年のミュンヘン一揆の二〇周年を祝ったとき、ヒトラーの演説にみなぎる自信と活力は全員に強い印象を与えた。これは「昔の総統」の再来であり、彼の健康について聞いていた出席者が予期していた姿とはまったく異なっていた。単に安堵感からであっても、彼らは高らかに歓声をあげ、ヒトラーがイギリスの空襲にたいする報復を約束すると、その声はいっそう大きくなった。

ヒトラーはまたとない演技者ではあったが、それにしても将軍たちを含めて(原注：ロンメルはこの演説のあとで、妻に宛てた手紙にこう記している。「何という力を彼は発しているのだろう。何という信頼と確信を、彼は国民に抱かせるのだろう」デイヴィッド・アーヴィング『ヒトラーの戦争』赤羽龍夫訳、ハヤカワ文庫、一九八八)、ほかの者にまだ勝利のチャンスがあることを納得させられるほどの確信をどうしてもてたのだろうか。もちろん、答の一つは、彼が根本的に意志の力を信じていたからだということになる。いまや試練の時であり、最後まで闘争心を失わない自分こそが勝利者になるのだと、彼は繰りかえした。彼の半生、そして残された年月の彼の行動を決定した最も重要な関心事は、自分の意志の力を衰えさせかねないすべてのものを拒否するか回避することによって、その力を守ることだった。

拒否した例としては、ソ連の軍隊と戦時生産の規模を示す数字を、怒って認めようとしなかったことがある。彼はこう言い張った。スターリンの資源は尽きようとしている。彼の軍隊は消耗しきっており、攻撃を続行する力は残っていない。ソ連軍に五七個の新しい師団があるというのはばかげた話であり、とても考えられない（とフォン・マンシュタインに語った）。このような数字を信じる者は敗北主義者である。いつでもこれが参謀将校にたいするヒトラーの批判の要点であり、（ヒトラーによれば）彼らは嘘をついて意図的に敵の戦力を誇張して報告し、自分たちが勇気と誠意に欠けることを正当化しようとしているのであった。

一方、回避した例としては、戦線や空襲を受けた都市を訪れて自分の目で戦場の苦しみと爆撃による被害を見ようとしなかったことがあげられる。あるとき、傷病兵を輸送する列車がヒトラーの列車の横に停車し、負傷者が寝台に寝ているのが見えると、彼はあわててブラインドを下ろして視界をさえぎるよう命じた。もう一つの例は、ゲッベルスがしきりに頼んだのに、人前に出ようとしなかったことである。ヒトラーは聴衆の雰囲気を敏感に感じとって、眼前に立ちはだかりそうな疑いと絶望感を抑えられないかもしれないと本能的に恐れたのだ。ベルリンへ行きたがらず、ベルクホーフや総統司令部、そしてついには地下壕に閉じこもったのは、どれもこれも意志の力を失わせる恐れのある厳しい現実を締め出そうとする必死の努力の表われだった。

否定的な要因を拒否し、回避したのとは対照的に、ヒトラーは、屈伏しなければ運が戻ってきて、自分の死守している使命感が正当化されるとの信念を支えてくれるものなら、何にでも飛びついた。その例として、先にも引用したゲッベルスの日記に見られる会話があげられる。ヒトラーは数字を操作して作戦上重要な予備軍を三四個師団つくりだせることを示そうとし、四カ月以内に的中率の高い新型の磁気魚雷を装備したUボートが大西洋に復帰すると予言して、一九四四年の初めには「ロケットを用いた大がかりな報復作戦」が始まると断言したのである。ゲッベルスは日記にこう書いている。「潜水艦での戦闘が、われわれの希望どおりに展開し、一月か二月に報復兵器が実戦に配備されるなら、ドイツ側のこうした成功は戦争にうんざりしているイギリス人に大きな打撃を与えるだろう。おそらく、イギリス人の戦争にたいする態度を根本的に変化させることもできるだろう」。東部戦線に関してさえ、ヒトラーは幕僚たちよりもずっと楽観的な所信を述べていた。

現在、われわれは単にドニエプル川の後方の線まで退却しているだけのことだ〔と、ヒトラーはゲッベルスに語った〕……総統は冬のあいだずっとドニエプル川に沿った戦線を維持しようと思っている。この作戦で、われわれは戦線を約三五〇キロ短縮できるだろう。そうすれば、新たに作戦上重要な予備軍として必要な師団を手に入れられる……この予備軍は、現在のわれわれの戦略の中心的な要素である。[*38]

空爆が行なわれているという事実があるにもかかわらず、ヒトラーは繰りかえし昔ながらの楽観論に立ち返り、イギリスは最終的にはドイツとともにボリシェヴィズムに対抗する十字軍に加わるのが自国の本当の利益につながることに気づくだろうと言った。この論理は誰にでもわかるのだから、かならずそのとおりになるというのだ。これが、できるかぎりもちこたえて時間を稼ぎ、ソ連と西欧のあいだに不和と不信が生じて連合が破綻するのを待つもう一つの理由だった。

ヒトラーはゲッベルスに、ドイツの一七個師団を西部に配備しておき、連合国軍がイギリス海峡を渡って進攻してくるのを防ぐと語った。連合国軍がシチリア島とイタリア本土に上陸したことは、占領下の各国のレジスタンス運動に希望を与えた。ノルウェーでは、レジスタンスが連合国軍の上陸に呼応して武装蜂起する恐れがあったので、三〇〇万の国民を支配するために、陸軍一三個師団、海軍の兵員九万人、SS隊員六〇〇〇人、準軍事警察部隊一万二〇〇〇人を追加しなければならなかった。レジスタンス運動の士気は高く、戦後の情勢まで視野に入れており、政治的に意味があった。しかし西欧では、一九四四年に連合国軍が上陸するまで、レジスタンスはドイツを敗北させるうえで実質的にごくかぎられた貢献しかできず、せいぜいドイツの力を浪費させるくらいだった。占領軍に直接挑もうとしても失敗する運命にあり、ドイツ側はわずかな例を除いて、こうむった損害をはるかに上回る苛酷な報復をし、ドイツ人が一人死ぬと五〇人ないし一〇〇人の人質を処刑した。

バルカン半島のレジスタンス運動は、もっと好機にめぐまれた。国土の多くが山岳地帯で交通通信網が未発達だったこと、海岸線が長く、また連合国の空軍と海軍の地中海沿岸基地が近かったことが一因である。ヒトラーはゲッベルスに、バルカンにもドイツの一七個師団が配備されているが、秩序が維持されている外見を保つだけで手いっぱいになっていると語った。

連合国軍のギリシア上陸を恐れて、ヒトラーはそれまでイタリア軍が押さえていたギリシアの島々の哨兵線がイギリスの手に落ちないよう手配した。クレタ島の防衛を強化し、一九四三年十月から十一月にかけて、ドイツ軍はドデカネス諸島を攻略し、占領した。ギリシア国民解放戦線（EAM）がアテネとサロニカを除く国土の大半を支配していたが、彼らはドイツに対抗する作戦に腐心していたばかりでなく、解放後に権力を握るための作戦行動をとって君主制に戻らないよう先手を打つことにも心を奪われていた。

とびきり手ごわい反対勢力は、ユーゴスラヴィアの非正規軍《パルチザン》で、レジスタンスのなかでも独特な運動だった。バルカン半島の最高司令官だったマキシミリアン・フォン・ワイクス元帥は日記にこう書いている。

> もはや「パルチザン」などといって簡単にかたづけるわけにはいかない。チトーに率いられた強力なボリシェヴィキ軍が蜂起し、日ごとに力を増して、われわれを脅かすようになっている。彼らはイギリスの強力な支援を受けている。〔パヴェリチの〕クロアチア政府が無力なので、ますます脅威が高まっている。敵がダルマチアやアルバニアに進攻すれば、国中で共産主義者の反乱が起こることだろう。[*39]

チトーはすぐれた政治手腕を発揮してヒトラーとスターリンの双方からうまく独立を保ち、チャーチル、ローズヴェルト、トルーマンからも一定の距離を置いて、独自の共産主義政権下における自国の独立を主張した。スペインの内戦に参加した三〇〇人の古参共産党員を中核として、チトーはドイツがソ連に侵攻するとすぐ、レジスタンスを組織しはじめた。一九四一年から四三年のあいだに、ドイツ軍は四回もパルチザンに攻撃をしかけ、彼らを山岳地帯に*追いやった。ところが、大きな損害をこうむり、村々がドイツ軍の野蛮な報復を受けたにもかかわらず、パルチザンは戦いを放棄しなかった。イタリアが崩壊したことにより、パルチザンを取り巻く状況が変わった。彼らは大量の兵器を奪い、おかげで二〇万人の新兵を補充して装備させ、ドイツ軍がしかけた五回目の攻撃を乗り切ることができた。イギリスとアメリカから充分な援助を受け、パルチザンは勢力をクロアチアとダルマチアの大部分に広げ、最終的には自国を解放し、赤軍がやってくる前に共産主義政権を樹立できたのである。

一九四三年の秋から四四年の春にかけても、ヒトラーが、何であれ、すぐに成果をもたらしそうなものに飛びついた実例と、ドイツ空軍の没落の歴史における奇妙な変転とを見ることができる。

一九四三年を通じて、シュペーアは自分の取り仕切る戦時生産帝国を拡大しつづけ、デーニッツのUボート建造計画、フンクの経済省からは民間経済に関する主要部門、ゲーリングの四カ年計画の相当部分について、その責任を引き継いだ。産業を各地に

＊　原注：ユーゴスラヴィアは第二次大戦で、ポーランド（ユダヤ人住民を含む）を除けば人口にたいする死者の割合（一〇・九パーセント）が最も高かった。『要塞化した山』（オクスフォード、一九七二）のなかで、ビル（現在はサー・ウィリアム）・ディーキンは、パルチザンの戦いについて他に類のない記述を残している。一九四三年に、彼はチャーチルに命じられてパルチザンの活動を調査することになり、その後パルチザンに加わったのである。

分散させ、爆撃を受けた工場の修理と再建のために移動チームをつくったおかげで、軍需省はこの年の初めからつづいていた兵器生産の驚異的な伸びをなおも維持できた。しかし、兵器生産のなかで最も費用がかかり、複雑で、この年には最も重要になっていた航空機生産部門は、まだシュペーアの管轄外だった。ゲーリングは権力と影響力が下降線をたどっていただけに、いっそう嫉妬心をつのらせて航空機生産の支配権を手放そうとしなかったのである。

一九四〇年と四一年に当初の優位を保たせる決定が下されなかったため、ドイツ空軍はイギリス空軍およびアメリカ空軍にくらべて徐々に不利になっていった。ミルヒは帝国防衛のための戦闘機を供給することに努力を傾け、当時の航空機生産の減少傾向を逆転させることに成功した。この政策によって、ドイツ空軍は、イギリスとアメリカの損失率を一〇パーセント以上に高めることができた。これはどんな爆撃機集団でも長いあいだもちこたえられない数字である。

ところが、ヒトラーはそうした政策に反対し、地上の対空防御を充実させれば爆撃機を撃退できるし、イギリスおよびアメリカ空軍の攻撃をやめさせる鍵になるのは、イギリスの諸都市にたいする報復だと断固として言い張った。一九四三年の秋、彼はイギリスにたいする爆撃の再開を要求した。ゲーリングは何としても汚名を挽回したくて、「新しい空軍」を用意すると約束した。そして、ロンドン空襲の再開とソ連の工業地域を攻撃目標とする戦略爆撃の計画が立てられた。だが、ドイツ空軍の爆撃部隊はこの年に重大な損害をこうむっており、夏の終わりには実戦に使える航空機が六〇〇機以下に落ちこんでいた。ヒトラーは新しい作戦の手はじめとして、十二月一日にロンドンを攻撃するよう命じたが、空軍が攻撃用の航空機を四六二機集められたのは翌年の一月二十二日になってからで、しかも作戦は大失敗に終わった。うんざりして、ヒトラーはハインケル機のことを「こんなくずは初めてだ」と言った。さらに数回、効果のない空襲が行なわれたが、新しく始めたこの作戦はうやむやになり、ソ連の工業地域にたいする攻撃は試みられなかった。

落胆して、ヒトラーの心は「秘密兵器」に向かった。ドイツは核爆弾という秘密兵器を開発中で、これをロンドンに落とせば、ヒトラーの希望がかなって戦争の流れが変わるはずだった。しかしドイツでは、これを真剣に受けとめて計画を実現するための努力はなされなかった。なぜそうだったのかは、簡単には説明できない。核分裂はもともとドイツで発見されたのだし、ドイツに残っていた核物理学者は、国から奨励されて研究をつづけており、その研究は英米の科学者とほぼ同じ経過をたどっていた。両者の決定的な違いを生んだ最大の要因は、一九四二年の初めごろにドイツの陸軍兵站部が出した結論にあったと思われる。そのとき彼らは、それまで援助して核分裂の研究をつづけさせていた科学者たちと討議したあと、戦争終結前に核爆弾の生産にこぎつけるのは不可能だとの判断を下したのである。これはアメリカとイギリスが出した結論とはまったく逆で、英米はこの戦争が長びくだろうと考えていた。ドイツの科学者は、原子力の利用を戦後には実現するという長期的な目標のもとに研究をつづけていたが、ドイツ軍は核分裂よりもロケット研究のほうが手っ取りばやく結果が出せる見込みがあると考え、核分裂の研究については民間の研究機関にまかせた。ドイツの軍人も科学者も、核兵器が——ドイツのものであれアメリカのものであれ——第二次大戦に用いられることはないと考えた。皮肉なことに、アメリカ側は核兵器が実現可能だという結論を出しただけでなく、ドイツ側も同じ答を出すだろうと考え、そのために英米は核兵器を最初に開発しようとして全力を傾けたのである。

ヒトラーは東方での冬の戦争のことで頭がいっぱいになっており、その決定についてはほとんど耳に入らず、また核兵器の潜在的な破壊力についてもあまり知らされていなかったようだ。彼が軍事技術に関心をもっていたことを考えれば、世界にとってこれはきわめて幸運なことだった。ドイツの物理学者C・F・フォン・ワイツゼッカーが、兵站部の実力者エーリヒ・シューマンに、この問題は軍の上層部で討議してもらったほうがよくはないかとたずねたところ、次のような答が返ってきた。

そんなことはしないでください。核兵器が製造可能だと聞けば、ヒトラーは半年でそれをつくれと言うでしょう。それが不可能なことはおわかりだろうし、あなたも私も困った立場に追いこまれることになる。どうか、そんなことは考えないでください。[*40]

ヒトラーが関心をかきたてられた秘密兵器の生産に資源を動員したことについては疑問の余地がない。彼が――遺憾ながら自ら進んで――読み違えたのは、実戦配備できるようになるまでにかかる時間である。電動の高速UボートXXI型は一〇〇隻以上が建造中だったが、一九四五年一月になってようやく、デーニッツはヒトラーに、最初の一隻は三月に使えるようになると自信をもって言えただけだった。ところが三月には、もう大西洋の戦いに敗北していたのである。ジェット機、ロケット爆弾（V1）、長距離ロケット（V2）はどれも生産され、使用されたが、これも遅すぎて戦争の結果を左右できなかった。連合国軍による爆撃への対策として、ヒトラーがとびついた地下の兵器工場についても同じことが言える。シュペーアと民間の実業家は、シュペーアとミルヒが練った分散計画のほうが効果的だと信じていたので、協力を拒んだ。しかし、ヒトラーは執拗で、これを党にたいする忠誠度のテストだと言った。するとゲーリングとヒムラーは喜んでこのテストに応じ、シュペーアの地位を低下させるのに利用しようとした。ところが、工場を建設して生産を始めるころには、四四年の秋に始まったドイツ経済の崩壊を防ぎ、あるいは損失を埋めあわせる役に立たなくなっていた。

5

一九四三年には、西欧の大国とソ連とのあいだに多くの見解の相違があり、そのためにヒトラーは、自分がもちこたえていれば、これら大国間の同盟は利害の不一致から崩壊するだろうとの希望をもちつづけられた。四三年四月、ドイツ軍がカチンの森に埋められていたポーランド軍将校四〇〇〇人の死体を発見し、ヒトラーはこの不和をさらに大きくする機会を得た。ポーランド側が下した公正な推論によれば、この死体はソ連に追放されて行方不明になっていた一万五〇〇〇人のポーランド将校の一部であるとのことだったが、ソ連側は憤然としてドイツ側の非難を否定し、西欧のほとんどの人びとはドイツがやったことだと信じた。ロンドンの亡命ポーランド政府がスイス赤十字による中立的な調査を求めると、スターリンはすぐに彼らを反動主義者として非難し、ソ連への憎しみからドイツのプロパガンダに手を貸しているのだと主張した。ロンドンの亡命政府に対抗するため、ポーランド愛国者同盟がすでにモスクワに設立されており、いまやスターリンは亡命ポーランド政府との関係を断つ機会をとらえた。チャーチルは亡命ポーランド政府を支援できなかった。何よりもドイツ打倒を優先しなければならず、そのためにクレムリンと良好な関係を保つことがどうしても必要だったのだ。

カチンの森の大虐殺は、イギリスとアメリカにしぶしぶながら黙認され、ソ連がポーランド国民に押しつけた戦後処理の悲劇的な歴史の新たな一章の始まりとなった。スターリンの行動から、英米の承認を取りつける際に用いた策略が明らかになる。彼はカチンの森の大虐殺に関して真相を知っていたにちがいないが、それを正当化したり責任を否認したりせず、居丈高に道徳的な怒りをぶちまけ、犠牲者に同情するとともに、ロシア人は冷酷で一九三九年にもナチと協力して彼らの国を滅ぼしたなどと言いたてる者はドイツの利益を図っているのだと非難した。

連合国軍がフランスで第二戦線を開かないこと――スターリンはイタリア上陸はその代わりにならないと言った――と、北極回りの護送船団の打ち切りが、ソ連のさらなる不満の種になっていた。スターリンはさらに抗議して、イタリア軍が東部戦線に加わった事実があるにもかかわらず、英米とイタリアとの和平交渉から自分は除け者にされてきたが、「こうした状況はもはやしのびがたい」と言い、三大国の委員会を開いて、ドイツとの関係を断った他の政府との交渉について話しあおうと提案した。

ローズヴェルトとチャーチルとのあいだでも「オーヴァーロード作戦」、つまりフランスへの進攻についてはまだはっきりとした合意ができていなかった。それは連合国軍の最重要項目だった。一九四三年への延期を不承不承のんでいたアメリカ側にとって、イギリスは臆病で慎重すぎると見えた。ドイツ軍の優位にぶつかって苦い経験をなめていたイギリス側にとって、アメリカはナイーブで性急だとうつった。アメリカ側の見るところ、北アフリカ上陸は英仏海峡のフランス側に総力をあげて攻撃し、ドイツの中心部をうかがう作戦の代わりにはならなかった。さらに、チャーチルが粘り強く提唱する代替策、まずシチリアへ進攻し、そのあとイタリア本土を、そしていまはバルカン半島への軍事作戦を展開するという考えは、相互の不信感をつのらせるばかりだった。一九四三年十月に、ローズヴェルトがオーヴァーロード作戦を損なうような陽動作戦はするべきではないと主張すると、チャーチルはオーヴァーロード計画に関する疑問点の長大なリストをあげて応じた。そして、手紙をこう締めくくっている。「親愛なる友よ、これはわれわれのこれまでの試みのなかでもとびぬけて重大なことです……早く会談をもちたいと思います」[*41]。希望がかなって、十一月の終わりにテヘランで会談が行なわれ、連合国の三人の指導者が初めて一堂に会した。ローズヴェルトはスターリンに二度会っているが、このときが最初だった。この会談の前夜、スターリンは第二戦線の問題をまたもちだそうとして、同盟者たちにこう知らせた。英米の努力によって赤軍は救われるどころか、いまやイタリアとバルカン半島とフランスのドイツ軍師団が東部戦線に向かっているところだ、と。

テヘラン会談は一九四三年十一月二十八日から十二月一日までつづいた。軍事的に重大な決定が下されたのに加えて、三人の指導者は初めて戦後処理についても意見を交換し、さらにおそらくは最も重要なことだろうが、スターリンとローズヴェルト、スターリンとチャーチルといった個別の話しあいや三人での会談、それに昼食や夕食をともにしたことにより、おたがいに相手をよく知るようになったのである。

ドイツの侵攻から三巨頭会談までにほぼ二年半が経過していたことから、スターリンは二重の意味で優位に立っていた。軍事的状況から得られた利点に加えて、チャーチルとローズヴェルトのあいだでは戦略に関する合意が成立しておらず、またローズヴェルトはソ連の指導者と特別な関係を結ぶことを優先させていて、チャーチルとのあいだに築いてきたかけがえのない関係をある程度まで犠牲にするのもやむをえないと考えていたのが有利にはたらいた。三人が会うずっと以前の一九四二年三月までさかのぼると、ローズヴェルトはスターリンをイギリス人の誰よりもうまく操れると確信しており、チャーチルにもそう語っていた。「彼は貴国の上層部の人びとを嫌っています。私のほうが好ましいと考えており、私は今後もそうであってほしいと思います」。そして、従来、ローズヴェルトは、アメリカの多くの政治家にたいするのと同じように、スターリンを「操る」ことができると考えた無邪気さを批判されてきた。

しかし、戦後処理がうまくいくかどうかは、アメリカとソ連がいかに協力するかにかかっており、そのためには終戦前に相互の信頼関係を固めておかなければならないと早くから認識していたことを考えると、彼を無下に非難するわけにいかない。

スターリンのほうでは思いがけない柔軟性を示して、この状況にうまく順応していた。そこでは何があっても恣意的に権力をふるうわけにいかなかったが、自分の地位を脅かすものはなく、明らかに他の二人の指導者と対等に扱われたのである。そして「スターリンにとっては、スターリングラードが軍事上重要だったのと同じように、テヘラン会談は外交上重要だった」[*42]のである。しかし、この二つの相違は、スターリングラードが協力関係による成果で、称賛の大部分は赤軍およびその司令官と幕僚に向けられたのだが、テヘラン会談――軍事的な勝利を外交面で利用した――で称賛されるべきは、スターリンだけだったことである。戦争の指揮についてはスターリンが学ばなければならないことがあったにせよ、ソ連に有利なように独ソ不可侵条約を結んでみせたこの人物は、外交術については何も教わる必要がなかった。バルト三国、ポーランド、ベッサラビアに関するかぎり、彼は一歩も譲らず、自分の要求を通した。

テヘラン、ヤルタ、ポツダムで、スターリンは一九三〇年代のヒトラーに匹敵する外交上の成功を収めたが、その方法は大きく異なっていた。ヒトラーと同じように、彼は交渉相手の手の内をすばやく読み取って弱点を利用し、自分の弱みは見せないで切札をとっておいた。しかし彼は、ヒトラーのように自分の気質を利用しはしなかった。スターリンは自分の性格の偏執的で横暴な一面を外に出さず、ソ連の頂点に立つうえで有用だった政治的才能を存分にはたらかせた。クレムリンでは話しあいのあいだ部屋のなかを行ったり来たりするのが癖だったが、これらの会談ではそれをやらず、じっと座って熱心に耳を傾け、チャーチルとローズヴェルトが彼と個別に話すときに示した、いかにもくつろいで相手を信頼するような態度をとるのは避けた。彼の質問は鋭く、遠慮のない発言をすることもあったが、たとえばチャーチルがフランスへの進攻を遅らせかねないバルカンないし東地中海における作戦行動を擁護したときなど、それに反論するスターリンの言葉は理性的で判断には分別があり、議論にも説得力があった。

イギリス軍参謀総長のブルック将軍は、チャーチルとともに働いた経験があり、反ソ的だとして夕食の席でスターリンに責められたが、会談のときの彼の言動に感銘を受けた。ブルックの記録によれば、ソ連の指導者は専門家の助言者を同行していなかったが、「いかなる発言でも戦略的な誤りは犯さず、ある状況がどんな意味をもつかをいつでもすばやく的確に理解した」[*43]という。

スターリンの態度からは、ローズヴェルトとチャーチルをはっきりと区別していることがうかがえた。ローズヴェルトにはアメリカという興隆しつつある大国の代表として、チャーチルには没落していく大英帝国の代表として応対したのである。より緊密な関係をもちたいというローズヴェルトの希望に応えて、アメリカ代表団にソ連公使館構内のより安全な宿泊施設——明らかにこうした機会のために盗聴装置を仕込んでいた——を提供した。大統領が求めた三度の個別会談の一回目で、スターリンはローズヴェルトの、植民地帝国の時代は終わったという見解に同意し、チャーチルがイギリス植民地の独立に抵抗し、インドに関しても時代に逆行する考えをもっていることへの批判にも同調した。会談の期間中、論争になったのはすべて——本会談でも個別会談でも——スターリンとチャーチルとのあいだであり、スターリンとローズヴェルトとのあいだではなかった。会談の序盤で、スターリンはドイツを倒したらすぐ対日戦に加わると確約し、これはアメリカにとって特に重要だった。また、スターリンは当初は懐疑的だったが、ローズヴェルトが非常に重視していた国際的な組織の設立計画を受け入れる気になり、この計画はのちに国際連合として結実するのである。

ローズヴェルトは本会談[*44]の冒頭で、一九四四年五月一日にイギリス海峡を渡ってヨーロッパへの進攻（オーヴァーロード作戦）を開始することを確認し、地中海の連合国軍をどう利用すれば最もソ連軍の助けになるかをスターリンにたずねた。そして、作戦が可能な地域として、イタリア、アドリア海、チトーの率いるパルチザンの活動地域と接するエーゲ海およびギリシア、それにトルコをあげ、場所によってはオーヴアーロード作戦を二、三カ月遅らせる必要があると言った。この問題をめぐってスターリンとチャーチルは鋭く意見を戦わせた。スターリンの主張は、最も重要なのはフランスにいるドイツ軍を攻撃することであり、地中海で時間と戦力を無駄にすべきではないというものだった。チャーチルはこれに答えて、オーヴァーロード作戦は断念しないが、東地中海からバルカン半島にいたる地域で作戦を展開する可能性も考えるべきだと主張した。ローズヴェルトは議論に終止符を打とうとして裁定を下し、オーヴァーロード作戦の延期につながることは一切せず、東地中海ではなく南フランスへの上陸の可能性を考えるべきだとした。二回目の本会談で、スターリンはローズヴェルトの提案以外は無視し、この提案はイギリス海峡を渡る主要な進攻作戦の成功に直接寄与するだろうと語った。そして、赤軍が東部から同時に攻撃を開始できるよう、オーヴァーロード作戦の日程をはっきりと決め、最高司令官を任命するよう求めた。チャーチルが東部に関して態度を保留しようとすると、スターリンはあからさまにこうたずねた。イギリス人は本当にオーヴァーロード作戦を実行する気があるのか、それともソ連を黙らせておくために口先だけの約束をしているのか、と。ソ連とアメリカが合意していたので、チャーチルは抵抗して自らの孤立をきわだたせただけとなり、米ソの合意は三回目の会談で承認された。

途中で会談は中断され、儀式《セレモニー》が執り行なわれた。「国王の命により」チャーチルはスターリングラードを守ったロシア人への贈り物として特別にデザインされて造られた「名誉の剣」を贈呈した。こうした機会に雰囲気をかもしだし、気分を盛り上げることにかけて、チャーチルに匹敵する者はまずいなかった。では、スターリンはどうだろう。彼は最も背が低かったが、ソ連の将兵が大勢集まった会場にあって、チャーチルに負けないほど強い印象を与えた。彼はチャーチルと同じく威厳と情感をたたえて贈り物を受け取り、無言のまま、その立派な剣を自分の唇のところまでもちあげ、鞘に接吻した。しばらくのあいだ、全員がこの歴史的瞬間に心を動かされ、やがて剣はソ連の儀仗兵に護衛されておごそかに——チャーチルが記しているところでは、その前にヴォロシーロフがその剣を落としたのだが——部屋から運び出された。

戦後処理の全般に関する討論で、スターリンはドイツの国力が敗戦後一五年から二〇年で回復するという悲観的な見通しを語り、ドイツの管理と軍備制限についての取り決めは厳しくしなければならないと主張した。しかし、詳細には立ち入らず、ドイツの国土を分割し、ポーランドの西の国境線をオーデル川とすることには賛成しているようだったが、あとになってドイツ再統一の可能性を全面的に否定するものではないとつけ加えた。

スターリンは、ドイツ問題に関してもチャーチルが足並みをそろえず、もっと寛大に対処したがっているというイメージをつくりあげた。アメリカ人通訳のチップ・ボーレンによれば、ソ連公使館での晩餐会で「スターリンは機を逸することなくチャーチルにあてこすりを言い、彼を守勢に立たせておこうとしたのは明白だった」。この機会に、スターリンはドイツの軍事力を破壊する唯一の方法として、その中核をなすドイツ人将校五万人の殺害を提案した。明らかに、この発言はチャーチルに向けられていた。チャーチルは椅子から立ち上がって、自分を含めてイギリス国民は大量虐殺に関係するつもりはないと言った。スターリンが繰り返し「五万人を銃殺しなければならない」と主張し、ローズヴェルト大統領の息子のエリオット・ローズヴェルトがそれを熱烈に支持する発言をすると、チャーチルは怒って部屋から出ていった。スターリンはすぐにそのあとを追い、チャーチルの肩に両手をかけると、安心させるように冗談だと言い、席に戻るよう促した。チャーチルは回想録にこう記している。「スターリンはその気になればいくらでも魅力的に振る舞えるのだが、このときほどその魅力をふりまいたのを見たことはなかった。しかし、当時もいまも、あれがまったくの冗談で、その裏に真剣な意図が微塵もなかったとは思えない」[*45]。スターリンがそうした手段で赤軍の兵力を破壊しかかったのだと考えたかどうかについては、チャーチルは何も語っていない。

スターリンが——ポーランド東部のソ連との国境については何も言わずに——ポーランド西部のドイツとの国境を西にずらしてオーデル川にすると発言したのを受けて、

チャーチルとローズヴェルトはそれぞれ何の根拠もなくポーランド全体を西にずらすよう提案した。ポーランドは西部でドイツから領土を獲得するかわりに、東部をソ連に譲ることになる。国境に関してはこれで合意してはどうか、とチャーチルは言った。「スターリンはポーランドが話しあいに参加していなくてもいいのかとたずねた。私は『いいだろう』と答え、われわれ三人のあいだでこうしたことをすべて非公式に決定してからポーランド人に伝えればよいと言った[*46]」

スターリンははっきりと答えなかった。しかし翌日、ローズヴェルトがこれまた明らかにスターリンの機嫌をとろうとして、聞かれもしないのに、ポーランド国境が西に動くことを望んでいるが、国内政治について考えると（六〇〇万ないし七〇〇〇万のポーランド系アメリカ人がいる）選挙の年にそういう発言はできないと語った。そしてまた、バルト三国のための訴えをぼかした表現で挟んだが、さらに冗談めかした口調で、ソ連軍がバルト三国の領土を再び占領したとしても、ソ連と戦う提案をするつもりはないと言うにとどまった。

最後の会談で、ローズヴェルトはソ連政府が亡命ポーランド政府との関係を修復してポーランドが国境に関する決定を受け入れられるようにするかどうかをたずねた。スターリンは激しく拒絶した。「亡命ポーランド政府とポーランドにいるその同胞は、ドイツと接触している。彼らはポーランドのパルチザンを殺したのだ」。しかし、やっと国境について吟味する気になり、地図を見ながらソ連はウクライナ西部と白ロシアを自国領と定めた一九三九年の国境線を守ると明言した。イーデン英外相がリッベントロープ－モロトフ線のことを言っているのかと聞くと、スターリンはそっけなく答えた。「好きなように呼べばいい」。イーデンがソ連にカーゾン線（原注：カーゾン線は、一九一九年にイギリス外相のカーゾン卿が提案した、新国家ポーランドの東部国境である）を受け入れさせようとしたので、リヴォフがソ連領になるのかポーランド領になるのかをめぐる議論が始まった。スターリンはカーゾン線を正しく解釈すれば、リヴォフはソ連領になると主張した。そのときのことをチャーチルはこう記している。「私は、ポーランド人は賢明なのでわれわれの助言を聞き入れるだろうと言った。まさかリヴォフについて大論争になるとは思っていなかった[*47]」

　西欧の二人の指導者は、フィンランドに関してはもっとうまくスターリンを説得でき、ドイツとともに倒した場合、寛大に扱うよう求めた。三人はまた、チトーが率いるユーゴスラヴィアのパルチザンをできるだけ支援することで意見が一致した。ドイツの国土分割に関するローズヴェルトの計画に、スターリンは好意的だったが、チャーチルは懐疑的であり、この問題は三国の外相が設立した三国間のヨーロッパ諮問委員会にゆだねられた。しかし、チャーチルはなおもポーランド人に示せる将来の国境について、公式の見解を決めたがった。するとスターリンは、ソ連にケーニヒスベルクを含む東プロイセン北部をくれれば、カーゾン線をソ連とポーランドとのあいだの国境として認めてもよいと言った。「スターリンが言うには、東プロイセンのその地域を獲得すれば、ソ連は不凍港を入手できるばかりでなく、当然与えられるべきドイツ領のごく一部も受け取る結果になるとのことだった」[*48]

戦後のポーランド国境を決めたのは、赤軍によるポーランド占領だった。しかし、ソ連の同盟者だったチャーチルとローズヴェルトがポーランドに相談もしないで領土を西へ移すよう提案し、スターリンに支持を約束したという事実は、ポーランド人には裏切り行為と映り、つづいて英米がポーランドのために三国の合意の修正を試みてさらに介入しようとすると、今度はスターリンからも約束を破ろうとしていると受け取られた。

テヘラン会談に参加した三人のなかで、スターリンには結果として最も喜ぶべき理由があり、ソ連の新聞の熱狂ぶりから、彼がその結果に満足していることがうかがえた。同盟国に迫ってフランスで第二戦線を開かせ、次いで一九四四年の夏には東西から同時に攻撃してドイツの敗北を決定的にすることをついに決定させたのだ。同時に彼は、将来バルカンを勢力圏に組みこもうとすることにたいして、チャーチルの提案に代表されるように、対抗する英米が異議を申し立てて介入する危険を避けた。また、独ソ不可侵条約で手に入れたものをソ連は手放さないという主張にも、ポーランドへの補償はドイツに負担させるという彼の計画にも、まったく異論が出なかった。

会談で最も満足できなかったのはチャーチルで、将来について、またイギリスの影響力の衰退について不安をつのらせた。こうした結論を受け入れるのは、彼にはつらかった。ミュンヘン会談におけるヒトラーへの宥和政策について何と言われようと、イギリスは三大国のなかで攻撃される前にヒトラーに宣戦を布告した唯一の国だった。ほぼ二年にわたって、ドイツに抵抗してきたのはイギリスだけであり、独ソ不可侵条約を結んでいたスターリンはそのあいだ、ドイツにたいして大量の補給物資を供給しつづけ、ヒトラーはそれがあったからこそフランスを破ったあとで和平を結ばなかったのだ。イギリスはソ連やアメリカ並みの地上部隊をつくるには人口が不足していたので、国民——女性も含めて——はドイツよりも動員される割合が高かったし、地中海と空の戦い、重要な大西洋の戦いで先頭に立ったのに加えて、戦力のかなりの部分と不可欠な基地とを提供しており、イギリス軍の力なくしては英米のヨーロッパ進攻もスターリンが切望している第二戦線を開くこともできるはずはなかったのだ。それなのに、イギリスの意見は、戦争の最終局面においても戦後処理においても、他の二大国ほど重視されないことをテヘラン会談で初めて認めなければならなかった。これは、チャーチルには耐えがたいことだった。

一方、ローズヴェルトは充分に満足していた。オーヴァーロード作戦の日取りを最終的に決め、それに合わせてソ連が攻撃するという堅い約束も取りつけた。それに劣らず将来のために重要だったのは、スターリンが対日戦争に加わることを保証し、国際機関に関するローズヴェルトの提案を受け入れたことだった。このことで、スターリンとのあいだに個人的な関係が結ばれたという大統領の確信は強固なものとなった。この関係は戦後までつづいて、アメリカとソ連の協力を可能にし、それによって永続的な平和が確立できると信じられた。

6

テヘランからモスクワに戻ったスターリンを待っていたのは、一九四四年初頭の冬季大攻勢の計画を最終的に承認する仕事だった。赤軍はいまや戦場に五五〇〇万の軍勢を送りこんでいた。それぞれ独立した機動部隊で隊形を組む方法は充分に学んでいたし、ソ連の最高司令部は六個の戦車軍を駆使することができ、近代的な設計による戦車が五〇〇〇両以上あった。また、敵に集中砲火を浴びせることもでき、これはヴォーロノフ将軍が始めた戦法で、一九四一年に赤軍を全面的な敗北から救ううえで他の何よりも威力を発揮した。砲兵軍はいぜんとしてヴォーロノフ（いまや元帥になっていた）の指揮下にあり、独自の砲兵連隊、師団、軍団を支配しており、四四年と四五年の戦闘で再び決定的な役割をはたすことが予想された。

武器貸与法にもとづいて、アメリカとイギリスからは合計二万一六二一機の戦闘機、戦車および自走砲一万二四三九両が供給されていた。しかし、赤軍の大砲、機関銃、航空機、戦車など、その装備の大半がソ連で設計され、生産されたものであることは間違いない。一九四二年にはソ連の航空機、戦車および自走砲の生産高はすでにドイツを上回っていた。英米二国の貢献で最も価値があったのは輸送車両だった。おびただしいトラック、ジープ、トラクター、半無限軌道式自動車、大砲を牽引する車両のほか二〇〇〇両の機関車が貸与された。

二度と繰り返せないほど徹底した徴兵のおかげで、ドイツは数の点で赤軍にさほど劣らぬ軍勢を擁していた。ほぼ五〇〇〇万の戦力である。だが、それらはイタリア、バルカン半島、ノルウェーに分散されており、また今後に考えられる西部戦線にも兵力を割かなければならなかった。したがって東部で赤軍と対峙する兵力は二二〇〇万しか残らなかった。武器の性能とそれを操縦する兵士の技倆は、戦争のこの終盤になって、それまでにないほど効果を上げた。この時期、ドイツ軍は守勢にまわって戦い、しだいに数で圧倒されながらも、ウクライナからはるかオーデル川まで撤退しつつ、団結し、戦力を保って、ときには激しく反攻した。

ソ連軍の攻撃の主力は南西に向けられており、農業および鉱工業資源の豊富なウクライナ全域を奪回して、ソ連－ルーマニア国境まで進撃することを目指していた（原注：図16参照）。クリスマス・イブに、ヴァトゥーチンの率いる第一ウクライナ方面軍が攻撃を開始し、年末にはジトミルを奪回していた。一九四四年一月中旬には、レニングラードとヴォルホフの戦線を開き、一月二十六日にはモスクワとレニングラードを結ぶ鉄道を掃討して、九〇〇日間つづいた封鎖に終止符を打った。封鎖中もその後も、スターリンはレニングラードを一度も訪れなかった。

二月半ばまで、ドイツ軍はドニエプル川沿いのコルスン突出部を守りぬき、南部におけるソ連軍の進撃を阻止してきたが、ひとたびこれが排除されると、スタフカはソ連の六個戦車軍すべてをここに投入してその突破口を広げようとした。リヴォフとオデッサを結ぶ戦略的に重要な鉄道は寸断され、三月中にコーネフの率いる部隊はドニエステル川を渡ってプルート川沿いのルーマニア国境に達した。翌月、コーネフはベッサラビア、ブコヴィナ、モルダヴィアに入り、その一方でマリノフスキーはオデッサを占領して黒海沿岸を掃討した。

ドニエプル川からプルート川までは四〇〇キロで、キエフからオデッサまでも同じ距離であり、この距離からソ連軍が奪回した領土の広さがうかがえる。四月半ばには、フォン・マンシュタイン指揮下の南方軍集団の全部隊を破り、これを捕らえ、または駆逐しており、五月にはクリミアで包囲していたフォン・クライストのA軍集団を壊滅させた。

ウクライナを（つづいて夏には白ロシアも）失って、東方に新しいドイツ帝国を築

図16 1944年のロシア戦線
オネガ湖
ラドガ湖
レニングラード
ヴォルホフ川
バルト海
1944年9月の前線
リガ
ドヴィナ川
1943年12月の前線
モスクワ
55
ケーニヒスベルク
スモレンスク
ラステンブルク
ミンスク
ソヴィエト連邦
ドイツ
ヴィスワ川
中央軍集団（フォン・ブッシュ）
第1白ロシア方面軍（ロコソフスキー）
白ロシア
ワルシャワ
デスナ川
北ウクライナ軍集団（モーデル）
総督府領
キエフ
第1ウクライナ方面軍（ヴァトゥーチン）
クラクフ
リヴォフ
ウクライナ
第1機甲軍
第2ウクライナ方面軍（コーネフ）
スロヴァキア
ドニエプル川
第3ウクライナ方面軍（マリノフスキー）
ブダペスト
デブレツェン
第1ハンガリー軍
1944年5月の前線
第4ウクライナ方面軍（トルブーヒン）
ハンガリー
オデッサ
南ウクライナ軍集団（シェルナー）
元のA軍集団（フォン・クライスト）
45
ベオグラード
ルーマニア
ブカレスト
セルビア（ドイツ軍占領下）
ドナウ川
黒海
ソフィア
ブルガリア
トルコ
25
35

くというヒトラーの夢は、決定的に打ち砕かれた。彼は自分にこう言い聞かせようとしたかもしれない。西部への上陸を図る英米軍を破ったら、また東部に戻ってきて失った領土を取り返すのだ、と。だが、そんなことは、誰にたいしても説得力をもたなかったし、とりわけソ連軍と交戦した経験のある者は納得しなかったろう。

しかし、ヒトラーを挫折させ、彼の野望を打ち砕いたのは、生活圏《レーベンスラウム》の獲得に人種主義的な性格を与えたヒトラー自身にほかならなかった。ソ連では、政府が残酷な方法を用いて革命的な変化を上から国民に押しつけてきたので、経済的、社会的、民族主義的な不満がくすぶっており、侵略者は誰でもこれを利用できたはずである。ヒトラーはこうして生まれるチャンスにわざと背を向けた。たとえば、集団農場を廃止して伝統的な家族農業のかたちに戻すと言って農民を説得しようとするかわりに、コッホとその賛同者たちはヒトラーの全面的な承認のもと、鞭を振りまわし、「劣等人種」であるスラヴ人が主人であるドイツ人と協力することを認める意見はつねにことごとく拒絶し、わざわざ農民を遠ざけた。ナチによる東方搾取は残忍だったのみならず、愚かでもあった。そのために農民を動員して働かせるのではなく、パルチザンに参加するよう仕向けたのである。このように、侵攻の性格はスターリン政府の転覆を目指すものではなく、ロシア人のみならずウクライナ人も奴隷にするための戦争だった。ほかならぬヒトラーとナチが、こうしてソ連国民を政府のもとに再び結集させたのである。ソ連国民はたちまちドイツ軍に憎しみを抱くようになり、この敵を撃退する決意を固めた。

一九四二年には、ドイツ軍の多くの将校と東方占領地省およびゲッベルスの宣伝省の役人が自分たちの誤りに気づき、もっと理にかなった政策を実行できないかと自問しはじめた。ドイツ軍は人手不足だったので、非戦闘業務の補助要員（「対独協力者《ヒルフスヴィリゲ》、短縮して「ヒヴィ」と言われる）を大勢徴募しており、その数は四三年の春には五〇万人にのぼったと推定されている。同じ理由で、公には認められていなかったが、より少数の元赤軍兵士が（しばしば諜報活動やパルチザンとの戦闘要員として）戦闘部隊に組織され、ドイツ軍の指揮下に置かれていた。公式に認められていた軍事的な協力者の集団は二つだけだった。一つはコサックで、かつてロシア人による支配に抵抗して反乱を起こしたためにヒトラーから称賛されたのである。もう一つは、カフカースおよび中央アジアの非スラヴ民族とタタール人、カルムイク人だった。こうした現地の志願兵からなる外人部隊を拡充させた中心人物は、陸軍参謀本部の総務局長クラウス・フォン・シュタウフェンベルクで、やがて一九四四年七月にヒトラー暗殺計画を実行することになる将校だった。彼の見込みでは、捕虜からなる外人部隊が、東部のドイツ軍の一〇パーセントから一五パーセントを占めるようになるはずだった。このように、ドイツ側についた中央アジアのトルコ系民族、カフカース人、コサックの兵士の数は、四三年春に一五万三〇〇〇人と推定され（原注：ヴォルガ・タタール人、グルジア人、アルメニア人、アゼルバイジャン人、北カフカースのイスラム教徒、トルキスタン人といった民族が含まれている）、それにたいしてソ連の民族混成大隊に所属していたのは約八万人だった[49]。

ヘニング・フォン・トレスコウは中央軍集団の作戦将校であり、またフォン・シュタウフェンベルクと同じく反ヒトラーの地下活動もしていた人物だが、彼もまたドイツが東部での戦争に勝つには現地の人びとを味方につけなければならないと主張していた。トレスコウの考えでは、この協力関係を築く鍵となるのは、ロシア人捕虜の待遇を改善し、ソ連国民の願望を理解して、ドイツ軍の仲間としてともに武器を取って戦うロシア人部隊（「東方部隊」）をつくることだった。一九四三年二月には、この見解は東部で戦闘に従事している将校団に広まっており、二人の軍集団司令官、フォン・クライスト元帥とフォン・マンシュタイン元帥は次のような指令を出したほどだった。「東方の占領地域の住民を……協力者として扱わなければならない[50]」

このように政策が変化したことの論理的帰結として、「ロシア国民委員会」と「ロシア解放軍」が設立された。こうした動きの中心人物は、一九四二年七月に捕虜となった陸軍中将Ａ・Ａ・ヴラーソフだった。ヴラーソフはソ連でも有名な農民出身の将軍で、ヴォルホフ戦線で自分の指揮下の軍が払った犠牲を理不尽だと感じ、その結果、ソ連政府に敵意をもつようになった。ヴラーソフの目的は、ロシア人による対抗政府、対抗軍を設立し、ドイツと協力してスターリン政権を転覆し、帝政でも共産主義でもない新しいロシアをつくることだった。ヴラーソフの運動はドイツに支持され、ロシア人捕虜のなかからも数千人の同調者が参加した。しかし、この運動はまた、コッホ、ボルマン、ヒムラーの強い反対にあった。彼らはソ連攻撃の本来の目的を汚す運動をやめさせるようヒトラーに訴えた。

一九四三年六月八日のツァイツラーおよびカイテルとの会談で、ヒトラーは決定を伝え、ヴラーソフの活動を制限し、戦線の向こう側にいるソ連兵に投降するよう呼びかけるドイツ側のプロパガンダ——スターリングラードをはじめとする東部戦線で捕虜となった者が組織した「自由ドイツ国民委員会」、および「ドイツ将校連盟」の名のもとにモスクワが流していた放送に対応するもの——に、名前を添えるだけとした。ヴラーソフは占領地域に姿を現わすことも志願兵を募ることも禁じられた。

ドイツのいかなる機関もヴラーソフの計画の誘惑にまどわされてはならない。[*51]

われわれの側で決して助長すべきでないのは、こうしたやりかたで〔ヴラーソフを支援することによって〕——たとえば東アジアの〔汪兆銘を傀儡《かいらい》の首席として日本が建設した〕いわゆる中華民国自由政府ないし国民政府と同様に——折衷的な解決策が本当に見つかるかもしれないとする見解だ。[*52]

ヒトラーの裁定で決着がつき、ヴラーソフと捏造された「ロシア国民委員会」はプロパガンダにのみ利用されることになった。第三帝国と非スターリン主義ロシアとの真の協力はまったくありえなかった。ドイツ軍とともに戦っている「東方部隊」からパルチザンに寝返る者の数が増えると、そのうちで「頼りになる」部隊をフランス、オランダ、イタリア、バルカン半島に移して、現地の抵抗運動を鎮圧するために利用し、「頼りにならない」部隊はただちに解散させるという決定が下された。

スターリン政権と戦うためにロシア兵を補充しようとする動き——結局は実を結ばなかった——と並行して、ローゼンベルクの東方占領地省は、ソ連農民の協力を得ようとして努力し、耕作した土地の永久所有を認めることを謳った。経済関係諸機関と軍の後押しにより他に先んじて下されたこの決定は、一九四三年五月にはヒトラーに支持されて、ローゼンベルクが農民の土地所有の導入に関する宣言、いわゆる農業条令を発表した。生産性を高め、食糧をより多く獲得するというさしせまった必要があったため、今度ばかりはコッホの反対もほとんど支持されなかった。しかし、この反コッホ勢力の勝利は空虚なものだった。東方経済局が認めたように、四三年の秋には軍事情勢がひどく悪化し、ローゼンベルクの宣言は完全な失敗に終わった。

軍が退却するとき、ドイツの経済関係諸機関は、家畜、穀物、設備、農民を西に移動させて救出するよう指示され、持ち去ることのできないものはすべて完全に破壊するよう命じられた。

占領の直接的な目的である経済的な搾取について言えば、ドイツ人は穀物の八〇パーセント（原注：一九四一年七月から四四年三月のあいだに約一〇〇〇万トン）を取り立て、家畜および食肉の約九〇パーセントとバターの九〇パーセントはドイツには送られず、その場でドイツ軍とドイツの役人およびその協力者が消費した。ドイツによる占領はほぼ一〇〇〇万平方キロにおよび、そのなかには主として農業に従事する六五〇〇万の住民がおり、ソ連で最も多くの余剰穀物を生産する地域を含んでいた。しかし、たとえ、その地域の半分だけを組織的に利用できたとしても、占領期間が短すぎたし、ひどく荒らされてしまったので、たいした成果はあがらなかっただろう。ドイツ国民にしてみれば、独ソ不可侵条約にもとづいて引き渡されるものを受け取っていたほうが、莫大な人命を失い、資源を浪費してわずかな見返りを得るよりもよかったはずである。

「支配民族」としてのドイツ人の移住という目的に関しては、成果はもっと小さかった。一九三九年から四五年にかけて、ＳＳはワルテ大管区のようなドイツに併合したもとポーランド領に四〇万人の「民族上のドイツ人」を移住させたが、それ以外に五〇万人がハンガリー、スロヴァキア、ルーマニア、ユーゴスラヴィアから強制的に移動させられ、難民となって収容所を転々としていた。ウクライナと白ロシアまで行った人びとは、四三年から四四年にかけて、ドイツ軍の撤退とともに西に引き返さなければならず、最初は総督府領内およびポーランドから併合した領土内の収容所に移動し、次いで東欧各地から押し寄せてくる難民と合流して、ひどい爆撃を受けているドイツ本国の町になだれこんだ。さらに、長らくソ連の黒海沿岸に住んでいた民族上のドイツ人三五万人もこれに加わった。このロシア系ドイツ人はドイツ軍の手で「解放」されたのだが、今度は赤軍がやってこないうちに逃げなければならなかった。

言うまでもなく、ドイツによる東方の植民地化は戦後になってからのことだと考えられていた。戦争中に移住が始まったのは、ひとえにヒトラーとヒムラーが、偉大な夢を実現させるため、待ちきれずに計画を始動させたからである。実際にウクライナで始まった唯一の計画は、ヘーゲワルトにおけるもので、七つの村からウクライナ人住民が強制的に排除され、かわって隣接地域であるリヴォニアから民族上のドイツ人の集団が――こちらも強制的に――連れてこられた。ドイツ本国から戦争中に移住した者はおらず、全員が本国以外に、しばしば数世紀にわたって住んでいた民族上のドイツ人で、ヒムラーの要求を満たすために無理に連れてこられたのである。入植者の供給が減るにつれて、民族的な選択基準は――武装ＳＳの場合と同様――ゆるくならざるをえなかった。

戦争中に移動した唯一のドイツ本国の住人は、ポーランドから併合した領土に移住した五〇万人だった。ダレとヒムラーは、屈強な農民兵をヒトラーの言う生活圏のあちこちに住まわせて、国境地方となるウラルをアジアの遊牧民族から守らせようと考えていた――農民兵は戦闘で忙しかったので――が、実際に移住したのはほとんどが都市の住民で、経済的な見返り、戦利品、安全な仕事を求める公務員や商人だった。彼らもまた、夏に赤軍が国境を越えてポーランドおよび中央ヨーロッパに入ってくると、荷物をまとめて急いで立ち去ることになった。

一九四四年の最初の五カ月間を通じて、ヒトラーは英米軍が西部に上陸するのを待っていた。連合国軍は空軍と海軍の優位を利用して一気に前進しようとしたがかなわず、難儀しながらイタリア半島を北上しており、そのスピードの遅いことがヒトラーにとって大きな励みになった。英米軍は一月にローマの南方五〇キロにあるアンツィオに上陸しており、彼らが月末までにローマを占領したいと考えていることを、ヒトラーは知っていた。彼の判断によれば、連合国軍がアフリカとイタリアに足場を築きえたのは、ひとえにフランスとイタリアが裏切ったからだった。イギリス海峡側から攻めてくれば、上陸できないはずだった。ロンメルは、名目上、西部戦線の司令官であるフォン・ルントシュテットの指揮下にあったが、それでもヒトラーはますますロ艇の船体に穴を開ける水中防壁を築いていた。

ンメルを頼りにするようになった。ロンメルは（フォン・ルントシュテットとは異なり、ヒトラーと同じ考えで）敵を水際で撃退しなければならないと考えており、海岸の防備の強化に取り組んで、イギリス海峡の沿岸に数百万の地雷を敷設し、上陸用舟艇の船体に穴を開ける水中防壁を築いていた。

東部戦線では、ソ連軍が南部で大きな突破口を開いたのは、ようやく一九四四年三月半ばになってからだった。それまで、ドイツ軍は退却しながらもしぶとく戦ってきた。ソ連軍が抵抗を破ると、ヒトラーはすでに準備のできていた計画を実行し、ハンガリーの支配権を奪ってその国境地域であるカルパチアの守りを固めた。彼には、摂政のホルティがイタリアと同じ手を使って自国を戦争から離脱させようとしていると信じるに足る理由があった。ホルティはクレスハイム城でのヒトラーとの会見に招かれ、その会談で、ヒトラーからドイツの四個の戦闘集団がハンガリーに侵入しており、新しい親ドイツ政権を樹立したと告げられた。摂政がブダペストに帰るころには、クーデタは終わっていた。これはヒトラーが起こさせた最後のクーデタであり、最も成功したものの一つに数えられ、一滴の血も流されなかった。同時に、ハンガリーの工業も接収され、東部戦線のハンガリー軍は倍加されて、赤軍は中央ヨーロッパにいたる南部のルートをふさがれた。

しかし、ルーマニアとその油田地帯に向かうソ連軍の進撃は、それでも止まらなかった。三月の終わりには、フォン・マンシュタイン（南方軍集団）とフォン・クライスト（カフカースからやっとのことで退却してきたA軍集団）の両陸軍元帥がヒトラーのところへ飛び、撤退の許可を求めた。ヒトラーの返事は、両者に代えて、自分の命令を実行し、断固として戦うと信じられる者を司令官に任命するというものだった。一人はワルター・モーデルで、レニングラードが解放されたあと、北部のドイツ軍の敗走を阻止した人物であり、もう一人はフェルディナント・シェルナーで、党と親密な、ヒムラーご推奨の人物だった。

ヒトラーは数日後にも同じことをやった。四月八日、ソ連軍がクリミア半島を奪回しようと全面攻撃を開始したときである。彼は気候のよいクリミアを、以前はドイツ人入植者が最初に移住する地域と考えていたが、いまでは、西部に侵入した英米軍をしりぞけてドイツ軍が戻ってきたら、カフカースおよびそこの油田への中継地点にするつもりでいた。そこを放棄するのは、一九四四年春のどの後退よりも大きな痛手であり、ツァイツラーがまだ時間のあるうちに一八万のドイツ兵を撤退させるよう説得しても、ヒトラーは断固として拒否した。

しかし、その論争に決着をつけたのは、ヒトラーではなくソ連軍だった。二年前のフォン・マンシュタインの勝利を覆し、彼らは五日足らずでセヴァストーポリを攻略した。ヒトラーは自分の命令が実行されなかったと言って激怒した。そして、第一七軍の司令官のエルウィン・イェネッケ将軍を、自分の部隊に、まだ時間があるうちに撤退するよう命じた——結局は、ヒトラーがその命令を取り消した——として、軍法会議にかけるよう要求した。

セヴァストーポリをめぐる戦いのあと、東部戦線では小休止があり、ヒトラーはすぐにそれをソ連軍が兵力を使いはたした証拠だと考えた。フォン・リヒトホーフェンがイタリアから戻ってきて、連合国軍がモンテ・カッシーノへの攻撃を開始し、アメリカ軍がアンツィオの橋頭堡から出てきたと報告すると、ヒトラーはいかにも老けこんだように見えたが、落ち着いていたという。会見のあと、フォン・リヒトホーフェンは日記にこう書いている。「この男は盲目的に自分の使命に従って、定められた道をいささかもためらうことなく歩み、その正しさと最終的な結果に何の疑念も抱いていないと、あらためて感じずにはいられない」[*53]。このイメージは、ヒトラーが全力を尽くして司令官たちにたいしてだけでなく、とりわけ自分自身にたいして示そうとしたものである。ヒトラーは、新兵器の実戦配備が可能になり、連合国がばらばらになりはじめるまでもちこたえさえすれば、時は自分たちに有利に作用する、とフォン・リヒトホーフェンに断言した。そして、スタッフにはこう語った。最終的な勝利が——(彼が言うには)一九一八年十一月と同じように——手中にあるというのに、自分がそれを信じていないなどとは誰にも言わせない、と。

7

一九四四年二月、ヒトラーは東プロイセンの総統司令部を離れ、ベルクホーフに移動した。その家屋は迷彩をほどこすためのネットでおおわれており、そのため有名な景色がさえぎられ、真昼でも薄明かりしかさしこまなかった。夜には、オーストリアとハンガリーの攻撃目標に向かうイギリス空軍が上空を飛び、ヒトラーとそのスタッフは山腹に掘られた防空壕にもぐりこまなければならなかった。ミュンヘンが爆撃を受けたときには、赤い炎が夜空を染めているのが見えた。昼間は、すでにイタリアの基地から作戦を展開できるようになっていたアメリカの爆撃機が陽光を受けて浮かび上がり、はるか上空を南ドイツの攻撃目標へと飛んでいくのであった。

シュペーアとミルヒは、誰が航空機生産の責任者になるかをめぐる問題にけりをつけるため、自分たちのスタッフを統合して共同の戦闘機幕僚部をつくり、シュペーアの野心的な副官カール・ザウアーの指揮下に置き、ドイツの空を防衛する戦闘機の生産を増やそうとした。ヒトラーは説得されて三月にこの計画を承認した。爆撃を受けた工場の生産を迅速に再開させる特務部隊の編成、爆撃機生産の縮小、工場の分散、より多くの食料や衣類を見返りとする労働時間の延長といったいくつかの措置を講じた結果、生産高は一九四四年初めの月産一三〇〇機から七月には三〇〇〇機以上に増えた。そして六月に――皮肉にもシュペーア自身にたいするヒトラーの評価が低下しつつあったとき――シュペーアとミルヒはヒトラーの同意を取りつけて、あらゆる航空機の生産の責任をゲーリングの航空省からシュペーアの戦時生産省へ移すことができた。しかし、もはや生産が増えても手遅れで、連合国側でも、爆撃機にはより多くの爆弾を搭載できるようになり、これを護衛する長距離飛行が可能な戦闘機（特にムスタング）が導入されるなどの改良が進んでいたので、空の戦いの優劣を逆転させることはできなかった。こうした改良によって、英米軍は優位を保ち、昼夜の別なく二四時間にわたってドイツを爆撃できるようになった。最も効果的だったのは、通信および交通機関と合成燃料――航空機用燃料のほか気化器《キャブレター》用燃料、ディーゼルエンジン用燃料も含む――を生産している工場を目標にした爆撃で、これはドイツ空軍のみならず、陸軍やUボートにとっても脅威だった。五月には、航空機用燃料の生産が空軍の消費を下回り、六月になると、シュペーアはこの規模の爆撃がつづけば九月には国防軍の燃料の需要に応じられなくなるだろうとヒトラーに警告した。

ところが、ヒトラーは防衛よりも攻撃に関心をもっていた。三月、ミルヒはロケット爆弾V1の大量生産ができるようになったというニュースを伝えて、ヒトラーを喜ばせた。四月には、デーニッツが手がけていたXXI型Uボートの最初の二隻が進水し、ヒトラーの誕生日にはザウアーが新型戦車二種――三八トンの戦車と、高速で砲身の長い七五ミリ砲を装備した戦車——を披露した。こうした兵器があれば、大西洋の戦いに勝利を収め、東部戦線でも巻き返しが図れるだろうとヒトラーは断言した。五月に、ヒトラーは戦闘機の生産を増やすために爆撃機の生産が縮小されたことを知り、即座にこれを不満だとし、七〇〇〇機の戦闘機に加えて二六〇〇機の爆撃機からなる部隊を編成するよう要求した。ヒトラーがとりわけ頼りにしていたのは、ジェット爆撃機のメッサーシュミット262だった。時速八六〇キロの高速で、連合国軍の戦闘機による空の防御網を突破してフランスの海岸に上陸する進攻部隊を攻撃できるのである。五月二十三日になってようやく、彼はメッサーシュミット262がもっぱらジェット戦闘機としてつくられ、自分の命令が無視されたことを知り、激怒した。そして、戦闘爆撃機として設計しなおすべきだと言い張り、それには五カ月を要すると言われてもあとにひかなかった。

V2ロケットに関するニュースも、やはり期待はずれだった。九月までは実戦配備できないというのである。また、ロンドンを砲撃する大がかりな地下砲台のクルップ製「グスタフ」砲に必要な砲弾も同様だった。ヒトラーの最初の考えでは、予想される連合国軍の進攻に合わせて、ロケット爆弾V1、V2ロケット、長距離砲、新しい爆撃機部隊を連携させてロンドンを攻撃するつもりだった。このうち、使用可能なのはロケット爆弾だけだったが、彼は計画の実施を繰り上げ、六月半ばにそれを単独で使うことにした。V1の効果で、チャーチルは機が熟さないうちに進攻を開始せざるをえなくなると信じていたのだ。そして、ベルクホーフを訪れていたスロヴァキアの首相ヨセフ・ティソにこう語った。イギリスが講和を打診してきても、連合国軍の進攻が開始されるまで聞き入れるつもりはない。自分が確信しているとおりに進攻部隊を破ったら、再びソ連征服に乗り出すつもりだ。

ドイツ軍の守りは固く、イタリアに上陸した連合国軍を一九四四年五月半ばまでローマの南に釘づけにしていた。しかし、「無防備都市」を宣言することでヒトラーはローマを破壊から救ったものの、六月四日の連合国軍による占領は避けられなかった。これは軍事的には実質をともなわない勝利だった。ドイツ軍は五月末にトラジメーノ湖の岸に築かれた別の防衛線と、さらに後方にあるより強固なトスカーナのゴシック線まで整然と撤退していたのである。

連合国軍は、イタリアを占領すれば中央ヨーロッパないしバルカン半島に突入できるという期待を捨てなければならなかった。そのころには、イタリアは二次的な戦場となっており、連合国軍の数個師団はそこを離れてローヌ渓谷を北上し、一方、イタリア戦線におけるドイツ軍司令官ケッセルリングは、制空権こそ握っていなかったものの、地上軍の優位を保っていた。イタリアでは、少なくとも一九四三年九月にヒトラーが精力的に介入したときには連合国軍の守りを打破していた。連合国軍はまた困難な進軍を開始するほかなく、四四年の秋にフィレンツェとリミニを占領したが、ボローニャを奪うこともポー渓谷を奪うこともできぬまま、冬を迎えて前進を停止せざるをえなくなった。それどころか、連合国軍がイタリア半島の北部一帯に進軍したのは、ようやく四五年四月の下旬、ヨーロッパの戦争がまさに終わったときのことだったのである。

ヒトラーが前から予見していたとおり、西部の決戦はもはやイタリアではなく、フランスで行なわれることになった。ところが、連合国軍がローマに入ってから二日後の六月六日にフランスへの進攻が始まると、ヒトラーとロンメルは不意をつかれ、ドイツ軍はどう対応するか態度を決めかねた。将官艇、タグボート、上陸用舟艇四〇〇〇隻が集まって上陸部隊および武器の移送にあたり、護衛の戦艦七隻を含む一二〇〇隻の艦艇が機雷を取り除いて海岸の防御施設を砲撃したことから、英米軍の作戦の規模は判断できた。アイゼンハワー将軍は七五〇〇機の航空機を使ってこれを直接掩護させることもできたし、三五〇〇機の爆撃機に命令を下し、ドイツへの攻撃を継続させることもできた。ドイツ軍は、主力攻撃がノルマンディーに向けられることをある程度まで確信するようになっていたが、ドイツ軍のレーダー部隊を混乱させて、イギリスの南東部に大規模な連合国軍が存在するように見せかけるなど、イギリスの偽装作戦が功を奏し、ヒトラーは攻撃の第二陣——より重要なものかもしれないし、陽動作戦かもしれない——がより短い海上ルートによって、最も強力なドイツの防御施設が築いてあるパ・ド・カレーを目指すのではないかとも思っていた。実際にはそのような危険はなかったのだが、劣勢だったドイツ空軍は偵察してそれを確認できなかったのである。危険がないとわかっていたら、ドイツ国防軍はノルマンディーに部隊を集結していただろう。だが、現実に国防軍は分散されてしまい、戦闘可能な六〇個師団のうち、ノルマンディーに配備されたのは一八個師団だけだった。それにたいして、ベルギーと北フランスには一九個師団も配備され、オランダには五個、ロアール川の南には一七個だった（原注：イギリス海峡の島々に配備された一個師団を加えて、総計六〇個師団となる）。

ロンメルは、上陸部隊を海岸で打破すべきであり、橋頭堡を築かせてはならないと信じていた。六月十七日にヒトラーがロンメルおよびフォン・ルントシュテットとソアッソンで協議するころには、ドイツ軍がロンメルの意図どおりには戦えなくなっていることが明らかになった。すでに六〇万人以上の連合国軍が上陸しており、七月の第一週のうちにそれが一〇〇万人の戦力になっていた。連合国の空軍は完全な優位に立っていたので、ドイツ空軍は空から一掃され、ドイツ軍は日中の移動が不可能になった。

一九四〇年にイギリスの進攻に備えて用意された司令部で会議が開かれた。そのときにヒトラーを見たハンス・シュパイデル将軍によれば、彼は「疲れきって眠っていないように見え、眼鏡と、指のあいだにはさんだ数本の色鉛筆を神経質にいじっていた。彼だけが背を丸めてスツールに座っており、元帥たちは立っていた」[*54]という。ヒトラーは国防軍の防衛ぶりを辛辣に批判し、二人の将軍が事態の重大さを理解してもらおうとしても耳を貸さなかった。そして、「多数のジェット戦闘機」が連合国軍の空の優位を打ち砕くだろう、東部の軍事情勢は安定している、などと語った。さらに、イギリスはV型兵器によっていまにも崩壊するだろうと予言しはじめ、そのあとはとめどなくわきあがってくる言葉にわれを忘れた。ロンメルが、ドイツは絶望的な状況にあり、戦争は終わらせるべきだと説得しようとすると、ヒトラーはこう言い返した。「きみが戦争の将来について心配することなどない。進攻してくる敵を迎え撃つ自分の戦線のことを考えたまえ」。ヒトラーは前線に近づくことなくフランスを去った。

ノルマンディー上陸の規模が明らかになったというのに、ヒトラーは（六月二十九日になっても）第一五軍をパ・ド・カレーから移動させず、橋頭堡から出てくる連合国軍を食い止めようとして苦しんでいる部隊を補強しようとしなかった。そして、緊張の息抜きをするかのように、西部戦線の司令官をフォン・ルントシュテットから陸軍元帥フォン・クルーゲに交替させた。ドイツ軍は再結集して、七月下旬までにはバーナード・モントゴメリー将軍がカンを押さえるのを阻止しようとし、八月半ばまでは機甲部隊がパリを目指して突撃するのを阻止しようとした。そのころには、V1がヒトラーの望んだような大きな打撃を与えられなかったことがはっきりしていたし、六月二十二日には東部戦線で赤軍が攻撃を再開した。二つの戦線で戦争する危険をかえりみず、イギリスをまだ倒さないうちにソ連を攻撃してから三年になるこの日、ヒトラーは厳しい現実に直面していた。前日、アメリカの爆撃機二五〇〇機が白昼堂々とベルリンを爆撃したのである。

東部でも西部でも、ヒトラーは敵の攻撃を予測できなかった。一カ月前、スターリンは司令官を召集して会議を開き、ミンスクの東にいるドイツの中央軍集団を包囲して壊滅させることにより白ロシアの突出部を掃討するという提案について幕僚たちと話しあった。この会議で注目に値するのは、ロコソフスキーが、スターリンの反対にもかかわらず、自分の指揮する第一白ロシア方面軍に、スターリンの選んだ単一の集中的な攻撃ではなく、ベレジナ川の両岸からボブルイスクにたいする二面攻撃を行なわせるべきだと主張したことである。スターリンは「よく考えろ」と言って、ロコソフスキーを二度も部屋から追い出した。二度目には、モロトフとマレンコフが付き添い、「誰と議論しているか、わかっているのか」とたずねた。しかし、収容所で三年過ごしたことのあるロコソフスキーは考えを曲げず、スタフカが単一攻撃を要求するなら、自分を解任してくれるよう要求するときっぱり言った。彼が三たび自分の主張を繰りかえすと、スターリンはそれに同意し、自分の職務をわきまえ、このようにはっきりとした意見をもっている将軍が好きだと言った。[*55]南部では、第一ウクライナ方面軍のI・S・コーネフが、ドイツの北ウクライナ軍集団を包囲して殲滅し、リヴォフを攻略するために同様の二面攻撃を強く求めていた。これにたいしてもスターリンは最初反対したが、あとになって同意し、コーネフに電話でこう語った。「きみはまったく頑固だな。よろしい、きみ自身の責任で計画を進め、作戦を展開したまえ」[*56]

ソ連側の計画には、主力攻撃がプリピャチ湿地の北ではなく南で行なわれるとドイツ軍に思いこませる手のこんだ偽装戦略が含まれていた。そのために、ヒトラーと参謀幕僚はソ連の五つの戦車軍がすべて戦線の南にあると信じこみ、自分たちの機甲および機械化師団三〇個のうち二四個を湿地の南にとどめておいた。実際には、戦闘が始まると、ソ連は秘密の平和交渉が決裂したのを受けて、フィンランド軍に強力な攻撃をしかけたのである。白ロシアの奪回を目指す主力攻撃は、四つの前線で大部隊によって開始され、兵員一二五万人以上、戦車および自走砲四〇〇〇両、大砲二万四〇〇〇門、航空機六〇〇〇機が動員された。前線で作戦全体の調整にあたったのは、ジューコフとヴァシレフスキーである。

ヒトラーは、ドイツ軍がいかなる事態に直面しているかを悟ると、すぐに四つの拠点を死守するよう命じたが、いずれも一週間以内に攻略された。西部の場合と同じく、彼は中央軍集団の司令官をブッシュからモーデルに代えたが、司令官を交代してもソ連の進撃を食い止めることはできなかった。ヒトラーの命令を守って撤退すまいとすれば、ドイツ軍はますます死者の数を増やし、包囲の環が縮まるばかりだった。七月三日にはミンスクが赤軍の手に落ち、ドイツの前線に四〇〇キロにわたる空白地帯ができた。そのとき、赤軍は中央軍集団を包囲し、殲滅して、全部で二五個から二八個のドイツ軍師団、三五万人の兵士を掃討するという、単一の作戦としては最大の成果をあげた。七月十七日、ドイツ人捕虜五万七〇〇〇人の縦隊がドイツの将軍たちに率いられてソ連の首都の通りを行進し、その両側で無言の群衆が見守っていた。ヒトラーの軍隊がついにモスクワにたどりついたのだ。

いまや、ポーランドとリトアニアに入る道が開けた。ソ連軍はヴィリニュスを七月十三日に奪い、月末までにはルブリン、ブレスト－リトフスク、ビャウィストックを手に入れた。途中、最初に行きあたった絶滅収容所のマイダネクを解放し、ロコソフスキーの部隊はさらに進撃をつづけてヴィスワ川に達したあと、七月三十一日には川の東岸にあるワルシャワ近郊の、防御を固めたプラガを目前にして停止した。

南部では、第一ウクライナ方面軍のコーネフ元帥がリヴォフを奪回して、ドイツの北ウクライナ軍集団を二つに分断し、一方はヴィスワ川、他方はカルパチア山脈まで退却させた。北方では、ソ連軍はエストニアとラトヴィアを席巻し、リガ湾に達して、北方軍集団を東部にいる他のドイツ軍および東プロイセンから切り離そうとしていた。フィンランドでは、八月一日にリスト・リュティ大統領が辞任してマンネルヘイム元帥がそれに代わり、ドイツとの関係を断ってモスクワに停戦を求めようとした。これら南部と北部、それに白ロシアの前線では、六〇〇万人以上が戦闘に加わった。ドイツ軍と同様、赤軍も大きな損害をこうむったが、六週間で五〇〇キロ近く前進して、ソ連領の全域から侵略者を一掃し、いまではベルリンまで六四〇キロ足らずの地点に迫っていた。モントゴメリーが八月末にアミアンを奪うころには、西欧の連合国軍もベルリンから八〇〇キロしか離れていないところに達していた。いまや、ドイツ人のあいだでは、誰が最初にベルリン入りするかということがささやかれはじめていた。こうした苦境のさなか、ヒトラーはある事態に直面していた。それは、スターリンがつねに恐れてはいたが、われわれの知るかぎりでは免れることのできた暗殺の企てである。

8

一九三八年秋の一時期、陸軍の将校たちが戦争を回避するためにヒトラーへの反乱を起こす可能性があるように思えたが、チェンバレンの介入によってミュンヘン協定が結ばれ、陰謀は無に帰した。ヒトラーの成功がつづいているかぎりは、彼を失脚させる真剣な試みがなされる見込みはほとんどなかった。

ひそかに会合を開いて政権転覆のために行動する機会について話しあいをつづけていた人びとのなかに、一般に陰謀の指導者と思われている二人の年配の人物――前陸軍参謀総長のルートウィヒ・ベック将軍と元ライプツィヒ市長のカール・ゲルデラー博士――がおり、前ローマ駐在大使ウルリヒ・フォン・ハッセルもその一員だった。一九三八年以来の中心人物はハンス・オスターで、国防軍諜報部《アップヴェーア》の謎の多い人物、カナリス提督の右腕だった。国防軍諜報部は連絡を保つために申し分のない隠れ場所を提供し、オスター――「神がかくあれと思し召した人間」[*57]――の周囲には、忠実な友人の小グループが集まっており、そのなかにはハンス・フォン・ドーナニイ、クラウス・ボンヘッファーとその弟のディートリヒがいた。ディートリヒはプロテスタントの若い牧師で神学者でもあり、ロンドンのルーテル教会の牧師をしていたこともあった。[*58]

この陰謀に加担した人びとによる国防軍諜報部の施設の利用法の一つは、英米との接触を試みることであり、ヒトラー政権が倒れた場合、連合国はどのような講和を結ぶつもりがあるかに関して、何らかの保証を取りつけたいと考えていた。一九四二年五月、ディートリヒ・ボンヘッファーは国防軍諜報部が用意した偽造文書を使ってストックホルムへ行き、チチェスターのジョージ・ベル主教に会った。ベル主教は陰謀の計画について知ったことをすべてイギリス政府に伝え、また、アメリカのスイス駐在戦略事務局《OSS》（原注：CIAの前身）代表のアレン・ダレスとも接触した。ところが、こうした打診によっては、積極的な反応を引き出せなかった。連合国はドイツの反政府勢力にはいぜんとして懐疑的で、（とりわけ一九四三年一月のカサブランカ会談で「無条件降伏」の要求が表明されてからは）陰謀に加わった人びとは外部からの支えなしに、自分たちだけで行動しなければならない状況に直面した。

　彼らは多くの時間とエネルギーを費やして、ヒトラーを打倒したあと、ドイツおよびヨーロッパをどうまとめ、統治すべきかを話しあった。[*59] このような問題の討議を目的としていたのが、オクスフォード大学の元ローズ奨学生でドイツの軍事史上最も有名な軍人の血を引く三十八歳のヘルムート・フォン・モルトケ伯がシュレージエンのクライザウにある自分の屋敷に集めたグループだった。このクライザウ・サークルはドイツ社会のさまざまな層からなっており、メンバーのなかにはイエズス会の神父二人、ルーテル教会の牧師二人がおり、保守主義者、自由主義者、社会主義者が含まれ、地主から元労働組合員までいた。クライザウ・サークルの討議における関心事は、ヒトラー打倒計画ではなく、そのあとで生まれる新しい社会の経済的、社会的、精神的基盤だった。

一九四二年から四三年にかけて、ヒトラーの運が傾いてくると、ヒトラーの打倒を考えていた人びとも再び希望がもてるようになった。しかし、問題はやはり何らかの組織による支持を得ることであり、それができなければ、いかなる抵抗も国家の組織的な力に立ち向かう個人という絶望的な立場から抜け出せないと思われた。

ドイツにもまだ、ある程度の独立を保持している組織が二つあった。一つは教会である。この戦争中の最も勇気ある反対表明として、ミュンスターのカトリック司教フォン・ガーレン伯とプロテスタントの牧師マルティン・ニーメラー博士の説教があげられる。ボルマンのように狂信的なナチは、教会を悪意と敵意をこめて見守っていたが、カトリックおよびプロテスタントの聖職者は反ナチ運動で積極的な役割をはたした。ところが、カトリック教会も福音教会も、組織としては政府にたいして公然と反対することはできないと考えていた。

したがって、あえてヒトラーへの敵対行動に出ようと考えていた少数のドイツ人は、おのずと軍に期待しつづけることになった。国防軍はいぜんとしてある程度の独立した力をもっているドイツのもう一つの組織であり、反ヒトラー勢力が幹部の説得に成功すれば、その力を行使させられるし、また政権を打倒するのに必要な武装集団を動かせる唯一の組織でもあった。

ヒトラーと軍との関係は一九四三年から四四年にかけても悪化しつづけていた。再三にわたり、ヒトラーは上級指揮官の決定を覆したばかりか、助言を無視し、臆病だと非難して、彼らが不可能だと考えている命令の実行を強制し、失敗すれば免職した。ドイツの将校団にたいするヒトラーの批判は、その保守性と国家社会主義革命にたいする「否定的な」態度に向けられた。実際、革命的精神とは、ヒトラーの命令を、二の足を踏むことなく犠牲をかえりみずに実行することだった（彼に気に入られたのは、荒っぽくて向こう見ずな兵士で、たとえばフォン・マンシュタインとフォン・クライストに代わったモーデルとシェルナーの二人は、前線におもむき、部下を能力の限界まで戦わせ、戦略的な情勢についてはあまり頭を悩ませなかった）。それにもかかわらず、将軍たちはこれまでのところ命令に従い、たえずヒトラーの干渉を受けながら、彼のために戦い、彼が与えた称号、勲章、贈り物を受け取りつづけていたのである（原注：一九四四年三月になっても、フォン・マンシュタインはモーデルと交替させられたというのに、広大な地所をもらっていた。フォン・クルーゲ陸軍元帥は一九四二年十月にヒトラーから二五万マルクを贈られた）。

しかし、指揮官よりも下位の将校には、少数とはいえドイツからナチによる支配を排除しようと決心している者がいた。そのなかで傑出していたのが、東部戦線の中央軍集団上級作戦将校ヘニング・フォン・トレスコウで、自分の立場を利用し、オスターが国防軍諜報部で行なったのと同じ方法で、自分と考えを同じくする将校の一団を集めた。プロイセンの軍人の旧家に生まれたポンメルンの郷士であるフォン・トレスコウは、反ヒトラー運動に加わった他の将校たちと同じように、最初はドイツをワイマル体制の悪弊とヴェルサイユ条約の屈辱から解放してくれると考えて新しい政権を熱心に支持した。ところが、ナチ政権の本当の性格がどういうものかを実際に知ると、断固としてそれに反対するようになり、一九三九年夏には自分の副官となったファビアン・フォン・シュラーブレンドルフにこう語った。「義務と名誉を守るために、われわれは全力を尽くしてヒトラーと国家社会主義を打倒し、ドイツとヨーロッパを野蛮な勢力から救うのだ[*60]」。のちの行動からわかるように、これは口先だけの言葉ではなかった。

スターリングラード攻防戦のあと、フォン・トレスコウはまずヒトラーを暗殺すればクーデタを組織できるだろうし、国防軍もこれを容認するだろうと信じていた。そのころ、フリードリヒ・オルブリヒト将軍は抵抗組織から誘いを受けており、予備軍副司令官という地位を利用して、ヒトラー暗殺後、それにつづく作戦行動を組織することに同意した。フォン・トレスコウは、ヒトラー暗殺を自らの手で実行することにした。

この試みは一九四三年三月十三日、ヒトラーがスモレンスクのフォン・クルーゲの司令部を訪れたときに実行された。フォン・トレスコウとフォン・シュラーブレンドルフは、ヒトラーが東プロイセンに戻る飛行機に時限爆弾をしかけることに成功した。

ところが、爆弾は爆発しなかった。フォン・シュラーブレンドルフはきわめて冷静に、すぐさま総統司令部へ飛び、爆弾が発見される前に回収して——友人に届けるブランデー二本の包みのなかに隠してあった——ベルリンに戻る列車のなかで処分した。

その後、一九四三年のうちにヒトラーの生命を狙う試みが六度も計画されたが、すべて何らかの理由で失敗に終わった。一方、ヒムラーの手先は、陰謀をつきとめる役には立たなかったが、抵抗組織を脅かすほど核心に接近しはじめていた。四三年四月、彼らはディートリヒ・ボンヘッファーとハンス・フォン・ドーナニイを逮捕した。二人の話をたどっていくと、SS保安課報部が活動を停止させようと躍起になっていた国防軍諜報部につながる部分があまりにも多く、四三年十二月、国防軍諜報部の中心人物、オスター将軍が解任された。

幸いなことに、ちょうど国防軍諜報部のサークルが解体されかかっていたとき、陰謀は一人の新たな参加者によって強化された。彼は、古い指導者たちに欠けていた決断力と資質によって陰謀計画を指揮すると約束した。クラウス・シェンクことフォン・シュタウフェンベルク伯は、一九〇七年に南ドイツの由緒あるカトリックの貴族の家に生まれた。背の高い印象的な人物で、乗馬と戸外のスポーツが好きだった。また読書家で、音楽にも通じており、さらに詩人シュテファン・ゲオルゲの浪漫的な神秘主義にも共鳴していた。この詩人のサークルのメンバーになり、彼の詩「アンチ・

クリスト」[*61]を感情をこめて暗唱してみせることがよくあった。

フォン・トレスコウと同じく、もともと民族的な共同体により民族主義と社会主義を調和させる思想にひかれていたので、フォン・シュタウフェンベルクはナチのやりかたにはなじめなかった。しかし、ヒトラーを暗殺する必要があると確信するようになってからも軍人としての職務をはたし、ポーランド、フランス、ソ連で参謀将校として目ざましい働きをした。ヒトラーへの不信感が強くなり、行動を起こさなければならないと確信するようになったのは、ソ連にいたときだった。チュニジアでの作戦でひどい負傷をし、左眼、右手、左手の指二本を失っても、自分の新しい目的を遂げる意志は揺るがなかった。回復するとすぐ、彼はベルリンにいるオルブリヒトのスタッフとの約束を取りつけ、新たなクーデタ計画の準備に没頭した。

予備軍は、野戦軍の欠員を埋めるだけでなく、徴募し訓練を施した新兵や特別な訓練を受けた兵士を即座に動員できる組織を用意し、ドイツにいる何百万人もの外国人労働者がひき起こす可能性のある蜂起など、緊急事態に対処することになっていた。「ワルキューレ」と呼ばれる作戦命令では、大ドイツ帝国内およびパリに配備されている二一個軍の司令部のすべてが六時間以内に戦闘集団をつくるよう定めていた。フォン・シュタウフェンベルクはこの仕組みを利用しようと提案し、服務規程を詳細にわたって改め、多くの司令部の抵抗組織に共感している将校と連絡をとって、命令が出たら迅速に作戦行動に移れるよう手配した。総統司令部、ベルリン、西部のドイツ軍にいる頼りになる人びとの協力を得て、フォン・シュタウフェンベルクはヒトラーを暗殺したらあまり乗り気でない軍の指導者たちにも行動を促すことができると期待していた。

「ドイツの抵抗運動」について語るとき、あまりにも鮮明なイメージをもたせてしまう危険があるが、それは本質的に少人数からなる結びつきのゆるい集団であり、メンバーが一定せず、共通の組織をもたず、現存する政権にたいする敵意以外には何ら共通の目的をもっていなかった。こうした敵意を抱く動機は実にさまざまで、政権全体にたいする強い道徳的反感に由来する場合もあったし、愛国心と、ヒトラーを阻止しなければドイツは破滅してしまうとの確信にもとづく場合もあった。二重生活を送る必要があったので、全員が精神的な緊張を強いられ、そのために個々のメンバーの動機の多様性と気質の違いが浮き彫りになったが、さらにつけ加えなければならないのは、ヒトラーに抵抗するにあたって取るべき手段と、ドイツおよびヨーロッパの将来のありかたに関してかなり見解の相違があったことだ。しかし、一九四四年の夏に合意ができ、ナチに取って代わる政府に、旧社会民主党の代表（ユリウス・レーバーを内務大臣として）、労働組合の代表（ヴィルヘルム・ロイシュナーを副首相として）、それにカール・ゲルデラーのような保守主義者も入れることとした。

フォン・シュタウフェンベルクのエネルギーは陰謀に新しい活力を注入したが、彼が指導的な役割をはたしていることを妬む者も現われた。彼の考え方も問題になった。フォン・シュタウフェンベルクは気質的に急進的であり、ゲルデラーの時代遅れの保守主義にはきわめて批判的で、陰謀グループのなかの社会主義的な傾向をもつレーバーやロイシュナーらの一派にずっと近い立場だった。こうした見解の相違は、自分たちが一刻を争う活動に加わっていることを承知していただけに、いっそう大きくなった。一九四四年の初め、さらに逮捕者が出て、そのなかにはフォン・モルトケも含まれていた。二月には、国防軍課報部の機能の大部分がヒムラー指揮下のSS保安課報部に統合され、ヒムラーはこのとき国防軍課報部長を解任されたカナリス提督にこう語った。軍内部のグループが蜂起を計画していることはよく知っている、いずれ叩きつぶすつもりだ、と。

このとき、連合国軍がノルマンディーに上陸したというニュースが入った。フォン・シュタウフェンベルクは進攻がこんなに早いとは予想しておらず、ベック、ゲルデラーともども最初は面食らい、そのまま計画を進めるかどうかためらった。英米軍もソ連軍もドイツ軍を押し戻しているので、もはやヒトラーを暗殺しても、妥協を引き出して講和を結ぶチャンスがないのではあるまいか。あるいは、事態の推移を変えられずに、第二の「裏切り者」という汚名を着せられるだけではないだろうか。こうした迷いが広がるなか、断固とした意見を述べてフォン・シュタウフェンベルクをはじめとする人びとの目的を確固たるものとしたのは、フォン・トレスコウだった。フォン・シュタウフェンベルクからのメッセージに応えて彼はこう言った。

何としても暗殺を実行しなければならない。たとえ失敗しても、首都で権力を奪取する企ては実行しなければならない。われわれは世界に、そして後世に、ドイツのレジスタンスがあえて命がけの断固たる行動を起こしたことを示さなければならないのだ。この目的にくらべれば、他のことなど問題ではない。[*62]

フォン・トレスコウの助言は人びとの心に刻まれ、また幸運にもフォン・シュタウフェンベルクは新しいポストにつき、それを利用すれば、より容易に計画を実行できるようになった。六月末、大佐に昇進し、予備軍司令官であるフリードリヒ・フロム将軍の参謀長に任命されたのである。これによって、彼はフロム将軍の名において命令を出せるばかりか、ソ連での損失の交替要員を見つけることに特に関心をもっていたヒトラーにしばしば接近できるようになった。そしていまや、ヒトラー暗殺という不可欠な前段階を確実に実行するため、負傷によるハンディキャップはあるが、彼自身が手を下すことになった。

しかし、このときはかつてなかったほど事態が切迫していた。七月四日から五日にかけて、レーバーが非合法なドイツ共産党のグループと接触しようとして逮捕された。七月十七日には、ゲルデラーの逮捕状が出た。いまや陰謀は、数時間とは言わぬまでも数日中にさらに逮捕者が出て、挫折する危険があった。フォン・シュタウフェンベルクはヒトラー暗殺を実行するためのプランを二つ用意していたが、両方とも未遂に終わった。七月二十日、彼は第三の方法によって決着をつけようと決意して、東プロイセンのヒトラーの司令部に飛んだ。

この日はムッソリーニが訪れる予定で、そのために日課となっていた会議は午後零時半に変更された。フォン・シュタウフェンベルクは軍の新しい編制について報告することになっていた。彼は書類を入れた鞄を持参していたが、そのなかには時限装置付きの爆弾が隠してあり、装置を作動させると一〇分後に爆発するようになっていた。フォン・シュタウフェンベルクが重厚なオーク材の大きいテーブルを囲む将校の一団に加わったとき、会議はすでに進行しており、テーブルには何枚もの地図が広げられていた。ヒムラーもゲーリングもいなかった。総統自身は長方形のテーブルの中ほどにいて、立ったまま、たえずテーブルに身を乗りだして地図を見ていた。フォン・シュタウフェンベルクは部屋に入る前に起爆装置を作動させておいた。書類鞄をテーブルの下に置くと、彼はベルリンに電話をするという口実で目立たないように部屋を出た。それから一分か二分して大爆発が起こった。部屋のなかはめちゃめちゃになり、壁も屋根も吹っ飛んで、部屋のなかに降りつもった塵埃に火がついた。

煙が立ちこめ、護衛兵がかけつけた。混乱した部屋のなかで助けを求める負傷者の声があがった。ヒトラーは埃まみれになり、よろめきながら扉の外に出た。髪は焦げ、右腕は硬直して垂れさがったまま動かず、片脚を火傷《やけど》しており、落ちてきた梁で背中に傷を負い、鼓膜は両方とも爆発音のために損傷していた。しかし、彼は生きていた。フォン・シュタウフェンベルクが書類鞄を置いたテーブルの端のあたりにいた人びとは、死ぬか重傷を負った。ヒトラーを保護する楯となったのは、一つは爆発時に身を乗りだしていたテーブルの上板であり、もう一つは重い木でできたテーブルの支柱で、シュタウフェンベルクの書類鞄は爆発する前、この支柱のそばに押しやられていたのである。

ひどい衝撃こそ受けたが、ヒトラーは奇妙なほど落ち着いており、午後の早い時間に駅のプラットホームに現われてムッソリーニを迎えた。右手が硬直しているほか、事件の影響はまったく見られず、ムッソリーニに話して聞かせた説明も抑制がきいていた。

総統司令部に着くとすぐ、ヒトラーはムッソリーニを連れて破壊された会議室へ行き、その惨状を見せた。そして、状況を再現しはじめると、声が興奮して、上ずりはじめた。「今日、奇跡的に死を免れて、われわれの共同の企てを最終的に成功へと導くことが自分の運命だと、これまで以上に強く確信しました」。ムッソリーニはただうなずいて同意するしかなかった。「この様子を見たいま、私は全面的に賛成します。これは天からの啓示です[*63]」

こうして高揚した気分になったヒトラーがムッソリーニとともに自分の司令部へ行くと、興奮した人びとが集まってお茶を飲んでいた。カイテルとヨードルにゲーリング、リッベントロープ、デーニッツが加わり、激しい非難の応酬が始まっていた。その口論をよそに、ヒトラーはムッソリーニと並んで静かに座っていたが、やがて誰かが一九三四年のレームの「陰謀事件」に触れると、急に激怒して立ち上がり、奴ら全員に復讐してやると叫びはじめた。そして、自分は歴史をつくるべく神に選ばれたのであり、邪魔する者は破滅するだろうと大声で怒鳴った。モノローグは三〇分つづいた。怒りを吐きだしてしまうと、今度はまた沈黙し、ときどきキャンディをなめ、その場の人びとが忠誠を誓おうが、ゲーリングとリッベントロープとのあいだで新たに口論が始まろうが、気にもとめなかった[*]。

爆発後の混乱にまぎれて、フォン・シュタウフェンベルクはまんまと三重の検問所を通過し、飛行機でベルリンに戻った。総統司令部にいた者が事態を認識するまでにしばらくかかった――最初は飛行機が爆弾を落としたと考えられた。あとになって、この暗殺の企てにつづき、ベルリンでクーデタを起こす計画だったことがわかった。首都では、ベンドラーシュトラーセの参謀幕僚部の建物のなかにあるオルブリヒト将軍の執務室に陰謀に加わった少人数のグループが集まっていた。計画では、ヒトラーが死亡して反ナチ政府がベルリンに樹立されたと発表することになっていた。その政府の名によって、緊急事態を宣言するとともに、すべての権限を軍に移す命令を出し、SSが支配権を握るのを阻止する予定だった。ドイツ本国、占領国、さまざまな作戦地域のいずれにしても、国の行政のすべて、SS、警察、ナチ党は軍の司令官の指揮下に置き、ナチ党、SS、警察の高官は拘禁することになっていた。ベルリンでは市外の兵舎から兵士を動員して、官庁地区を包囲させ、ゲシュタポの司令部とラジオ局を押さえさせ、SSを武装解除させる計画が立てられていた。こうした命令に人びとが従うかどうかは賭けだった。だが、ヒトラーさえ暗殺すれば、恐怖心からであ

＊　原注：このときの様子について、SSの幹部でムッソリーニに随行していたオイゲン・ドルマンが目撃者として報告している。ゲーリングは空軍の失敗から注意をそらしてリッベントロープの外交政策の破綻を槍玉にあげようとしており、外相を自分の元帥杖で打ちすえかねなかった。「薄汚いけちなシャンパンのセールスマンめ、黙れ」とゲーリングがわめくと、リッベントロープは怒鳴り返した。「私はまだ外相だ。それに私の名はフォン・リッベントロープだぞ」（トレヴァー゠ローパー『ヒトラー最期の日』橋本福夫訳、筑摩書房、一九七五）

れ、忠誠を誓ったので良心がとがめるという理由からであれ、それまで陰謀に加わることを拒んできた将校たちも新政府を支持するだろうという希望はあった。

すべては二つの条件にかかっていた。ヒトラーの暗殺が成功することと、それがベルリンでの決然とした行動を促すことである。最初の条件はすでに満たしそこなっていたが、フォン・シュタウフェンベルクは会議室で爆発にあって死を免れた者がいるはずはないと確信して総統司令部を去っていたので、失敗したことを知らなかった。しかし、午後一時を少しまわったころ、ベンドラーシュトラーセに届いた爆発に関する最初の報告によって、ヒトラーは死んでいないことがわかったので、オルブリヒトは「ワルキューレ」の命令を出さないことにした。こうして、第二の条件も満たされなかった。フォン・シュタウフェンベルクは東プロイセンを飛び立って三時間後にラングスドルフ飛行場に到着し、ようやく電話でオルブリヒトに連絡をとることができた。——まだヒトラーが死んだと信じていたので——行動の命令を出すよう彼を説得した。これが午後三時四十五分のことで、フォン・シュタウフェンベルクがベルリンの中心部へ行き、それまで欠けていた行動のイニシアティブをとるまでに四五分をさらに要した。

だが、フォン・シュタウフェンベルクのエネルギーと決断力をもってしても、失われた三時間ないし四時間を取り戻すことはできなかった。まだ何もなされていなかった。四時になってようやく、ベルリン駐屯軍司令官のパウル・フォン・ハーゼ将軍は部隊を率いて官庁地区を占領するよう命じられた。フォン・ハーゼはオットー・レーマー少佐指揮下の大ドイツ警備大隊をデーベリッツから呼んだ。レーマー（陰謀には加わっていなかった）は即座に行動したが、国家社会主義の指導将校で、この大隊で講義を受けもっていた宣伝省の尊大な青年、ハンス・ハーゲン博士は疑念を抱いた。ハーゲンがゲッベルスに連絡をとると、ゲッベルスはレーマーを呼んで東プロイセンのヒトラーの司令部と電話で話をさせた。電話からはまぎれもないヒトラーの声が聞こえてきて、レーマーは総統の生存を確信した。ヒトラーは少佐を即時大佐に昇進させると言い、レーマーの部隊を動かしてクーデタを鎮圧するようじきじきに命じた。

ベルリンに戻ったフォン・シュタウフェンベルクは、軍の各司令部に「ワルキューレ作戦」を実行せよとの命令を急いで出し、パリとウィーンではすでに陰謀の手筈が整っていたのだが、午後六時半を少しまわったころに、ドイツのラジオ放送が、ゲッベルスの電話を受けて、ヒトラーの暗殺が企てられたが未遂に終わったと発表した。このことがわかると、それまでクーデタが成功するかどうかを見きわめてから参加しようと日和見的な態度をとっていた多くの将校たちは、ヒトラーの復讐を恐れ、身を危険にさらしたくないと思うようになった。

ベルリンからの夕刻の放送はすでに警告を発していたが、まもなく午後八時をまわると、全司令部にテレタイプでメッセージが送られ、ベルリンからの指令を取り消した。ヒトラーはフロム将軍に代えてヒムラーを予備軍司令官に任命し、フロムを保安警察に預けた。一時間後、ヒトラーがその日のうちにラジオで直接ドイツ国民に語りかけるとの発表があった。

ベンドラーシュトラーセの参謀幕僚部にいる少人数の陰謀グループの立場は、いまや絶望的だった。昼のあいだに拘禁されていた、ヒトラーに忠実な将校たちが夜になると拘禁を解いて、フロム将軍を救出して陰謀グループの武装解除をした。それまでフロム自身の態度はどっちつかずだったが、いまでは自分を引きずりこみかねなかった者たちを始末することで熱烈な忠誠ぶりを示そうと躍起になっていた。陰謀グループを逮捕する部隊が到着すると、フロムはフォン・シュタウフェンベルク、オルブリヒトほか二名の将校を中庭で銃殺するよう命じ、装甲車のヘッドライトが照らすなかで刑が執行された。ベックは自殺を選ぶことを許された。フロムは残りの者も処刑しようとしたが、ヒムラーの首席副官であるエルンスト・カルテンブルンナーが到着して、どうにかそれをやめさせた。カルテンブルンナーは、蜂起が失敗に終わったいまとなっては、生存者を即座に銃殺するよりも、彼らからできるだけ多くのことを聞き出したいと思ったのだ。ヒムラーは夜のあいだに東プロイセンからベルリンにやってきて、ゲッベルス邸に自分の本部を設け、その夜のうちに最初の取り調べが行なわれた。犯人狩りが始まった。

陰謀がうまく進んでいる場所が一カ所だけあった。パリである。フランス軍政長官であるハインリヒ・フォン・シュテュルプナーゲル将軍麾下の信頼できる多数の支持者を頼りにできたからである。ベルリンからの暗号を受信するとすぐ、フォン・シュテュルプナーゲルは命令を実行して、パリにいるSS隊員一二〇〇人を逮捕し、軍はすばやくその場を完全に制圧した。しかしここでも、陰謀者たちはその日ずっとつきまとっていた不運から逃れられなかった。

一九四四年の最初の数カ月間、そのころ西部戦線のB軍集団司令官に任命されていたロンメル陸軍元帥は、ベックとゲルデラーを中心とするグループから接触を受けており、いざというときには説得に応じて行動を起こすことを求められていた。ところが、七月十七日、ロンメルを乗せた車は前線から帰るところをイギリス空軍の戦闘機に襲われ、陸軍元帥は重傷を負った。そのため七月二十日には、ロンメルは意識不明の状態で病院にあり、彼のB軍集団の司令官と西部戦線の最高司令官は、まったく立場を異にする陸軍元帥フォン・クルーゲが務めていた。

フォン・クルーゲは陰謀計画があることをよく知っていた。だが、ヒトラーの生命を狙う企てが失敗したことがはっきりすると、彼は西部戦線で独自に動くという考えをはねつけた。野戦軍司令官の支持がなければフォン・シュテュルプナーゲルは何もできず、彼がつくったチャンスは結局、生かされずに見逃された。したがって、二十一日の夜明けにはベルリンと同様、パリでもクーデタは失敗に終わっており、フォン・シュテュルプナーゲルは本国に戻って報告するよう命じられた。いまやヒトラーが行動を起こす番であり、彼の復讐は容赦ないものだった。

七月二十一日の午前〇時三十分に、ドイツの全ラジオ局が、震えてはいるが誰もが聞きおぼえのある総統の声を東プロイセンから中継した。

今日、諸君に話をするのは、私の声を聞いて、私が負傷もせず、無事であることを知ってもらいたいからであり、もう一つはドイツの歴史で前例のない犯罪についてお知らせしたいからである。野望を抱き、無責任であると同時に無分別で愚かな将校たちのごく少数からなる一派が、私と国防軍の幹部を抹殺しようと企てたのだ……

この反逆者と破壊工作員の豆つぶのような一派を暴けば、それでようやく前線に必要な雰囲気が銃後でもつくりだされると確信している……

今回も、われわれ国家社会主義者は、慣れ親しんだ方法で彼らに仕返しをする。*64

ヒトラーの脅しが言葉だけで終わることはめったになかった。ゲシュタポの取り調べと処刑は終戦の日まで間断なくつづき、悪名高いローラント・フライスラーを裁判長とする民族裁判所も数カ月にわたってずっと開廷していた。八月七日の最初の裁判では、エルウィン・フォン・ウィッツレーベン陸軍元帥、ヘプナー将軍、フォン・ハーゼ、シュティーフその他四人の将校にたいしてただちに有罪判決が下され、八月八日に彼らはむごたらしい方法で殺された。肉鉤から下がっている絞首刑用のピアノ線でゆっくりと絞殺されたのだ。裁判と処刑の様子は最初から最後までフィルムに収められ、その夜、ヒトラーが首相官邸で見たと言われている（原注：処刑のフィルムは処分されたようだが、裁判のフィルムは無傷で押収され、被告が受けた屈辱と彼らの勇気をありありと伝えている）。

おおむね幸運によって救われた一握りの例外を除いて、何らかのかたちで陰謀に関与していた市民と軍人およそ二〇〇〇人は、すべて逮捕されて拷問を受け、処刑された。それ以外に、ゲルデラー、フォン・シュタウフェンベルク、フォン・トレスコウ、オスターなど首謀者の家族全員と、今回の陰謀に直接関わってはいなかったが、過去の陰謀に関係があったり、ナチに従わずに自主的な考えをもっていると疑われたりした主要人物——そのなかにはシャハト、ハルダー、コンラート・アデナウアーもいた——を含む五〇〇〇人が逮捕され、強制収容所に送られた。

処刑された人びとのなかには実際に陰謀に加わった者が——そしてヒトラーが殺さ

れていれば加わったであろう者もそれ以上に——いたことは疑いないが、それはヒトラーがドイツを悲惨な敗北に導いていることに気づいたからだった。しかし、抵抗運動の中核となっていたのは、ナチ政権の本当の性質に気がついて、ヒトラーがまだ成功を収めているうちに政権を転覆しようとした人びとで、それはたいてい戦争が起こる前のことだった。

そのような人物の一人が、ヘニング・フォン・トレスコウだった。彼が七月二十日の事件で中心的な役割をはたさなかったのは、ひとえに戦場における指揮官に任命されていたからだった。ヒトラー本人がラジオを通じて陰謀が失敗したことを告げると、彼は自ら生命を断つ決意をした。拷問を受け、抵抗運動に関して知っていることを——参加者の名前も含めて——何もかもしゃべらされるよりも、そのほうがよいと考えたのである。

友人であるフォン・シュラーブレンドルフは彼を思いとどまらせることができず、その翌朝、フォン・トレスコウは車で人気《ひとけ》のないところまで行き、二挺のピストルの引き金をひいてから、戦闘で殺されたように見せかけるために擲弾銃で自分の頭を吹きとばした。七月二十一日の朝、二人が別れたあと、フォン・シュラーブレンドルフはフォン・トレスコウの最後の言葉を書きとめた。

いまや、彼らはわれわれに襲いかかって罵詈《ばり》雑言を浴びせるだろう。しかし私は、われわれが正しいことをしたと、かつてと同じようにいまでも確信している。ヒトラーはドイツのみならず全世界の大敵だと信ずる……

かつて神がアブラハムに、ソドムで義にかなった者を一〇人見つけられれば、その町を滅ぼさないと約束されたのと同じように、私にもヒトラーがわれらのためにもドイツを破壊しはしないだろうという希望をもつ充分な理由がある。われわれのなかには生命を落としても不平を言う者は一人もいないだろう。というのも、われわれの仲間に加わった者は誰でも、ネッソスの毒のついた下着を身につけているからである。人間の道徳的価値は、自分の信念のために生命を捧げる覚悟ができたときに証明されるのだ。[*65]

この言葉は、ヘニング・フォン・トレスコウとともにドイツおよび世界をヒトラーとナチ政権から救おうとしたすべての人びとの墓碑銘とすることもできるだろう。

第18章 ヒトラーの敗北

ヒトラー　一九四四―一九四五（五五―五六歳）
スターリン　一九四四―一九四五（六四―六五歳）

1

ヒトラーは傷を負って健康状態がさらに悪化したが、難を逃れたことから新しい力がわいた。「これは自分の目標を目指して与えられた任務を続行せよ、と神が新たに確認してくださったことだと思っている」[*1]。彼は、神の加護があることを確信したばかりでなく、これまでこうむった敗北の理由を発見しもした。ひとたび将校団に裏切られていたのだと考えると、すべてがぴったりと符合した――それ以外に説明しようのない降伏がたび重なり、固守せよとの命令にさからって撤退がつづいた。ワルター・ザイドリッツとマルティン・ラットマンの両将軍がモスクワで設立したドイツ将校連盟（原注：フォン・パウルス元帥は七月二十日のあと、ついに連盟に加わった）は、脱走してナチ政権の転覆に力を貸すよう、ドイツ軍将兵に求めていた。また、数多くの将校たち、とりわけこれまで軍人を輩出してきた家柄の出身者が、最高司令官を殺害する陰謀に与《くみ》していた。彼らはヒトラーから与えられた機会――史上最大の軍事的成功、気前のよい贈り物や土地――を手にしながら、ヒトラーその人を決して受け入れなかった。彼らは最初から忠誠心を欠き、事態が悪いほうに転じると敗北主義者になった。そしていま、裏切り者になったのである。

シュペーアは、七月二十二日にヒトラーと会見したときのことを次のように述べている。スターリンはトゥハチェフスキーを粛清したことで、戦争を勝利に向ける決定的な一歩を踏み出したのだ、とヒトラーは言った。参謀幕僚を粛清することにより、スターリンは帝政時代とは縁のない活気に満ちた新しい男たちが入る余地をつくったのだ。ヒトラーはもはや、一九三七年のモスクワ裁判の告発がでっちあげだった、と自信をもって言えなくなっていた。ソ連とドイツの参謀幕僚たちが協力して反逆を企てる可能性をまったく否定するわけにいかなかったのだ。シュペーアによると、ヒトラーは激昂し、恨みと怒りに、自分が正しかったことへの安堵感をにじませながら言いつのった。「ロシアにおける私の壮大な計画が近年、なぜことごとく失敗したのか、いまにしてわかった。すべてが裏切りだったのだ！　あの裏切り者たちがいなかったら、われわれはとうの昔に勝っていた。さあ、これで私は歴史に照らして正しいとされるだろう」[*2]

ヒトラーが怒りに身をまかせていたら、徹底的に洗い上げ、目につく将軍たちを片っ端から投獄するか、すべて射殺してしまったことだろう。しかし、重大な軍事的危機のさなかとあって、とうていそんなことをするわけにいかなかった。妥協するのがどれほどいやでも、自分のために戦争を遂行してくれる将校団が必要だった。また、もはや軍が自分の統率力に全幅の信頼を置いていないことを認めるのは、プライドが許さなかった。したがって、公には軍と最高総司令官とのあいだに溝があることを隠すため、入念な偽装工作が行なわれた。七月二十日から二十一日にかけての放送で、ヒトラーは陰謀に加担したのは一部の将校だけだと言った。またゲッベルスは、この陰謀が戦闘中の前線に向けられた卑劣な裏切り行為であり、軍自体がそれを壊滅させたと言明したのである。

七月二十三日、新任の陸軍参謀総長グデーリアン将軍から出された通達も、また同じ線に沿っていた。総統にたいする将校団の忠誠は揺るぎないと言いながら、グデーリアンは「一部の退役軍人を含む少数の将校たち」についてふれ、「彼らはすでに勇気を失い、弱気になり、臆病風に吹かれて、誠実な兵士に開かれた唯一の道とも言うべき義務と名誉の道を捨て、不名誉の道を選んだのである」。

しかし、陸軍はすっかり面目を失った。一九三四年にレームと突撃隊の指揮権の排除を主張した将軍たちは、いまや陸海空の三軍と対等の協力者として武装親衛隊を認め、かつヒムラーがフロムのあとを継いで予備軍司令官となり、ほどなく軍集団の司令官に任命されるのを認めざるをえなかった。「総統にたいする陸軍の揺るぎない忠誠と、軍および党の最も緊密な協調のしるしとして」ナチ式敬礼が強制され、さらに命令が出されて、参謀幕僚の全員が国家社会主義の信条を軍人たちに積極的に教えなければならなくなった。これを徹底するため、ナチ党の政治将校が全軍の各司令部に配属された。これもソ連の慣行に感心して、ヒトラーが真似たものだった。

ヒトラーは残された最後の九カ月間に、個人的な忠誠に全幅の信頼を置けない者、最後まで耐え抜けばまだ勝ち目があると繰り返す自分に多少ともあいまいな態度で応じる者をすべて排除した。ヒトラーの望む条件を最もよく満たしていたのは、古参の闘士《アルテ・ケンプフアー》だった。彼らには、闘争時代《カンプフツァイト》に党が喫した敗北がやがて勝利を導いたことを想起させられた。そのうえ、彼らの運命は総統の運命と固く結ばれていたので、彼らは当然ながら、もう一度情勢を好転できるという総統の信念にしがみつかざるをえなかった。

一九四四年七月のクーデタが失敗したあと、上層部の力のバランスに生じた変化は、第二革命にたいして先制攻撃をかけたあとの一九三四年七月の状況を二重に逆転させたことになる――将校団に代表されるドイツの伝統を受けつぐ保守的なエリート層との同盟が最終的に破れたこと、それと表裏をなして三四年から四一年までは影が薄かった党の指導的な役割が復活したことである。これと関連して、ヒトラーの側近グループのなかでも勢力地図が変わり、党に認められぬままヒトラーに最も近い協力者として、かわるがわるヒトラーの信任を受けた三人――ゲーリング、リッベントロープ、シュペーア――の影響力が低下し、ゲッベルス、ヒムラー、ボルマンの影響力がますます大きくなった。

ゲーリングはなおもヒトラーの後継者と目されていた。国家元帥、空軍最高司令官、航空相、四カ年計画全権委員など二〇もの公職を兼ねていたが、開戦以来、しだいに権力を失っていった。一九三三年から三四年にかけて、彼は疑いなしにドイツのナンバー2だった。だが、四二年になると、怠惰、虚栄心、贅沢好みが災いして、その政治権力ばかりでなく、生まれもった才能さえも蝕まれていた。彼はいつも田舎の邸宅カリンハルでのんびり過ごしていた。宴会や狩猟に興じ、ヨーロッパの諸都市に貢がせて絵画や宝石や美術品の収集をしたり、自分の肩書にあわせ、またそのときの気分しだいで奇抜な衣服をデザインしたりした。真新しい白かスカイブルーの制服を着用し、宝石をちりばめた元帥杖を手に、副官たちを従えて、ローマや総統の司令部に姿を現わすと、いつに変わりなく大声でどなりちらし、特権的な地位を要求した。しかし、それはただのこけおどしにすぎず、裏づけとなるものは何もなかった。一九四二年にローマでゲーリングに会ったチアノ外相は、彼を「傲慢で横柄」だったと評し、

「駅では大きなクロテンの外套を着ていたが、それは一九〇六年ごろに自動車を乗りまわしていた金持連中の外套と高級娼婦がオペラ見物に着ていく毛皮のコートを折衷したようなしろものだった」[*3]と述べた。

ヒトラーはゲーリングの欠点には目をつぶって、相変わらず重要な会議（七月二十日に開かれたような）に呼び出したが、彼に起こっている変化に気がつかないわけではなかった。空軍がドイツへの空爆を阻止できず、ヒトラーが命令したとおりに報復できなかったことから、ゲーリングもついにヒトラーの信用を失うにいたった。二人が激しい口論をする場面さえ何度かあり、ヒトラーは空軍が無能であるばかりか臆病だとして非難し、空軍を解体すると脅した。二人のあいだには最後まで心のなかに通いあう部分が残っていたが、ヒトラーはもはや彼を信用せず、政権末期の数カ月間、ゲーリングはヒトラーに近づこうともしなかった。戦後の裁判で法廷に立ったときだけ、ゲーリングはかつての抜け目のなさと猛々しさの片鱗を見せた。

シュペーアは、ドイツ経済の最高指導者だと主張するゲーリングの失敗に乗じて頭角を現わし、爆撃を受けたにもかかわらず、ドイツの兵器生産を倍増させた功績（全体の生産高は一九四四年七月にピークに達した）により、一時は他のライバルを押しのけてヒトラーの信頼を一人占めしていた。シュペーアの弱みは、政治基盤をもたないことだった。全面的にヒトラーの支持に頼っていたが、党とSSには敵もいれば強力なライバルもいた。暗殺未遂の影響はシュペーアにもおよんで、彼が最も恐れる二人の男、ボルマンとヒムラーの地位が強化され、二人は新たに得た地位の高さを示すように、総統の軍事会議にも出席するようになった。

党は、陰謀という機会をとらえ、党員たちに充分な活動の領域が与えられていなかったから事態が悪化したのだと主張した。大管区指導者たちは、一九三四年にレームと突撃隊が国防軍に負けたことをあからさまに残念がった。もし勝っていたら、レームは国家社会主義の精神に裏打ちされた軍を創設したことだろう。その精神が欠如していたため、ドイツは敗北を喫したのだ。少なくとも党は、非戦闘部門を掌握し、大臣たち（シュペーアのような）が党の指揮に従っているかどうかを確認するべきだ、と彼らは主張した。

軍に幻滅したヒトラーは、あっさりそうした主張を受け入れた。それはもっぱら党の実質的な首領たるボルマンには有利に、シュペーアには不利に働くはずだった。シュペーアはかねてから大管区指導者たちと戦ってきた。民生用の消費物資の生産を一時的に禁止しようとしたり、彼らが地元の経済を守ろうとするのを押し切ろうとしたりしたが、いまや負け戦《いくさ》を覚悟しているように見えた。

シュペーアはヒトラーに直訴し、一九四四年九月二十日付の手紙のなかで、自分が、主だった産業資本家たちと協力することに反対する党の反資本主義的な偏見の犠牲になっていると述べた。産業資本家と協力することは、いまやゲッベルスとボルマンから、反動的で国家社会主義とは無縁であり、党に敵対することだと非難されていた。産業資本家とその工場の管理者は、これからも兵器生産の責務を負い、かつ介入されないことを保証されるのか、それとも大管区指導者および党が適切と見なした場合は介入が認められるのか、どちらなのか答えてほしいとシュペーアは記した。*4

ヒトラーはシュペーアから手渡された手紙に目を通したあと、どうすべきかはゲッベルスとボルマンが決めると言っただけだった。シュペーアが呼びだされて二人に会いにいくと、以後はゲッベルスが命令を出すから、それに従わなければならないと言われた。また、今後はヒトラーを直接動かそうとすればただではすまないと、ボルマンに警告された。シュペーアは戦時生産相を解任されなかったが、これ以後は側近グループからはずされた。

一九四四年から四五年にかけて、ドイツで最も有力と目されたのは、ボルマンやゲッベルスよりも、ヒムラーだった。すでにSSと武装SSとゲシュタポの長官だったヒムラーは、四三年にはさらに内務相も兼任した。七月二十日の陰謀に関係した者を追跡して捕らえ、強制収容所と捕虜の労働力を手にして、軍備と建設計画の多くを引き継いだのは、まさにヒムラーだったのだ。

ヒムラーの帝国は広大だったが、統一性に欠けていた。まさにナチ政権のいちじるしい特徴と言うべきである。かつてゲーリングがやったように、ヒムラーは絶えず自分の責任範囲を広げていったが、それを統制するための措置を講じなかった。ヒムラーのSSは、ヒトラーの「全体主義」国家と同様に一枚岩ではなかった。彼の勢力範囲内にあるさまざまな部門は、いつもたがいにいがみあっていた。ヒトラーのような個人的な権威とカリスマ性に欠けていたため、押しの強い部下が独立した権力者のように振る舞うのを防ぐのに大わらわだったのである。

武装SSの隊員が増えてほぼ一〇〇万の兵力になったので、その将校たちはSSの他の部門から移ってきた者を軽蔑し、関わろうともしなかった。そして、ともに戦う軍の将校に自分をなぞらえ、SS隊員よりも軍の兵員を使った。ヒムラーが命じたイデオロギー上の指示は実施されず、それを監督するために派遣された人間はもの笑いの種になった。

ボルマンはヒムラーを、ヒトラーと自分との関係を脅かしかねないライバルと見ていた。SSのリーダーたちが、ヒムラーの権力を利用して大管区指導者の領分に立ち入りそうになると、かならず「ボルマンがすかさずヒトラーに報告し、自分の地位を固めるのに利用した。そして、たちまちのうちに、内相としてのヒムラーにも手が出しかねる存在になった」とシュペーアは証言している。[*5]だが、当時は、ヒムラー株がまだ上昇している最中だった。武装SSはワルシャワとスロヴァキア、ハンガリーで作戦に成功し、ヒトラーにも高く評価されていた。そのしるしに、SS長官のヒムラーは、一九四四年十一月にミュンヘンでヒトラーの代理を務め、一九二三年のミュンヘン一揆を記念して伝統となったスピーチをする特権を与えられた。自分がまぎれもない後継者としてゲーリングに取って代わるのだとヒムラーが信じたとき、ボルマンは巧妙に立ちまわって、彼の足を引っ張ることになったのである。

2

ソ連軍が国境を越えて東ヨーロッパに入ったとき、ヨーロッパの歴史の新しい一章が始まり、戦後の秩序がつくられていった。ソ連軍がいつ国境を越えたのか、答は一致していない。国境がどこにあるかをめぐって合意がなかったためである。ソ連－ポーランドの国境の場合、ポーランドはこれを戦前の線（一九四四年一月四日に越境）とし、ソ連は一九三九年の独ソ条約によって確定された線（七月十九日に越境）に従うとした。広く受け入れられていたのはソ連側の見解である。ドイツが退却したとき、まずスターリンが目指したのは、ヒトラーに奪われる以前にドイツとの協定によって確保した領土を取り戻し、恒久的にソ連のものとすることだった。スターリンの考えでは、西側の二人のリーダーはテヘランで、ポーランド国境をヒトラーと合意した線とすることに同意していた（実際にはそれとなく、だが）。その国境は、体裁をとりつくろうために、カーゾン線（それにスターリンの主張によってリヴォフを加える）というかたちをとり、ポーランドへの補償は西側の国境でドイツに埋め合わせをさせるとされていた。これは救いのない悲劇的状況のもと、戦後処理をするうえで真っ先に取り上げられた最も困難な問題だった。

スターリンが領土の割譲を求めた東ヨーロッパの他の諸国と違って、ポーランドだけはドイツと戦い、そのためにひどい辛酸をなめていた。ドイツに協力せず、ソ連攻撃にも加わらなかった。そして一九四一年には、イギリスの、そしてまもなくアメリカの同盟国となって戦い、そのうえソ連と友好相互援助条約を締結していた。そうしたことはどれも、スターリンにとってはどうでもよいことだった。彼はすでにカチンの森の事件を契機に、ロンドンの亡命ポーランド政府と関係を断ち、亡命政府の指揮下にあるポーランド国内軍《アルミア・クラヨワ》（ＡＫ）の存在を認めないことにしていた。ＡＫはユーゴスラヴィア人のそれを除き、ヨーロッパの他のどの抵抗運動よりも実力をもっていた。

スターリンは亡命ポーランド政府とかかわりあうのをいっさい拒んでいた。そればかりか、ソ連はゲリラを送りこんで、ロンドン主導のＡＫ軍を一掃し、その戦力を壊滅させるとともに、共産党主導のポーランド・ゲリラ隊と正規軍を創設して武器と装備を与え、赤軍の統制下に置いたのである。ポーランドの各地域をソ連軍が「解放」

すると、治安維持軍は「復活」したソ連の権威を認めまいとする者にたいし、しばしば対独協力者のレッテルを貼って逮捕した。七月二十二日、ソ連軍はポーランドとの国境と見なしていた線を越えてから三日後、自分たちにとって都合のよい「ポーランド国民解放委員会」をルブリンに設立した。国民解放委員会は、スターリン、モロトフ、ジューコフの参列を待って式典を挙行し、ソ連政府と条約を結んだ。スターリンはチャーチルにこんな説明をした。「われわれはポーランドの国土にわが行政府を樹立することを、現在も将来も望まない」がゆえに、「民主的な勢力からなる暫定ポーランド政府の核」となるルブリン委員会と「接触している」と。[*6]

もちろん、スターリンがドイツの復活という脅威を防ぐ防波堤として強力なポーランドを望むと言ったのは、本心のつもりだった。また、西隣の小さいけれどもはるかに価値のある領土と交換すれば、ポーランドが東側で失ったものは充分に償われると考えてもいた。しかし、ポーランド人の強い反ソ感情も充分に承知していた。ポーランド人は一世紀以上におよぶ帝政ロシアの支配と、一九三九年から四一年までの悲惨な体験から、東の隣国にたいしてドイツにたいするのと同じ敵意を抱いていた。三九年から四一年におよぶ占領期間中にポーランドの指導者層を滅ぼしたあと、スターリンは旧指導部の残党と見なされる者が、新しいポーランドで何らかの役割をはたすのを認めない決意を固めていた。そのかわりに、共産党を中核とする政権をつくらせ、今後はソ連に従属させるつもりでいた――戦後、東ヨーロッパの標準となる衛星国家の最初のモデルである。

スターリンのこうした動きのために、国内軍とロンドンの亡命ポーランド政府はどうにもならなくなった。彼らは、現実を直視してソ連と妥協するようにとチャーチルおよびイーデンから強く説得されたが、ソ連から承認を拒まれていることからして、これは非現実的な助言だと考えた。彼らに残された唯一の選択は、何もしないでポーランドが共産主義の支配下におかれ、国内軍が無抵抗なまま制圧されるにまかせるか、ドイツ軍をワルシャワから追い出して、ソ連軍がやってくる前にポーランドの首都で地歩を固めることを期待して蜂起するかのいずれかだった。タイミングについては、現場の指導者に判断をゆだねた。すでにヴィスワ川に達したソ連軍が、どのみち八月初旬にはワルシャワに到達すると考えて行動を起こした国内軍の指導者たちは、自分たちの戦力――およそ一五万人で、その多くがほとんど訓練を受けておらず、武器を手にしているのは四分の一にすぎなかった――を結集して、一九四四年八月一日、ポーランドを占領しているドイツ軍に攻撃を加えた。

ドイツ軍を奇襲した国内軍は、最初の四日間でワルシャワ郊外の主要な部分を占拠したが、空港やヴィスワ川にかかる橋や右岸にある郊外のプラガを確保することには失敗した。それらが確保できていたら、彼らはソ連軍と接触できたことだろう。当初、成功を収めた国内軍は、やがて守勢に立たされた。信じられないほど勇敢に、彼らは猛烈な攻撃に九週間も耐えた。しかし、彼らの悲劇的な賭けは失敗に終わった。第一の理由は、ドイツ側の反応を過小評価したことにあった。ドイツ軍はワルシャワを放棄せず、強力な増援部隊を送りこんで蜂起を鎮圧したのである。第二は、彼らが西側同盟国にもソ連側にもその意図を知らせなかったこと、そして第三は（一つには知らせなかったために）外部からほとんど援助を受けられなかったことである。

有効な援軍が考えられるとすれば、それはソ連をおいてほかになかった。チャーチルに促されて、亡命ポーランド政府首相スタニスワフ・ミコワイチクはチャーチルとともにモスクワへ飛んで、強く援助を要請した。蜂起を疑問視したスターリンは、「ありえないこと」だと言い、戦闘の報道は「誇張されていて人をまどわせる」と述べた。成功する可能性については、さらに疑問視していた。そして、ポーランド生まれのソ連の将軍（のちに元帥になる）コンスタンチン・ロコソフスキーの軍が奇襲をかけて八月六日までにワルシャワを攻め落とせると信じていたことを明かした。だが、ドイツの反撃が予想以上に強いとわかって、ソ連軍は守勢にまわらざるをえなかったのだとつけ加えた。しかし、スターリンは最初のうち、絶対に必要な兵器と弾薬を空から投下する考えを捨てず、八月十日に、ミコワイチクに告げた。「ワルシャワを救うために、できることは何でもするつもりだ」[*7]
月の半ばを過ぎると、スターリンの態度は硬化した。蜂起した人びとに、ブリンディジや西部戦線を基地として空から兵器を補給するため、英米軍の飛行機がソ連の空港に着陸できる便宜を図ってほしいというチャーチルとローズヴェルトの要請を、スターリンはにべもなく拒否した。「この問題を綿密に調査した結果」、そのような蜂起は「無用の犠牲を生む無謀な冒険だと確信している」と、スターリンはきっぱり言った。そして「ソ連の司令部はワルシャワの冒険にいかなる責任も負わない」[*8]と宣言した。

八月二十日、チャーチルとローズヴェルトはスターリンにたいし連署して要請状を送った。

われわれはワルシャワの反ナチ運動が見捨てられた場合の世論について懸念している。われわれは貴殿がワルシャワの愛国的ポーランド人に、補給物資と弾薬を緊急に投下して下さるよう希望する。それとも、わがほうの航空機が早急にそれを行なうのを支援してくださるだろうか。[*9]

スターリンはこの要請に答えようとせず、チャーチルの言う「ワルシャワの苦悶」

を頭から追い払った。「権力の奪取を目指してワルシャワで冒険に乗り出した犯罪人グループについては、早晩、すべての人に真相が明らかになるだろう」[*10]

連合国が議論しているあいだ、ドイツ軍は邪魔されることなくヒトラーの命令を実行して、蜂起軍をじりじりとワルシャワの狭い地域に封じこめ、市街を徹底的に破壊しつくして住民を退去させた。作戦の指揮をまかされたのは、SSの将官で反ゲリラ作戦のスペシャリスト、フォン・デム・バッハ＝ツェレウスキだった。彼が採用した方法は、SS隊員から見ても残酷なものだった。負傷した者にガソリンをかけて生きたまま焼いたり、女や子供を鎖で戦車につないで待ち伏せの盾としたり、下水道を伝って脱出しようとするポーランド人を何百人となくガス手榴弾で殺したりしたのである。彼らの蛮行は一般市民にたいしてもレジスタンスの闘士と区別なしにおよんだ。国内軍がヴォラ郊外から撤退したあと、ただちに八〇〇〇人の大量処刑が行なわれた。看護婦と患者がなかにいる病院に火が放たれた。八月十一日、別の郊外地域が占領されたあとに待っていたのは、四万人の大量虐殺だった。

西側同盟諸国についてのスターリンの判断に狂いはなかった。同盟国は抗議こそするが、ポーランドのために大連合を解体させかねない危険は冒さないと見ていたのである。しかし、スターリンにしても、その危険を冒すことはできなかったし、西側での信用を落としていることにも気づいていた。その信用はソ連がヒトラーを打ち負かすために大きな貢献をして勝ちえたものだった。一九四四年九月、再編成して増強を図ったロコソフスキーの部隊が再び動きはじめた。そして、ポーランド国内軍がソ連軍とともに攻撃してプラガを奪回した激戦のあと、ソ連空軍は遅ればせながら蜂起軍に補給物資を投下したが、そのほとんどがドイツ軍の手に落ちた。同じ目的で連合国の航空機が大きな犠牲を払ってブリンディジを足場に往復飛行をしていたが、ソ連は西部戦線から飛来したアメリカ空軍機に空港への着陸を認めた。それはスターリンが言ったように、「禁じるわけにいかない」からだった。ジグムント・ベルリング将軍はロコソフスキーの軍に編入されたポーランド第一軍の指揮をとっており、自分の責任で蜂起軍と合流するためにヴィスワ川を強引に渡河したが、ドイツ軍に追い返された。

こうした土壇場の支援策は、どれ一つとしてレジスタンス闘士の状況に影響せず、いまとなってはすべてが絶望的だった。ソ連の公文書保管所から将来新しい証拠が出てこないかぎり、チャーチルの次のコメントには説得力がある。「ソ連は非共産主義のポーランド人を全滅させたかったが、それでも自分たちがポーランドの救援に向かったという印象は残しておきたかったのだ」*11

十月二日、二カ月にわたる容赦ない戦闘の末に、ポーランド国内軍司令官タデウシュ・ブル－コモロフスキ将軍は降伏した。国内軍の損失は二万人程度だったが、すでに二二万五〇〇〇人の一般市民が殺されていた。戦いをつづけることは、とりもなおさず市民の犠牲がいっそう増えることを意味した。皮肉にも、ドイツ軍はスターリンが断固として拒否したことをやってのけた。ポーランド国内軍の兵士に戦闘員の権利を与えて、彼らを捕虜として扱ったのである。五〇万人以上のワルシャワ住民が強制収容所に移送され、さらに一五万人がドイツで強制労働につかされた。破壊されずに残っていた建物は、ドイツの爆破分隊が爆破した。一九四五年一月、ついに赤軍が廃墟に入ったとき、三九年には一二五万人以上が住んでいた町にまだ住みつづけている人間は一人もいなかった。

軍事面から見ると、ワルシャワの蜂起を鎮圧し、さらに三カ月もソ連軍にこの都市を渡さなかったことは、ドイツ軍の最後の成功の一つに数えられる。ポーランドを独ソ両国で分割した独ソ不可侵条約というもう少し広い視野に立つならば、それはポーランド国家の現存する指導者層を滅ぼすために、彼らが同じ政策のもとにとった最後の行動だった。戦後処理というはるかに広い視野に立つならば、これはスターリンにとって決定的な勝利だった。

ワルシャワ蜂起を促す決定をしたことについて、スターリンを責めるわけにはいかない。この蜂起は心情的には理解できるとしても、国内軍の司令官たちと亡命政府が、連合した三大国のいずれとも相談せずに犯した悲劇的な過ちだったのである。スターリンは蜂起に腹を立てたばかりでなく、不意をつかれたようだった。それはソ連軍の主力の進撃に勢いがなくなり、まだ作戦の次の段階への準備に着手していないときに起こったのだ。その準備にとりかかったのは、ようやく一九四五年の一月も半ばだった。

ヴィスワ川前線でのドイツ軍の思いがけない巻き返しと反撃を考えれば、ロコソフスキーの軍隊が戦線を突破してワルシャワの蜂起軍を救うことは、たとえスターリンが望んだとしても困難だったと思われる。そしてまた、スターリンがそれを望む理由などなかった。まもなく彼が気づくように、蜂起はまさに思うつぼだった。ドイツ軍は国内軍と、わずかながら残っていたポーランドの指導者層を一掃する手間を省いてくれ、それによってソ連が後押しするポーランド国民解放委員会を後釜に据えるのがきわめて容易になったのである。ソ連軍が抜殻となったポーランドの首都をついに占領したとき、彼らと手をたずさえて戦ってきたポーランド第一軍の諸部隊は、かつて首都の大通りだったところで、ほんの体裁だけの閲兵行進をした。二週間後、国民解放委員会は共産党主導のポーランド共和国暫定政府にかたちを変えて、ルブリンからワルシャワに移り、新しいポーランドの建設に取りかかったが、その目指すところはポーランドの過去の歴史と共通するものをほとんど抹消することだった。

八月下旬、ワルシャワの戦いがまだつづいていたとき、今度はスロヴァキアで反乱が起こった。評判の悪いティソ師の親ナチ政府にたいする反乱で、ソ連軍がカルパチア山脈の向こう側にやってきた直後だった。一九四三年十二月、ベネシュ大統領はロンドンからモスクワに飛んでいた。亡命ポーランド政府の二の舞いを避けるためである。彼はソ連と同盟および友好条約を結び、その甲斐あってチェコスロヴァキア国を再興するに際してはソ連が支援するという約束を取りつけていた。

それにもかかわらず、ロンドンに目を向ける者とモスクワに目を向ける者とのあいだに不信感が生まれ、結局は同じ轍を踏んでいたのである。ソ連で訓練された、共産党に指導されるパルチザンが、ソ連からの支援と補給を受けて反乱を起こしたとき、いずれの側も相手を責めた。軍隊による反乱を求めたロンドンのベネシュ政府と連絡をとって、実際に役立つ有効な関係をスロヴァキア軍の将校たちとのあいだに結ぶことに失敗したからである。この失敗は、蜂起が敗北に終わった主な原因の一つだった。残る一つは、十一月末までつづいたカルパチア越えの激烈な戦闘にもかかわらず、赤軍がそこを突破して救援に向かえなかったことだった。そのうちに、強大なドイツ軍が入りこんで、ポーランドのときと同じく、徹底した容赦のなさでレジスタンスを粉砕したのである。

ルーマニアとブルガリアでは、スターリンにとって問題は比較的単純だった。彼はルーマニアの密使による戦争回避のひそかな努力にも、亡命あるいは地下潜行中のルーマニア共産党にも頼らず、マリノフスキーとトルブーヒンの軍に頼った。両軍は一〇〇万の兵を動かしてルーマニア国内のドイツ軍を破り、クーデタによってアントネスクの独裁政権を覆したあと、ルーマニア王の降伏を受諾し、一九四四年八月末日にブカレストに入った。これはバルカンを確保しておくことを望んでいたヒトラーにとって大きな打撃だった。ドイツの主な石油供給源が失われただけではなかった。これによってソ連がヨーロッパ中部とチェコスロヴァキアおよびオーストリアのみならず、ハンガリーとユーゴスラヴィアへも進む道が開かれたのである。ルーマニアにいるドイツ軍を一掃するために、赤軍は約五万の戦死者を出したが、ブルガリアは無傷で占領できた。ブルガリアはドイツと同盟していたが、伝統的に友好の絆を保ってきたソ連と戦うのを断固として拒否したのである。そして、ソ連軍が国境を越えるやいなや「祖国戦線」が無血クーデタを起こし、歓迎の旗を振ってソ連兵を迎え入れた。

一九四四年五月四日、イーデン外相にあてた文書のなかで、チャーチルは「われわれ〔とソ連〕のあいだでの――イタリア、ルーマニア、ブルガリア、ユーゴスラヴィア、そしてとりわけギリシアに関する――険悪な問題」について述べている。「おおまかに言えば、問題はバルカンと、あるいはイタリアの共産主義化を黙認するつもりなのかということ」である。[*12] 意外にも、チャーチルはポーランドを含めていなかった。

しかし、たとえ含めていたとしても、これは手段と目的を混同することでしかなかった。少なくともこの段階で、スターリンは赤軍がいま占領しようとしている国々の政府や経済のありかたには関心がなかった。つまり「共産主義ブロック」をつくることには関心がなかったのである。彼が望んでいたのは、東欧とおそらく中欧におけるソ連の勢力圏の存在を主張することだった。その圏内では、政権の座にある者は、将来の政策をソ連の希望するかたちで立案しなければならないことをはっきりと悟るだろうし、その資源は（とりわけソ連が戦争中に損害をこうむったあとでは）ソ連の意のままにならざるをえず、スターリンに反ソ的「傾向」を疑われた（彼はことのほか疑い深い男だった）者は誰によらず容赦されないことも理解するだろう。

これはスターリンが一九三九年にヒトラーに求めてかなりの成功を収めたことだった。戦争の体験と、それによってソ連の脆さが露呈したことから、スターリンは三九年から四〇年に併合した領土を回復しようと、前にもまして執念を燃やしていた。そのうえ、赤軍の現在の西への進撃――ナチ・ドイツを打ち負かすために絶対に欠かせないとして、連合国から歓迎されている――を利用して、ドイツの三度目の攻撃にたいして可能なかぎり幅広い障壁をつくるために支配力をさらに拡大する決意だった。どこまで広げるか、そしてドイツ自体がそこに入るのかどうかは、まだわからなかった。

どこの国の共産党にも「労働者の祖国」の利益に沿うよう全面的に従う伝統があり、各国の共産党はそうした政策を実施するうえで当然のように手先として利用された。しかしスターリンはあからさまに彼らを頼りにすれば、逆効果になることもよく承知していた。現在ヨーロッパに強大な軍隊をおく英米の連合国からの疑惑と反対を招くからである。したがって、彼は可能な場合にはいつでも共産党ばかりでなく社会民主主義者、農民党員、民族主義者を加えた連合体を通じて働きかけるようにした——「民主的反ファシスト戦線」が当面のきまり文句だった。潜入といった共産党のお家芸を用いる一方で、西側を安心させるため、外見は多党制に見せかけていた。スターリンの「二枚舌」になれていない共産党員が、そうした妥協に異議を唱えた場合には彼らを追放できるし、彼らがモスクワの方針を素直に受け入れるのを拒んだ場合には、チトーをはじめとするユーゴスラヴィア共産党指導部の場合のように、除名することもできた。

一九四一年に初めてイーデンに会ったとき、スターリンはヒトラーの弱点はいつ停止したらよいかを心得ていないことだと評した。スターリンはそれを心得ていた。何百万という人びとを移住させ、さらに何百万もの人びとを永久に奴隷化して、ドイツ民族だけの帝国を築くというヒトラーのユートピア的な夢にくらべると、現代のスパルタとでもいうべき一九四〇年代に展開されたスターリンの新秩序は、文句なしに実現可能で、実際的な計画でもあった。このことを証明するかのように、一九五三年に彼が死んだあと、三五年間もそれがつづいたのである。ヒトラーと違って、スターリンはものごとには限度があり、図に乗ってそれを踏み越えれば危険を招くことを知っていた。その最も顕著な例は、一九四九年にベルリンをめぐって後退したことである。だが、四四年にも二つの例があり、その一例はソ連の国境にきわめて近い地域に影響をおよぼしたことからして、いっそう驚くべきである。

第一の例はフィンランドだった。フィンランドが和平を請うたとき、九月に示された条件では、一九四〇年に失った領土は永久に返されず、相当額の賠償金を課され、ポルカラの海軍基地をソ連に五〇年間貸与することを求められた。しかし、ソ連がかつてフィンランドを攻撃したときの国際的な反応を思い出して、スターリンはフィンランドにたいし、東欧の他のどの国家よりも独立性を認め、フィンランド共産党が権力から除外されるのを黙認した。

第二の例はギリシアだった。ギリシアに共産党政府が樹立されることになれば、ソ連の勢力が地中海にまで広がることを懸念して、チャーチルは一九四四年五月にソ連大使にある提案をした。イギリスはルーマニアとの第一の利害関係がソ連にあることを認めるかわりに、ギリシアとの第一の利害関係がイギリスにあることを認めてもらえないかというのだ。アメリカが勢力圏をめぐるこの取引に疑問を抱いたにもかかわらず、スターリンはその提案を受け入れ、ギリシア共産党には愛想をつかされたが、四四年末にドイツが撤退し、イギリスが上陸したあとに起こった内乱のあいだも約束を守り通した。

バルカンのソ連軍は南下してギリシアに向かわず、西進してハンガリーとユーゴスラヴィアに入った。ハンガリー人は災いの前兆をずっと前から予知していた。八月末、摂政のホルティ提督は三月の占領後にドイツが首相に据えたストーヤイを追放し、休戦の交渉相手が西側諸国ではなく、ソ連でなければならないことを認める気になった。十月十日、休戦交渉団はひそかにモスクワに到着したが、そのときにはロジオン・マリノフスキー将軍の部隊がトランシルヴァニアを掃討しながら、すでにティサ川に達していた。

しかし、ヒトラーがはっきりと理解していたように、ハンガリーを放棄すればドイツ軍がいま需要の五分の四を依存するハンガリー－オーストリア油田を失うことになり、ソ連軍にたいし、南方からドイツへ進攻する道を開くことになるのだ。ムッソリーニを救出したスコルツェニーが指揮する迅速な工作活動によってホルティは辞任に追いこまれ、ドイツはハンガリー政府と首都にたいする支配力を取り戻した。一方では、SSが増援部隊を送ったことにより、戦わずして首都を奪取するのは不可能になったハンガリーの三分の一を掃討し、首都から八〇キロ以内に達したマリノフスキーは、ブダペストの攻撃にとりかかる準備をした。だが、出撃に先だって五日の猶予を求め、追加の軍隊を要請した。十月二十八日、スターリンはモスクワで断固これを拒否した。

可能なかぎりすみやかに、ブダペストを占領することがぜひとも必要である。これはいかなる犠牲を払ってもやってもらわなければならない……最高統帥部《スタフカ》は五日間の猶予を与えるわけにいかない。政治的な根拠があるからこそ、われわれができるだけすみやかにブダペストを占領しなければならないことは、きみにもわかっているはずだ。

自分が率いる第四六軍は「単に力不足のため」、すでにこちらに向かっている援軍が到着しなければどうにもならず、激戦のあげく、かならずや泥沼にはまってしまうだろうとマリノフスキーが主張したとき、スターリンは彼に言った。「きみはまったく無駄な議論をしている……私は断固として命令する。明日、ブダペストに向けて出撃せよ」[*13]

マリノフスキーはスターリンの命令に従ったが、結果は彼が予測したとおりになった。ドイツ軍は猛烈な反撃を開始し、市街戦はスターリングラード以来の苛烈さで、双方が莫大な損害をこうむったあげく、ようやくブダペスト奪取が完了したのは、一九四五年二月十三日だった。しかし、これでハンガリー作戦が終わったわけではなかった。ヒトラーは、本当に危険な地点がヴィスワ-オーデルの前線であることを認めようとせず、先のスターリンに勝るとも劣らぬ頑固さでハンガリーの首都を奪回するよう主張し、そのためにゼップ・ディートリヒのSS第六機甲軍を西部戦線から引き揚げて現地に差し向けた。ドイツの抵抗が最終的に制圧されて、スタフカからウィーン奪取の命令が出されたときは、三月も最後の週になっていた。

赤軍が進駐したとき、ユーゴスラヴィアは衛星国にならず、同盟国となった。ポーランドに赤軍が入ったときにもこれはありえたことだろうが、決定的な違いは、チトーをはじめユーゴスラヴィアの指導者たちが共産主義者だったばかりでなく、激戦を重ねてドイツ軍を追い払い、国土の大半を文句なしに支配していたことである。結局、スターリンの狙いは挫かれ、ユーゴスラヴィアは一九四八年に共産主義世界におけるスターリンの覇権への挑戦の最初の成功例となった。

ミロヴァン・ジラスは後年、共産主義の最も辛辣な批判者になったため、チトーに投獄されて、多年の獄中生活を送ることになった人物だが、一九四四年三月には初めてモスクワに派遣された軍事使節団にユーゴスラヴィアの指導部の一人として加わっていた。回想録のなかで、ジラスはソ連の首都におもむき、偶像崇拝に近い感情を抱いてスターリンに紹介されるのを待っていたと述懐している。スターリンに最初に会ったユーゴスラヴィアの指導者として、彼は次のように書いている。

戦争と革命のさなかからやってきた共産主義者にとって、スターリンに迎えられる以上に心躍ることがありえただろうか。われわれパルチザン戦士にとって、それはこのうえない最高の褒賞だった。地下牢のなかで、戦争の大虐殺のなかで、また共産主義の内外の敵を相手とする厳しい精神的危機と対立のなかで、スターリンは戦いの指導者以上の存在だった。彼は思想の権化であり、その思想は共産主義者の頭のなかで純粋な観念となり、それによって絶対に正しく、誤ることのないものとなっていた。[*14]

クレムリンの荘重なたたずまいに目を見張り、辺境の森林地帯からやってきたこの無垢の男は、鋭い観察力で、スターリン像をかつてないほど生き生きと伝えている。

部屋は広くはなく、どちらかといえば細長くて、派手な装飾は何もなかった。ほどよい大きさの机の上方にはレーニンの写真が掲げてあり、会議のテーブルを見おろす位置にある壁には、田舎で見かける石版印刷のような、スヴォーロフ（訳注：一七二九―一八〇〇年。露土戦争およびポーランド鎮圧に功あり）とクトゥーゾフ（訳注：一七四五―一八一三年。退却するナポレオン軍を追撃）の肖像画が木彫りの額縁に納められて掛かっていた。

しかし、最も質素だったのはその部屋の主だった。元帥の軍服を着てソフト・ブーツをはき、金色の星一つ――ソ連の英雄勲章――以外、勲章はつけていなかった……これは写真やニュース映画に出てくる――いかにも堅苦しい、身のこなしのわざとらしい――あの堂々たるスターリンではなかった。彼は、一瞬たりともじっとしていなかった。イギリスの会社ダンヒルの小さな白いマークのついたパイプをもてあそんだり、討議の主要題目を示す言葉を青鉛筆で丸く囲んでは、あとで消したりして、絶えず頭を動かしながら椅子の上でもじもじしていた。

ほかにも驚くことがあった。彼は非常に背が低く、体型は不格好だった。胴は短くて幅が狭かったが、手足は長すぎた。右腕と右肩はいくぶんこわばっているように見えた。かなりの太鼓腹で、頭髪は薄かった。顔は白くて頰が赤く、オフィスで長時間座っている人に特有の、「クレムリンの血色」と言われる顔色だった。乱杭歯は黒く、内側に反っていた。口髭までが、濃くもなく、整ってもいなかった。それでも、頭のかたちは悪くなく、どこにも変わったところはないように見えた――

目は黄色く、その厳しさに茶目っ気がまじっていた。

彼のアクセントにも驚かされた。彼がロシア人でないことは誰にもわかる。しかし、彼の話すロシア語は語彙が豊かであり、表現は具体的で、よどみがなく、ロシアの諺や格言がふんだんにちりばめられた。あとで気がついたことだが、スターリンはロシア文学に精通していた。

一つだけ意外でなかったのは、スターリンにユーモアのセンスがあることだった——自信にあふれた粗野なユーモアだが、微妙なところや深みがまったくないわけでもなかった。彼の受け答えは早いうえに的確で、かつ断固としていたが、彼が人の話を最後まで聞かないということではない。しかし、彼が冗長な説明を好まないことは明らかだった。*15

スターリンとユーゴスラヴィアの指導部との不和は、ユーゴスラヴィアがドイツと戦うだけでなく、独立した政府を樹立し、自分たちの革命を遂行しようと固く決意していたことが原因だった。長らく逡巡したあと、主要な三つの連合国はテヘランに集まり、有効なレジスタンス運動として、亡命王国政府につながるドラジャ・ミハイロヴィチのユーゴスラヴィア軍ではなく、チトーの人民解放軍を承認することに同意した。しかし彼らは、一九四三年十月にヤイツェで開かれた反ファシスト協議会の宣言、つまり王や亡命政府の承認を拒否して、人民解放委員会（ＮＬＣ）がユーゴスラヴィア国民の唯一の合法政府であるとする主張は認めなかった。ユーゴスラヴィア国民は西側列強がＮＬＣを暫定政府として認めるとは期待していなかったが、スターリンが自分たちにたいして「ひどく腹を立てている」と聞かされて、困惑した。直接の原因は、ユーゴスラヴィアの行動が英米の疑念を裏づけるものと受けとられはしないかと、スターリンが危惧したことである。すなわち、ソ連政府が戦争を利用して革命的な共産主義を広めているのではないかと、英米は疑いの目を向けていたのだ。コミンテルンの解体はまさにその疑いをそらすための措置だったのである。

このことは、一九四四年六月初めのジラスとスターリンの二度目の話しあいで明らかになった。イギリスを警戒させるようなことをいっさいするなと言って、ユーゴスラヴィアに強く迫りながら、スターリンは声を荒らげた。「帽子に赤い星をつけて、諸君は何を望むのか。重要なのはかたちではなく、何が得られるかだ。いいかね、それは――赤い星なんだ。それから、ただの星なんかはいらないんだ！」。このときスターリンは、イギリスに丸めこまれているとジラスに思われたくなかったので、のちにしばしば引用されることになるチャーチルとローズヴェルトの比較をした。

チャーチルというのは、見張っていなければ、きみのポケットから一コペイカを失敬するような男だ。そう、一コペイカのためにポケットを探るんだ！　ローズヴェルトは違う。彼はもっと大きな銭を取ろうとしてポケットに手を突っこむ。だが、チャーチルはどうか？　チャーチルは――一コペイカでも探ろうとする。[16]

しかし、チトーにもしだいにわかってきたのだが、ソ連政府が不快感を抱くについては、もっと深い理由があった。彼らから見ると、このちっぽけな農業国の指導者たちが共産主義革命を遂行できると思っているのは、いかにも生意気で笑止千万だったのだ。それはソ連の専売特許なのだ。彼らはこの田舎者のバルカン農民たちが、伝統も文化も、世界に関する知識もないくせに、独立した政府をつくりたいと主張していることに、軽蔑の目を向けていた。赤軍の命令に喜んで服従し、ソ連の勢力圏のなかの衛星国になるという役割に甘んじていればいいのだ、と彼らは思っていた。一九四四年七月の初め、赤軍がユーゴスラヴィアに入ることを予想して、チトーはスターリンと両者の協力について話しあう機会を求めていた。九月に、願いが聞き入れられ、チトーはモスクワに飛んだ。チトーはその会合がきわめて冷淡なものだったと記している。スターリンはユーゴスラヴィア元帥の称号をもつ客人にたいし、あくまでも「ワルター」と呼びかけた。それは、スペイン内戦時代にコミンテルンの情報員だったころの呼び名である。会談のあとで発表された共同声明では、「ソ連軍のユーゴスラヴィアへの暫定的な進駐」をソ連がＮＬＣに「要求」し、「作戦上の任務」が完了したあかつきには撤収することに、ＮＬＣが同意したとされた。また、ソ連軍が占領する地域の民政はユーゴスラヴィアの手にゆだねられ、パルチザンはソ連人ではなくチトーの指揮下に入るとされていた。

モロトフ、ジダーノフ、ベリヤの三人は、チトーがスターリンの言葉に首を横に振り、とくに「ボス」がユーゴスラヴィアはペタル王を復位させなければならないと言ったとき、これにきっぱりと反対するところを目撃して呆気にとられた。チトーはのちに次のように回想した。

彼がわれわれにそんな助言をするとは何たることか！　頭にすっかり血がのぼった。心を落ち着かせて、私は言った。それは不可能である、国民が反乱を起こすだろうし、ユーゴスラヴィアでは国王は裏切りの象徴でしかない……と。

スターリンは黙っていたが、やがて無造作にこう言った。

「いつまでも彼を復位させておく必要はない。しばらく連れ戻しておき、適当な機会をとらえ、背中にそっとナイフを突き立てればいいのだ」[*17]

ジラスと同じように、チトーはスターリンの別荘《ダーチャ》での晩餐に招かれた。だが、ついぞ目にしたことがないほど多量の酒と食物にうんざりし、気分が悪くなって部屋を出たほどだった。重い銀の皿に盛られた料理を銘々が勝手にとって思い思いの場所に座る。こうした晩餐の様子を描いたあと、宴が夜の十時から明け方の四時か五時までつづき、話題は逸話から真面目な政治問題、ときには哲学的な問題にまでおよんだ、とジラスは記している。このような宴席は、スターリンの単調な生活の唯一の息抜きで、ソ連の政策の重要な部分がこうした宴席から生まれたのである。

ジラスが見ていると、スターリンの飲みっぷりは他の者とくらべて控え目で、赤ワインとウォトカをまぜて飲み、酔った気配もなかった。モロトフはスターリンが慣れ慣れしい言葉で話しかけるただ一人の男だが、ダーチャの晩餐の席にかならず居あわせるただ一人の男でもあった――要するにスターリンの副官なのだ、とジラスは思った。[*18] 彼はこの二人が対照的でありながら、たがいに補いあう面をもつことに強い印象を受けた。また、モロトフという人間は「心を固く閉ざしていて外からはうかがい知ることができない」と思った。

しかし、スターリンは活気にあふれ、ほとんど落ち着きがないと言ってもよかった。しじゅう自分自身や他の者に質問し、自分自身や他の者と議論していた。モロトフはめったに興奮しなかったとか、スターリンは自己を抑制し、心を偽る術を知らないなどと言うつもりはない。のちに私は、両者のそういうところを見た。

スターリンはモロトフにひけをとらぬ冷静な打算家だった。だが、彼のほうが情熱的で、多面的な性格の持主だった——どの面も同じように強く、非常に説得力があったので、彼は絶対にとぼけることがなく、つねに身をもってその役割の一つ一つを表現しているように見えた。[*19]

ジラスとチトーの抱いた印象は、その後のスターリンとのあからさまな不和によって歪められている。しかし、当時は双方とも苛立ちと不信を外に表わさなかった。十月に、ソ連軍がパルチザンと手をたずさえてユーゴスラヴィアからドイツ軍を追い出しにかかったとき、その攻撃ぶりには熱意に欠けるところがまったくなかった。ベオグラードを攻めるとき、ソ連側は約束を守ってユーゴスラヴィア軍を市街に一番乗りさせた。戦勝記念パレードで、チトーは「ベオグラード大隊」を誉めたたえた。大隊は三年半前に故郷を出発して、ほとんどユーゴスラヴィア全土を転戦し、戻ってきたとき、生き残っていた最初からの隊員はたった二人だけだった。ヤルタ会談（一九四五年二月）までに、ソ連軍は一人残らずユーゴスラヴィアを去った。人民解放軍はドイツにたいする最後の作戦のために八〇万の軍隊を集め、戦いは五月九日のドイツの全面降伏のあとまでつづいた。

3

暗殺計画が未遂に終わってからの四カ月間、ヒトラーは東プロイセンの司令部にとどまっていた。七月二十日のあと、彼はすぐ地下壕に戻った。地下壕には手が加えられ、補強されていた。シュペーアは書いている。

建物が状況を象徴すると考えられるならば、ここはまさにそうだった。外からは古代エジプトの墓のように見えたが、実際には窓のない、ただのコンクリートの大きな建造物にすぎず、直接外気に通じていなかった。厚さ約五メートルの壁がヒトラーを囲っていて、実体としてばかりでなく、象徴的な意味でも、彼を外界から遮断し、妄想のなかに閉じこめているようだった。[*20]

スターリンの地平が絶えず広がりつづけていた――いまや世界的な政治家と認められ、勝利を確信し、ソ連の勢力圏内に東欧とおそらくは中欧を取りこむことになる戦後処理に期待を寄せはじめていた――のにたいし、ヒトラーは自分のなかに引きこもっていた。それは人びとからの断絶であり、自分と自分の使命を公式に信認してくれた群衆からの断絶であるばかりでなく、現実の諸事件との断絶でもあった。彼はめったに前線に近づかず、一度も被爆地を訪れなかった。戦車の操縦者、歩兵、戦闘機のパイロットなら誰でも知っている戦争の現実さえ知ろうとせずに、この隠遁者は地下壕に閉じこもったまま、地図を眺め、見たこともない軍隊を戦場に向かわせ、踏みとどまれずに、死よりも退却を選んだ兵を売国奴と罵っていた。

この意図的な孤立は、勇気がなかったためではなく、ヒトラーの信念からきていた。それは、自分が生きていることのみがドイツの敗北を防ぎ、自分だけが敗北を勝利に変えられるという信念だった。そのためには、いかなる犠牲を払っても現実との接触によって意志がくじけるのを防がなければならないことを、彼は本能的に知っていた。おまけに、七月二十日の陰謀のあとは、裏切られるのではないか、また暗殺が企てられるのではないかという漠然とした疑念が加わっていた。十二月のアルデンヌ攻撃に先だって、彼が司令官を集めて会議を開いたときには、全員が武器と書類鞄を差し出すよう求められた。延々と二時間もつづいたまとまりのない演説のあいだ、武装したSSの護衛兵がすべての椅子のうしろに立って、どんな動きも見逃すまいと目を凝らしていた。

爆弾の炸裂が与えた最も重大な影響として、ヒトラーは聴力に障害を受けた。これは徐々に治癒したが、彼の健康は人生の最終段階に入ったころ、いちじるしく悪化していた。これは三つの事柄が相互に作用しあったためだった。基本的な原因は、いかなるかたちにせよいっさい息抜きをせずに、来る日も来る日も意志を働かせる場面が間断なくつづき、自分のしがみついていた希望が次々と潰えて、ずっと抑えられていたフラストレーションがしだいにつのっていったことにある。これは東プロイセンの湿潤で気の滅入る気候のもと、地下壕に閉じこもったまま運動をせず、新鮮な空気を吸わず、環境の変化（彼はベルクホーフへ行くのを拒んだ）も気晴らしも仲間もなしに過ごしたヒトラーの不健康な生活によっていっそう悪化した。不眠症はますますひどくなり、大量の睡眠薬を服用してようやく明け方に三、四時間まどろむだけだった。たいていの人間ならそうした生活の緊張に耐えかね、精神的にまいってしまったことだろう。ところが、ここに第三の要因が働いた。ヒトラーは侍医のモレルが処方する麻薬に頼っていたのだ。そのために、彼の疲労困憊ぶりはおおい隠された。だが、結局はそれが積もり積もって患者の身体を蝕むという代償を払うことになった。

一九四四年九月の末に、ヒトラーは胃痙攣の再発に苦しみ、病状が悪化して寝こんだほどだった。ヒトラーを訪れた秘書の一人は、彼の体力が限界に達したと確信した。ヒトラーは膝下まである軍隊用のシャツにグレイのフランネルの部屋着を羽織り、地下壕のむきだしのコンクリート壁に囲まれた折り畳み式ベッドに横たわっていた。焦点のさだまらぬ無表情なその目つきから、生きつづけようとする意欲をすっかり失っている印象を受けたという。

二週間後、ヒトラーは再び動きまわれるまでに回復した。しかし、十一月には咽喉に痛みをおぼえ、声が出なくなって、囁くような声でしか話せなくなった。そのために説得されて、ベルリンに移って声帯の手術を受けた。小さなポリープを除去する手術は成功した。しかし彼が通常の生活に戻り、器質性疾患にかかっているかもしれないという恐れが消えたにもかかわらず、一九四四年の末に会った人びとはみな、異口同音に、声はしゃがれ、顔色は蒼白、足取りはもつれ、手は震え、足をひきずって、年よりもずっと老けた老人だったとの印象を語っている。

秋の初め、ヒトラーは多くの時間を費やしてバルカンの戦闘とハンガリーへの脅威について考えていたが、西部の状況も決して念頭を去らなかった。八月、戦場から一六〇〇キロもへだたった地にあって、連合国軍の制空権を認めようとしないヒトラーが出した命令は、フランスにいる指揮官たちにまったく自由裁量の余地を与えないものだった。師団ばかりでなく、進撃のさいに通過する予定の道路や村までがくわしく特定されていた。これにも失敗したとき、ヒトラーがどの将軍も信頼できないと思っていることがワルリモント将軍への言葉にうかがわれた。「失敗に終わったのは、勝とうとする意欲がクルーゲになかったからだ」。セーヌ川の対岸に撤退することをヒトラーが拒んだばかりに、六万のドイツ兵がファレーズの孤立地帯に閉じこめられて戦死し、あるいは捕虜になった。
フォン・クルーゲ元帥は解任され、モーデルが代わった。しかし、モーデルにできるのは、セーヌ川を渡って退却するドイツ軍が総崩れになるのを防ぐことだけだった。八月二十五日、ヒトラーが破壊するよう命じたにもかかわらず、パリは無傷で解放され、九月の初めにはブリュッセルとアントワープも解放された。南部に上陸した第二の連合国軍はローヌ渓谷を攻めのぼって、フランスの残った地域の解放を助けた。九月十一日、アメリカ軍の偵察隊がドイツの国境を越えた。ポーランド攻撃から五年ののちに、ドイツ本土が戦場になったのである。

八月三十一日の午後、三人の将軍との会議の席で、いかなることが起ころうと、またドイツにどれほどの負担になろうと、自分はあくまでも戦いをつづけるつもりだとヒトラーは決意を明らかにした。

まだ政治的な決断をする時期ではない……軍事的に重大な敗北を喫しているとき、こちらに有利な政治的取引ができる時機が到来したと思うのは、子供じみた幼稚な期待である。そうした時機は、勝利を収めてこそやってくるのだ……だが、連合国間の緊張が高まって、仲間割れが生じることもある。歴史に照らしてみれば、連合というものは遅かれ早かれかならず分裂している。いかに苦しくても、時機を待つしかないのだ……

私が生きているのはひとえに、この戦いを導くためである。なぜなら、そのためには鉄の意志がなければ、この戦いに勝てないとわかっているからだ。参謀幕僚が新任の戦闘士官たちに鉄の意志を叩きこまずに、彼らを軟弱にさせ、前線へ出ていって悲観論を広めているのはもってのほかである……

必要とあれば、われわれはライン川の線で戦おう。いずれにせよ、さしたる違いはない。どんな状況に置かれても、われわれはこの戦いをつづける。かつてフリードリヒ大王が言ったように、忌わしい敵が疲れはてて、それ以上戦えなくなるまで……

私の生命があのときに尽きていたら、私個人にとって、苦労と眠れぬ夜と精神的な重圧からの解放となったにちがいないと考える……それでも、生かしておいてくださることにたいして、私はやはり神に感謝する。なぜなら、思うに……[*21]

連合国側としては、冬になる前にドイツに突入し、ルールとラインラントにあるドイツの戦時経済の基盤を叩く計画だった。だが、不運、悪天候、補給の困難、そして連合国軍司令部内の意見の相違が重なりあって、彼らの希望は砕かれた――それとともに、思いがけなく、ドイツ軍も勢いを盛り返した。

八月末には、ドイツ軍は総崩れになって退却していた。ところが、九月末になると、ドイツの国境線沿いに結集し、再びライン川の西に切れ目のない戦線をつくりあげたので連合国軍はそれを押し戻したが、冬を通じて突破できなかった。その後方で、ジークフリート線（西部要塞線）が急いで修復され、兵員が配備された。イギリス軍はライン川沿いの線をアルンヘムで破り、北方からドイツの防衛陣に向かおうとしたが、失敗した。他方、シェルト川の河口を押さえているドイツの第一五軍が頑強な後衛戦を展開したので、英米両軍はせっかく重要なアントワープの港を押さえながら、それが使えるようになったのは、占領してからほぼ三カ月後の十一月末だった。

ヒトラーはこの中休みを利用して新しい戦力を編成し、夏の戦闘でこうむった損害の穴を埋めようとした。ゲッベルスが発した総動員令により、最後に残った人的資源が使えるようになった。ヒトラーはこれを利用して、戦闘で壊滅的な損害をこうむった師団を編成し直し、さらにはまだ補充する兵力があるという幻想を抱きつづけるために、通常の半分かそれ以下の八〇〇〇ないし一万の兵員の師団を二〇個ないし二五個つくりたいとの希望をもっていた。これらは「国民突撃隊」と呼ばれることになった。国家社会主義精神によって編成された最初の民兵として、いまや戦いに負けたばかりか、自分を裏切った在来の軍と区別するために、ヒトラーがそう名づけたのである。一九四四年十月十八日の総動員令によって、十六歳から六十歳までの身体健全な男子はすべて召集され、ボルマンと党が組織するこの新しい軍に編入され、ヒムラーの指揮下におかれた。

爆撃を受けたにもかかわらず、一九四四年の最後の四カ月になってもドイツの兵器生産の総量は最初の四カ月を上回り、ドイツが勝ちつづけていたときよりもはるかに多かった。物資の面で最大の問題は、石油とガソリンのはなはだしい不足だった。ルーマニアを失ったうえ、連合国軍が合成石油工場、精製所、交通機関を組織的に爆撃したからである。四四年の最後の三カ月間に、ドイツは目覚ましい回復を見せたが、ヒトラーがこのとき頼りにしていたのは、ドイツに残された人的、物的資源と士気だった。

したがって、すべてはヒトラーが自分のかき集めた兵力をどう活用する決意でいるかにかかっていた。一九四四年九月、西部と東部の主な前線にある軍を別として、ユーゴスラヴィアに一〇個師団、スカンジナヴィアに一七個師団がいた。バルト諸国の三〇個師団が孤立し、イタリアに二四個師団、そしてブダペストとハンガリーの残されている部分を守ろうとして戦っている二八個師団があった。しかし、ヒトラーはこれらの師団を呼び戻すのをやめた。そんなことをすれば、戦争に負けたことを認めて、あとは帝国を守るだけということになるからだった。各地に残る部隊は、現在の危機的な時期を乗り切れたら、あらためて攻撃に移るという彼の意志の表われだった。同じ論法で、ヒトラーは西部と東部の前線を守る兵力を増強することを考えなかった。また、防御の観点からはいっさい考えず、もっぱら攻撃だけを考えた。ヒトラーはつねにそうした攻撃主体の考え方を当然としてきたし、とくに一九四四年の状況ではなおさらそうだった。防御作戦では決断をあとまわしにできるが、それによって状況を変えるわけにいかない。攻撃作戦なら、連合国軍に奇襲をかけることになり、再び戦争の主導権を握ることもできるだろう。このようにして時間を稼ぎ、新兵器を開発して、ソ連と西側連合国の仲間割れを待てば、この戦争に勝てるのではないかとあてこんでいたのである。誰も予期しないところにすべてを賭けるというこの考えに、ヒトラーは興奮し、心を奪われた。それがこれまでの勝利の秘訣だったし、今度もそうなるだろう。

こうした作戦をとるのであれば、東部よりも西部でやってみるのがいいとする強い意見があった。西部のほうが距離が近いから、燃料が少なくてすみ、戦闘の規模が違う東部の広々とした草原よりも、かぎられた兵力の範囲内に重要な戦略目標が多かったからだ。またヒトラーは、アメリカとイギリスの軍隊がソ連軍にひけをとらぬ頑強な敵だとは考えなかった。イギリス軍は資源が尽きていたし、アメリカ軍は事態が自分たちに有利に展開しないとすぐに戦意を喪失すると思いこんでいたのである。

さまざまな代案を検討したあとで、ヒトラーは一九四〇年に突破口を開いたアルデンヌに攻撃をしかけ、ムーズ川を渡って、連合国軍の主な補給港であるアントワープの奪回を目指すことにした。着想はすばらしかった。連合国軍の指揮官たちはドイツの攻撃をまったく予期しておらず、すっかり油断していた。アルデンヌ一帯は実際に彼らの前線のなかで最も弱い地点で、ごくわずかな師団が守っているにすぎなかったし、アントワープを失う事態になれば、英米軍の補給線にとって大打撃になっただろう。しかしこの着想は、一九四四年から四五年にかけての冬の戦局にはまったく関係がなかった。たとえアントワープを奪取したとしても——これさえ戦場にいるドイツ軍のすべての指揮官がとうてい自分たちの力のおよばない芸当だと信じていたのだが——ドイツ軍はもちこたえられなかっただろう。ヒトラーが望みえたのは、せいぜい連合国軍を後退させるだけで、敗北させることではなかった。しかも、この過程で、本土防衛を強化するのに使える最後の予備軍を投入するという、大きな危険を冒したのである。

指揮官たちがヒトラーと議論し、目標を局限することを認めてほしいと説得に努めたが、これまでいつもそうだったように、聞き入れられなかった。将軍たちの言うことが正しいと認めるのは、戦争に負けたと認めるに等しいことだったのだ。ヒトラーの自信のほどは、陸軍参謀総長のグデーリアンから東部戦線が危険なほどに弱体なままに放置されていると進言されたときの彼の叱責ぶりに表われている。

きみにわざわざ教えてもらう必要はない〔とヒトラーはどなりかえした〕。私はもう五年も戦場のドイツ軍を指揮している。その間に、かつて参謀幕僚のどの「紳士」も望みえなかったほどに実地の経験を積んでいる。*22

攻撃の準備は、ヒトラーが病床にあるあいだも極秘のうちに進められていた。十二月の初めには、その攻撃のために二八個師団（機甲師団一〇個を含む）が集められ、それにつづくアルザス突入用に別の六個師団も集結された。最終的な計画はヒトラーの司令部で作成され、フォン・ルントシュテットに送付された。砲撃の時刻にいたるまで、細部のすべてが決められており、ヒトラーの直筆で「変更不可」という警告が付されていた。この戦いの指揮をとるために、ヒトラーは東プロイセン（再びこの地を見ることはなかった）を発ち、まずベルリンに、つづいて十月十日には前線に近いタウヌス山地のバート・ナウハイムに移った。

攻撃は、十二月十六日に開始された。英米両軍は完全な不意打ちを食らい、しかも霧のために連合国空軍は最初の二、三日間は出撃できなかった。そのあいだに、ドイツ軍はかなり前進して、ドイツの新聞とラジオはこの戦争の大勝利の一つとして大げさに吹聴した。しかし、ドイツ軍はムーズ川を渡りえず、アントワープを望む地点に到達できなかった。二十五日になると、重大な損害を避けたいのであれば、戦いをやめるしかないことが明らかになった。だが、ヒトラーはそうした提案を憤然としてはねつけた。

東部戦線防衛の責任を負うグデーリアンは、二度にわたってヒトラーのもとを訪れ、ハンガリーではなくポーランドに軍を移動させるよう説得に努めた。ポーランドでは、ソ連軍がヴィスワ川を渡ってまた攻撃をしかけてくることをうかがわせる不気味な気配があったのだ。しかし、ヒトラーは彼の報告に耳を貸そうとしなかった。ソ連軍ははったりをかけているのだ、と彼は言い切った。「チンギス・ハーン以来、最大のペテンだ。いったい誰がこんなばかげたことをでっちあげているのだ？」[*23] モーデルはもう一度アルデンヌの突破を試みるべきであり、今度はヴォージュ山脈で攻撃を開始すべきだと言って譲らなかったが、結局は両方とも失敗に終わった。

一九四五年一月八日、一〇万の死傷者を出し、六〇〇両の戦車と一六〇〇機の航空機を失ったあげくに、ヒトラーはようやく撤退に同意した。一月十六日までに戦線はもとの位置に戻った。アメリカ軍の損失は少なく、それは容易に埋めあわせることができた。ドイツ軍の損失は取り返しがつかなかった。賭けは失敗に終わったのである。グデーリアンが重ねて東部の危険な状況について指摘しようとしたとき、ヒトラーは

図17　1944年12月のヨーロッパ戦線

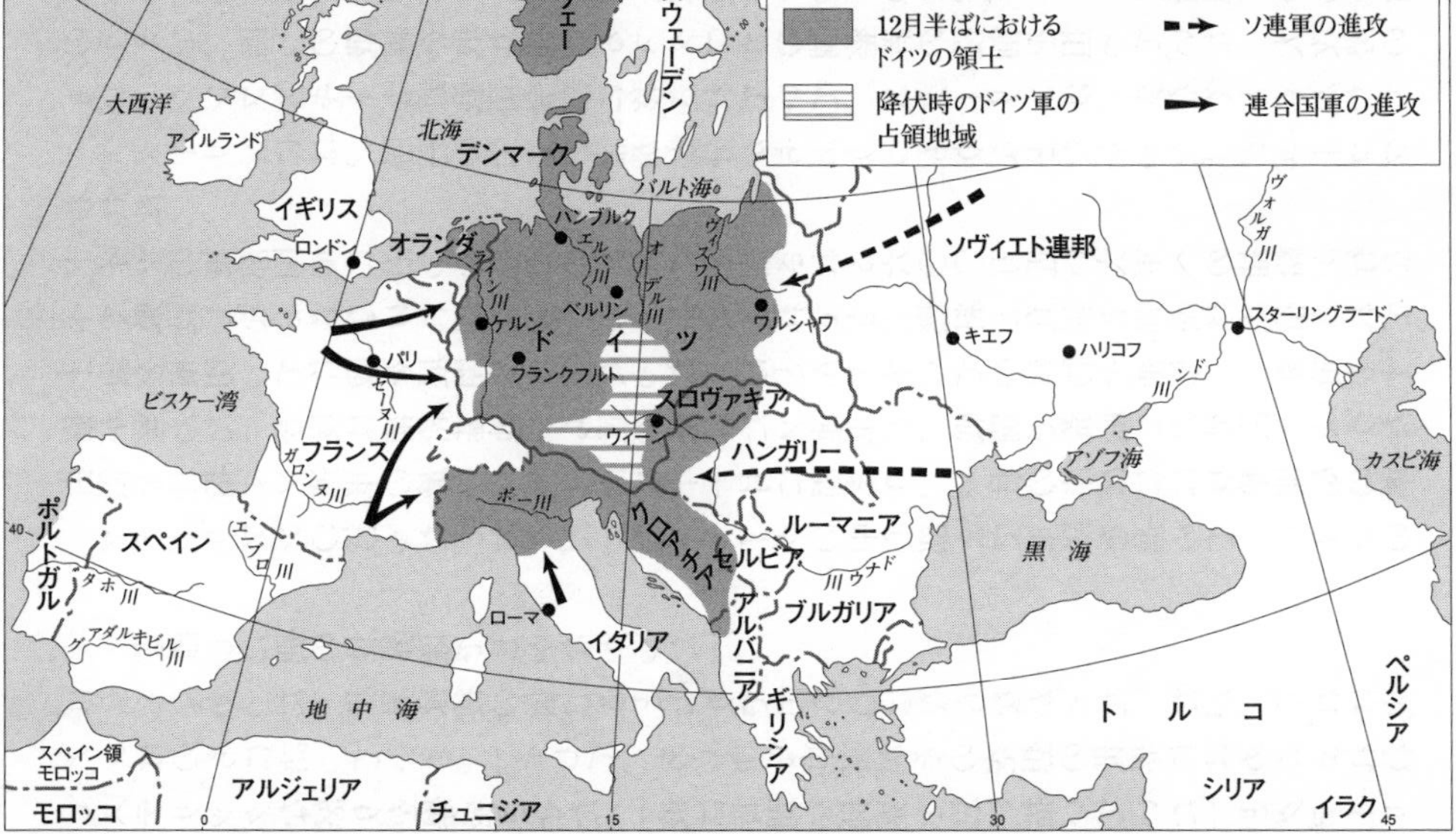

ヒステリックな怒りを爆発させた。「彼は特別な世界を思い描いていた」とグデーリアンはのちに語っている。「そして、あらゆる事実がその空想の世界にはめこまれねばならなかった。世界は彼の信じるとおりであらねばならなかった。だが、それは現実と遊離した別の世界像でしかなかった[*24]」

グデーリアンの言ったとおりだった。ドイツの中心部まで軍隊を進めてベルリンの占領を目指すソ連軍の最終作戦計画は十一月に固まり、一月の半ばには攻撃開始の準備が整った。今度は補給基地から遠く離れたソ連軍が、戦闘で荒廃した砂漠のような土地を横切って作戦を展開する番だった。ほとんどすべての建物を補修し、鉄道もすべて敷設しなおさなければならなかった。それでも、燃料と食糧と弾薬は集積されて、ドイツの東部国境に沿った九つの前線に配備される六〇〇万近い大軍への補給が行なわれた。

スターリンには、勝利の栄光を誰かと分かちあうつもりなどなかった。ジューコフもヴァシレフスキーも野戦司令部に移されていて、スターリンは、少なくともかたちのうえで、四つの戦線を取り仕切るスタフカの調整者の役割を担っていた。大攻勢の二つの先鋒を務めて、ベルリンへの先陣争いをするのは、ジューコフ指揮下の第一白ロシア方面軍と、その左翼でコーネフが指揮する第一ウクライナ方面軍だった。この二軍のあいだに二二五万の兵と六五〇〇両近い戦車を配置し、相対するドイツ軍に兵員と戦車の数で五倍、大砲の数で七倍の優位に立っていた。彼らの攻撃の第一目標は、ヒトラーははったりだと言って退けたが、ヴィスワ川とオーデル川とのあいだの三〇〇キロを進撃することだった。ジューコフは北寄りのウッチ－ポズナニ－コスチンのルートを、コーネフは南寄りのブレスラウ（ヴロツワフ）－グウォグフのルートをとることになった。コーネフのルートは豊かなシュレージエン盆地の工業地帯を通ることになっていて、賠償の取り立てをもくろんでいたスターリンはあまり損害を与えずに占領したがっていた。地図の上を指でおおまかになぞりながら、スターリンはコーネフを見やり、たった一言「金《きん》」といった。コーネフにはそれ以上の説明は無用だった。

ドイツ軍は東部戦線沿いにまだ三〇〇万以上の兵力を展開させていた。ベルリンへの最短ルートにあたり、明らかに危険だとわかる中央部に戦力が極端に集中するのを避けるため、ソ連の攻撃は北部の東プロイセンにたいするものと南部のブダペストとウィーンに向けたものが、併行して行なわれた。

コーネフは一月十二日に、ジューコフは十四日に攻撃を開始した。いずれの場合も、攻撃の前ぶれとなるあまりにも激しい集中砲火にドイツ軍は呆然とし、ショックを受けた。ワルシャワは十七日に、クラクフとウッチは十九日に陥落した。一月二十日までに、ソ連軍は東プロイセンからカルパチア山脈の麓にいたる五六〇キロの前線を突破するのに成功した。一月末までに、ジューコフとコーネフはともに先遣隊をオーデル川の対岸まで進め、コスチンまで進撃したジューコフの前進基地は、ベルリンからわずか八〇キロ弱の地点に迫っていた。

4

このような軍事状況にあった一九四五年二月四日から十一日にかけて、連合国の三人の指導者がクリミア半島のヤルタで二度目の顔合わせをした。

テヘラン会談が終わってから一四カ月のあいだに、軍事状況は大きく変わっていた。英米両軍がフランスに上陸し、ソ連軍が一九四四年夏の攻勢を開始してからは、連合国の一致団結は揺るぎないものとなり、戦争の帰趨は決まった。まさしくヒトラーが指摘したとおり、連合国の結束が最も重要な問題だった。

だが、七月二十日の陰謀が成功して、ヒトラーが一九四四年に死んでいたら、連合国の同盟はどうなっていただろうか。別の可能性を考えてみるため、ここで戦争が一九四五年五月ではなく四四年の夏に終わっていたと仮定したら、多くの人命が救われ、最後の九カ月の戦闘でセーヌ川からヴィスワ川にいたる地域でヨーロッパがこうむった最悪の戦禍は避けられたことだろう。しかし、同盟はそのままつづいただろうか。

ドイツと西側との単独講和が結ばれただろうか。スターリンはソ連軍の進撃をドイツ国境の手前で止めることで満足しただろうか。戦後のヨーロッパの地図はどういうものになっていただろうか。もちろん、どんな答を出しても、それはただの推測にすぎない。だが、こうしたさまざまな問題を提起する目的は、答の出せる問題に焦点を当てることにある。戦争が九カ月も長びいたことによって、誰が最も得をしたのかということだ。

その答については、ほとんど疑問の余地がない。もちろん、ドイツではない。イギリスでもアメリカでもない。得をした分のほとんどすべてを、スターリンとソ連政権が手にしたことになる。ソ連軍がヨーロッパの中心部に進撃し、ソ連の勢力が拡大しつづけたおかげで、彼らは戦後のヨーロッパ問題の処理にあたって、同盟した二つの国のどちらとくらべてもはるかに大きい影響力を行使しうる立場に置かれた。このことは、一九四五年二月のヤルタ会談ですでに明らかになりつつあった。

チャーチルは戦後処理について、ローズヴェルトよりも強い懸念を抱いており、ワルシャワ蜂起をめぐる危機をもたらしたポーランドの状況に関して、スターリンとやりあうことになった。一九四四年九月、チャーチルは困難な状況を克服する決意をして、スターリンと一対一で話しあうことを提案した。スターリンが承知して一週間もたたないうちに（十月九日）、チャーチルはモスクワを訪れ、一〇日間滞在した。

そのときすでに、英米両軍はドイツ本土で作戦を展開しており、ソ連軍よりもベルリンに近いところにいた。そのことは、スターリンがいつになくチャーチルに愛想のよい態度を示したことを説明する助けになるかもしれない。会談の冒頭、チャーチルは走り書きの提案書を出した。イギリスとソ連はバルカンの勢力圏の分割に合意して、ルーマニアでソ連に九〇パーセントを譲るかわりに、ギリシア（チャーチルがモスクワにいるあいだにイギリス軍はアテネを占領していた）でイギリスが九〇パーセントを取るという内容だった。ユーゴスラヴィアとハンガリーでは五〇対五〇とし、ブルガリアではソ連に七五パーセントを与えるというものだった。スターリンは何も言わず、その悪名高い紙片に目を通してそのまま返した。「腰をおろすいとまもないうちに、すべてが決まった」とチャーチルはのちに回想した。チャーチルが念のため、その紙片を焼却したほうがいいのではないかとたずねると、スターリンは答えた。「いや、あなたがもっていてください」[*25]。スターリンが言質を与えたと思ったかどうかは疑わしい。しかし、ギリシアで内戦が起こり、アメリカがうるさくイギリスを非難したとき、モスクワからは一言の非難もなく、ギリシア共産党への激励もなかった。

ポーランドはそれほど容易にかたづかなかった。少なくともチャーチルは、亡命中のポーランド政府首相ミコワイチクとほかに二人のメンバーをモスクワで同席させることについて、スターリンの同意を取りつけていた。だが、合意までもっていこうとする努力は報われなかった。スターリンは連合国がカーゾン線（リヴォフを入れて引きなおされた）をソ連－ポーランド国境と認め、かつ「国民解放委員会」をもとにした暫定政府をも認めるよう主張した。ミコワイチクはチャーチルが舞台裏で激しく非難したにもかかわらず、このいずれをも拒否した。

一九四四年十月のモスクワ会談から翌年二月のヤルタの巨頭会談のあいだに、赤軍はポーランドからドイツに攻めこんでいた。戦争の結末が見えてきたいま、緊急にスターリンと会わなければならないと思った西側の指導者二人は、ローズヴェルトの健康がしだいに衰えを見せていたにもかかわらず、ソ連を離れたくないというスターリンの意向を受けて、はるばるクリミアまで出向いたのである。彼らは七〇〇人もの武官と文官を二五機の航空機に乗せて同行させた。

三人の指導者はそれぞれ異なる関心事と目標を心に描いて会議にのぞんだ。ヨーロッパの戦争が終わる前に、ローズヴェルトはソ連をアジアで参戦させて、スターリンを縛りつけておきたいと思っていた。彼のこれ以外の主な目標は、国際機構の組織についての同意を得ることだった（この点だけは、アメリカ国内の世論を結集できるだろうし、それによって孤立主義への回帰を避けられると、彼は信じていた）。ローズヴェルトが個人的な密使として、まずチャーチルのもとに、ついでスターリンのもとに派遣したハリマンは、ローズヴェルトから「太平洋地域の問題の解決については大いに意見を述べたいと思うが、ヨーロッパの問題はとても手に負えないと思うので、ドイツに関する問題以外は、できるかぎり圏外にとどまりたいと思っている」と言われたと述懐している。[*26] 即座に問題解決の鍵を見つけだすローズヴェルトの天賦の才が、国際関係であまり功を奏さなかったのは、国内問題に対処するときと違って直観的な理解が欠けていたからである。ハリマンも、ローズヴェルトのロシア語通訳を務めたチップ・ボーレンも、大統領が自分のアメリカ的な政治経験とスターリンの経験とのギャップを理解していないのではないかと思った。ローズヴェルトはスターリンについて、チャーチルのような旧世界の人物よりも自分と共通点が多いと信じていた。当然ながら、スターリンもそれだけ自分に同調してくれると期待していた。

二つあったチャーチルの主な目標の第一は、イギリスのアメリカとの「特別な関係」を戦後の世界に引き継ぐことだった。その特別な関係は彼の戦時政策の基礎をなしており、アメリカをヨーロッパ問題にそのまま参画させておくことが、彼の第二の関心事であるヨーロッパにおける力のバランスの再構築の鍵だった。力のバランスを再構築するために、彼はソ連の勢力圏の拡大を阻止し、フランスの大国としての地位を回復させたうえで、ドイツの敗北がヨーロッパの中枢に政治的な真空地帯を残すようになるのを防ごうと固く心に決めていた。

スターリンの第一の目標を要約すれば、戦争によって大きな痛手をこうむったあとの安全保障――ソ連の領土の保全と新たな外敵の脅威からスターリン体制を守ること――だった。彼がこの目標を達成するために提案したのは、第一にソ連の国境を広げ、かつてロシアの統治下にあった領土のすべてを取りこむこと、第二にヨーロッパとアジアの双方で拡大した境界の向こう側にできるだけ大きな勢力圏をつくりだし、クレムリンの政策と要求に応じうる政権を確保することだった。これがどこまで広がるかはまだ未定だったが、終戦時に赤軍が占領する地域はかならず含まれることになる。他方、ソ連はドイツとドイツの衛星国として戦争に巻きこまれた国々から、ソ連経済がこうむった莫大な損失を埋め合わせる大きな賠償を要求したいと思っていた。

会議[*27]は、軍事情勢の検討から始まった。それを巧みに利用してソ連を戦術的な優位に立たせるため、スターリンはまだライン川の西側で作戦中で、イタリアでもまったく進展のない連合国軍と、突破に成功して一八日間に三〇〇キロ以上進撃し、オーデル川に達した赤軍との違いを強調した。スターリンが難詰したのは、西部の作戦が東部の作戦よりも小規模であるばかりか、自分の同盟国がなおもつづいているドイツ軍の東部への移動を阻止できるとの保証を与えていないことだった。

三巨頭は、次に戦後のドイツの処遇問題に移った。ローズヴェルトはドイツをいくつかの占領地区に分割する件に関して、テヘラン会談のときに設立されたヨーロッパ諮問委員会の報告を検討しようと提案した。しかし、スターリンはまた主導権をとって、自分の議題にすりかえ、ここで取り組まなければならないのは現実にドイツを分割する問題なのだと主張した。この点についてはテヘランで原則的には意見の一致をみたが――もはやただ議論するだけではなく――実際に分割とはどういうことをさすのか、いまここで決めなければならないと彼は言った。ただ一つのドイツ政府にするのか、それとも三つの地区のそれぞれに別の政府を設けるのか。ヒトラーが無条件降伏を受諾すれば、彼の政府と取引する意志があるのか。ドイツの分割について「単刀直入に」言及した条項を降伏の条件に含めるべきではないだろうか。

ローズヴェルトはともするとスターリンの意見に同調する傾向があったが、いまや戦後のヨーロッパの力のバランスを大いに懸念するチャーチルは反対した。そして、当面は原則として分割に同意するだけで充分であり、もっと時間をかけて研究してからでなければ、実際に分割する方法は決められないと主張した。スターリン自身もこの段階では強く主張しておきたい特別な計画をはっきりと心に描いていなかったようである。そのため、チャーチルは最終コミュニケから分割問題を除くことに成功し、会議の議定書（一九四七年まで発表されなかった）のなかで、それに関して「彼ら〔同盟国〕が将来の平和と安全のために必要と考えるドイツの武装解除、非軍事化およびび分割を含む処置」と言及したにとどまった。[*28] イーデンを議長とする三人委員会が、分割の実施方法を研究するために任命された。だが、会議は一度も開かれなかった。ドイツの分割は計画されたものでなく、東西の不和がもたらしたものなのである。

同時に、チャーチルはスターリンが反対し、ローズヴェルトが渋るのを押し切って、フランスに単独の占領地区を与え、将来つくる連合ドイツ統治委員会にフランスを招き入れることに成功した。イギリスにとってはドイツ監視の責任を分担してもらうために強いフランスが必要なのだと彼は言い張った。アメリカ軍が戦後二年以上ヨーロッパにとどまることはないとローズヴェルトが述べたことで、チャーチルはいっそうその思いを強めた。スターリンはローズヴェルトの発言を耳にとめたが、何も言わなかった。

賠償委員会を設立してモスクワに置くことに同意しはしたものの、チャーチルはソ連が二〇〇〇億ドルという数字をあげ、その半分をソ連が受け取ると提案したときには、態度を保留した。彼が反対の根拠としたのは、第一次大戦後の賠償の大失敗だった。そして、賠償を現物で求めることにより、前回のように金銭による賠償請求によって生じた問題を避けられるとするスターリンの主張にも納得しなかった。ドイツが提案された賠償の規模に応じられるかどうかは大いに疑問だとして、チャーチルはドイツ人を乞食にしていったい誰が得をするのかとたずねた。スターリンが憤然としてイギリスはソ連が賠償を取るのを望むのか望まないのかと詰問する一幕もあったが、チャーチルは譲ろうとしなかった。そこで議定書の最終案には、イギリスがソ連の数字にたいして同意するのを拒否したことが記された。一方、ローズヴェルトは賠償委員会による「討論の基礎」としてその数字を受け入れた。

いまやソ連軍ばかりでなく英米両軍もドイツ本土にあってライン川渡河の準備をしていたので、スターリンはドイツについての自分の意見——まだ固まっていない意見——を押しつけるわけにいかなかった。しかし、ポーランドについては事情が異なっていた。赤軍はポーランドばかりでなく、ポーランドが受け取るはずのドイツの領土の大部分を占領していて、閉ざされたその領域に他の大国が入りこめる見込みはなかった。ことポーランドに関しては、ソ連が最終決定権を握っており、スターリンは妥協すまいと固く決心していた。

イギリスとアメリカはテヘランで新しいポーランドの国境をすでに認めており、その問題を蒸し返すだけの強い根拠がなかった。カーゾン線がリヴォフを含めてポーランドの東部国境となることについては、ほとんど異論がなかった。しかし、チャーチルは自分がテヘランで出した提案を考えなおして、スターリンがドイツの犠牲のもとにポーランドに埋め合わせとして割り当てる領土の大きさに驚き、あわてた。彼はこう主張した。「ポーランドというガチョウにドイツをつめこみすぎて、消化不良にでもなって死なれては困る」。したがって、彼はねばりつづけ、最終コミュニケに「ポーランドは北と西で領土をかなり拡張してもらわなければならない」という総括的な言葉を入れることができたが、詳細についての議論はあとにもちこされた。

しかし、本当の問題は、三巨頭が認めたように、国境ではなく、ポーランド政府の構成と独立の問題だった。チャーチルはそれをこの会議の「試金石」と呼んだ。ポーランドは東ヨーロッパ最大の国であり、かつ（亡命チェコ政府を除いては）ポーランドだけが一九三九年に西側大国に保障された同盟国であり、ドイツの衛星国ではなかった。ポーランドについて決定されることが有力な根拠として、戦争の終結時に赤軍に占領されている他のすべての国々に適用されることになる。そんなわけで、ヤルタの八度の会談のうち七度にわたってポーランド問題が討議され、この問題について三人の指導者のあいだで交わされた言葉がほぼ一万八〇〇〇語におよんだうえ、外相たちと他の随員のあいだで長々と討論がつづいたのも驚くにはあたらない。

ここで議論の紆余曲折をたどる必要はない。西側大国の目的は、本当に民主的な独立した政府を保障する条件を獲得することだった。ソ連外交の目的は、西側とあからさまな断絶を招かずに、できるだけ強くポーランドを締めつけておくことだった。スターリンは断固としてソ連の望むところについて語った。ポーランドはこれまで三〇年間に二度にわたり侵攻の回廊として利用されてきた――それ以前にはナポレオンもそうした——が、今後はそれを許してはならない。同時に、彼は交渉にあたる者としての力量を見せつけ、ポーランド問題に関する意見の相違を、ローズヴェルトが最も熱心にソ連の同意を得たがっていた国際機構についてのアメリカの計画と結びつけた。

会議が始まったばかりのころ、スターリンはアメリカの提案にかなりの疑念を示していた。彼が態度を変え、その提案を受け入れる構えを見せたにもかかわらず、ポーランド政府の構成についての合意にはつながらなかった。しかし、その変化はローズヴェルトとスターリンが個人的に話しあったときにたいへん役に立った。ローズヴェルトはドイツの敗北後にソ連が対日戦に参加するという確約を得て、そのかわりにローズヴェルトは、スターリンの主張を受け入れ、譲歩することにした。ソ連国民を説得し、いまのところ直接の敵対関係にはない強国との戦争に踏み切らせるのにそれが必要だという主張である。そのなかには、サハリンの南半分とクリル諸島(訳注:千島列島が含まれる)を日本から割譲させるとともに、(同盟を結んでいる蔣介石に前もって相談せずに)ローズヴェルトが中国から確保すると保証した他の五つの条件が含まれていた。

その後三日間にわたって外相と三巨頭による議論、草稿の書きなおし、そしてさらに議論を重ねたあげく、ようやくポーランド政府についての共同声明に関して合意が成立した。あるとき、チャーチルとローズヴェルトから総選挙をいつにするかと問いただされて、スターリンは一カ月先だろうと答え、彼らの疑いを解いた——言質をとられずに、相手を懐柔するための回答だったのだが。また別のときには、自らの緊張を緩めるために、スターリンは以前の習慣に戻って、椅子のうしろを行ったり来たりしながら自分の主張を述べた。最終草案では、ソ連が承認した政府にポーランド国内および亡命中のポーランド人からも「民主的な」指導者を入れて「再編成」し、できるだけすみやかに総選挙を行なうよう求めた。再編成にいたるまでの協議は、モロトフとモスクワ駐在のアメリカおよびイギリスの両大使にまかされた。そして、以後二、三カ月のあいだ、モロトフは巧みな手綱さばきを見せて、このような漠然とした言いまわしによる取り決めを無視した。

ヤルタ会談は三大国の同盟の最大の達成を示す頂点だった。三大国が「一致して、ナチ・ドイツに求める無条件降伏」の条件について合意したという感動的な宣言の付されたコミュニケは、その同盟がいかに多くのことをなしとげたかを、その後の幻滅と非難のなかで思い出させるよすがである。ヒトラーは負ける運命にあったと、最初から決めてかかるのはあまりにも安易にすぎる。ヤルタのあとでさえ、イギリスとアメリカが手を引いて、ヒトラーが全軍を集中してソ連を打倒する可能性を、スターリンは捨てきれないでいた。そういう事態になって、しかもナチ・ドイツがヨーロッパ大陸の支配的な勢力になっていたら、ヨーロッパのその後の運命は——苦しいことがいろいろあったにせよ――現実のものとはくらべものにならないほど苛酷になっていたことだろう。

三人の指導者たちは――わけてもチャーチルとスターリンは――ひとたび戦争が終わってしまえば、彼らの結束がいかに危うくなるかを承知していた。しかし、ヤルタ会談が終わったとき、彼らは自分たちがなしとげたことを当然喜んでもいいと思っており、スターリンはチャーチルとローズヴェルトを惜しみなく称え、彼らも負けずにスターリンに賛辞を呈した。疑いもなく、チャーチルとローズヴェルトが同盟について語り、ソ連が同盟国としてはたした役割について口にしたことに嘘や偽りはなかった。だが、スターリンについてはどうだったろうか。彼は本心から同盟がヒトラーを負かすために絶対に必要な貢献をしたと思っていたのだろうか、それとも単なるお世辞にすぎなかったのだろうか。

ドゴールはフランスについて確固たるイメージをもっていた。スターリンはヒトラーに劣らず、自分自身についての確かなイメージに支えられていた。それは、自分が歴史に占める地位は帝政時代の最も偉大な皇帝に匹敵するという確信である。そうした確信によって、彼は自分がはたすことを求められていると考えたさまざまな役割についてまわる矛盾を解決した。それは外部から彼を観察する者には、解決できないはずの矛盾だった。一九四五年初頭のこの時期、敗北に直面したヒトラーが自己の使命への信念をもちつづけようと必死の努力を重ねていたのにたいし、ヤルタ会談はスターリンの生涯で、現実が彼の自己イメージを裏書きする寸前にまで近づいた瞬間だった。

スターリンの指揮下にある赤軍がいままさにナポレオンの勝利をしのぐ、ロシア史上最大の勝利を勝ちえようとしていたばかりでなく、世界政治において最大の権力を有する二人の人物が、彼の主張を受け入れて、将来について話しあいたいと思えば、おたがいにとって便利な場所で会談するのではなく、その道のりがどれほど遠くてうんざりするものであっても、彼のところまで出向かなければならないのであった。このことの象徴的な意味が、グルジア人としてのスターリンの想像力を刺激しないはずはなかった。二人は哀願しにきたわけではないが、二人ともしきりに彼の機嫌をとろうとした。ローズヴェルトの場合は、そのためにときどき自分の相棒を見くびることさえした。ソ連では、まだレーニンを記憶している老ボリシェヴィキたちから成り上がり者のように見られているスターリンは、自分がわが身を見ているとおりに評価してもらえないという思いを払拭できなかった。しつこいまでの賛辞を求める彼に応えてくれる人たちのことも、彼は恐怖心から、あるいは機嫌をとりたいばかりにこびへつらっているのではないかと疑っていた。何百人もの高級官僚を従えてやってきたアメリカの大統領と大英帝国首相に対等の人物として受け入れられ、あれこれ求められることは、スターリンの疑い深い虚栄心さえ満足させる貢物だった。

しかも、スターリンは彼らと対等の人物として受け入れられたばかりでなく、実際にそのとおりであることを証明した。ヒトラーは、いかなる委員会であれ、ひどく嫌い、議論をしかけられると腹を立てた。彼が出席した唯一の会議——一九三八年のミュンヘン会談——では、すっかり落ち着きを失って、ムッソリーニに議事の進行をまかせる始末だった。ヒトラーが国際的な交渉をするのは、大群衆を前にしてか、個人的なインタビューのなかのどちらかだった。それならば、意のままに操れる自信があった。しかし、スターリンは——彼の権威を疑う者のいない政治局や軍のスタフカの会議で見せる性急な態度を知っている者には意外だったが——自分の意のままに進められるとは期待できない国際会議の場で、ごく自然に丁々発止の議論を戦わせたのである。

長らく民主政治の修羅場をくぐってきたチャーチルとローズヴェルトのように抜け目のない二人の政治家と同席しながらも、スターリンは議事の巧みなさばきかたと、どんな場合にもメモを取ったり書類を見たりしないですませる抜群の記憶力、討論のうまさ、そしてレーニンの批判した「粗暴さ」を、チャーチルに抗しがたいと感じさせる人間的な魅力に切り換える変わり身の速さで、ともにテーブルを囲んだ人びとやその話を聞いた人びとを感心させた。

したがってヤルタ会談は、同盟国の指導者にとってもそうだったが、スターリンにとっても個人としてのキャリアの頂点となった。スターリンも、自身がそれを体現していると思っていたソ連も、これほど広く世界中から賛辞を呈されたことはかつてなかった——そして、こうしたことは二度と起こりもしなかったのである。それはスターリンの野望が実現した瞬間であり、勝利を収めた同盟国の他の二人の指導者たちと並んで、彼は二十世紀の歴史に位置を占めたのである。だから、彼が晩餐会の席で同盟国のために乾杯の音頭をとったとき、彼がチャーチルやローズヴェルトと同じように感動していたという、同席した人びとの証言を疑う理由はない。そして、同盟三国の結束が戦後の平和の鍵であり、その平和を確実に維持していくのが自分たちの義務であると語ったとき、真剣な口調そのものだったと人びとは言う。しかし、歴史的瞬間の感動と将来の政策は、スターリンの頭のなかではまったく別ものだった。同盟が将来にわたって存続する可能性は、感傷でも相互の信頼でもなく、戦後処理において彼が出すソ連の要求を他のメンバーがどの程度まで認める覚悟があるかどうかにかかっていた。

5

ヤルタから戻ったスターリンの立場と、最後の賭けに破れて一九四五年一月十六日に西部からベルリンに戻ったヒトラーの立場は、これ以上は考えられないほどいちじるしい対照をなしていた。首都ベルリンは雪におおわれ、空襲による最悪の被害を隠していた。シュペーアがヒトラーのために建てた総統官邸は壁にいくつも穴が開いていたが、偶然のいたずらか、ヒトラーが居室にしていた棟は、これまでのところ無事だった。彼はそこで会議を開き、しばらくのあいだは夜に寝るのにも使っていた。連合国軍の爆撃機が襲来したときに避難するコンクリートの地下壕もついていた。

このあとにつづく時期については、劇的な細部に目を奪われて、当時起こっていたことの意味を見失わないことが肝要である。背景となる戦争はクライマックスに達し、連合国軍がドイツの中心部に向かって前進し、ソ連軍がベルリンに迫っていた。首都はしばしば空襲を受け、ついには戦場と化したなかにあって、総統官邸では、とくにその地下壕では、閉ざされた世界の象徴として別のドラマが進行し、外で繰りひろげられている途方もない戦争とはますます無縁になっていた。その二つを結びつけるのは毎日の戦況報告と会議だったが、それも最後の何週間かは現実の世界で起こっていることとの関係がしだいに失われていき、ついには現実のほうが地下壕まで押し寄せてきて、なかに押し入ろうとしていた。

この孤立した心理劇の主演俳優——おそらくたった一人の俳優と言ってもよい——は、ヒトラーだった。それは自己と一体化して考えていた神話、自分にはドイツの救世主として神の意志による使命があるという信念を保ちつづけようとして、死にもの狂いの苦闘をつづける男だった。苦闘は、この戦争をすでに敗れたと見る敗北主義の蔓延を防ごうとするヒトラーの意志を主張するかたちをとっていた。

一月、グデーリアンが結果はもはや明らかでドイツは負けたとリッベントロープに言ったことを知り、ヒトラーは戦況会議で次のように宣言して、いっさいの討論をやめさせた。

全体の状況に関して総括することおよび何らかの結論を述べることをかたく禁じる。それは私の仕事だ。これからは、戦争は負けたなどと言う者は誰であろうと——階級と権威にかかわりなく——裏切り者として処分され、累はその家族におよぶであろう。[*29]

ヒトラーはいまや、原子爆弾を含めて、戦争を一変させる秘密兵器のことを儀式のように繰り返し口にしていた。三月にシュペーアはドイツ西部を訪れて何人かの党員に会ったとき、驚いたことがあった。フンクのようにかつて大臣を務め、いまはウェストファーレンで農場主になっている人たちが、「総統には奥の手があって、最後の土壇場になったらそれを使おうとしているのだ。そのときに転機がやってくる。いまは罠をしかけて、わざわざ敵をわが国の奥深くまで攻め入らせているのだ」と信じていたのである。[30]

しかし、ヒトラー自身はますます政治的な奇跡に望みを託すようになっており、フリードリヒ大王を救ったブランデンブルク家の奇跡の再現を待ち望んでいた。七年戦争（一七五六〜六三年）のとき、プロイセン王フリードリヒ二世は、オーストリア、ロシア、フランス、スウェーデンの連合軍を相手にすることとなった。戦場で軍事的な勝利を収めたが、同盟側の人力をはじめとする圧倒的な資源の優位には太刀打ちできなかった。一七六一年末、神の摂理によるほか、災厄を免れ、自分の生命が救われる道はない、と彼は書いた。

フリードリヒの絶体絶命の立場は、一七六二年一月五日にロシアのエリザベータ女帝の死去によって、劇的な逆転をした。反プロイセン同盟の背後で推進役をはたしていたエリザベータ女帝のあとを継いだ甥のピョートル三世は、フリードリヒ二世をこのうえなく崇拝しており、彼に敵対する同盟を解体してプロイセンと平和条約を結び、ロシアの領土上の権益を返還したうえ、ロシア軍の援軍をフリードリヒのもとに送ってオーストリアを敗北させたのである。

この奇跡の再現を待ち望むヒトラーは、全精力を傾けて、同じような運命の逆転が起こるまでもちこたえようとしていた。

一九一八年の教訓も、同じようなことを教えていた。ドイツは一九一八年には負けていなかったのだ、とヒトラーは断言した。参謀幕僚に裏切られたのだ。早まって降伏さえしなければ、ドイツは名誉ある講和を手にして、戦後の面倒な問題も避けられたはずだ。「今度は真夜中の五分前に降伏などしてはならない」[*31]すべての者に裏切られたと非難することが、ヒトラーの信念を保ちつづける最後のよりどころだった。彼の運命は、自身の失敗によってではなく他人の失敗によって挫折したというのである。のちにハルダー将軍が書いている。

権力の絶頂にあったときを除けば、彼にはドイツはなく、自分が全責任を感じるべきドイツ軍もなかった。彼にとって存在していた――最初はなかば無意識だったが、晩年にははっきり自覚するようになった――のは、ただ一つの大切なもの、彼の生涯を支配し、そのために彼の邪悪な霊が他のすべてを犠牲にした大切なもの、すなわち彼自身の自我だけだった。[*32]

一九四五年二月に開かれた会議に出席した若い将校が、そのときヒトラーから受けた印象を次のように述べている。

彼の頭は少しふらふらしていた。左の腕はだらりと垂れて、手はひどく震えていた。目には名状しがたい光が明滅して、何とも異常な恐ろしい効果をかもしだしていた。彼の顔つきや目のまわりには憔悴しきった様子がありありとうかがえた。どんな動作も、老いさらばえた人間のものだった。[*33]

それにもかかわらず、何をおいても、ヒトラーはあたかもまだ事態を掌握しているかのように作戦計画を立てたり、命令を出したりしていた。彼はこの期におよんでも空軍が制空権を取り戻す話をし、ジェット戦闘機計画に最優先権を与えるよう命令した。また、ソ連の攻撃を阻止するため東部に突撃部隊を集結したいとするヨードルの計画を承認し、ハンガリーで攻撃をしかけるためにゼップ・ディートリヒのSS第六機甲軍を移動させる決定を下した。

一九四四年十二月、ボルマンはうまくヒムラーを総統司令部から遠ざけていた。SS長官は予備軍という戦力をあてにできるから、ヒムラーをライン川上流の前線を防衛するためにつくられた新しい軍集団の司令官にしてはどうかとヒトラーに進言したからである。これはヒムラーの野心に強く訴えた。戦場で軍務を体験しないうちに第一次大戦が終わったため、軍人としての彼の野心はくじかれていたのである。ヒムラーはライン川の橋頭堡を守ろうとして失敗したが、ヒトラーは――またもやボルマンに促され、グデーリアンの助言に逆らって――ヒムラーにもう一つ、別の軍集団をつくらせた。今回はヴィスワ川とオーデル川のあいだでソ連軍が突破して生じた間隙を埋めるためだった。ボルマン自身は片時もヒトラーのそばを離れなかったが、ヒムラーは不在つづきのうえ、司令官としての実績があがらないので、ボルマンの目論見どおり、このSS長官が帝国のナンバー2として築きあげた地位は揺らぎはじめていた。ゲーリングは、空軍が連合国軍のドイツ空襲を阻止できなかったことについて、これ以上反論するのも面倒なので、ヒトラーには近づかなかった。たまたま彼が居あわせたとき、ヒトラーから不意に「きみはイギリスが本気でソ連の戦いぶりを支持していると思うかね」と質問された。彼は答えた。

たしかに、われわれがイギリス軍を寄せつけないでいるあいだに、ソ連がドイツ全土を征服するとは、イギリスにとっても計画外だったでしょう。もしこのままの状態がつづけば、二、三日中に電報がきますよ……[*34]

電報のかわりに、彼らが受け取ったのはヤルタ会談が終わったときに出されたコミュニケで、ドイツの敗北と占領に関して同盟の指導者たちが合意に達したことを発表し、かつ無条件降伏の要求をあらためて確認する内容のものだった。

ヒトラーは生まれ故郷のリンツの再建計画としてもちこまれた照明つきの模型に慰められる思いだった。再建されたあかつきには、ドナウ川沿いの最も美しい都市として、ウィーンやブダペストをもしのぐところになるのである。二月九日に建築家が総統官邸にもちこんできたその模型を、ヒトラーは何度も眺めた。彼の脳裏に浮かんでいたのは、党を創立した当時のことではなく、もっと昔のリンツやウィーンの時代に抱いていた夢だった。そのころ初めて、自分が何か偉大な運命——まだはっきりとはしていなかったが——のために選ばれているという信念を抱いたのである。いまもなお、神意（と彼は信じた）が自分を救ってくれ、もう一度奇跡によってその運命——やはり、まださだかではなかったが——を成就させてくれるだろう。古い町の灰塵のなかからよみがえる新しいリンツの模型を、同じ町に生まれたオーストリア人のゲシュタポ長官と一緒に眺めてから、ヒトラーは相手にあの有名な、催眠術をかけるような眼差しを向けてたずねた。「カルテンブルンナーよ、私が本心からこの戦争に勝つと信じていなければ、将来の計画についてこんな話ができると思うかね[*35]」

一九四二年九月から四五年初めまでのヒトラーの「食卓談話」については、二、三の散逸した記録しか残っていない。しかし四五年二月、ボルマンはヒトラーの弁明と政治的声明とでもいうべき一連のモノローグを書きとめている。そのときになっても、ヒトラーはフリードリヒ大王のように頑張りとおせば、勝利は可能だと主張していた。一七六一年の末に、フリードリヒ大王もベルリンで孤立し、敵の同盟軍が間近に迫ったことから、絶望して自ら生命を絶とうと決心した。最後の土壇場で、神の摂理がはたらいた。神の摂理が再びはたらくのは、これからだ。

偉大なフリードリヒ大王のように、われわれも同盟と戦っている。よく覚えておいてほしいが、同盟というものは揺るぎないものではない。一握りの人間の意志によってのみ存在する。チャーチルが不意にいなくなるようなことになれば、万事が一変するだろう。[*36]

フリードリヒ大王はもともと、ドイツ史のなかでヒトラーのお気に入りの人物だった。総統が生涯を終えた地下壕の続き部屋の唯一の装飾は、アントン・グラッフの描いたこのプロイセン王の肖像画で、彼が大切にしていた数少ない所有物の一つだった。一七六一年末のフリードリヒ大王の状況と自分の状況が似通っていることに、彼は心を奪われた。だが、もしも神の摂理がはたらかなかったら、どうなるのか。フリードリヒ大王のように、ヒトラーは土壇場まで待つ決心だった。だが、もし奇跡が起こらなかったら、そのときは自害しよう。しかし、もしそうなるのであれば、ヒトラーは遺言を残したいと思った。自分の見た事態の推移を、前もってボルマンに口述筆記させ、確実に後世に残したいと思ったのである。

初期の「食卓談話」とは違って、彼が最後に考えていたテーマは一つだけだった。この戦争とドイツを現在の状態にいたらしめた誤りである。そもそも戦争を始めたのは間違いだったのか。いや、彼はだまされて戦争を始めたのだ。「戦争はどのみち避けられなかった。ドイツ国家社会主義の敵は、早くも一九三三年一月に、私に戦争を押しつけたのである[*37]」。ソ連を攻撃したことについても同じことが言えた。

われわれはいかなる犠牲を払っても、二正面戦争は避けなければならないと、私はつねに主張してきた。そして、かねてから危惧の念をもってナポレオンと彼のロシアにおける体験について熟慮したと諸君に断言してもよい。ではなぜ、と諸君はたずねるかもしれない。なぜ、この対ソ戦争に踏み切ったのか、そしてなぜあの時期を選んだのか[*38]?

ヒトラーはこの問いにいくつかの答を出した。戦争をつづけたいというイギリスの望みを断つことが必要だった。ソ連がドイツに不可欠の原材料を押さえていた。スターリンが東ヨーロッパで譲歩させようと脅していた。しかし、つねにヒトラーが戻っていくのが、次の理由である。

そして、私自身は悪夢にさいなまれ、スターリンが先にイニシアティブをとるのではないかと恐れていた……われわれが何をしようと、対ソ戦は避けられなくなっていた。それを先送りすれば、あとでずっと不利な条件のもとで戦わなければならなくなるだけだった。この戦争が悲惨きわまるのは、ドイツにとって始まるのが早すぎたと同時に、遅すぎたという事実である。[*39]

新しいエリート層を成熟させるために、あと二〇年はほしい、と彼は言った。むしろ、戦争になるのが早すぎたのだ。

われわれの理想のかたちにつくられた人間が、われわれには欠けていた……第三帝国のような革命的国家の戦争政策も、必然的に、プチ・ブル的な反動主義者の政策にならざるをえなかった。わが国の将軍や外交官は、まれに例外はあっても、別の時代に属する人間であり、戦争や外交政策を遂行する彼らのやりかたも、過去の時代のものだった。[*40]

しかし、戦争の開始が遅すぎもしたのだ。軍事的に見れば、一九三九年ではなく三八年に始めたほうがよかっただろう。チェコスロヴァキアはポーランドよりも都合のよい問題だった。イギリスとフランスは決して介入しなかったろうし、ドイツは東ヨーロッパで地歩を固めてから、世界を相手にすることもできたのだ。「ミュンヘンで、われわれはどのみち避けられない戦争にたやすく、すみやかに勝利を収めるまたとない機会を失った」。それはすべてチェンバレンのせいだった。彼はすでにドイツを叩こうと決心していたが、時間稼ぎをして、全面的にしりぞくことにより、ヒトラーからイニシアティブを奪った。

だが、最大の誤りを犯したのはイギリスとアメリカだった、とヒトラーは結論した。イギリスはドイツと同盟を結ぶのが自国の利益になると判断すべきだった。日の出の勢いの大陸国家ドイツと同盟を結べば、いまイギリスが間違いなく失おうとしている帝国の財産を守ることができたのだ。

もし運命が、老朽したイギリスに、ユダヤ人びいきの半アメリカ人の飲んだくれ〔チャーチル〕に代わって、ピットのような人物を与えていたら、その新しいピットは、イギリスにはいまこそ力のバランスという父祖伝来の政策を……世界的な規模で適用しなければならないことをただちに認めただろう。ヨーロッパの争いを……

長びかせずに、イギリスはヨーロッパの統一をもたらすために最善を尽くすべきである。結束したヨーロッパと同盟すれば、イギリスはなおも世界の問題の調停者としての役割をはたす機会をもちつづけられるだろう……〔しかし〕私はチャーチルのイギリスを牛耳るユダヤ人勢力を見くびっていた。[*41]

イギリスがドイツと同盟すべきだったとすれば、アメリカは第三帝国と争う理由がないことを知り、孤立を守るべきだと悟ったことだろう。「アメリカを相手としたこの戦争は、悲劇である。筋が通らず、実際に何の根拠もない戦いなのだ」。それもまた同じ不吉な影響力、ナチ・ドイツにたいするユダヤ世界の陰謀のせいだった。

いまだかつてこれほど典型的かつ余すところなくユダヤ的な戦争はなかった。少なくとも私は、彼らに無理やりその仮面を捨てさせた……私はユダヤの危険にたいして世界に目を開かせた……そう、われわれはユダヤという腫れ物を切開して膿《うみ》を出したのだ。後世の人びとは永遠に感謝しつづけるだろう。[*42]

ヒトラーは補遺を添えた。四月二日、ボルマンに促されて、彼はモノローグの最後の部分、事実上ドイツ国民への政治的遺言にあたるものを口述した。「私はヨーロッパ最後の希望だった」と彼は二月に言明していた。つまるところ、ドイツが敗北するとすれば、徹底して完膚なきまでにやっつけられ、それはドイツ国民ばかりでなく、ヨーロッパにとっても悲劇になるだろう、と。そのあと、最後の予言の力をふりしぼって、彼は自分が心に抱く将来図を描いた。

ドイツ帝国が破れるとともに、アジア、アフリカ、そしておそらく南アメリカにもナショナリズムが勃興しつつあるとき、世界には対決しかねない二つの大国——アメリカ合衆国とソヴィエト連邦——しか残らないだろう。歴史と地理の法則により、この二大国は軍事あるいは経済とイデオロギーの分野で、やむなく力を試さざるをえなくなるだろう。この同じ法則により、両大国がヨーロッパの敵になるのは避けられない。これも同じように確実なのだが、これらの大国はヨーロッパで生き残る唯一の偉大な国民たるドイツ民族の支持を求めるのが望ましいと考えるだろう。*43

ヒトラーの予想は、ヤルタに集った同盟三カ国の指導者たちの予想よりも正確だったことがわかる。

三月、ヒトラーは秘書の一人、クリスタ・シュレーダーと昼食をとっていたとき、不意にしゃべりだした。

私はどっちを向いても嘘をつかれている。誰も信頼できない。何もかもいやになった……私の身に何かが起これば、ドイツには指導者がいなくなってしまう。私には後継者がいない。まず、ヘスは気が狂っている。次に、ゲーリングは国民の共感を失った。三番手のヒムラーは党に拒否されるだろう——いずれにせよ、彼はまったく芸術を解さないから、役に立たない。

考えにふけったまま、しばらく立っていたが、ヒトラーは次の言葉を残して立ち去った。「もう一度知恵をしぼって、後継者には誰がいいか、教えてくれたまえ。これは私が、しじゅう自分にたずねながら一向に答が出せないでいる問題なんだ」[*44]

しかし、同じ三月にヒトラーが出した命令を見れば、彼がドイツの将来を考えようとしなかったこと、後継者となるべき者に期待していたのが降伏することだったことは明らかである。戦場がドイツ本土に移ると、ヒトラーはソ連と東部の他の占領諸国でやったのと同じ焦土作戦を実行して、ドイツ国民が戦後の再建に利用できるものも含めてすべてを破壊せよと命令した。シュペーアは、一九四四年が終わるまでに、戦争は負けたと結論していたが、ヒトラーの態度にショックを受け、何とかそれを変えさせたいという切なる願いから覚書をしたためた。

四週間から八週間以内にドイツが最終的に崩壊するのは避けられないことである、とシュペーアは書いた。敵に利用させないためにドイツにまだ残っている資源を破壊する策をとっても、戦争の結果にはいささかも影響しないだろう。「ドイツ国民の運命が自分の個人的な運命と結びついているという見方をする権利は、誰にもない」。ドイツの統治者が最優先すべき義務は、自分たち自身の運命をかえりみることなく、ドイツ国民が将来生活を立て直す可能性をかならず残しておくことである。ヒトラーはシュペーアにたいし、次のように回答した。

戦争に負ければ、国民もまた滅びる。ドイツ国民がぎりぎりの線で生き残るために何を必要とするかを思いわずらうのは余計なことだ。それどころか、こうしたものまで破壊するのが、われわれにとっては一番よいのだ。この国のほうが弱いことは、はっきりした。将来はひとえに、もっと強い東方の国のものである。いずれにせよ、戦いのあとには劣等人種しか生き残らないだろう。すぐれた者はそれ以前に殺されてしまうからだ。[*45]

シュペーアが、敵が来る前に鉱山を水没させ、発電所を爆破し、通信施設を破壊せよというヒトラーの命令が実行されるのを阻止できたとすれば、それはヒトラーの決心を変えさせられたからではなく、彼の権威が地に墜ちて、それに乗ずることができたからである。

6

一月末には、ジューコフとコーネフがすみやかにベルリンに進撃できるだろうという当初の望みはくじかれた。進撃が速すぎたため、ソ連軍の燃料と弾薬の補給が追いつかなくなったのである。損害が大きく、師団の戦力は平均四〇〇〇人にまで落ち、兵士たちは戦いに疲れていた。戦力を増強し、装備を補修——彼らは冬季の厳しい気候のなかで戦ってきた——するために、また再編成するためにも時間が必要だった。スターリンはドイツ軍の側面攻撃を恐れたので、三月一日にジューコフが攻撃を再開したとき、西のベルリンではなく、北へ回ってバルト海を目指し、ポンメルンを掃討せよと命令した。コーネフにもまた小休止が必要で、そのあと上シュレージエンを制圧することになっていた。

三月二十八日、連合国軍総司令官アイゼンハワーはスターリンに直接メッセージを送って、連合国軍の春季攻勢では攻撃の主力をイギリス軍のモントゴメリー将軍が提案したベルリンには向けず、モントゴメリーのライバルであるアメリカ軍のブラッドリー将軍の指揮のもと、エアフルト‐ライプツィヒ‐ドレスデンの方向に向けることを知らせた。

スターリンは自分の幸運が信じられないほどだったが、その幸運をこれ以上ないほど巧みに利用した。四月一日に出した返書のなかで、彼はアイゼンハワーの計画を称賛し、「ベルリンにはかつてのような戦略的重要性がなくなった」という意見には賛成で（したがってベルリンを占領するには第二級のソ連軍しか差し向けないと言った）、ライプツィヒ‐ドレスデン地区でアメリカ軍と合流するつもりなので、ソ連軍は五月後半に一大攻勢を開始すると約束した。プライドが高くて自分の作戦計画を政治的な思惑によって左右されまいとするアイゼンハワーにこのメッセージを送ったあと、スターリンは、そのときまさに正反対の意味をもつ行動を開始した。赤軍が――連合国軍を参加させずに――ベルリンを占領すれば、ソ連がドイツに打ち勝ったことの象徴としてどれほどの価値をもつかを、抜け目なく見抜いたのである。ジューコフとコーネフの二人が急遽モスクワに呼び戻された。四月一日、二人の元帥との協議の席で、スターリンはこうたずねた。「ところで、誰がベルリンを取るのかね。われわれか、それとも連合国軍か」。その言葉を聞いて、二人はふるいたった。準備のためにわずか一二日ないし一四日の余裕しかなかったにもかかわらず、彼らはその挑戦を受けて立った。どの程度の準備が必要だったかは、ジューコフの軍のためだけでも鉄道で七〇〇万発の砲弾が送られたことから、およその見当がつくだろう。ソ連軍はスケジュールどおり、四月十六日の早朝に攻撃を開始した。

四年前の一九四一年四月、ヒトラーはドイツ軍が冬の到来の前にソ連を敗北させ、東方にナチ帝国を築く道を開くと確信して、バルバロッサ作戦の準備をしていた。これほど完全な立場の逆転は、歴史上あまり例がない。四一年十一月にモスクワの郊外まで押し寄せた戦争は、いまやベルリンの郊外でクライマックスを迎えようとしていた。ドイツ軍は「国民突撃隊」の老兵とヒトラー・ユーゲントの若者を加えて、国防軍およびSSとともに絶望的な勇気をふるって戦った。東部から逃げてくる何百万という難民は、赤軍がソ連国民のこうむったあらゆる苦しみのお返しをするというニュースを運んできた。道端のつたないポスターは赤軍兵士に、「忘れるな――許すな」、容赦のない仕返しをしろ、と促していた。彼らは戦うばかりでなく、無差別の殺戮を重ね、婦女子を犯し、略奪し、東部ドイツの都市や田園を焼き払いながら前進した。報復と略奪を求めてやまない彼らの行動は、「ファシストなる獣の巣」とされたベルリンになだれこんだとき最高潮に達するだろうと予想された。ドイツのすべての国民が、いまやヒトラーがあれほど自信をもって始めた戦争と、ナチが犯した言語に絶する犯罪のつけを払わされていた。その戦争と犯罪には、全員ではないが、ドイツ軍を含めて多数のドイツ人が関わってきたのだ。

一九四五年四月になると、ヒトラーは事態の推移を把握できなくなったばかりでなく、何が起こっているかを知ることさえ難しくなっていた。もはや状況を把握している様子がまったく見られなくなり、三月末にベルリンの入口でソ連軍が増強されたのはただの見せかけにすぎず、ソ連軍の主な攻撃目標は南部のチェコスロヴァキアなのだと判断した。そして、SS機甲師団をオーデル川の前線から南部へ移動させると主張したが、これは先にSS第六機甲軍をハンガリーに移したのと同じ誤りだった。彼の命令はより無謀に、要求はますます実行が不可能に、そして決定はいっそう恣意的になった。

ヒトラーの生涯の最後の場面は、総統官邸の地下壕のなかで演じられた。そこに移ったのは空襲中に睡眠をとるためだ、と彼は言った。だが、シュペーアはそこには象徴的な意味もあると考えた。

ヒトラーが自らの墓所となる場所にひきこもったのは……外の青空のもとでなおもつづけられる悲劇からの彼の断絶に最後の封印をするためだった。もはや彼は、その悲劇とは何の関係もなかった。彼が終末について語るとき、それは彼自身のことであって、国のことではなかった。彼は現実からの逃避の最終段階に達していた。

若いときから、彼は現実を認めるのを拒否してきたのだ。当時、私はこの地下壕という非現実の世界に、ある名前をつけた。「死者の島」と呼んだのだ。[*46]

三月末のシュペーアの覚書にたいするヒトラーの答は、鉱山を水没させ、発電所を爆破し、通信・連絡施設を破壊するようさらに命じるとともに、シュペーアの全権限を剝奪するというものだった。それを無視して、シュペーアはヒトラーの命令が実行されるのをなおも妨害しつづけた。三月二十九日、ベルリンに戻ったとき、シュペーアはヒトラーから総統地下壕に呼びつけられ、何をやっていたか答えるよう求められた。ヒトラーはシュペーアに怒りのこもった叱責の言葉を浴びせたが、最後は感情的な懇願の口調になった。

お前が戦争にはまだ勝てると信じられさえすれば、すべては好転するんだ。少なくとも、われわれがまだ負けていないという希望をもてるならば。きっと、お前は希望をもっているのにちがいあるまい？　私はそれだけで満足しよう。

シュペーアがなお答えずにいると、ヒトラーは退出を促し、二四時間の期限をつけて答えるよう求めた。翌日の夜、シュペーアが地下壕に戻ると、彼を迎えたヒトラーは一語だけ発した。「それで？」シュペーアはそれにこう答えた。「総統閣下、私は無条件で総統に従います」。その言葉に対し、ヒトラーは総統命令を発して、シュペーアの権限をもとの状態に回復し、シュペーアはただちにその権限を行使して公共施設や食品加工設備および橋梁など、戦後に利用できるすべてのものの破壊を止めさせた。

四月十二日、シュペーアはベルリン・フィルハーモニー管弦楽団に最後のコンサートを開かせる手配をした。曲目は、ベートーヴェン、ブルックナー、ワーグナーで、混みあったフィルハーモニー・ホールはどうにか爆撃による破壊を免れていた。集まったわずかな聴衆のうちで、いまや戦争が敗北に終わったことを疑う者はほとんどいなかった。

ヒトラーと残り少ない腹心たちの望みがどれほどはかないものになっていたかは、彼らが四月十二日にローズヴェルトが死んだという知らせを受けたときの様子がよく物語っている。その二、三日前、ゲッベルスはカーライルの『フリードリヒ大王伝』の一節をヒトラーのために読んでいた。そこにはブランデンブルク王家の奇跡、つまり、万策尽きてもはやこれまでと覚悟を決めたフリードリヒがロシアのエリザベータ女帝の死により自害せずにすんだと記されている。ヒトラーはいたく感動した。そこでゲッベルスは、総統の星占いを頼んでみた。ゲッベルスによれば、これまで戦況についで驚くほど的中してきたというその占いはいま、四月末にドイツが大勝利を収め、八月には平和が訪れると予言していた。ローズヴェルトが死んだと聞いたとき、彼は興奮のあまりヒトラーに電話をかけた。「総統！　おめでとうございます！　ローズヴェルトが死にました。星占いには四月の後半がわれわれの転機になると出ています」[*47]。ヒトラーも同じように興奮したが、ほっとしたのも束の間だった。エリザベータ女帝の場合と違って、大統領の死は連合国軍の作戦に何ら影響をおよぼさなかったのである。アメリカ軍はエルベ川に達し、ソ連軍と合流した。そして四月十六日、ジューコフとコーネフはベルリンに向けて最後の攻撃を開始した。

兵員数でも銃砲の数でも劣るドイツ軍は、なおも執拗に抵抗した。第一白ロシア方面軍は九〇〇〇門の砲で弾幕を張ったが、ドイツの防衛陣をオーデル川の西に押しやれなかった。ジューコフは攻撃開始から四日目まで敵の防御を突破できず、スターリンにきびしく叱責された。しかし、四月二十日までに、ジューコフとコーネフの両軍はともにベルリン市の境界内に入り、通りを一つまた一つと攻め落としながら市の中心部に向かって進んだ。

四月二十日は、ヒトラーの五十六歳の誕生日だった。午後、彼は首都の防衛戦に加わる準備をしていたヒトラー・ユーゲントの十六歳の少年たちの一団を視察した。そのあとの会議には、ナチの指導者の全員と三軍の司令官が顔をそろえた。これが最後の会議だった。彼らはまだ間にあううちにオーバーザルツベルクに移るよう、ヒトラーにすすめた。しかしヒトラーは、デーニッツ提督を北部の司令官に任命したが、自分が南部へ飛んで指揮をとるか、ベルリンの戦闘を指揮するかという問いには答えなかった。

二十一日、ソ連軍の大砲が直接首都を砲撃するなかで、ヒトラーはシュタイナー将軍の指揮するSS部隊に、首都を救うための反撃を命じ、その成功に途方もない望みをかけた。翌二十二日、彼は一日中シュタイナー軍の戦況について情報を求めた。だが、攻撃は行なわれず、シュタイナーの軍がまだ編成中であると知らされたのは、夕刻になってからだった。それを知らされたことが発火点となった。

それは激しい感情の爆発というかたちをとった。目撃した者はもちろん、部屋の外で耳にした者までが震えあがり、打ちのめされた。ヒトラーは将軍たちを罵倒し、自分は裏切り者と嘘つきに囲まれていると叫んだ。いまやSSさえ嘘をつくのだ。ヒトラーがこれほどに自制心をなくしたのを、誰も見たことはなかった。すべてが終わった、と彼は宣言した。戦争は負けた。死ぬほかない。そのさなかに、彼の全身は激しい痙攣に襲われ、意識を失うかに見えた。回復したとき、ヒトラーはここベルリンで最期を迎えると言った。行きたい者は南部へ行くがいい。自分は動くつもりがない、と。

私も残りますと言うエヴァ・ブラウンに、これまで誰も見たことのない唇へのキスという褒美を与えたあと、ヒトラーはボルマン以外にまだ自分が信頼している唯一の人物、ゲッベルスを呼びにやった。ゲッベルスは自分もとどまって死ぬと言った。彼の妻は進んでそれにならうことにし、子供たちに毒を与えた。その準備のため、彼らは地下壕に移った。一方、ヒトラーは書類をもってこさせて、焼却するものを選んだ。つづいて、カイテル、ヨードルとの最後の会見が行なわれた。彼らはなおもヒトラーに、南部に向けて発つよう説得した。だが、ヒトラーは耳を貸さなかった。私は戦えない、身体が駄目になったからだ、だがベルリンが陥落するまで踏みとどまって、いよいよ最後というときにはピストルで自殺すると言った。生きても死んでも、絶対に敵の手に落ちるつもりはない。将軍たちはドイツ軍の大部分が南部にあり、もし交渉が始まることになってもベルリンの外でするしかないと指摘して譲らなかった。ヒトラー自身が希望を捨てたとしても、彼はまだ最高総司令官であり、その命令のもとでいまなお戦っている者たちにたいして責任がある。「あなたがこれほど長いあいだ指揮をとり、指導をしてきたあとで、にわかに部下を追い払い、彼らが自分たちで勝手にやっていくよう期待されても、それはまったく不可能なことです」。ヒトラーは下すべき命令などないと主張した。命令してもらいたければ、ゲーリングにそう言うべきだ。国家元帥のもとで戦おうというドイツ兵は一人もいない、と彼らは抗議した。ヒトラーは答えた。「いまとなっては命令を出す、出さぬの問題などありようがない。

もう戦うべきものが何も残っていないのだ。交渉ということになれば、私よりもゲーリングのほうがうまくやれるだろう」。少なくともヨードルは、いぜんとしてプロイセンの伝統に忠実だったので、ヒトラーの言動に憤慨した。あきらめてヒステリーを起こしたプリマドンナのような振る舞いをすることなく、命令を与え、かつ責任をとるのが、将校、とくに最高司令官の義務だというのである。

地下壕のつくりはいかにもうっとうしいものだったが、それとて他の心理的重圧にくらべたらものの数ではなかった。絶え間ない空襲、ソ連軍がすでに市内に入ったという情報、神経の疲労、恐怖と絶望がヒステリーと紙一重の緊張状態を生み、さらにそれは、気分の移り変わりをまったく予測できない人物が近くにいるため、いっそう高まった。

二十二日の大荒れのあと、すでに覚悟を決めたヒトラーは、穏やかになり、やさしくさえなった。南を目指して発つカイテルに食事を出すよう命じたうえ、その食事のとき、将軍のかたわらにじっと座っていた。さらに、長い道中を気づかってサンドイッチとブランデーのハーフ・ボトルをもたせることも忘れなかった。シュペーアは、翌二十三日にベルリン*に戻った。ヒトラーの破壊命令を阻止するために全力を尽くしたことを白状したのだが、ヒトラーは何の反応も示さなかった。しかし、シュペーアはヒトラーの新たな感情の爆発に立ち会うはめになった。今度の標的はゲーリングだった。「交渉ということになれば、私よりもゲーリングのほうがうまくやれる」とのヒトラーの言葉を伝え聞いて、ゲーリングは痛ましいほど不安定な状態におちいっていた。取り巻きたちから戦争を終わらせる働きかけをするように促されたが、ゲーリングはそれを罠ではないか、とりわけボルマンがしかけた罠ではないかと疑った。自分をヒトラーの後継者に指名した一九四一年六月の命令を、官房長ランメルスに金庫からもってこさせたあと、彼は「総統閣下」で始まる電報を打ち、ヒトラーにあらためて確認してもらうことにした。

総統閣下
あなたがベルリンにとどまると決意なされたことにかんがみ、私が一九四一年六

＊　原注：シュペーアは自著の『第三帝国の神殿にて』のなかでこう述べているが、いわゆるシュパンダウ手稿ではそれを否認している。この手稿は、のちにギッタ・セレニーが閲覧している。彼女の著書『アルベルト・シュペーア　真実との彼の戦い』（ニューヨーク、一九九五）を参照。この本には、シュペーアがニュルンベルク裁判で主張し、その後も多年にわたって主張しつづけたこととは裏腹に、彼がユダヤ人の大量虐殺について知っていたことを最終的に認めたことも記されている。

月二十九日の命令に従い、あなたの代理として、国の内外における完全な行動の自由を得て、ただちに帝国を全面的に指揮することにご同意くださるのでしょうか[*49]……

忠誠心を披瀝して電文の結びとしたゲーリングは、その日のうちに返事が欲しいと求めた。しかし、長くはかからなかった。多年にわたってゲーリングを追い落とそうとしていたボルマンが、ゲーリングのメッセージは最後通牒だと言ってヒトラーを焚きつけたのである。

シュペーアの報告によると、ヒトラーは異常に興奮し、ゲーリングは堕落したと決めつけ、落伍者、麻薬常用者などと罵ったが、「それでも、あいつなら降伏について交渉ができる。どのみち、誰がやろうと、どうでもいいことだ」とつけ加えた[*50]。

つけ加えた言葉は、意味深長である。彼は明らかに、ゲーリングの僭越ぶりに立腹していた——専制政治の習慣は簡単に破れるものではない。彼は、ゲーリングを反逆罪で逮捕すべしとするボルマンの提案に同意し、後継者としていたことを含め、あらゆる官職からの解任を正式に認めた——だが「どのみち、それはどうでもいいこと」だったのである。ニュルンベルク裁判のときシュペーアが指摘したように、ドイツ国民にたいするヒトラーの軽蔑はすべて、いとも無造作にこの言葉を口にした彼の態度にこめられていた。

ヒトラーが最後の数日間に話したり命令したりしたことの意味をあまり深読みしすぎると、異常な環境と彼の精神状態の両方をまったく読み違えることになりかねない。この時期に彼と会い、しかも地下壕の雰囲気に染まらなかったために彼と同じ気分にならなかった者は、ヒトラーが正気の世界と狂気の世界をへだてるおぼろな境界にかぎりなく近づいているのだと考えた。ヒトラーはまったく衝動にまかせてしゃべっていた。そして、二十三日にシュペーアと話したときのような比較的平静な気分は、しばしば激しい非難、突拍子もない希望、半ば狂ったようなとりとめのない話で中断された。

ヒトラーにとって、地下壕の外の状況を把握するのはますます困難になっていた。二十六日の夜、ソ連軍は総統官邸を砲撃しはじめた。どっしりした石造建築が裂けて地面に崩れ落ちると同時に、地下壕は揺れた。ソ連軍は一・六キロ足らずのところまで迫り、彼らとヒトラーの地下壕のあいだではごく少数の疲れきった中隊が通りから通りをつたって戦いつづけるだけだった。それでもヒトラーは、ワルター・ウェンク将軍麾下の軍がベルリンを救いにくると言いつづけていた。二十八日、彼はカイテルに無線で連絡をとった。「私はベルリンの救援を期待している。ハインリチの軍は何をしているのか？　ウェンクはどこにいる？　第九軍はどうしたんだ？　いつウェン

ク と第九軍がわれわれのところに来るのか？」[*51] ヒトラーの質問にたいする答は簡単だった。ウェンク将軍の軍は、第九軍と同じく、すでに一掃されていた。ハインリチ将軍の軍はソ連軍に降伏する事態を避けて、西方に退却中だった。

二十八日の夕刻、ヒトラーはメッセージを手渡され、それによって最終的な危機の到来が早められた。それは短いロイターの通信文、ヒムラーが終戦の交渉をする目的で、スウェーデンのベルナドッテ伯と会談しているという内容だった。

ヒムラーがヴィスワ軍集団の最高司令官を務めた期間は短く、不名誉なものだった。主導権を取り戻すことも、ソ連軍に反撃を加えることもできずに、彼は寝こんでしまったのだ。そして、SSの軍医長カール・ゲプハルトのホーエンリューヘン診療所で過ごす時間が多くなり、インフルエンザとアンギナにかかっているというのであった。三月半ばに、グデーリアンはヒムラーに「他のすべての責任にかんがみて」辞職を勧告した。数カ月前から、SSのさまざまなメンバーはヒムラーの了解のもと、西側連合国との交渉の道が開けると思えそうな接触の手がかりを求めていた。

ヒムラーにたいして、戦争を終結し、SSの将来を保証するために何かしてほしいと誰よりも執拗に求めていたのは、アウスラントSD（SS保安課報部外務局）の若い長官ワルター・シェレンベルクだった。彼は、ヒムラーのフィンランド人マッサージ師ケルステンと協力して、スウェーデン王の甥でスウェーデン赤十字社副社長ベルナドッテ伯を連れてきて、一九四五年二月十九日、ホーエンリューヘンでヒムラーと会わせた。ベルナドッテは、強制収容所に拘禁されているスカンジナヴィア人捕虜を釈放させたいとの希望を伝えた。しかし、ヒムラーはひどく不安になり、心が千々に乱れた。「私はヒトラーに忠誠を誓った」と、彼はベルナドッテに告げた。「一兵士としても、一ドイツ人としても、私はその誓いにそむくことができない。それゆえ、私は総統の計画と希望に反することは何もできない」[*52]。ベルナドッテは四月中にさらに二度ヒムラーを訪れたが、それでもヒムラーは本心を明かさなかった。

しかし、四月二十二日の会議の劇的な場面や、ヒトラーが戦争は負けた、自分はベルリンの廃墟で死ぬと宣言したことを伝え聞いて、ヒムラーはゲーリングとほとんど同じ感慨を抱いた。「ベルリンでは誰も彼も狂っている」と。彼は言った。「私はどうしたらいいのだろうか」。そして二人とも、もはやヒトラーへの忠誠を誓いながら戦争を終わらせるための措置を講じても矛盾しないと結論した。だが、ゲーリングが自分の意見をヒトラーに確認してもらおうとして電報を打ったのにたいし、ヒムラーはもっと利口に立ちまわって、ひそかに行動した。

四月二十三日から二十四日にかけての夜、ヒトラーがゲーリングの不忠に怒り狂っていたとき、ヒムラーはシェレンベルクをともなってリューベックへ行き、スウェーデン領事館でまたベルナドッテ伯と会見した。ヒムラーは、今度こそ手の内を明かす覚悟を決めていた。ヒトラーはおそらくもう死んでいるだろう、まだだとしてもこの二、三日のうちに死ぬだろう、と彼はベルナドッテに語った。

事態がここまで進んだからには、私が自由に動いてもさしさわりはあるまい。私はドイツが負けたことを認める。ソ連軍の侵略からできるだけ多くドイツの領土を救うために、私は進んで西部戦線で降伏し、西側連合国軍がすみやかに東へ進めるようはからうつもりである。しかし、東部戦線では抵抗をやめる気はない。[*53]

ベルナドッテは結局、スウェーデン外務省を通じてその提案を伝えることに同意した。一方、ヒトラーの後継者になったつもりのヒムラーは、自分の新政府に入れる大臣の人選にとりかかった。ベルナドッテは前もってヒムラーに警告したように、西側連合国軍は単独講和を考慮することを拒否し、無条件降伏を主張しているという返事をもって戻ってきた。だが、そのときにはヒムラーが交渉しようとしているという知らせが、ロンドンとパリですでに公表されていた。

ヒトラーはそのニュースにわれを忘れて激怒した。「顔面は真っ赤になり、顔を見ただけでは誰だかわからないほどだった……ひとしきり荒れ狂ったあと、ヒトラーは放心状態におちいった。そして、一時は地下壕全体が静まりかえった[*54]」。少なくともゲーリングは、交渉を始める前に許可を求めた。だが、その忠誠にヒトラーが絶大な信頼をおいていたヒムラーは、「誠実なハインリヒ」は、何も言わなかった。ヒムラーに裏切られたことは、最大の打撃だった。これで自殺の決意は固まった。二十二日には自殺すると言ったけれども、それをいつ実行に移すか決めかねていたのだ。

ヒトラーが最初に考えたのは、復讐だった。そしてボルマンは、ゲーリングが逮捕されたことをすでに確認していたので、いま第三帝国が崩壊してあとかたもなくなる前に、ヒムラーが同じように排除されたのを見て満足した。総統のもとにいたヒムラーの代理人ヘルマン・フェーゲラインは最後にならないうちに逃げるのが得策と考え、地下壕からこっそり抜けだしたところを見つかって、すでに逮捕されていた。彼はエヴァ・ブラウンの妹のグレートルと結婚していたが、何ら酌量されなかった。ヒムラーの反逆的な交渉について何か知るところはないかと厳しく問いただされたあげく、総統官邸の中庭に引きだされて銃殺されたのである。

ヒムラーのところに手をまわすのは、それほど容易ではなかった。しかし、ヒトラーは、ゲーリングの代わりに空軍最高司令官に任命するためにベルリンへ呼び寄せていたリッター・フォン・グライムに、また飛行機で脱出し、いかなる犠牲を払ってもかならずヒムラーの逮捕を見届けよと命じた。声をふるわせて、ヒトラーは叫んだ。「裏切り者に、私のあとを継がせて総統にするようなことなど絶対にあってはならない。行って、絶対にそうならないようにしてこい」[*55]。フォン・グライムは夜半を過ぎてから四月二十九日の午前一時までのあいだに退出した。午前三時、ヒトラーは自分にたいして変わらぬ真心を捧げてくれたエヴァ・ブラウンに報いるため、彼女と結婚した。そのあと二人は、わずかに残るヒトラーの側近、ボルマン、ゲッベルス（結婚の立会人を務めた二人）とシャンパンを酌みかわし、なつかしみながら昔のことを語りあった。やがてヒトラーは、政治的遺言を書き取らせるために秘書をともなって退席した。

ムッソリーニは敗残者として、また逃亡者となって生涯を終え、かつて世界を舞台として闊歩した統領《ドゥーチェ》の面影はなかったが、そのムッソリーニとは異なり、ヒトラーは後悔や自責の念をまったく表わさず、運命の人たるおのれを信じ、自らの手で生命を絶ち、傲然として世を去った。敗北に終わったとすれば、それは自分たちの役割をはたしえなかった他の者の責任だった。自分の死と、自分がつくった政権の崩壊を目前にしても、彼はなお、まぎれもなく同じヒトラーだった。彼の心は二〇年も前に、『わが闘争』を書いたときと同じように固く閉ざされていた。彼が政治的遺言のなかで言わなければならなかったことの大部分も、やはり『わが闘争』から取られたものだった。

いかにもヒトラーらしく、彼がドイツ国民にあてた最後のメッセージには、少なくとも一つ、驚くべき嘘が含まれていた。彼はまだ戦っている人たちと、自分が愛していると公言してはばからない国家にたいする自分の責任を放棄したことを棚にあげ、国家社会主義の抵抗精神は次の事実からも例証されると語ったのである。

この運動を創始し、基礎を固めた者として、私は臆病にも辞職したり降伏したりすることなく、死を選んだという事実……

わが将兵たちの犠牲と、私自身が死して彼らと一体になることから、ドイツには国家社会主義運動の新たな種子が芽生えて、輝かしい復活をとげるだろう。[*56]

遺言の第二部で、彼は後継者をどうするかについて明らかにした。ゲーリングとヒムラーは党とすべての官職から追放された。デーニッツ提督が、思いがけなく帝国大統領兼国防軍最高司令官に選ばれた（陸軍にたいする最後の侮辱）。ヒトラーは、そのあとデーニッツのために閣僚を指名している。ゲッベルスとボルマンはそれぞれ報償にあずかって、前者は新首相に、後者は党担当大臣にとりたてられた。

最後の一節では再び、ごく早いころのヒトラーの妄想に立ち戻っている。「わが国の指導者たちとその下にある人びとに何よりも求めたいのは、人種の法則を遵守すること、すべての民族をあまねく毒する世界のユダヤ人にたいして容赦なく立ち向かうことである」[*57]

ヒトラーの個人的遺言は短く、私的なものだった。彼は闘争の時代には結婚というかたちで責任をとれなかったが、「長年のあいだ誠実な友情を捧げてくれ、本人の自由意志で私と運命をともにするために戻ってきた女性」を妻としてめとる決心をしたと宣言している。自分の所有する財産は党に残し、党がもはや存在しなければ国家に残すとした――ただし絵画のコレクションは例外で、それを生まれ故郷のリンツに建設する絵画館のために残した。ボルマンは遺言執行人に指名され、同僚たちにさまざまな遺贈を行なう責任を付託された。

ヒトラーが寝所に引きとってから、ゲッベルスは腰をおろしてナチの伝説にたいする自分自身の最後の貢献を文章に綴った。「総統の政治的遺言への補遺」である。数日前から、ゲッベルスは歴史に名を残すというような大仰な言葉を使ってしゃべっていた。四月十七日の宣伝省の会議で、彼は「諸君」と呼びかけて、次のように語っている。

一〇〇年も経ったら、われわれがいま生きぬいている恐るべき時代を描く、すばらしい天然色映画ができているだろう。諸君はその映画のなかで何かの役割を演じたいとは思わないか。さあ、いま頑張るのだ。そうすれば、これから一〇〇年後に諸君がスクリーンに登場したとき、観衆がやじったり、口笛を吹いたりすることはないだろう。[*58]

ゲッベルスの宣伝家としての才能は衰えていなかった。ヒトラーの命令にもかかわらず、彼は総統のそばから立ち去るのを拒んだ。そして「総統にお仕えするために使われないのなら、私にとってもはや価値のない生命を絶つ」と約束して、命令拒否の弁明の結びとした。

遺言書の写しがデーニッツの司令部に届けられる前に、ヒトラーは軍にあてた最後のメッセージをつけ加えた。彼らが犠牲を払ったにもかかわらず、ヒトラーが彼らを勝利に導けなかったとすれば、それは「不忠と裏切りのために、戦争が経過するなかで、しだいに抵抗力が弱まったからである」。

戦争を始めたのはユダヤ人だった――負けたのは参謀幕僚のせいだった。いずれの場合も、ヒトラーに責任はなく、彼の最後の言葉は最初の目的を再確認するものだった。「目的はいぜんとして、ドイツ国民のために東方に領土を勝ちとることでなければならない」[*59]

二十九日のうちに、ムッソリーニの最期の知らせが届いた。彼もまた情婦のクララ・ペタッチと運命をともにした。二人はコモ湖畔でパルチザンに捕らえられ、射殺された。死体はミラノに運ばれ、ロレト広小路に吊るされて晒しものになった。

ヒトラーは生死にかかわらず見世物にされるつもりはなかった。三十日、側近に別れを告げ、秘書や料理人たちと静かに昼食をとったあと、彼は二〇〇リットルのガソリンを地下壕の上の庭に運ぶよう運転手に命じた。妻になったばかりのヒトラー夫人も同席して、もう一度別れの言葉を述べ終わると、二人は総統の続き部屋に引きこもった。

部屋の外で待っていた人たちは、銃声を一発だけ聞いた。ドアを開けると、ヒトラーがソファーに倒れて死んでいた。自分でこめかみを撃ったのである。妻も死んでそのかたわらに横たわっていた。彼女は毒をあおっていた。

二人の死体の処分については、ヒトラーの指示が厳重に守られた。地上にかつぎあげられ、庭の浅い窪みに並べて横たえられた。官邸に撃ちこまれるソ連軍の砲弾をものともせず、ヒトラー付きのSS副官、従者および運転手が死体にガソリンを注いでから火をつけた。炎が燃えあがると、ポーチにいた少人数の会葬者たちは直立不動の姿勢をとり、ヒトラーに敬礼した。そのあと、黒焦げの遺骸はキャンバスの袋に収められ、その上に土がかけられた。

ドイツ帝国の首相となったヒトラーがバルコニーに姿を見せて群衆の歓呼にこたえ

てから一二年と三カ月が経っていた。その日の夕刻、ソ連軍の兵士が国会議事堂の屋根のてっぺんに勝利の赤旗を立てた。チュイコフ将軍がベルリン市の降伏を受け入れたのは、スターリングラード防衛の英雄にいかにもふさわしいことだった。

ひとたび魔術師が死んでしまうと、周囲にいた者を最後まで縛っていた呪縛が解けた。五月一日から二日にかけて、地下壕からの集団脱出が試みられ、驚くほど多くの者が脱出に成功した。ボルマンもそのなかにいて、うまく逃げおおせたと長いこと信じられていた。ところが、一九七二年になってから、彼のものと考えられる死体が地下壕の近くで見つかり、頭骸骨と歯科治療の記録をくらべてそれがたしかにボルマンのものだと確認されたのは、七四年のことだった。

ゲッベルスは逃亡しようとはしなかった。六人の子供たちに毒薬を与えたあと、彼は妻と二人で階段を上り、地下壕の庭に出た。そこでSS隊員が、命令に従って両人を射殺した。死体にはガソリンがかけられ、火がつけられたが、完全には焼けきれず、翌日、ソ連軍に発見された。

ロシア人は長いことヒトラーの遺骸は見つかっていないと主張しつづけた。スターリン自身も、ヒトラーの最期の物語はどうも疑わしいとハリー・ホプキンズに語り、ボルマンとともに逃亡した可能性もなくはないと言った。実際には、スターリンの命令によりただちに捜索が行なわれ、ヒトラーとエヴァ・ブラウンの黒焦げの死体が発見されていた。そして一九四五年五月八日に、ベルリンのブーフ病院で、五人のソ連人医師によって行なわれた検死で、死体は両人のものと確認された。スターリンとその後継者たちが、この情報をなぜ二三年間も秘密にしてきたのか、いまだに理由がわからない。一九六八年になってようやく公表されたが、いかにもこの国らしく、公文書として明らかにされたのではなく、ソ連人ジャーナリストのレフ・ベジメンスキー*60がそのことを書いた本が西ドイツの出版社から刊行されたのである。これには、なぜベジメンスキーがソ連の公文書館から医学記録や写真などを入手できたのかについての説明はない。この本によると、ヒトラーおよびエヴァ・ブラウンの死体と確認されたのは、官邸内に残っていた歯の治療の記録と照合した結果だという。医師の記録から、ヒトラーには睾丸が一つしかなく、いわゆる単睾丸症だったことも確認された。

検死にあたった医師たちは、ヒトラーがエヴァ・ブラウンと同じように、青酸化合物の錠剤を口中でかみくだいて自殺したのは間違いないとしている。ソ連側は当時、地下壕にいて銃声を聞いたと言う多くの証人を尋問した結果、その銃声は、ヒトラーの身のまわりの世話をしていたリンゲか副官のギュンシェのいずれかが、ヒトラーの命令に従って自殺を確実にするために発射したものだったと説明した。そのことから結論されたのは、ヒトラーは兵士らしく自分に銃を向ける勇気がなく、毒をあおるという臆病者の振る舞いをしたということだった。

しかし一九九二年にわかったことだが――ベジメンスキーが知らぬまま――一九四六年の春に、ロシア人の手で二度目の調査が行なわれた。その過程で、ヒトラーの遺体が見つかった総統官邸の庭の穴のなかで頭骨の一部が発見され、一発の銃弾が至近距離から口腔ないし右のこめかみに撃ちこまれていることが明らかにされた。これによって強く示唆されるのは、スメルシュ（訳注：「スパイに死を」の意。第二次大戦中に設立されたスパイ取締機関）が組織した最初の調査団がその仕事を適切に処理しえなかったことである。だが、二度目の調査で発見された頭骨の一部がヒトラーの遺骸の該当する部位とぴったり適合すれば確実なことがわかる。しかし、それは行なわれなかった。スメルシュが明らかにそれを妨害したのである。ヒトラーとエヴァ・ブラウンの遺骸の残りの部分はスメルシュが埋めたところになお留まっていた。すなわち、スメルシュがドイツに設置した本部のウェストルントシュトラーセ（現在のカウゼナーシュトラーセ）三六番地の中庭のコンクリートの下である。一九七〇年に、政治的和解の印として、スメルシュ本部は東独政府に返還された。KGBの長官アンドロポフは、遺骸を掘り出してひそかに移すよう命じ、その作業の暗号名を「アルヒーフ作戦」とした。そのあと遺骸は焼却され、燃えさしは灰とともに、一九七〇年四月五日にエルベ河の支流に投棄された。

しかし、銃弾のために開いた穴のある頭骨の一部はクレムリンの国家特別戦利品保管所に収蔵されていた。その場所で一九九五年に、ロシアのジャーナリスト、アダ・ペトローヴァによって、ヒトラーと彼の死に関する六つの公文書ファイルとともに発見された。そのときの調査の最後に剖検を行なった科学者ヴィクトル・ジャーギン教授は、弾痕のある頭骨がヒトラーのものだと八〇パーセントの確度で信じられると報告した。これにより、確かめうるかぎりにおいて、一九四五年に西側が最初に行なった調査の結論、つまりヒトラーが銃によって自殺したという結論を裏付けることとなったのである。(原注：これら全体の経緯については、エイダ・ペトロヴァおよびピーター・ワトソンの『ヒトラー最期の日――50年目の新事実』(藤井留美訳、原書房、一九九六)を参照されたい)

第一回目の検死が行なわれる前日の一九四五年五月七日、降伏を避けようとしたデーニッツの努力もむなしく、ヨードル将軍とハンス・ゲオルク・フォン・フリーデブルク提督は、ドイツ全軍の無条件降伏文書に署名した。第三帝国は、その創始者が死んでからちょうど一週間後に終焉を迎えたのである。

第19章 スターリンの新秩序

スターリン　一九四五―一九五三（六五―七三歳）

1

ドイツが敗北し、ヒトラーが死んだことにより、一九四一〜四五年の「大同盟」はその目的を達した。その後、この大同盟にはさまざまな欠陥があった事実が確認されたとはいえ、まがりなりにも団結を保ち、未曽有の大戦に決定的な勝利を収めるという大きな成果をあげたことだけをとっても、歴史上最も成功した同盟の一つとするにふさわしい。歴史的に見て、同盟は成功例が少なく、大半がこの同盟に遠くおよばず、これ以上のことをなしとげた例は皆無に等しいからだ。

しかし、ヒトラーが自殺したことにより、連合諸国を一つにまとめる役割をはたしていた最大の因子が失われた。ヤルタ会談から一カ月もしないうちに、スターリンがチャーチルとローズヴェルトを非難しはじめ、あとの二人が負けずにやり返したことからもわかるように、連合諸国の相互信頼は、対ドイツ戦がまだ終結していないときですら、いかにも脆弱なものだった。ポーランド暫定政権の権限の拡大に関するモロトフとモスクワ駐在の英米両国大使との協議は、委任事項の解釈をめぐるはてしない論争と化した。三月になると、ＳＳのウォルフ将軍とイタリアの連合国軍司令部がひそかに接触していた件をめぐっていちだんと大きな軋轢《あつれき》が生じた。ソ連側はこの一件について連絡を受けており、ソ連軍将校も参加するよう招かれていたのだが、ドイツ側の全権使節が連合国軍司令部に姿を現わすと、モロトフはスイスでの会談をただちに中止するよう要求し、この交渉はソ連に隠れて行なわれていたと非難した。これは単なる「誤解」ではすまされない問題で、「何かもっと悪質なこと」がその裏にあると思わざるをえないというのである。同時に連合諸国は、将来の世界組織たる「国際連合」の設立について話しあうことになっていたサンフランシスコ会議にモロトフが出席しないとの通告を受けた。その一方で、スターリンは――ベルリンは二次的な重要性しかもたないというアイゼンハワーの見解に賛成しておきながら――何が何でも先陣を切ってドイツの首都を攻略するよう、ひそかにジューコフとコーネフに指示していたのである。

　同盟国の背信行為にたいするスターリンの非難は、四月三日付のローズヴェルト宛の書簡で極限に達した。

交渉がまだ行なわれていない、と貴下は主張されます。しかし、あるいは充分な報告を受けていらっしゃらないのではないかと思われます……わが軍の首脳は、すでに交渉が行なわれ、ドイツ側と合意に達したことを疑っておりません。この合意にもとづき、ドイツ軍司令官ケッセルリング元帥は英米軍が東部に進出できるよう前線を開くことを承知し、英米側はその見返りとして、対ドイツ講和の条件をゆるめると約束したといいます。わが軍の首脳は真相に迫っていると思います……

この結果、ドイツはイギリスおよびアメリカと戦うことをやめる一方で、英米両国の同盟国であるソ連との戦争はつづけているのです。

ローズヴェルトはマーシャル将軍に作成させた返書で、この非難を言下に否定した。その末尾の一文は、チャーチルの推測によればローズヴェルト自身がつけ加えたもので、チャーチルもこれに賛意を表している。「率直に言って、貴下にそのような報告をした者が誰であれ、私および私の信頼する部下の行動についてこれほど下劣な歪曲を行なったことに、強い憤りの念を禁じえません」[*1]

当の報告には根拠がなく、スターリンはローズヴェルトの返事の厳しさに、自分がやりすぎたことを悟ったにちがいない。次の書簡では、先の非難を撤回こそしなかったが、「自分の思うところを率直に述べた」だけで、怒らせるつもりはなかったとし、四月十二日にローズヴェルトもこれを受け入れて一件落着とした。

その十二日に、ローズヴェルトは死去した。ソ連の首脳と信頼関係を築くために労を惜しまなかった人物が、このようなかたちで舞台から去ったことに、スターリンとモロトフが動揺したのは間違いないようだ。その表われとして、モロトフは当初の予定どおりサンフランシスコ会議に出席したほうがよいとの意見に、スターリンも同意した。ローズヴェルトの地位を受け継いだ副大統領のハリー・トルーマンがどういう人物かを見定める格好の機会というわけである。そのあいだも、損害をかえりみずに自軍を極力、西へ押し進めて自国の権益を確保しようとするソ連の意欲は衰えなかった。ウィーン攻略、ベルリン降伏についで、五月八日にコーネフ元帥はスターリンの特命によって、プラハを解放するのがアメリカ軍ではなくソ連の軍隊になることを確実にした。

中央ヨーロッパの由緒ある古都が次々に陥落するのを見て、チャーチルはイーデン（そのとき合衆国にいた）に手紙を書き、悪夢のようだと言いながら、リューベックとトリエステを結ぶ線の東側はすべてソ連の支配下に入るだろうとの見通しを伝えている――「ヨーロッパの歴史に例を見ない出来事だ[*2]」。

この段階で、スターリンはソ連の承認のもとに樹立される各国政府が急進政党と農民政党の連立政権となるよう配慮し、共産主義者が乗っ取ったと非難されるのを避けつつ、警察を管轄する内務省など、中枢官庁を共産主義者に掌握させることとした。ハンガリーの例では、共産党以外に四つの政党が政権に参加し、共産党からは二人の大臣を出すにとどめた。ブルガリアでも、「祖国戦線」の傘のもと、同じような連立政府が樹立された。

一九四五年三月には、他の三つの国で同じやりかたが踏襲された。ユーゴスラヴィアでは、イギリスのみならずソ連の主張もあって、チトーは二七名からなる人民戦線政府に、亡命中のスバシッチほか五人の非共産主義者を入れた。その夏、実権が与えられていないとして彼らが辞任すると、チトーは外国の干渉を招こうとする反逆行為だとして非難した。ルーマニアでは、共産主義者のデモと、ソ連の外務人民委員代理に就任したヴィシンスキーの最後通告にあって、ミハイ国王はやむなくラデスクの政権を更迭し、代わってグローザの「民族民主戦線」に政権をゆだねざるをえなかった。この政権では、内務省ほか二つの省を共産主義者が押さえた。チェコスロヴァキアでは、ロンドンから帰国したベネシュ大統領が、モスクワで樹立された人民戦線を承認するほかなかった。これは、チェコの四政党とスロヴァキアの二政党による連立政権で、フィルリンゲル（共産党シンパのソ連駐在チェコ大使）がその首班に祭り上げられた。共産主義者は内務省を手中に収め、警察およびソ連で訓練を受けた軍隊を掌握したほか、中軸となる三つの省――農務省（土地改革）、情報省、教育省――をも押さえた。

しかし、ポーランドはいぜんとして試金石の役割を演じていた。ソ連が押しつけた体制への抵抗はソ連側の予想以上に大きく、ソ連は三月に、関係改善のための話しあいをしたいとしてポーランド地下運動の指導者一六人を招いた。一六人は身の安全を保証されて、ジューコフ元帥の司令部に姿を現わした。その後、一六人の消息はふっつりと途絶え、彼らがどうなったのかとの問い合わせにたいしても回答がなかった。

四月末、チャーチルは怒りをこめた長文の手紙をスターリンに送り、イギリスはソ連に敵対するポーランド政府の誕生を支援するものでは決してないが、一九三九年にイギリスがドイツにたいして宣戦布告したのはポーランドのためだったのだと明言した。

イギリス国民は、ポーランドがソ連との友好のもとに主権と独立と自由について正当な処遇を受けないかぎり、この戦争が正しい結末を迎えたとは感じられないのです。私たちはヤルタで、まさにこの問題について合意したのではなかったでしょうか。

チャーチルは次のように手紙を結んだ。

貴国と貴国が支配する諸国、および他の多くの国の共産党が一方に陣取り、英語圏諸国とその友好国が他方に陣取るという未来図を眺めて、心安らかでいられるはずがありません。両者のあいだで争いが起これば、まぎれもなく世界はずたずたに引き裂かれてしまうでしょう……争いが起こらなくとも、長期にわたって疑心暗鬼や中傷合戦、相反する政策がつづけば、諸国民の生活を豊かにする世界的な繁栄の実現など、とうてい不可能になりましょう。[*3]

スターリンの返事には歩み寄りの姿勢がまったく見られず、両者の断絶の大きさを物語っていた。わがソ連の隣国であり、わが国の安全保障の鍵を握るポーランドの特別な立場を考慮しなければならない。「基本的に反ソ連的ではない」人物をポーランド政府の一員もしくは顧問として推すだけでは充分ではない。「現在も今後も、われわれが登用を強く求める……人材は、これまで積極的にソ連への友好的姿勢を示し、ソヴィエト国家と協力することを心から望む人物である」。スターリンは、行方不明のポーランド人一六人は赤軍の安全を脅かしたかどで逮捕されており、裁判にかけられるであろう、とチャーチルに伝えた。手紙の末尾は、次のような一文で締めくくられていた。貴国が、ユーゴスラヴィアのチトー＝スバシッチのモデルにならった将来のポーランド政府の基盤となる現行の暫定政府を承認しないのであれば、「私としては、率直に言って、そのような態度はポーランド問題の解決に向けて合意が得られる可能性を排除するものだと言わざるをえません」[*4]。

さらに、チトーがトリエステを領有しようとした問題や、連合諸国によるオーストリアの共同占領に関する取り決めをめぐって意見が分かれたことから、チャーチルはヨーロッパの将来に不安をつのらせ、ソ連とのあいだで合意したドイツ国内の境界線を越えて駐留していた英米両軍にたいし、スターリンと会見して「直接決着をつける」まで撤退しないよう強く求めるにいたった。このような提案が、イギリスで多くの支持を集めえたかどうかは疑わしい。ワシントンでは、日本がまだ降伏していないこの時期、賛成する者はほとんどいなかった。トルーマンが大きな望みをかけていたのは、ローズヴェルトの個人特使ハリー・ホプキンズのモスクワ訪問が、スターリンとの関係改善に役立つのではないかということだった。チャーチルは、三巨頭会談に先だって、合意された区域内へ英米軍を引き揚げさせたほうがよいというトルーマンの判断に不承不承従った。

スターリンはいつになく丁重な態度で特使を迎え、チャーチルの不在をうまく利用しようとした。駐ソ大使ハリマンを加えたホプキンズとスターリンの会見は、五月下旬からクレムリンで連続して六回行なわれ、話しあいが四時間におよんだこともあった。会談は形式張らないくつろいだ雰囲気のなかで進められ、スターリンも友好的でごり押しをしなかったが、重要だと思う問題に関しては一歩も譲らなかった。そして、困難が生じたのは、チャーチルの責任だとした。「イギリスは、ソ連国境沿いの緩衝地帯というシステムを復活させたがっている」。チャーチルにすれば、それを企てているのはスターリン自身ではないかと反論しえただろう。だが、ホプキンズは米ソ関係を修復するために訪ソしていたので、イギリスにたいするスターリンの非難に口をはさまなかった。彼が繰り返しスターリンに説いたのは、ポーランドは「それ自体として重要なのではない」が、ただ米ソ両大国の関係に関わる問題として重要なのだということだった。それならば問題は容易に解決できる、とスターリンは応じた。そして、ポーランド政府の二〇の閣僚ポストのうち四つないし五つは現在のワルシャワ・グループとつながりのない人物に与えよう（またしてもユーゴスラヴィア・モデル）と提案し、言論の自由と民主主義的なすべての自由は——もちろんファシスト政党の自由は除いてだが——尊重される、とホプキンズに保証した。ホプキンズは、ポーランド問題については本国で事前説明を受けていなかった。ホプキンズに関する記録文書を編纂したロバート・シャーウッドが述べているように、「彼はミコワイチクやランゲといった名前には聞きおぼえがあったが、ほかに名前があがった人物に関しては、その経歴についても信頼性についても知識がなかった」。スターリンの提案は問題がないように思われた。つづいて、投獄された一六人のポーランド人指導者を釈放させようとしてスターリンに話をもちかけると、スターリンは頭を振って、自分は司法に介入することはできない、だが刑期があまり長くならないよう願っていると答えた。

ホプキンズにこの提案を本国に報告させる一方で、スターリンはヤルタで成果をあげた戦術を再び用いた。サンフランシスコ会議に出席したソ連代表団は、アメリカ側がヤルタで決着がついたと思っていた問題――国際連合安全保障理事会における投票方法の問題――にたいする異議を蒸し返したのである。ホプキンズは、ワシントンからの指示にもとづき、国連問題に関してアメリカ政府は失望していると伝えるとともに、スターリンに再考をうながした。スターリンは、「モロトフ、それはばかげている」とつぶやき、もう一度文書を検討し確認したうえで、その夜のうちに電報を打つとつけ加えた。電報が打たれ、ソ連代表団の主張が変わった――アメリカ側は大いに安堵した――ことから、国連憲章の採択は実現にこぎつけた。ハリマンが述懐したように、ソ連と交渉するときは、同じ馬を二度買う覚悟をしなければならなかったのである。

ホプキンズとの会談は明確な結論が出ないままに終わった。その間、ソ連が西側連合諸国に抱いている不満の数々――武器貸与の唐突な停止（あわただしく再開された）、中国、日本、ドイツ問題など――が並べたてられ、このうちドイツに関して、スターリンは「私の考えでは、ヒトラーは死んだのではなく、どこかに隠れている」とまで言った。しかし、訪問は無益だったわけではない。具体的な文言こそ取り交わされなかったが、交渉の成果はあった。スターリンは安全保障理事会の件でモロトフの主張を覆し、トルーマンとチャーチルはポーランドに関するスターリンの提案を受け入れた。ミコワイチクが副首相として入閣することになったのが最大の収穫だとして、ワルシャワ政府を承認したのである。[*5] こうして、三巨頭が一九四五年七月にドイツで会談する前に、スターリンはその執拗さと外交手腕でなしくずしに反対を封じこめた。ヤルタで、ポーランドの東側国境線を英米両国に受け入れさせたのに加えて、このときポーランド問題の第二の争点と考えられていた暫定政府の承認を勝ちえたのである。それはまさに、彼が一九四三年のテヘラン会談で初めて示唆したたぐいの政府だった。残るのは第三の争点、ポーランドの西側国境について同意を取りつけることだけである。

　これが最後となる三巨頭会談は、一九四五年七月十六日から八月二日まで、ポツダムで行なわれた。ローズヴェルトはすでに亡く、かわってトルーマンが新国務長官ジミー・バーンズをともなって出席し、会談の半ばには、イギリスの総選挙の結果、チャーチルとイーデンが去ってアトリーとベヴィンが引き継いだ。もとの三巨頭のうち、残っているのはスターリン一人だった。そして、ドイツを初めて訪れた会談の参加者全員が肌身で感じ取ったのは、ヴォルガ川からフランスの大西洋沿いの港を経てロンドンにいたる全域を巻きこみ、五年半にわたって繰りひろげられた戦闘による打撃のすさまじさだった。人類史上かつて想像だにされなかった規模の破壊からどのようにして立ち直れるのかという疑問が、各人の心に重くのしかかった。しかも、推計四〇〇〇万から五〇〇〇万人がヨーロッパの大戦で生命を落とし、それに匹敵する数の人びとが故郷を追われて難民となっていたのである。スターリンの残る生涯のあいだ、数々の論争があり、またさまざまな試みがなされたが、その背景にはつねにこの問題が横たわっていたことを決して見逃してはならない。つまり、いかにしてこの打ちひしがれた大陸の経済を復興し、安全を回復するかという問題である。

大戦直後の時期、ヨーロッパがこうした状況に置かれていたことは、そこから脱するという共通の目標のもとに戦時中の連合諸国が結束する千載一遇の機会だったにもかかわらず、逆にそのことが両陣営の最も深刻な不和を生じさせる争点となってしまった。その後、外相会議の場で飽きもせずに繰りかえされた気の滅入るような責任のなすりあいと東側と西側の宣伝合戦は、すでにポツダムでその原型ができあがりかけていた。イギリスとアメリカが、東ヨーロッパにいるソ連占領軍と地元共産党の権力濫用の報告を突きつければ、ソ連はそれに反駁しつつ、イギリスがギリシアで民主主義を抑圧し「ファシスト」を支援しているのはどういうわけかと詰め寄った。

ヤルタ会談の直前、当時モスクワにおけるアメリカ大使館の参事官だったジョージ・ケナンは、その書簡のなかで、「思いきってヨーロッパを各影響圏に分ける——ソ連圏についてはわれわれは立ち入らず、われわれの圏内にソ連を立ち入らせない」ことが最善の道ではないかと問うた。ケナンが明確に述べたとおり、そのような方針でいくというのは、東および東南ヨーロッパを切り捨て、ドイツの完全な分割を受け入れて、同国の西半分を含む西ヨーロッパ連合を形成することを意味する。[*6] これは、西側がソ連と何年も激論を戦わせたあげく最終的に到達した結論からさほど離れていない。たとえ一九四五年にこのような合意が得られたとして、またソ連側が試みに要請した多額の復興借款が認められて合意の支えになったとして、東西関係の問題にたいするこの過激な解決策が、その後生じた両陣営の断絶を回避しえたかどうかは何とも言えない。だが、戦争末期のアメリカとイギリスの世論が、両国政府にそのような方策を検討するのを決して許さなかったことはほぼ疑いない。

スターリンにしても、西側列強がこうした解決策にすんなり同意するとは思ってい

フィンランド
レニングラード
ノヴゴロド
ゴーリキー
ストックホルム
エストニア
プスコフ
モスクワ
ラトヴィア
リトアニア
ソヴィエト連邦
ダニスク
ンツィヒ)
ヴィリニュス
カリーニングラード
(ケーニヒスベルク)
ミンスク
白ロシア共和国
ロシア連邦共和国
ヴィスワ川
ワルシャワ
ズナニ
ポーランド
ヴロツワフ
(ブレスラウ)
クラクフ
45年
ーランドに併合
ハリコフ
キエフ
ドニエプル川
リヴォフ
ウクライナ共和国
チェコ
ロヴァキア
ィーン
モルドヴァ
共和国
アゾフ海
ブダペスト
キシニョフ
ハンガリー
クリミア
ルーマニア
プロイエシュティ
ブカレスト
黒海
ューゴスラヴィア
ドナウ川
ブルガリア
ソフィア
アルバニア
イスタンブール
アンカラ
ギリシア
トルコ
スミルナ
アテネ
クレタ
25
35

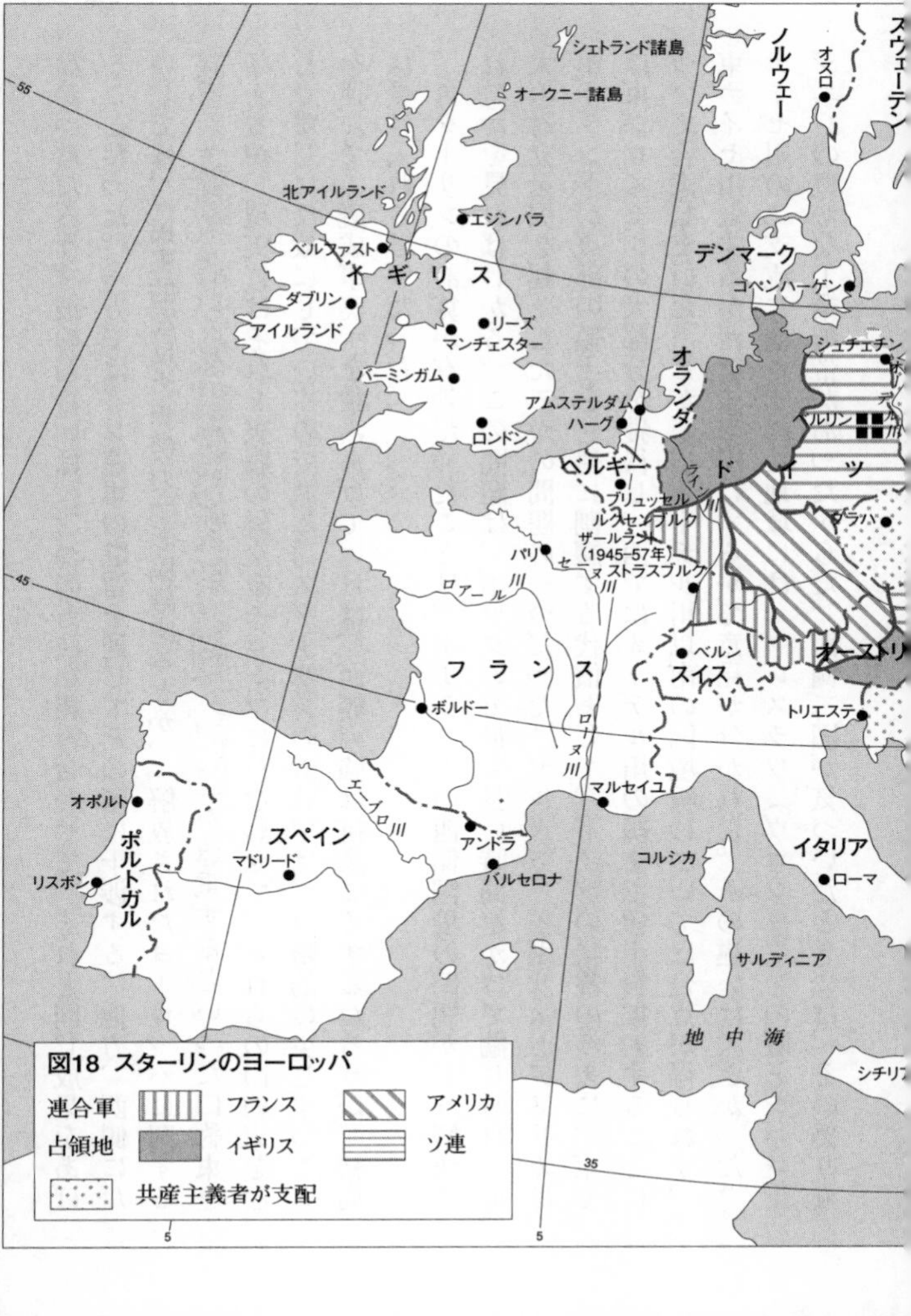

図18 スターリンのヨーロッパ

なかっただろう。彼のねらいは、二つの方法を組み合わせて、それと同じ成果をあげることだった。一方では、ソ連軍の駐留を通じてその国に干渉する。他方、西側にたいしては、「民主的な反ナチ勢力」と協議するとか、「解放されたヨーロッパに関する宣言」（原注：ヤルタで三大国がそろって調印したこの宣言は、「すべての民族が、自国の政府の形態を自ら選ぶ権利」を保証していた）を尊重するといった口約束を与えるが、現実にはそれと裏腹の外交をモロトフに行なわせて、それらの口約束をなしくずしに反故にしていくのである。スターリンの計算では、段階的に少しずつことを運んで「既成事実」を積みあげていけば、西側列強は抗議こそするだろうが、結局は受け入れるはずだった。

スターリンの計算が有効だったことは、ポーランドの西側国境の問題がどう解決されたかを見ればわかる。この問題は、ポツダムで最も長い時間をかけて論じられ、最大の対立を引き起こした二つの問題の一つだった。ヤルタで、イギリスとアメリカは、ポーランドが東部の領土をソ連に割譲する代償として、ドイツの犠牲のうえに、東では東プロイセンの大部分を獲得し、西ではオーデル川の線まで領土を拡大することについて合意していた。しかし、オーデル川以南の国境線については合意が得られず、東ナイセ川とするか西ナイセ川にするかで意見が分かれた。その違いは大きかった。ナイセ川の二支流にはさまれた地域には、ブレスラウ（ヴロツワフ）の町とシュレージエンの豊かな工業地帯があったからだ。西側二国が気づいたときには、その怒りもむなしく、ソ連はすでにこの問題に決着をつけていた。両国に相談も連絡もなく、ドイツの他の割譲地域に加えてシュレージエンをもポーランド政権に移管してしまったのである。この「既成事実」のために、スターリンとチャーチルは鋭く対立したが、赤軍が当該領土の全域を占領している事実は決定的だった。イギリスもアメリカも、ヨーロッパでの戦争が終わったいま、あえて力ずくでロシア人とポーランド人を追いだす気にはなれなかった。

しかし、スターリンの計算も、ソ連ではなく西側諸国が占領している地域では通用しなかった。それを物語るのが、ポツダムで大きな争点となったもう一つの問題、すなわちドイツの賠償に関するソ連の主張である。ソ連は自らの占領地域で、会談が始まるのを待たずに、運べるものは何もかも持ち去っていたが、だからといってドイツの他の地域、とくにイギリスが占領していたルール地方について、賠償要求を控えるつもりは毛頭なかった。ルール地方は、スターリンが四国の共同管理下に置こうとしてはたせなかった地域である。ソ連側に提示されたのは、次のような妥協案だった。ポーランドとドイツの国境線問題では西ナイセ川という明らかにソ連に有利な「ソ連の」解決策をとり、賠償問題では「西側の」解決策をとる。賠償に関しては、ソ連の要求を拒否できるだけの力の裏づけが、アメリカとイギリスにはあったのだ。

賠償額一〇〇億ドルを主張して譲らなかったソ連が、その主張を取り下げるかわりに受け入れた解決策は、各占領国は原則としてそれぞれの占領地域の実情に応じて賠償請求をするということだった。加えて、ソ連については、西側占領地域の工場施設から、ドイツの平時経済に不必要な設備の一部を付加的賠償として請求することが認められた。しかし、現実に請求する段になると、この付加的要素は論争の的になり、結局、ソ連が東側占領地域以外から得た賠償は微々たるものだった。

ポツダムに会した三国首脳は、ヴェルサイユ条約を作成した前代の首脳の経験を教訓としてあまり性急に条約締結を求めないことで合意し、新たに「外相会議」を設置して、まずイタリアおよび旧ドイツ衛星国との平和条約の草案作成にあたらせることにした。外相たちは、これらの条約が調印された段階で、初めてドイツとの平和条約の起草にとりかかるのである。こうした合意の結果、最終コミュニケでは、ドイツ問題が――非武装化、非ナチ化など――三七項目にわたっていたにもかかわらず、ドイツの将来の政治や占領が終わったときの国境については何の言及もなかった。

しかし、四大国（新たにフランスが加わった）は、賠償に関する先の取り決めがもたらす政治的影響を見落としていた。会談の議定書に掲げられた「経済原則」では、ドイツは今後、単一の行政・経済単位として取り扱われると謳われていたが、現実にはこの賠償取り決めによって、ドイツは各占領地域の境界線に沿って分断される結果になった。ソ連は、自国の占領地域と他の三国の占領地域とのあいだで行なわれるあらゆるやりとりに障壁を設け、占領国間のはてしない非難合戦の種をまいた。

ポツダムに到着した翌日、トルーマンはニューメキシコ州の実験場で原子爆弾の実験に成功したとの知らせを受けた。イギリス首脳との長い話しあいの結果、スターリンには、連合国が「並み外れた破壊力をもつ新兵器」を手にしたとさりげなく告げるにとどめ、新兵器の性質については明らかにしないことで一致した。その知らせを聞いて、スターリンは、それはよかったと言っただけで、とくに関心を示さなかったため、反応を見守っていたチャーチルらは胸をなでおろし、スターリンはイギリスとアメリカによる核兵器開発のための研究のことも、アメリカの大がかりな実験のことも、まったく知らないのだと結論した。だが、この結論は間違っていた。彼らは、ソ連が独自に核兵器の開発を進めていることをずっと知らないまま、一九四九年にソ連の核実験が成功するにおよんで逆に驚かされることになる。

戦争の勃発とともに、ソ連の核科学者のほとんどは自らの研究を放棄して軍需関連の仕事に従事するようになった。しかし、そのなかにG・N・フレロフという名の若い物理学者がおり、彼は核研究が急務であると感じており、核爆弾が実現可能であると訴えつづけていた。一九四二年の初めに、フレロフはヴォロネジへ転勤になり、ヴォロネジ大学の図書館でアメリカの科学雑誌を調べることができた。参戦して以来、アメリカの科学雑誌にもはや核分裂に関する論文の掲載がなくなっている事実を知り、彼はこの分野の研究が極秘となり、アメリカ人が核兵器の開発に取り組んでいることを確信するようになった。一九四二年四月に、フレロフはスターリンに手紙を書いて、「ウラン爆弾の製造」を目的とする核研究所を設立するよう訴えた。スターリンがその手紙を読んだかどうかは不明だが、フレロフの訴えは、他の科学者が疑問視していたにもかかわらず、この問題が葬り去られないうえで大いに役に立った。

ＮＫＶＤはロンドン在住のスパイを通じて、ウラン爆弾を製造するプロジェクトにゴーサインを発するイギリスとアメリカの決断の契機となったモード委員会の報告書の要旨を早くも一九四一年九月に入手していた。ロンドン在住のソ連のスパイは、ほぼ間違いなくジョン・ケアンクロスという人物で、そのころ内閣の科学諮問委員会の議長だったハクニー卿の秘書を務める、ソ連の秘密工作員だった（原注：ケアンクロスは一九三〇年代にケンブリッジ大学に在籍していたとき、ソ連のスパイのガイ・バージェスにリクルートされたと信じられている。ケアンクロスは外務省に入省後、財務省に移った）。スターリンは科学者たちと協議したのち、一九四二年末以前に核研究の再開を決定した。その指導にあたるイーゴリ・クルチャートフはフレロフの師であり、アメリカのロバート・オッペンハイマーに等しい役割をソ連ではたした人物と評されている。一九四三年の三月になってやっと、クルチャートフはＮＫＶＤがイギリスから入手した秘密情報に接することができた。モロトフからその文書をどう思うかと聞かれて、クルチャートフはこう答えた。

「素晴らしい情報です。これによって、われわれに欠けている部分を埋めることができます」。その後、スターリンは秘密裡に送られてくる報告によって、アメリカの計画の進捗状況を知った。報告を送っていたのはロス・アラモスで働く物理学者クラウス・フックスと、ワシントンのイギリス大使館で原子力問題に関与するイギリス人外交官ドナルド・マクリーンだった。

ソ連の研究規模は小さかったが、アメリカが最初の原子爆弾を投下したころには、クルチャートフはすでにプルトニウム生産のための工業用原子炉の設計に着手していた。ポツダムで、スターリンはトルーマンの言葉の重大な意味を理解していることを押し隠していたが、ジェーコフ元帥はその回想録にこう書いている。

会談から帰国すると、スターリンは私が同席しているところで、モロトフにトルーマンとの会話について語った。

「彼らは賭金を引き上げるわけですね」とモロトフが言うと、スターリンは声を上げて笑った。「そうさせるさ。ところで、今日にもクルチャートフと話しあってわれわれの計画を急がせねばなるまい」

モスクワに戻ると、スターリンはクルチャートフを呼んで「必要なものは何でも要求したまえ、かならず調達する」と言った。スターリンは、いまやアメリカが原爆を所有していることを告げるだけでなく、開発を進めているあいだアメリカとイギリスがその事実や目的をスターリンにまったく明かさなかったことに言及した。[7]

何も知らされていなかった点では、アトリーとベヴィンもスターリンと同じだった。二人は労働党の指導者として、ともにチャーチルを首班とする五閣僚からなる戦時連立内閣に入閣し、ポツダム会談の半ばでチャーチルのあとを引き継いだ。アトリーはイギリス代表団の一員であり、七月にイギリスで行なわれた総選挙の結果が判明したときには、チャーチルとともにポツダムにいた。しかしスターリンは、戦争に勝ったまさにそのとき、イギリスの選挙民がチャーチルを首相の座から追い落とすとは夢にも思っていなかった。彼は、この選挙結果に驚いたどころか、衝撃さえ受け、結果がどう出るか保証のない選挙は危険が大きすぎて実施を許すわけにはいかないという、前からの考えをますます強めた。スターリンは、アトリーに初めて会った人間がたいてい思うとおり、「強欲な男ではなさそうだ」[8]との感想をもっただけだった。だが、アトリーは炯眼の持主で、彼がスターリンの印象を語った言葉は、寸評としてこれ以上はないほど巧みに実像をとらえている。「ルネサンス期の専制君主を思わせる――無定見で、手段を選ばないが、美辞麗句は用いない――つねに『諾』か『否』かだ。ただし、信用できるのは『否』の場合だけだが」[9]

原子爆弾がソ連の計画に直接的な影響をおよぼしたのは、極東に関してであった。ハリー・ホプキンズとの会見ですでに表明していたように、スターリンはソ連が対日参戦することを重視していた。日本は、スターリンに西側連合国との仲介役を依頼しようと説得工作をつづけていたが、何の効果もなかった。スターリンはそんなことよりも、手に入りそうな利得のほうにこそ関心があり、アメリカ側にソ連軍の攻撃は八月八日に始まると連絡した。

極東での指揮権を与えられていたヴァシレフスキー元帥は、一五〇万を超す兵力を擁していた。その兵力をもって、中国共産軍と同盟を結び、満州攻略に向けて攻撃を開始するのである。ところがソ連側は、まず八月六日に広島、次いで長崎に原子爆弾を投下するとのアメリカの決定を知らされていなかった。原爆投下によって極東での戦争はそのあと一週間足らずで終結することになり、その結果（あらかじめ計算されていたとおり）、ソ連軍は当初の見込みよりもはるかに少ない日数で目標を達成しなければならなくなった。しかしスターリンは、日本の降伏を無視し、ソ連軍に損害を考慮せずに、できるだけ速く進軍するよう命じた。そして、ソ連軍は満州中央部を完全に占領し、旅順口を攻略して、朝鮮の北半分を制圧することができた。一方、九月一日にようやく完了した別の作戦によって、樺太と千島列島がソ連の手に落ちた。

スターリンは、日本の本土にソ連占領地域を設けるようトルーマンに強く迫ったが、アメリカは日本をヨーロッパとはまったく異なる観点からとらえており、東ヨーロッパがソ連の影響下にあるように、日本をアメリカの独占的な影響圏に置こうと決意していた。

ともあれ、過去三〇年で二度目の「大戦」がついに終結したこのとき、スターリンはあらゆる点で満足のいく成果をあげていた。すべての懸案がヤルタで主張した要求を満たしたわけではなかった――たとえばドイツの賠償に関する取り決めは、実効性が確かではなかった――が、ほぼそれに近いところに到達していたのである。ソ連の勝利が何よりもソ連国民の奮闘、軍隊のみならず後方支援にあたった産業および通信に従事する人びとも含めた国民全体の奮闘によるものであるとすれば、その勝利を政治的優位という現実の利益に変えたのは、戦争の最終段階でスターリンが演じた、戦前のヒトラーに匹敵する外交上の離れ業であった。

二人の独裁者が駆使したテクニック、および彼らが利用した状況を見れば、そこには明らかな違いがあるが、彼らは少なくとも二つの点で共通していた。その二点が、民主主義をかかげる敵国――もしくは同盟国――にたいして、彼らを有利に立たせたたのである。一つは、外交と武力の関係、戦争と政治の関係を本能的に把握していたことである。これは、ヒトラーの場合、民主主義国の戦争にたいする恐れを利用して武力で威嚇する方法に見られる。スターリンの場合、それは軍事作戦はつねに政治目標を考慮に入れて行なわれなければならないという主張や、和平交渉の枠組みは戦闘の終わらせかたによって、決定されないまでも、大きく左右されるという認識に表われている。もう一つは、政治的欺瞞をおおい隠すのに二枚舌を使ったことである。ヒトラーの場合は「国際連盟」が謳っている文言を利用するもので、民族自決や不正の除去、権利の平等を訴えた。スターリンの場合は、社会民主主義の用語で、人民戦線、反ファシズム、普通選挙を唱え、ソ連の社会主義同盟諸国の国家主権を尊重すると保証したのである。

原則的には、連合国の三人の首脳はいずれもこの「同盟」を存続させることに賛成だった。だが、現実には、すでにスターリンがヤルタで言っていたとおり、連合国を一つに結びあわせていた共通の敵がもういないとなると、戦争中には見えなかったさまざまな難題が表面化してくる。たとえもとの三首脳がそのまま残っていたとしても、ローズヴェルトにせよチャーチルにせよ、平時の条件に戻ったので、「助言と同意」という通常の民主的な手続きを経ることもなく、また他の列強と協議する必要もなく、自国を引きつづき同盟の枠内にとどめておくことはとても不可能だったろう。二人のあとを継いだトルーマンおよびアトリーとベヴィンはいずれも、戦争中、必要にせまられて協力せざるをえなかったという共通体験があるわけではないからなおのこと、結束の体面を保つためだといってソ連の政策を正当化するスターリンを受け入れる気にはなれなかった。スターリンはスターリンで、再び伝統的なソ連の立場に戻って、敵対的な資本主義世界からの絶えざる脅威にさらされている指導的な社会主義国をもって任じるのが得策だと考えていた。

冷戦が本格的に始まるのは、一九四七年から四八年ごろのことである。両陣営の関係の悪化は断続的に、ゆっくりと進行した。四六年の末にイタリアおよび旧ドイツ衛星国との平和条約が合意のうえで調印され、四七年春、ベヴィンとマーシャルは何とか合意に達しようと、モスクワで七週間かけてドイツとの講和問題をめぐる話しあいをした。四大国外相によるロンドン会議が、次回の日程を決めることなくもの別れのまま散会したときには、もう四七年も末になっていた。このころになると、外相会議はすでにたがいに相手の誠意のなさをなじりあう場と化しており、「ヤルタ精神」は激しい論戦のかげに隠れて見えなくなっていた。

2

スターリンがソ連の指導者として国際社会に受け入れられた頂点がヤルタ会談だったように、スターリンとソ連国民が最もよい関係にあったのは、ロシアにとって最大の戦争に勝利したときだった。

ソ連政府が敵の侵略に際して国民の支持を集めるうえで最も大きな効果をあげたのは、ロシア人の伝統的な愛国心への訴えだった。スターリン崇拝についても、レーニンの後継者たる革命の指導者というよりも、ツァーリの後継者たる国民の指導者としてのスターリンが前面に押し出された。ドイツ軍がすでにモスクワ郊外に迫っていた一九四一年十一月七日、赤の広場の観兵式で国民の士気を鼓舞するための演説をしたスターリンは、聴衆に向かって「同志」ではなく「兄弟姉妹」と呼びかけ、革命前のロシアで祖国を勝利に導いた軍事指導者の故事を引き合いに出した。一二四二年にチュートン騎士団を掃討したアレクサンドル・ネフスキーをはじめ、一八一二年にナポレオン軍を打ち破った、トルストイの『戦争と平和』に登場するクトゥーゾフにいたる六人の英雄たちである。

ソ連では、この戦争は「第二次世界大戦」ではなく「大愛国戦争」「大祖国戦争」「国家解放戦争」の名で呼ばれるようになった。一方、スターリンは自分と赤軍との一体感を強調して――それがうまくいったと見るや――自ら元帥の位につき、それからというもの、つねに元帥の軍服を着ていた。一九四四年には、自分から言いだして『インターナショナル』に代わる新しい国歌を制定することにし、ソ連の二大作曲家、ショスタコーヴィチとアラム・ハチャトゥリアンに、応募曲を合作するよう命じた。しかし、結局、スターリンが選んだのは赤軍合唱団の指揮者アレクサンドロフの作品で、その歌詞には「スターリンがわれらを立ち上がらせた」という一行があった（原注：ショスタコーヴィチは著書『証言』でスターリンとの出会いを軽妙に伝えているが、それによれば、グリゴーリ・アレクサンドロフは「忠実な家来よろしく、嬉しさに息をつまらせ唾をのみこみながら」、スターリンが自分の応募作品を当選作に選んだと告げたという）。

さらに大きな意味をもっていたのは、ロシア正教との和解である。ロシア民族主義とツァーリ体制の伝統的な牙城だったロシア正教会が、いまやスターリン崇拝と結びつけられ、国家の教会という役割を再び担うことになった。敵の侵略を受け、おびただしい戦死傷者が出ると、人びとの宗教心はにわかに高まり、セルゲイ府司教（訳注：府司教は、ロシア正教の最も重要な管区または地方の司教に授けられる称号。抑圧時代にセルゲイ府司教は教会の主教代理であり、一九六三年に正式の主教、つまり総主教になった）はすべての信者に向けて、祖国を守るよう呼びかける声明を出した。一九四三年九月——コミンテルンを廃止して四カ月後——スターリンは、三人の府司教を招いて宗教協約ともいうべきものを取り交わした。この協定により、府司教らは革命以来初めてモスクワ・全ロシア主教を選出し、聖務会院を再編することができたほか、神学校の開設も認められた。このことは西側の宗教界にも波紋を投げかけた。司教会議が最初にやったのは、「信仰と母国にたいする裏切り者への断罪」の採択で、その主旨は、反キリスト教勢力に同調する者はすべて破門するということだった。

ソ連軍がドイツの侵略から祖国を解放すると、戦禍によっていちだんと盛り上がっていたロシアの伝統的な愛国心が、スターリンという英雄的な存在に集中した。ヒトラーによる侵攻四周年の記念日に行なわれた凱旋大行進では、赤軍が、レーニン廟の上に立つ勝利の立役者、スターリンに敬礼した。そして、クトゥーゾフの兵がナポレオン軍の軍旗や連隊旗を皇帝アレクサンドルの足もとに投げたように、ヒトラー軍の旗をスターリンの足もとに投げた。翌日は、モスクワが賛辞を呈する番だった。一九四一年にモスクワを防衛した功績を称えてのことである。次の日、スターリンは「ソヴィエト連邦英雄」の称号を受け、大元帥という唯一無二の位を与えられた。

その一カ月前、赤軍司令官たちの功績を顕彰するレセプションで、スターリンはあとにも先にもこのときかぎりの本音を語っている。

政府は少なからぬ失態を重ねた。一九四一年と四二年には、希望を失いかけたときもあった。わが軍が退却し、故郷の村や町を捨てたときだ……軍としては、ほかに手だてがなかった。他の国の国民なら、政府にこう言ったかもしれない。「諸君はわれわれ国民の期待に応えなかった。退陣せよ。われわれはドイツと和平を結んで、われわれに休息を与えてくれる新政権を樹立する」。だが、ロシアの人民はその道をとらなかった。政府の政策を信じていたからだ。偉大なロシア人民よ、信頼に感謝する。[*10]

しかし、このような開かれた雰囲気も長くはつづかず、大祖国戦争に勝ったのは、スターリンの軍事的な才能と英雄的な指導のおかげだとする党の路線が定着した。四〇年ものあいだ、誰も次のように問うことを許されなかった。戦争前の粛清により赤軍の指導部を壊滅させた責任は誰にあるのか。独ソ不可侵条約で最も得をしたのは誰か、ソ連か、それともドイツか。なぜドイツが攻めてくるとの警告に注意を払わず、軍部にその備えを禁じたのか。なぜ戦争初期の一八カ月間というもの、スターリンは一人で戦争を指導しようとして軍事専門家を寄せつけず、メフリス、ヴォロシーロフ、ブジョンヌイのような人物に頼る道を選んだのか――その結果、莫大な数のソ連軍が包囲されることになったのだが。そしてなぜ、ソ連軍の損失がドイツ軍とくらべて格段に多く、非戦闘員の死者もドイツの二倍にもおよんだのか。

こうした問題は、一九八七年から八八年にかけて初めて公然と討議され、激しい論争を巻き起こした。[*11] スターリン批判者は、最初の一八カ月に大損害をこうむったあと、彼が将軍たちとのあいだにもっと円滑な関係を結ぼうとしたこと、それからたとえ独断にすぎるとしても、彼の政治的な指導力が大いにものを言ったことは否定しなかった。しかし、これと対比させて、彼らは戦争初期に誤りを犯し、大きな犠牲を払うことになった責任がスターリンにあったことも指摘した。こうした暴露が、それを認めまいとする古い世代の多くの人びとを含めて、広い範囲で憤激を買った事実から明らかになったことは、「個人崇拝」およびトロツキーが「スターリン流でっちあげ」と呼んだものがいかに効果をあげてソ連国民を――そして他国の何百万という人びとを長いあいだ――盲目にし、自分たちの生活を左右する政権の本性を悟らせなかったか、ということである。

しかし、勝利の喜びも、スターリンのソ連国民にたいする感謝の気持ちも長くはつづかなかった。勝利とともに、ソ連の各民族のあいだには熱烈な期待感が広がっていた。これで事態は変わるだろう、明るい未来が開けるだろう、これまで強いられてきた辛苦と犠牲に代わって、今度はまともな暮らしができるかもしれない、少なくとも一息つけるだろうという期待感である。これにたいするスターリンの対応は、一九三四年一月に工業化と集団化を強引に推進して辛苦と犠牲を強いたあとで開いた「勝利者の大会」で、党内に広がる同様の期待感にたいしてとった対応と同じだった。一九四六年二月九日のスターリンの演説は、それまでとは調子が違っており、すぐに注目された。戦時中に使っていた呼びかけの言葉――「兄弟姉妹」「わが友、わが同胞」――は消え、党の常套語の「同志諸君」がそれに代わった。そして、おなじみの問答形式の論法が戻ってきた。戦争に勝ったのは誰か？　答はもはや「ロシア人民」ではない。「わが国の勝利は、何よりもわが国の社会体制が勝利したこと……わが国の政治体制が勝利したことを意味する」。[*12] スターリンは聴衆——最高会議を選出する「選挙人」とその背後にいる国民全体——に、彼がトロツキーと右派の反対に抗して集団化と工業化を推進するために戦わなければならなかったことを忘れないで欲しいと訴えた。戦時中の耐乏生活のあとだから、もっと消費物資を増やすべきだというのか？だが、共産主義のもとでは、今後とも重工業を優先しなければならない。集団農場制度は修正するか、いっそのこと廃止すべきだというのか？　いや、集団化はソヴィエト体制の礎《いしずえ》である。世界に平和が訪れたとでも思っているのか？　資本主義と帝国主義がいぜんとして強い勢力を保っているというのに、どうして永続的な平和がありえよう。

ソ連国民は、かつて以上に身を粉にして働かなければならなかった。次の五カ年計画を遂行し、鉄鋼六〇〇〇万トン、石油六〇〇〇万トン、石炭五億トンの年間生産を達成するためである。「そのときに初めて、わが国はどんな不測の事態にも耐えうる万全の備えができるのである」

一九三〇年代のスターリンの演説を覚えている聴衆は、彼が——ヒトラーはすでに敗北したというのに——また怒りをあらわにしていることにも気づいたにちがいない。彼は、ソヴィエト体制は危険の多い実験だと言い、秘密警察の力でまとまりを保っているにすぎず、外からひと押しすれば、ソ連全体はトランプでつくった家のように崩壊してしまうだろうと言った。このたびの怒りは、そのような見えざる敵にたいする怒りだった。

しかし、一九四六年二月当時の国際情勢を見るかぎり、勝利の祝賀から一転して、ソ連がまだ危険に取り巻かれていると警告しなければならない要素は何もなかった。「大同盟」は、まだ冷戦に道を譲ってはいなかった。チャーチルがミズーリ州フルトンで「鉄のカーテン」演説をする前のことである――しかも、彼が演説したときには、イギリスでもアメリカでも大きな批判の声があがった。かつての連合国間にはきしみが生じていたが、それも第一次大戦直後の状況とあまり変わらなかった。各国外相はモスクワに集まって、パリで行なわれる講和会議の準備にとりかかったところだった。

スターリンが警告した危険とは、外敵のもたらす危険ではなく、脅威と労苦から解放されることの危険、敵による包囲と動員が日常化していた状態が終わることの危険だった。スターリン体制が、国家再建という課題に戦争中と同じほどの成果をあげられるかどうかにとどまらず、体制の存続そのものがこの危険を回避することにかかっていた。チャーチルが見抜いたように「彼らはわれわれの敵意よりも友情を恐れて」いたのである。スターリンは、ソ連の未来を、いまだ完成途上にある革命闘争ととらえていた――いや、そのようにしかとらえられなかった。そのために「人民の敵」は再び探し出さなければならず、国家は国民により多くを要求しつづけなければならず、内務人民委員部（ＮＫＶＤ）による不断の監視とスターリン自身の権力の永続化が必要だった。一九四六年二月の演説は、戦争は終わっても非常事態がまだ終わっていないことをソ連国民に通告する役割をはたした。ソ連の作家ワシーリイ・グロスマンが傑作『生活と人生』[*13]に書いているように、「勝利者たる人民と勝利者たる国家の無言の対立は、戦後もつづいた」のである。

スターリンの姿勢がよく見てとれるのは、自ら招いたことではないのにドイツの支配下に置かれ、ソ連の国外で厳しい生活条件にさらされていた大勢のソ連市民への処遇である。ドイツの占領下で苦しい生活を送った人びとは六〇〇〇万人を超えた。捕虜となり、収容所での虐待に耐えて生き延び、赤軍によって解放された人びとも何百万と存在した。さらに、強制的に徴用されてドイツの工場や農場で働かされた人びとも数百万人にのぼった。パルチザンとして占領軍と戦った人びとも数十万を数えた。

スターリンはこれらの人びとのすべてを、同情ではなく、疑いの目で見た。その多くを、対独協力者か反逆者か、控え目に言っても、外国の思想にかぶれ、危険思想に染まっている者と見たのである。たしかに、占領軍に協力した者、ドイツが募集した外人部隊や予備隊に入隊した者、徴用に応じてドイツ領内で労働に従事した者は大勢いた。しかしその多くは、ソ連軍が撤退したため、置き去りにされて死に直面したとき、生存本能からそのように行動したのであって、祖国にそむくつもりはなかった。スターリンは個々の事情には何の興味もなかった。占領されたソ連の領土を赤軍が取り戻すと、NKVDの特殊部隊がその地域におもむき、住民の通報によって——あるいはその種の通報がなくても——片っ端から人びとを逮捕して強制的に移送した。十八世紀のエカテリーナ二世時代以来ヴォルガ河畔に住みついて、「ヴォルガ・ドイツ自治共和国」を形成していたドイツ系ロシア人は、侵攻するドイツ軍の到来を待たずに、まとめて中央アジアとシベリアへ移された。つづいて一九四三年と四四年には、ドイツ軍による短期間の占領から解放されたカフカースで、北部の山岳少数民族のうち五つが、民族ごと同じ運命をたどった。クリミアのタタール人——一〇〇万人以上——もまた同じだった。何の予告もなく、荷物をまとめるいとまも与えられずに移送されたのである。それらの民族のなかに対独協力者がいたことはたしかだが、その大半はドイツ人と一緒に逃げてしまった。残っていたのは大多数が老人と女と子供であり、男たちは遠い前線で戦っていた。チェチェン人とイングーシ人だけでも、三六人の「ソヴィエト連邦英雄」が誕生している。これらの民族を、その故郷から追放する任務にたずさわったNKVDの特殊部隊員の数は一〇万を超えた。バルト諸国でも、解放とともに同様の強制移住が実施された。フルシチョフは、一九五六年の第二〇回党大会で行なった有名な演説のなかで、スターリンは総人口四〇〇〇万のウクライナ共和国を、一国まるごと強制移住させることも辞さなかっただろう、ただ人口が多すぎたために適当な移住先がなかったのだと述べて、満場の喝采を浴びた。

スターリンの猜疑心は占領地域の住民にとどまらず、最初にドイツ軍の攻撃を受けたソ連軍の将兵にまでおよんだ。開戦から一八カ月のあいだに大量のソ連兵が捕虜になったことから、多くはその機会を得てすぐに逃亡した反逆者にちがいない、とスターリンは思いこんだ。捕虜になった者は、これ以後すべて疑いをかけられることになる——捕虜になったのちに脱出し（スターリンの誤った命令によって招いた敵の包囲をかいくぐって、多くの兵が脱出した）、ソ連領内のドイツ占領地域でパルチザン活動に加わった者も、ソ連軍の戦線まで帰りついた者も、疑いを免れえなかった。将官と士官と兵卒を問わず、全員が特別強制収容所へ送られ、NKVDの取り調べを受けた。赤軍の最後尾でNKVDが実施したこの任務について、ベリヤがスターリンに報告しているところによれば、本格的な移送が始まる前の一九四三年に、こうした収容所で「調べられた」人びとは軍人五八万二〇〇〇人、民間人三五万人だったという。一九四五年五月、スターリンはドイツと中央ヨーロッパに展開していた六個の方面軍の各司令官に命じて、一〇〇にのぼる同様の収容所を後衛地帯に設営させた。各収容所は一万人の収容能力をもち、復員ないし引き揚げを待つソ連市民は、まずそこでNKVDの「再教育」を受けたのである。

終戦時、ドイツをはじめとする西側連合国の占領地域には、捕虜と外国人労働者として移送された者とあわせて五五〇万人のソ連国民がいた。スターリンはその全員を帰国させようと決意し、ほぼそれに近い結果を得た。NKVDの要員が派遣され、それらの人びとの居場所を突きとめると、圧力をかけて——必要とあれば実力を行使して——彼らを帰国させたのである。ドイツ軍の捕虜として拘留されていた一七〇万人の所在を突きとめることでは、イギリスとアメリカの軍当局の協力が得られた。両国の軍当局は、ドイツの捕虜収容所にいて赤軍に解放された自国の捕虜たちを、何とか無事に帰国させたいと腐心していたのである。ソ連人捕虜の多くは、帰国すれば裁判もなしで銃殺されるか収容所に送られるだろうと訴えて、帰りたがらなかった。そうした訴えにもかかわらず、彼らは強制的に祖国に送り返され、多くが自ら恐れていたとおりの運命をたどった。二〇パーセントが死刑または二五年の収容所暮らしを宣告され、帰宅を許されたのはわずか一五〜二〇パーセントだった。残りは、それよりも比較的短い刑期（五年から一〇年）でシベリア流刑や強制労働に処せられるか、もしくは家に帰りつく前に不慮の死をとげた。[*14]

これはもちろん誰にも否定できないことだが、捕虜であれ国外で働いた者であれパルチザンであれ、あるいは単にドイツ軍占領下で生活していただけであれ、祖国を何らかのかたちで裏切った者と、その人びとが置かれていた状況に何ら責められるべき点のない者とを見分けることは、実際問題として難しい。しかし、スターリン体制に特徴的だったのは、罪状が自動的に認定されていく（集団化運動や粛清のときにも見られた）その安直さである。それによって、何十万にのぼる無実の人間が不当な処罰を受けることになろうと、おかまいなしだった。不当な処罰があったところで、それがどうしたというのか。勝利を祝う行事がつづいていた一九四五年六月、ある祝賀会の席で、スターリンは柄にもなく寛大なところを見せた。このとき、一度だけ、「何千万という普通の人びと」に敬意を表して乾杯したのだ。「これといった役職もなく、人びとがうらやむ地位についてもいないが、彼らなくしては元帥も司令官も何ひとつできない」というわけである。彼らがそれぞれの任務をないがしろにしていたら、それで終わりだっただろう、とスターリンは言い切った。しかし、批判的な人びとの印象に残ったのは、スターリンが最大限の寛容を示して、その後二度と聞けない乾杯の音頭を取っていながら、「純朴でつつましい、何千万の普通の人びと」を指すのに「ヴィンチキ」という言葉を使ったことである。直訳すれば「小さなネジ」を意味するこの言葉は、「国家という大きな機械のなかの歯車」というように訳されることが多いが、スターリンはこの言いまわしを繰り返し用いている。「われらが偉大な国家という機械をつつがなく作動させているヴィンチキ……山の麓が頂上を支えるように、われわれを支えている民衆[*15]」

頂上にいる者といえども安泰ではなかった。ジューコフ元帥はスターリンが反論するのを許した数少ない人間の一人で、終戦時には最高総司令官スターリンの補佐官、ドイツ駐留ソ連軍最高司令官、連合国軍の対独占領管理理事会のソ連代表を兼任していた。だが、ソ連随一の軍事指導者としてソ連国民のあいだでも連合国間でも声望の高かったことが、スターリンの猜疑心と嫉妬を呼びさました。一九四六年、スターリンはジューコフをクレムリンに召還してこう言った。

ベリヤの報告によると、きみはアメリカ人やイギリス人と不審な接触をしているとのことだ。ベリヤは、きみが連中のスパイになるのではないかと考えている。私はそんなばかげたことは信じない。だが、そうはいっても、きみはしばらくモスクワを離れたほうがよかろう。オデッサ軍管区の司令官に任命するよう提案しておいた。[*16]

ジューコフは、スターリンが死ぬまでモスクワを離れたままでいることを余儀なくされた。初めオデッサに赴任したのち、ウラル軍管区に転じている。新聞はジューコフの記事を書かなくなり、ベルリン陥落三周年ともなると、『プラウダ』紙はベルリン総攻撃を解説するのにジューコフの名前を出すことさえしなかった——作戦はすべてスターリンが立てたというわけだ。いまやスターリンを「軍事的天才」と呼ぶことが慣例となった。戦時中に名を馳せた他の司令官たちの名前も新聞紙上から消えた。ロコソフスキー、トルブーヒン、コーネフ、ヴォーロノフ、マリノフスキーといった人びとである。スターリンは自分の軍事的栄光を、誰とも分けあうまいと決意していた。

しかし、前任者たちと異なり、ジューコフも他の元帥たちも逮捕や処罰は免れた。ここが一九三〇年代後半と四〇年代後半の違いで、この変化は軍の上層部にとどまらず政界上層部にもおよんだ。実際、政治局員の構成は驚くほど安定している。大戦後の一一名の正局員を見ると、一九三九年に正局員だった者が六名（スターリンを除く）、局員候補だった者が二名いる。一一名のうち八名は、スターリン最晩年の危機ののちも「幹部会」（政治局が名称変更したもの）に名を連ねていた。逮捕されて処刑されたのは一人（ヴォズネセンスキー）だけだった。

大戦が終わったとき、スターリンは六十五歳だった。六十代でこのような体験をすれば誰でも多少は生命力が衰える。スターリンは、いぜんとして政府と党の長であったが、その権威のよりどころとなっていたのは、そうした役職ではなく——ヒトラーの場合と同じく——彼個人であった。スターリンが関心をもてば、それが何であれそのことについての彼の権威は絶対だったが、周囲の情勢にたいする彼の関心も知識も一九三〇年代より狭くなっていた。

戦争中、スターリンは軍事と外交に没頭し、経済や兵站面については責任の大半を国家防衛委員会の他のメンバーにゆだねた。マレンコフやヴォズネセンスキーのような比較的新しい政治局員が頭角を現わしてくるのは、このときにはたした役割を通じてのことだ。平和の到来とともに国家防衛委員会は廃止されたが、先の二人を含む政治局員らは戦時中と同じ範囲の職責を担い、既成事実となった「大君主」としての権限を行使しつづけた――マレンコフは産業、ベリヤは警察、ヴォズネセンスキーは経済計画（国家計画委員会《ゴスプラン》の委員長だった）、モロトフは外交、ミコヤンは対外貿易、カガノーヴィチは鉄道および建設をそれぞれ一手に掌握した。それを可能にしたのは、彼らが政治局員として政策や政治を論じる立場にあったことに加えて、各省の長であり、あるいは人民委員会議副議長（右にあげた全員がこの職にあった）とか、人民委員会議の下にある各種委員会の委員長といった国家の階層組織の頂点をなす地位を占め、ものごとを進めさせる権限を行使していたこともあった。

スターリンはそれまでと同様、対外関係についてはしっかりと手綱を握っていた。その後、頂上会談はなく、初めはモロトフ（一九四九年まで）が、次いでヴィシンスキーがソ連を代表して外相会議に出席した。しかし二人とも、自分の受けた指示を逸脱する自由はなく、逸脱しようと思えば、まずスターリンにお伺いを立てなければならなかった。内政でスターリンが安んじて自分の代行者たちに大きな行動の自由を与えていたのは、たがいに対抗意識を燃やし、乏しい資源をめぐってしのぎを削っている彼らが、「ボス」の支持を確保することこそ肝心だと思うことを知っていたからである。彼らはおたがいに誰をも信用しなかった。手を結ぶことはあっても、それは一時的なもので、一つの問題で意見が一致しても、別の問題で鋭く対立するということもありえた。そういう実情だったから、スターリンは彼らをたがいに反目させて自分の思いどおりにことを運んだり、次々と担当者を交代させる——たとえば農業では順に、マレンコフ、アンドレーエフ、フルシチョフに担当させ、その誰にも満足しなかった——一方で、ここぞと思えばいつでも自ら介入することができた。

スターリンが自ら介入して細部にまで目を配った一例に、通貨改革という微妙な問題がある。このことが明らかになったのは、スターリンの死後二〇年も経ってからのことである。スターリングラード攻防戦がクライマックスに達しようとしていた一九四三年一月のある日、午前五時に、スターリンは財政人民委員A・G・ズヴェレフに電話をかけ、四〇分にわたって通貨改革の話をした。戦争中、市民が保有している通貨の供給量と市場で提供される商品およびサービスの総量との慢性的不均衡が大幅に拡大した。一連の国債発行も、スターリンが経済全体を脅かす元凶と考えていた、この過剰な購買力を吸い上げるにはいたらなかった。そこでスターリンは、平価切下げを思いついた。平価切下げは国が国民に要求する最後の犠牲であり、戦争が終わってソ連を再建するときの足がかりになるというわけである。ズヴェレフは、こうした線に沿った計画を極秘に立案するよう命じられた。一年後、スターリンはズヴェレフの原案を政治局に提出し、四五年秋にはズヴェレフをクリミアの別荘《ダーチャ》に招いてさらに計画を練り上げた。そして、機が熟するのを待ちながら、新通貨の意匠を子細に検討し、計画を公表する手順について考えた。四七年十二月十六日、初めてズヴェレフに原案作成を指示してからほぼ五年後、ついにスターリンは改革を告示し、即日実施した。比率は、手持ちの通貨については一〇分の一（投機家をねらいとした措置だったが、めったに銀行を利用しない農民層をも直撃することになった）、銀行預金については一〇〇〇ルーブルまでは同価、それを超える分は二分の一だった。[*17]

スターリンは、言うまでもなくその情報の大部分を他の政治局員に依存しており、政治局員らは中級と下級の党官僚に依存していた。これらはすべて、事実を隠蔽することにかけて長年の経験を積んだ者たちばかりである。この不都合を相殺したのが、彼らが自分の利益を図るために行なった密告であり、スターリンもまた密告を奨励した。たとえば彼は、フルシチョフの「手助け」をさせるということで、カガノーヴィチをウクライナに派遣したが、これは実のところ（カガノーヴィチが充分に心得ていたとおり）フルシチョフにとって不利な報告を送らせるためだった。さらに深刻な問題は、スターリンが何につけても、自分の信じたいことに反する証拠は認めようとしなかった――フルシチョフが報告した一九四五〜四六年のウクライナの飢饉についても、農村の状況全般についても同じだった――こと、側近たちが彼の不興を買う危険を冒してそうした証拠の正しさを納得させようという気にならなかったことである。

政治局という魔法の輪のなかで、評価は上下し、影響力は増減した。政治局の全員が出席する会議が、どれくらいの頻度で開かれていたかはさだかではない。フルシチョフによれば、全体会議はまれにしか開かれず、スターリンは小委員会――「五人組」とか「六人組」といった呼び名で知られる――を設置するのが習わしだったという。これらの小委員会からは、ヴォロシーロフやアンドレーエフのような古参政治局員は締めだされ、やがてモロトフやミコヤンも排除された。各案件の決定は、クンツェヴォにあるスターリンのダーチャでの夕食会で非公式に行なわれることが多くなり、夕食会に招待されるのはそのときスターリンに気に入られている政治局員のみだった。

党内で実権を握るには、書記局を掌握することが肝要だった。スターリン自身、ここを足場として権力の座についたのである。彼は、いぜんとして書記長の地位にとどまっていたけれども、自ら日常業務の指揮をとることはあまりなくなり、かわって他の書記たちがその役を務めていた。ジダーノフは、早くも一九三四年に、スターリン、キーロフおよびカガノーヴィチと並んで書記に任命された。彼はキーロフのあとを受けてレニングラードの最高実力者になり、三九年には政治局の正局員にもなって、周囲から次期書記長と目された。ライバルは六歳年少のマレンコフだった。マレンコフが政治局入りしたのは四一年になってからだが、三九年にはジダーノフの提案で書記局の「指導的党機関部」——スターリンが十二分に活用した機関——をまかされ、戦争中は産業と輸送の監督をも担当して、一躍、行政官として名を上げた。

一九四三年、マレンコフは「解放地域復興委員会」の委員長に就任し、四四年末には別の大きな委員会、今度は賠償として接収するドイツの工場設備の取り外しを統轄する委員会の委員長になった。しかし、取り外しの作業がぞんざいで廃物と化した設備が出たことから、マレンコフは批判の矢面に立たされた。陰で批判の糸を操っていたのはジダーノフである。この批判がきっかけとなって、新たにミコヤンを長とする委員会が任命され、設備取り外しのかわりに、ソ連資本の会社を設立してドイツでソ連向けの製品を製造することが勧告された。この一件で、マレンコフは敗者の側に立ち、四六年に書記局から更迭されるという代償を支払った。

マレンコフのいた場所には、すでにジダーノフが座っていた。ジダーノフは戦争中のほとんどをレニングラードで過ごし、スターリンから一度ならず厳しい批判を浴びせられた。しかし、一九四五年の初めにレニングラードが解放されると、スターリンは彼をモスクワに呼び戻した。この異動には、マレンコフの急速な台頭を相殺する意図もあったのだろう——たしかにその効果はあった——が、それより重要なのは、これが政策の変更を意味していたことである。この政策変更により、一九四六～四八年の時期はジダーノフの名と分かちがたく結びつき、「ジダーノフ体制《シチナ》」と呼ばれるようになった。これは、ソ連史に残るもう一つの忌わしい時期、すなわち「エジョーフ体制」と呼ばれる一九三六～三八年の大粛清期を連想させることを意図した命名である。

エジョーフ体制とジダーノフ体制には共通点が一つあった。それは、エジョーフとジダーノフがそれぞれ実行した政策が、彼ら自身の考え出したものではなく、スターリンの打ち出したものであり、政策を実施する自由裁量を与えられた代償として、その責めを負わされたことである。国家再建という大仕事に直面したスターリンは、規律を緩めるどころではなく、引き締めなおすことが必要だと信じていた。現体制の愛国主義的ならびにイデオロギー的権威をよみがえらせること、マルクス－レーニン主義国家（スターリンの解釈にもとづく）としてのソ連の独自性を重視すること、西側諸国とは一線を画する、より卓越した国家である事実をあらためて強調すること、西側との接触やその危険な個人主義の模倣はすべて禁じ、厳罰をもってのぞむことなどである。しかし、戦時に西側の有害な影響にさらされた数百万人を対象に魔女狩りをするだけでは充分ではなかった。粛清の結果、士気が低下し、国家機構の陰にかすんでしまった共産党を再び活性化し、指導者の役割を取り戻させる必要があった。そのためには、宣伝キャンペーンを展開して大衆を動員するとともに、政府の各省庁の仕事を点検して、調整し直さなければならなかったのである。

ジダーノフはその経歴からして、国家機構やNKVDよりはむしろ党と関係が深く、この政策を遂行するのに最適の人物だった。一九四六年八月、中央委員会はレニングラードの文芸誌『ズヴェズダ』（星）と『レニングラード』を弾劾する決定を発表し、ここにジダーノフ体制の中核をなす芸術家と知識人にたいする攻撃が始まった。二誌の罪状は、諷刺作家ゾシチェンコや詩人のアフマートヴァなどの「非政治的」作品、「イデオロギー上有害な」作品を掲載したことである。一方は「再編成」、他方は廃刊に追いこまれた。ジダーノフはさらに追い撃ちをかけ、レニングラードの作家集会に自ら乗りこんで批判をした。ゾシチェンコはその作品『猿の冒険』で「反ソヴィエト思想の害毒をまきちらし」、動物園の猿の檻のほうがソ連よりも住みやすいことをほのめかしたとして非難された。現代ソ連文学の最高峰に数えられる詩を書いたアフマートヴァは、修道女と娼婦の顔をあわせもつ詩人であるとジダーノフから断罪され、エリートのみに向けられた自己中心的な恋愛詩を書いて青少年を堕落させたこと、若者の心を、党の指導のもとでソヴィエト体制がなしとげた偉業や労働の栄光といった「建設的」主題から引き離したことを理由に糾弾された。ゾシチェンコもアフマートヴァも、逮捕こそされなかったけれども、ただちに「作家同盟」を除名され、生計の道を断たれるとともに、作品発表の場を奪われた。アフマートヴァは息子の逮捕、釈放、再逮捕とそれにつづく多年の収容所生活によってさらに大きな苦しみを味わった。彼女の最高傑作の一つ『レクイエム』は、その個人的体験から生まれた詩である。

私は知った、人の顔がやつれはてるさまを、／　まぶたの下に恐怖がひそむさまを、／　頬に刻まれた深いしわの、／　苦悩を物語る楔形文字を。[*18]

ジダーノフの攻撃は、体制に協力して「社会主義リアリズム」の価値観を称揚することに専念せよという、ソ連の文学界および芸術界全体にたいする指令にほかならなかった。文学者や芸術家もまた、党と国家の下僕であることを認識せよというのだ。彼らの義務は、そのような存在として、経済再建と正統派イデオロギーの強化に貢献することにある。退廃的な価値観や西側の影響を受けた異質な思想――ブルジョワ個人主義、コスモポリタニズム、「形式主義《フォルマリズム》」――を根絶し、ソ連の集団主義の理想を高く掲げるのである。

ジダーノフはまもなく批判の矛先を映画や演劇など、他の芸術分野にも向けた。さらし台にかけられた人びとのなかには、ソ連映画界の二大巨匠、エイゼンシュテインとプドフキンも含まれていた。一九四七年から四八年にかけての冬になると、今度はプロコフィエフとショスタコーヴィチを筆頭とする音楽家の番で、彼らは革命三〇周年の祝賀を怠ったとして批判された。一九四八年二月の布告で、彼らは「フォルマリズム」の罪を宣告される。ソ連の偉業を称えた親しみやすい旋律をもった音楽で大衆の心に訴えるのではなく、かぎられた聴衆のための前衛的作品を書いたというのである。

ジダーノフ体制とエジョーフの恐怖政治との大きな違いは、ジダーノフに作品を批判された人びとが逮捕や死を免れたことだった。一九三〇年代の粛清では一〇〇〇人もの作家や芸術家——そのなかには演出家メイエルホリド、短篇作家イサーク・バーベリ、詩人オシップ・マンデリシュタームがいた——が死んでいたのである。しかし、ソ連のような統制社会で作家同盟や作曲家同盟を除名され、さらし台にかけられて屈辱を受けたうえ、社会から追放されることは、創作活動をする芸術家にとっては苛酷すぎる刑罰であった。そのなかには二十世紀を代表するすぐれた芸術家も含まれていたのだ。こうしてできあがった表現の自由を抑圧する体制は、ソルジェニーツィンの処遇にも見られるとおり、スターリンの死後も長くつづくことになる。そのような政策は独創性の芽を摘み、趣味の低俗化を招き、ソ連社会を貧困にするという事実を、たとえスターリンが認識したとしても、それによって彼の考えが変わることはなかっただろう。こうした自由の抑圧とソ連の西側からの孤立は、ソ連を統括する者にとって、危険思想が入ってこないようスターリン体制を隔離するためのささやかな代償にすぎなかった。そうした危険思想は、ロシアの先駆的マルクス主義者たち自身の例が示すように、またスラヴの愛国者が前から主張しつづけているように、西から来る場合がきわめて多いのである。

一方、ジダーノフが取り組んだもう一つの仕事、党を再活性化し、再びソ連社会の中心に据えるというさらに大きな計画は、「第三帝国」の最後の時期に見られた同様の動きにくらべて成功の度合がはるかに低かった。政府の各省とSSに党の力を知らしめようというボルマンと大管区指導者の努力は、NKVDにたいするジダーノフと地方書記の同様の努力よりも格段に大きな成果をあげていたのだ。ヒトラーが、スターリンほど大規模な粛清を一度もナチ党員にたいして行なわず、党の草創期の指導者の多くをその地位にとどまらせたことが、この成功の理由の一つであることは疑いない。

一九三九年から五二年まで、党大会は一度も開かれず、中央委員会総会は一九四五年から五二年までのあいだに一回開かれただけだった。初めて工業化が推進された時期にはたしたような監督の役割を党が再び担うとあれば、書記局は全国二〇万の党役員を動かしてその任にあたらせることになる。だが、各省の役人や産業の管理者は、戦時中に高度な実務能力を身につけており、それに対抗できるほどの訓練や経験を積んだ党役員はほとんどいなかった。地位の上下を問わず、党書記が馴染んできた役割はそれらの専門家に協力するという立場である。両者の関係はこのように友好的であり、またそのほうが各地の支部役員の利益にもかなっていた。[*19]

そして、この関係をさらに助長する要因があった。一九四七年一月現在で見ると、総数六〇〇万人の党員のうち、比較的学歴の高い有能な党員の大部分を含む約九〇万人が、各省もしくはその管理下にある企業に雇われている。利害の対立が生じれば、これらの党員は党ではなく自分が雇われている組織のほうに忠誠を示す可能性が高かった。彼らの大半は出世するため、やむをえず入党したにすぎないのである。

3

世界は、ソ連がドイツを打ち負かすために動員した軍事力に驚嘆したが、スターリンにとっては、前から不充分だった経済基盤が後方支援によってさらに圧力を受けたことのほうが問題だった。一方、アメリカは、大規模な動員の結果、経済力が増大したのである。ソ連の最優先課題は、勝利の莫大な代価——人的損害も物的損害も他の連合諸国よりもずっと大きかった——を償い、経済を再建してアメリカに追いつくという、気の遠くなるような大事業に着手することだった。この目標は、国内政策を立てるときの最優先課題だっただけでなく、対外政策のうえでも最大の指標となった。

スターリンが、あくまでも自国を世界から隔絶させようとした背景には、もう一つの大きな理由があった。戦争による国土荒廃の実態、復興に要する期間、そして復興のあいだソ連国民が強いられた生活水準の低下（その端的な現われは一九四五～四六年の大飢饉）を隠しておくことが必要だったのだ。この孤立政策がどこまで徹底していたかを物語る例がある。戦争中に、ロシア人女性と結婚したアメリカ人やイギリス人がわずかながらいたが、そのほぼ全員が、両国政府からスターリンに要請があったにもかかわらず、妻をソ連から出国させられなかったのである。正確な経済情報は公表されず、ソ連駐在の外交官や特派員の旅行には厳しい制限が課せられ、わずかに許されている職務上の関係を少しでも超えて西側の人間と接触したソ連市民には、厳罰が科せられた。したがって、ソ連政府があえてアメリカ合衆国と——合衆国だけが核兵器を使えたこの時期に——交戦するなど、とてもありそうにないことは、外の世界にはわからない仕組みになっていた。

スターリンは、アメリカの研究が実際に原子爆弾を投下できる域に達していることを知ったことによる衝撃を慎重に隠していたけれども、ソ連の他の指導者たちが受けた影響には深刻なものがあった。ほんの一撃で、ドイツの敗北――ソ連人民の多大な犠牲によってもたらされた――によって回復された力の均衡がすみやかに崩され、たちまち再度不均衡状態に放りこまれるのである。ソ連の駐米大使だったグロムイコによれば、スターリンは、アメリカが核の独占を利用してヨーロッパと世界の他の地域にたいする自らの計画をソ連に押しつけるのではないかと予想していたという。「いや、そうはさせない」と、スターリンはグロムイコに言った（原注：トルーマンの回想録によれば、これはまさにアメリカの国務長官バーンズが考えていたことだという。「この爆弾によって、われわれは終戦時に自分たちの条件を指令する立場についてもおかしくない」）。

スターリンは「追いつき、追い越せ」のスローガンを掲げてひたすら工業化政策を追求していた。原子爆弾はいまやアメリカの経済的および技術的な優位の象徴となっていた。いかなる犠牲を払っても、それはソ連も手に入れなければならない象徴だった。ヒロシマに投下されるまで、スターリンは原爆を深刻に受けとめていなかった。それが、いまや彼は全力を尽くしての努力を要求していた。八月二十日に、原子爆弾特別委員会が設立され、ベリヤがそれを統括した。ソ連にとってほかにどんな要求があったにせよ、新五カ年計画では先進的な軍事技術が再優先課題となった。レーダー、ロケット、ジェット推力、そして原爆である。それらは架空の希望ではなかった。アメリカ人とイギリス人の驚きをよそに、アメリカが開発に要したのとほぼ同じ時間をかけて、一九四九年にソ連は最初の原爆実験に成功し、つづいて一九五三年（アメリカと同じ年）に最初の水爆を完成させた。

一九四六年二月の演説のなかで、スターリンは資本主義と帝国主義が存続するかぎり危機と戦争はなくならないというレーニンの信念を繰り返したが、戦争と核の脅威が差し迫っているとは信じないと言った。西側陣営にいるソ連の工作員のおかげで、自分の知るかぎりでは、四六年の半ばにアメリカが保有する爆弾は九発にすぎない。スターリンはこれを核戦争の脅威ではなく、原子外交の脅威だと考えた。すなわちアメリカ人は爆弾を保有することによって交渉の場で自分たちの言い分を通せると信じているのだ、と。したがって、ソ連が動員解除をつづけ（四七年末までに、赤軍は人員を一一〇〇万人から三〇〇万人に減らした）、産業を軍需生産から民需生産に転換することは、会議の席におけるモロトフの攻撃的な態度とあいまって、ソ連がたじろいでいないことを示す意図によるものだ、と。

スターリンの目的は、アメリカの原爆独占をできるだけすみやかに打破することであり、それまでのあいだにも独占が政治的な恩恵をもたらすものではないことを保証することだった。スターリンはジャーナリストのアレグザンダー・ワースにこう語っている。「原子爆弾は肝っ玉の据わっていない者をおびえさせるためのものだ」。スターリンの肝っ玉は据わっていた。しかし、彼はアメリカの優位がつづくかぎり、自分のほうに守るべき節度があることも認識していた。それはイランやベルリン封鎖を放棄したことに示されていた。

ポツダム会談から一年半のあいだは、ソ連と西側諸国とが折りあう余地がまだあった。ローズヴェルトは死に、新大統領トルーマンにはまだ自信がなく、国務長官のバーンズはヨーロッパにおける合衆国の役割を限定し、最終的には全廃できるような協定を結ぶ方向に傾いていた。チャーチルは首相の座を追われた。代わって政権を握った労働党は、下院で安定多数の議席を保有し、社会主義国ソ連にたいして好感をもつ党員も多かった。それに、労働党政権が大きな関心（と経験）をもっていたのは国内の改革であって、対外問題ではなかった。ソ連でスターリンが何としても防ごうと決意していた気の緩みが、これら西側の二つの民主主義国では世論に表われていた。戦争が終わってヒトラーは敗北して死に、将来の問題はそのために設立された国際連合が処理にあたるのだから、いつまでもつづく国際問題の苦労を引き受けるのはもうたくさんだという気分がどちらの国にもあった。イギリスは、まもなく明らかになったように、財政破綻に直面していた。アメリカからの借款が得られないかぎり危機を切り抜けられず、また借款を得たところで、連邦諸国を含む大英帝国が結束してヨーロッパで指導的役割をはたしつづけることは難しかった。

ソ連外交からすれば、この状況は自国にとって有利にことを運ぶ好機だった。スターリンはすでに、民主主義国が対外問題で一貫性のある長期的な政策を遂行しにくくなっていることに気づいていた。民主主義国は世論に配慮しなければならず、世論といえば、うつろいやすいムードに左右されがちである。スターリンは、その後もアメリカとイギリスを区別して扱い、それをソ連の外交戦術の基本原則とした。彼はアメリカの経済力と潜在的な軍事力にはつねに一目置いていたが、同時に、アメリカは政治上の目的が一定しないために早晩ヨーロッパの問題に興味を失い、長くても二年で軍を引き揚げるだろうと見ていた。これはローズヴェルトが見越していたことでもある。一方、イギリスについては、もはや世界的な役割はおろか、ヨーロッパの指導的な役割さえ担っていくだけの国力がないことを、スターリンは鋭く見抜いていた。したがって、イギリスとの交渉では圧力をかけ、合意を先送りしていくことでよい結果が得られるだろう。とくにアメリカの国益に関わらない、それゆえアメリカがイギリスの支持にまわる恐れのない問題では、この方法が有効になる。

つづく五年間、ソ連とその戦時同盟国との関係は、はてしない公開討論の様相を呈し、それを強調するように、外相会議やパリ講和会議、国際連合での各国代表の論戦はしだいに辛辣の度を加えていった。スターリン自身はめったに姿を現わさなかったから、論戦はもっぱら外相であるモロトフにまかせていたのだが、ソ連と西側各国との関係および東欧諸国との関係で、スターリンが独ソ不可侵条約当時や戦時中と同じく、断固とした考えをもっていたことについては疑いの余地がない。

この時期の初め、一九四七年の春までを見ると、ソ連と西側各国とのあいだには二つの大きな争点があった。第一は東欧の戦後処理であり、ソ連が東欧に確立した影響圏から締めだされることを西側諸国が容認するかどうかという問題である。四六年末までに、スターリンはソ連がねばり強く主張したことによってあげた成果に充分満足できるようになった。東欧諸国の政権はすべて承認され、パリ講和会議での領土問題の交渉は、ソ連側がおおむね既成事実としていた線に沿うかたちで決着がついた。

第二の争点はこれとは種類が異なり、ギリシアからトルコを経てイランおよびペルシア湾にいたる中東諸国でのソ連の権益である。

一九四〇年十一月、ベルリン訪問中のモロトフを通じて、ヒトラーはスターリンに、ドイツ、イタリア、日本とともに大英帝国を分割しようともちかけ、ソ連の取り分としてはバトゥーミ、バクー以南、おおよそペルシア湾からインド洋方面にかけての地域を与えるとした（原注：第3巻15章9節参照）。スターリンはこの誘いにたいして検討する意向を示したが、それはバルカン諸国と二つの海峡における権益を含むところまでソ連の取り分が拡大されるならば、という条件つきだった（原注：黒海と地中海を結ぶボスポラスとダーダネルスの両海峡は、十八世紀以来、ロシアが自由航行権を主張し、トルコが他の列強の支援を得て拒否するという、国際関係上の紛争地域であった）。だが、ヒトラーの申し出は、実はソ連の関心をこの地域からそらすためのものだった。したがって、スターリンの提示した条件は、それだけでヒトラーにその後の話しあいを打ち切らせるのに充分だった。だが、一九四五年から四六年にかけて、スターリンはこの問題をさらに追求できる立場にあり、バルカン諸国がソ連の影響圏に入ったことから、トルコと両海峡、およびギリシアまで勢力を伸ばすことを考えはじめた。ソ連はさまざまな方法で圧力をかけた。戦争中、ソ連軍とイギリス軍はソ連に物資を運ぶ主要路を確保するためにイランを占領していた。戦争が終わると、ソ連側は約束していた軍の撤退を引き延ばし、その間にソ連との国境に近いイラン北部で、アゼルバイジャン人民共和国とクルド人民共和国の樹立を手助けした。このときは、アメリカの強い後押しを受けて国連安全保障理事会への提訴がなされ、結局、四六年五月にソ連は撤収して、イランの主権も回復された。

ピョートル大帝の昔から一三回を数える長い戦争の歴史を通じ、トルコにとって地中海を目指すロシアの領土拡張政策は目新しいものではなかった。今回、モロトフが突きつけた要求は、両海峡にソ連軍の基地を設けることと、国境沿いの二地域、カルスとアルダハンの割譲だった。これにたいして、イギリスは一九三九年に締結したイギリス－トルコ相互援助条約にもとづいて武器と資金の提供というかたちでトルコを支援した。この支援がつづくかぎり、トルコには腰を据えてソ連のしかける神経戦に耐え抜く覚悟があった。

トルコが戦争中に中立を貫いたのにたいし、ギリシアはフランスが降伏したあとしばらくのあいだイギリスの唯一の同盟国だった。一九四四年末にドイツ軍が撤退すると、イギリス軍はギリシアに上陸し、ギリシアの共産主義者によるクーデタ計画を未然に阻止した。しかし、共産主義の指導者たちは、イギリス軍を追い出すことさえできればまだ権力の奪取は可能だと考え、望みを捨てなかった。スターリンはその可能性については懐疑的で、直接介入することを慎重に避けていたが、ソ連が介入するまでもなく、共産主義者の支配下にある隣国のユーゴスラヴィア、アルバニア、ブルガリアが、ギリシアの共産主義ゲリラ勢力に武器を供与し、必要な場合は避難所を提供する役目を買って出た。ソ連は側面から支援して、西側を相手に徹底的なプロパガンダ作戦を展開し、イギリス軍は「ファシスト」政府を支えるために駐留しつづけているのだと声高に非難した。

イギリスがギリシアとトルコの双方に援助を与えつづけられるかぎり、どちらの問題についても、スターリンがそれ以上深入りすることはないはずだった。しかし、経済上の困難から、イギリスが第一次大戦以来中東で演じてきた指導的な役割を放棄せざるをえないとすれば、ギリシアはバルカンにおけるソ連の影響圏に組み入れられることになるし、トルコはボスポラスとダーダネルスの支配に関して譲歩を余儀なくされるのである。

問題が重大な局面を迎えたのは、一九四七年二月だった。戦後、イギリスがかかえていた経済的困難がその極に達し、イギリス政府は十八世紀以来当然のこととしてきた世界的な役割をもはや担いきれないと認めるしかなかった。日ならずして、イギリス政府はインドからの最終的な撤退の日時を発表し（その後まもなくセイロンとビルマについても同様の措置が取られた）、パレスチナ（ユダヤ人の暴動に直面していた）の問題は国際連合にゆだね、ギリシアとトルコにたいしては、援助を三月三十一日をもって打ち切ること、イギリス軍は撤収せざるをえないことを秘密裡に了承させた。大英帝国は解体の一途をたどっているようであり、イギリス自体にそれを食い止める手段も意志も欠けているようだった。

大英帝国の解体――ヒトラーが一九四〇年十一月にスターリンに予言した事態――が現実のものとなったとして、そこに生じた間隙を、いまのところこの地域に自国の利害をもたないアメリカが代わって埋める気になるとは思えないから、ソ連にとっては近東にたいする歴史的野心を実現する道が開かれることになる。

二月二十一日、イギリスは自らこの問いをアメリカ国務省に投げかけた。イギリスは、ギリシアおよびトルコにおける役割を五週間後に放棄しなければならないが、合衆国にはそれを引き継ぐ用意があるか。ワシントンで態度を決定する立場にある人びとは、これがギリシアとトルコへの援助を超えた、はるかに大きな問題だということを認識していた。イギリスが財政的な困難により、戦後の不安定な時期に提供してきた経済的支援を停止し、駐留軍を撤収すれば、エーゲ海から東南アジアにいたるアジア大陸周縁部一帯に空白が生じ、それを埋めるうえで、ソ連はどの大国よりも有利な立場にある。ソ連がすでにヨーロッパと極東で新たな領土を獲得し、影響圏を拡大していることから、問題はこれによって世界の力のバランスが変わるのではないかということであり、そうなれば合衆国としても無関心ではいられない。

この問題が一九四七年三月ではなく、その一年前の一九四六年三月に提起されていたら、アメリカ側は及び腰の答をするのがせいぜいで、拒絶することも大いにありえただろう。四六年三月、チャーチルはミズーリ州フルトンで演説し、ソ連の領土拡張政策について警告した。広く報道されたこの演説と、イギリスとアメリカの協力を呼びかける彼の訴えは、喝采される以上に、批判を浴びたのである。しかし、それから一年、ソ連が攻撃的な外交姿勢に転じ、国際連合を西側列強批判のための演壇として利用するのを見せつけられるという苦い経験を経たあとでは、世論にも変化が生じており、トルーマン大統領は三月十二日に、拒絶でも及び腰でもない回答をすることができた。

トルーマンは、ソ連についてはまったく触れず、力の均衡ではなく、イデオロギー上の観点から正当性を主張して、「自由な人びとが、全体主義体制を押しつけようとする侵略的な動きに抗して自らの自由な制度と国民としての尊厳を維持するのを支援する」と述べた。そして、大統領は下院にたいする要請をつけ加え、ギリシアとトルコに財政的援助と「人員の派遣」を実施する権限を求めた。当時、アメリカ国民のほとんどは、これを短期の緊急事態に対処するための一時的措置にすぎないと考えていた。それがアメリカの外交政策における革命の始まりであり、孤立政策の終わりであることが明らかになったのは、一九四七年末になってからのことである。

「トルーマン・ドクトリン」として知られることになるこの政策決定の知らせは、モスクワで開かれていた外相会議（一九四七年三月十日～四月二十五日）の話しあいが途中まで進んでいたところに届き、ソ連側はこれを受け取ってもコメントしなかった。ヒトラーが死んで二年近くたったこのときの会議で初めて、「四大国」はヒトラーが戦争を引き延ばしたことによって自分たちに何を残していったのかを悟り、二分されたヨーロッパの中心部に二分されたドイツがあるという未来図を思い浮かべた。ひとたび明白になってしまうと、この問題はその後三年間、朝鮮戦争が勃発するまで国際関係を支配する。

モスクワにおける外相会議は六週間あまりにおよび、全部で四三回の協議が行なわれた。それに先立つ二年のあいだに、占領国の優先課題は、ナチ体制とドイツの軍事力の解体からドイツの経済および政治的な未来像に関する合意へと移っていった。戦後処理がどのようなものになるにせよ、この合意が中心問題であること、それがどういうかたちで決着するかによってヨーロッパ全体の経済の回復と政治の安定が大きく左右されることは明らかだった。

ソ連が賠償問題にこだわったのは、ドイツ軍によって損害をこうむった自国の経済を復興するのに必死だったことの現われである。その点では、ルールで産出される石炭の引渡しを要求し、ドイツよりもフランスの産業の復興を優先させるよう主張したフランスも同じだった。これにひきかえ、アメリカとイギリスの態度は、ドイツの両国が管理する地域、とくにルール地方をはじめドイツの工業地帯の大部分を含むイギリス管理地域の実状を反映していた。ラインラントとウェストファーレンの各都市は、歴史的にその食糧供給をドイツの、現在ソ連とポーランドの占領下にある地域に依存しており、東からの難民で人口が過密になったいま、必要な食糧を買い入れるために工業生産を再開しないかぎり、大量失業と飢餓に見舞われる状況に直面していた。生産再開までのあいだは、イギリスとアメリカが資金や物資を供与して住民を飢えから守る以外になかった。

イギリスは、モスクワ外相会議が始まる直前、厳冬で自国の産業がついに操業停止に追いこまれ、ドイツの援助のための資金を調達しつづけることなどとてもできる立場にはなかった。こういう理由があったからこそ、イギリスはポツダムで合意されたドイツの経済統合を一刻も早く実現するよう求め、占領地区間の貿易障壁をなくし、四占領国共同でドイツの経済問題に対処する計画を実施するよう主張したのである。イギリスは、この経済統合については実現の希望をほとんどなくしていたが、実現できないとなれば、ギリシアとトルコの場合と同じく、アメリカに援助を仰ぐ以外に道がなかった。具体的には、両国の管理する二地域を合併するのである。

結局、モスクワ外相会議は参加国間の主張の違いをきわだたせたにすぎなかった。[*20] イギリス側にとってもソ連側にとっても、議論の底流をなす重大問題は、アメリカの出方だった。両国がどんな案を出すにせよ、それを成功させる力をもっているのはアメリカだけだった。アメリカはいぜんとして、一定の期間——ローズヴェルトはこれを、戦争終結から二年間としていた——を経たあと、ヨーロッパから撤退するつもりでいるのか、それともドイツを含めてソ連の影響圏の外にあるヨーロッパ地域の独立と経済の回復が保証されるまでとどまるという考えに変わったのか。「トルーマン・ドクトリン」以後のアメリカ側の態度は、彼らがヨーロッパにとどまろうとしているらしいことをうかがわせた。戦争中に参謀総長を務め、バーンズのあとを受けて国務長官に就任したジョージ・マーシャルは、三月にモスクワ外相会議の席で、占領国間に生じた対立が解消できるかどうかはわからないと述べた。合衆国はドイツが単一の経済単位として扱われることを望むが、だからといって合意のための合意は求めない。「わが国は、ヨーロッパにおけるわが国の責任が今後もつづくことを認識しており、早急に復興させるよりも着実に復興させることが肝要だと考えている」

マーシャルは、外相会議で何らかの合意が得られるかどうかを見るため、スターリンとの会見をできるだけ先にのばした。四月十五日にようやく最初の会談が行なわれ、彼は冷静な口調ながらも、両国の関係の悪化とヨーロッパ情勢を深刻に受けとめていることを隠さなかった。マーシャルは当面の課題から一歩踏みこんで、一カ月前にトルーマンが発表したアメリカの政策の要点を繰りかえした。合衆国は、どの国も自らが選んだ政治・経済制度のもとで生きる権利をもつことを疑うものではないが、経済崩壊の危機に瀕し、その結果、民主的な制度を維持する希望が崩れ去ろうとしている国々にたいしては、あらゆる援助を惜しまない決意である、と。

スターリンは、煙草を吹かしたり鉛筆で落書きしたりしながら、マーシャルが話し終わるまで、感情を表わさずに黙って聞いていた。そして相手が話し終えると、同じように静かな口調で、ソ連側が会議で主張した主な論点を繰りかえし、それを擁護した。そのうえで、しかし現在の見解の対立をあまり悲観的にとらえるのは間違っていると述べた。

過去にも意見の食いちがいが生じた問題はいろいろとあり、そういう場合のつねとして、たがいに議論しつくしたあと、妥協の必要を認めたものである。今回の論争は、偵察部隊の最初の小競りあいにすぎない。この会議では、見るべき成果があがらないかもしれないが、非武装化の問題をはじめ、ドイツの政治構造、賠償、経済統合といった主要な課題については、いずれも妥協が可能だと思う。問題を長い目で見て、悲観的にならないようにすることが必要だ。[*21]

それまでにもたびたびあったことだが、スターリンは慰めの言葉を並べて、モロトフの手荒な戦術が会議の席で与えた衝撃を相殺しようとしたのである――しかも、その戦術の内容はいっさい変えなかった。マーシャルはアメリカ国民向けに放送された会見報告のなかで、スターリンのこの言葉を引用し、誰の目にも明らかな誤りを犯すことがないよう、わざわざスターリンに警告を発している。

私は大元帥の述べられた見方が正しいことを心から願う。だがこの問題には、時間という要素がからんでいることを無視するわけにいかない。ヨーロッパの復興の歩みは、予想していたよりもはるかに遅い。その足どりを乱す勢力が現われていることも明らかである。医師団が協議しているあいだに、患者の容態が悪化している

やらなければならない。これら、焦眉の問題に対処するため、一刻も早く、できることは何でもいと思う。したがって、議論を尽くして妥協点が見つかるまで行動を控える余裕などなのだ。[*22]

マーシャルらアメリカの代表団は、二つのことを確信してヨーロッパから帰国した。一つは、ドイツの西側占領地域には経済の破綻と飢餓の脅威が迫っていて、工業生産の再開をこれ以上遅らせるのは危険だということであり、もう一つはドイツの復興を実現するための計画は、ドイツに劣らず再生を必要としているヨーロッパ経済全体――イギリスを含む――を視野に入れて立案しなければならないということである。マーシャル・プランの発想は、この認識から生まれたのであった。ジョージ・ケナンを責任者とする政策立案本部が国務省のなかに設けられ、ヨーロッパ復興計画の作成にあたった。作業は着々と進み、マーシャルは六月五日にハーヴァード大学で行なった演説のなかでその有名な計画を発表した。

アメリカ政府が最初から明らかにしていたのは、ヨーロッパに多額の援助をすることにアメリカ下院の承認を得られる見込みがあるとすれば、それはまず当のヨーロッパ諸国が結束し、合意したうえで、総合的な復興計画をまとめられるかどうかにかかっているということだった。各国ごとに断片的な計画を提出したところで、受け入れられる見込みはない。イギリスとフランスが提唱して、ソ連を含む全ヨーロッパ諸国の参加する特別会議が、一九四七年六月二十七日、パリで開かれた。そこで英仏側から提出されたプランは、フランス、イギリス、ソ連の三国からなる運営委員会を設置し、各国が加わる六つの専門委員会をその下に設けて、自助を基本とするヨーロッパ合同計画を立案するというものだった。この計画を作成し、各国の合意を得てはじめて、アメリカ側に提示することになるのだが、それはできることなら九月一日までとなっていた。

モロトフは、最初からヨーロッパ合同計画には異議を唱えた。そして対案を提出したが、それは各国がそれぞれ必要とするものを一覧表にし、それをもち寄ってまとめたうえで、どこまで応じる用意があるか、アメリカ側に問いかけるというものだった。また、旧敵国は除外するべきだと論じ、ドイツ問題は外相会議の議題として留保することを主張した。ドイツを含むヨーロッパ全体の計画という考えは、アメリカの提案の中核をなすものだったから、ソ連の態度は、各国の合意という点からして、前途多難を思わせた。しかし、さらに議論が交わされたあと、モロトフは、はっきりとした回答をする前にモスクワと（ということはスターリンと）協議したいとして、時間的猶予を求めた。

その後、クレムリンでさらに議論があったのかどうか、これまでのところ何もわかっていない。いずれにせよ、七月二日の最終会議に出席したモロトフがどういう指示を受けていたかは明白である。彼はイギリスとフランスを非難した。両国はマーシャルの提案（これについて明確なことは何もわかっていないとモロトフは主張した）をいいことに、アメリカ側の援助の条件に合わせるためと称して、他の国々に国家としての独立を犠牲にさせるような組織をつくろうとしている。したがって、ソ連は英仏案を拒否する。同案は国家主権を侵害するのみならず、ソ連および他の国々のドイツにたいする賠償請求を無視するものである。モロトフは、イギリスおよびフランス政府がこの案を強引に通そうとすれば容易ならざる結果を招くだろうと警告して、演説を終えた。[*23]

4

モロトフの回答は、スターリンがヤルタ会談以来進めてきた政策に沿うものだった。スターリンは、戦時同盟の延長上にある外相会議を存分に利用しながら、同盟国であるアメリカとイギリスが、同時に主たる潜在敵国だという事実を決して忘れなかった。それにもかかわらず、とにかく決着をつけようとして、外相会議が一九四七年のモスクワ会議まで継続されたのは、他の参加国がソ連側の拒否権の行使、あるいは少なくとも引き延ばし策を容認し、何ごとにせよ、すべて合意がなった段階で初めて先へ進むという手続きを踏んだことによる。その手続きがもはや守られないとなれば、スターリンの目から見て、外相会議はその有用性を失い、ソ連がつねに少数派の立場に立たされる危険な組織に変わる。

西側占領地域からの賠償は拒絶され、それよりもはるかに大きいアメリカの経済力を頼ることになり、そのヨーロッパ復興計画に加わりたい国は、自国が必要とするものを提示して相互検証に付することを求められるという。これはどれもソ連の最も弱いところ——戦後の経済力低下——をつくことであり、ソ連首脳が最も神経質になっている部分を直撃する問題だった。その一方で、スターリンは西ヨーロッパ経済が弱体化していることにも気づいていて、アメリカがマーシャル・プランを最後までやりとげる政治的意志をもっているかどうか、疑っていた。とくにアメリカが——ソ連の経済学者が予想したとおり——経済不振におちいる可能性があるとすれば、なおのことである。

両陣営は対決する構えだった。ただ、どちらの政府もこの事態を戦争につながるものとは考えていなかった。ヨーロッパ中に厭戦気分が広がっており、ソ連も西側諸国もこの気分を利用して自らの立場を強化し、相手側の立場を弱めようとした。しかし、一九五〇年夏に朝鮮戦争が勃発するまでは、史料で見るかぎり、どちらも実際に軍事力を行使すること（脅しとしてちらつかせることはともかく）を真剣に考えていた形跡はなく、またベルリン封鎖が始まった一九四八年の数週間を除いて、相手陣営が軍事力を行使するとも思っていなかったらしい。これと同じことが、原子爆弾の使用についてもいえるようである。ソ連がベルリンを封鎖して他の占領国を力ずくで追い出そうとしたのも、朝鮮民主主義共和国が大韓民国に侵入し、つづいて中華人民共和国の正規軍が出動した――どちらもソ連の合意なしには起こりえなかった事態である――のも、当時はアメリカが原子爆弾およびその運搬手段を独占している、もしくはその分野で圧倒的な優位に立っていることを、スターリンが認識していた時期だったのである。

しかし、戦争の可能性はないとしても、利用できる戦術は、政治と経済から、心理作戦や破壊活動まで、多種多様である。ソ連側の目的は、東ヨーロッパにたいする統制力を強化すること、および西側に圧力をかけて再び会議の席につかせ、交渉を再開させることにあった。一方、西側の目的は、これ以上ソ連が領土を拡大したり影響力を拡大することのないよう「封じ込める」こと、ヨーロッパ復興の足を引っ張る共産主義国の発言力をそぐこと、そしてソ連陣営に属さないヨーロッパ諸国の経済を立て直し、自信を取り戻させることだった。両陣営はたがいに激しい言葉で相手の好戦的な態度をなじり、自らの行動については自衛のためだと主張した。その後数十年もつづく冷戦の原型ができあがったのである。

しかし、一九四七年の段階では、イギリスとアメリカの計画がソ連抜きでうまくいくかどうかはまだ未知数であり、スターリンはその計画の途上にあらゆる障害物を置く決意だった。

ヨーロッパにたいするアメリカの経済援助を実現させようとする英米の首脳が恐れていたのは、援助が手遅れになるのではないかということだった。その夏、ヨーロッパを訪れた人びとは、年内に経済が崩壊し、すでに配給物資が不足している都市の住民に食糧も燃料も行き渡らなくなるかもしれないとの不安が――政府当局者にとどまらず、一般市民のあいだにも――広がっていることを知った。とくに状況が悪化していたのがドイツだったとしても、不安の大きさでは、フランスとイタリアもドイツに劣らなかった。イギリスでさえ、工業はいまだに週三日の操業であり、八月にはポンドの兌換を停止しなければならなくなった。六月のパリ特別会議で設立された委員会（原注：この委員会は「ヨーロッパ経済協力機構」（ＯＥＥＣ）の母体となり、さらに今日の「経済協力開発機構」（ＯＥＣＤ）へと発展した）が九月一日までに合意に達せず、アメリカからの援助開始にこぎつけられなければ、西ヨーロッパはわずか六週間分の穀物備蓄しかもたないまま冬を迎えることになる。実のところ、この合意を受けて、トルーマン大統領が「暫定援助法案」に署名できたのは、下院での厳しい審議を経たのちの十二月のことであり、四年にわたる総額一七〇億ドルの援助支出を下院が承認したのは、さらに論戦を経たのちの一九四八年四月三日のことだった。

一九四七年から四八年にかけてヨーロッパに広がった不安は、飢えと失業にたいする恐れだけにとどまらなかった。フランスとイタリアで共産党が実権を握るのではないかとの恐怖、さらには内戦や戦争や占領にたいする恐怖にまでおよんでいた。こうした恐怖について、それを過剰反応だとか（たしかにそれらは現実のものとはならなかった）、冷戦のプロパガンダだとしてかたづけるのでは、当時の状況を理解しそこなうことになる。ソ連が西側に抱いていた恐怖、とくに復興したドイツにたいする恐怖についても同じである。何しろ、二〇〇〇万のロシア人のほか、二〇〇〇万以上のヨーロッパ人が生命を失った戦争から二年しか経っていないのである。一九三八年このかた、当初はすべて独立国だったヨーロッパの二九カ国のうち、四カ国をのぞく全部が戦争に巻きこまれ、占領を経験し、そして（占領に劣らず高くついた）解放を体験していた。ヨーロッパの歴史で最も過酷なこの一〇年の経験で、人は最悪の事態が――想像もできないことさえ――起こりうることを学んだのである。

過去三年のあいだに、中欧と東欧の共産主義勢力はソ連の支援を受けてしだいに力をつけ、やがて同地に住む一億の人びとを共産党の単独支配下に置くようになる。ギリシアでは内戦の嵐が吹き荒れ、ドイツ占領時代を上回る一〇万人のギリシア人が生命を落とした。町や村の住民が目のあたりにした出来事からすれば、共産主義者が他の国々にも勢力を伸ばすのではないか、あるいはヴォルガ川からエルベ川へ軍を進めたソ連が、その勢いをかってライン川やセーヌ川まで進攻してくるのではないかといった恐れを人びとが抱いたのも驚くにはあたらない。

西ヨーロッパの経済力低下に加えてこのように広がった不安感を、スターリンが自国の利益に転じようと思えば、ソ連以外の地域としては最大の力をもつ二つの共産党勢力に呼びかければよかった。その一つのフランス共産党は、約九〇万の党員を擁し、他の政党を寄せつけない勢力をもつフランス最大の政党として、労働組合運動を支配すると同時に、多くの知識人の支持を集めていた。解放直後、革命の可能性をはらむ混沌とした状況のなかで、彼らは政権奪取を試みることもできたはずだが、スターリンがその気勢をそいだ。スターリンは、この段階でイギリスおよびアメリカ勢力と対決することには慎重で、それよりはフランス共産党が連立政権の一翼を担うほうが得策だと判断したのである。もう一つはイタリア共産党で、フランスと同じくレジスタンス活動で中心的な役割をはたした同党は、トリアッティの指導のもとで党員を二〇〇万に伸ばし、一九四七年五月に誕生したデ・ガスペリの新政権から除外されるまで、戦後の連立政権に加わっていた。両共産党の目標は、政府が彼ら抜きで政権を維持することを不可能にしてから、力ずくで政権を奪うことだった。

フランス共産党は、同党が支配する労働組合を通じてさかんにストライキや示威行動をあおり、社会的不協和音を増大させて、ついに一九四七年十一月十九日、ラマディエ内閣を総辞職に追いこんだ。ところが、そのあとを受けて首班となったロベール・シューマンは、共産党の圧力に屈することなく、断固とした態度を貫き通した。ストライキはつづいたが、決定的な成果があがらなかったので、共産党の指導者トレーズはモスクワに飛んでスターリンに会い、武力——共産党の私設軍の特別機動部隊を含む——以外のあらゆる手段を使って圧力をかけつづけるようにとの指示を得て、帰国した。これらの戦術は、党がどんな代償を払うことになろうとも続行するとされたので、活動を禁止された場合に備えて、党幹部が地下に潜行する準備までなされた。しかし、十二月に入って、彼らはさらに決定的な敗北を喫する。労働者階級の支持を失い、ストライキ攻勢も衰え、独立した労働組合組織「労働者の力」が結成されたのである。

イタリアでは、翌一九四八年四月の総選挙が勢力争いの舞台となり、アメリカ合衆国を頼みとする人びととソ連を頼みとする人びとが真正面からぶつかりあった。共産党は、ピエトロ・ネンニの率いる社会党多数派と選挙協力を結んだことで勢いを得たけれども、四六年には合わせて四〇パーセントあった得票率が三一パーセントに減り、四八パーセント余りを獲得したデ・ガスペリのキリスト教民主党が安定多数の議席を得た。

両国の共産党の敗北に共通する意外な事実は、それがマーシャル・プランの効果が現われはじめる以前、フランスでもイタリアでも労働者階級の生活条件の悪化がおのずと共産党に有利に働くはずの時期に起こったということである。とくにイタリアの場合、その前にプラハで共産党のクーデタが成功して、共産主義は抑えきれない未来のうねりだというトリアッティの主張にそれなりの裏づけがあったにもかかわらず、敗北したのであった。

一九四八年は別の理由でも決定的な年だった。アメリカの大統領選挙が十一月に予定されており、あらゆる兆候からしてトルーマンは敗北すると見られていた。その結果が出るまでは、当時まだ秘密にされていた大西洋地域の安全保障に関する条約の計画はほとんど進められなかった。NATO（北大西洋条約機構）の母体となるこの条約について、イギリス政府は、マーシャル・プランにもとづく援助を実効あるものとするために必要な信頼を築くうえで不可欠だと考えていた。アメリカが西ヨーロッパの防衛に一役買うという保証があれば、その信頼が生まれるのである。もしトルーマンが敗北すれば――つまりスターリンが期待していたようにアメリカの体制が不安定になれば――マーシャル・プランも安全保障条約も一からやり直しということになりかねない。トルーマンが大統領に選ばれれば、一九四九年にはかなりの速度で復興が進むことになるのであった。

その間に、スターリンは東ヨーロッパにたいするソ連の統制力を強めて西側の動きに対抗した。戦後の二年間は、単一政党による共産主義国家と呼べる国は、ユーゴスラヴィアとアルバニアしかなく、それも共産党の名称を避けて「人民戦線」あるいは「民主戦線」を名乗っていた。他の五カ国――ポーランド、チェコスロヴァキア、ハンガリー、ルーマニア、ブルガリア――の政府はすべて連立政権だった。そのうち少なくとも二国（チェコスロヴァキアとハンガリー）の政府は正真正銘の連立政権で、独自の組織をもついくつかの政党がそれぞれ異なる政治的見解を掲げながら、土地の再分配などの改革を含む短期間の急進的な計画を遂行するために連立を組んでいたのである。チェコスロヴァキアでは一九四六年五月に、ハンガリーでは四五年十一月にそれぞれ選挙が行なわれたが、どちらも公正な選挙だったとする見方が一般的である。共産主義勢力は、チェコスロヴァキアでは三八パーセントの得票率を得て選挙に勝利し、ハンガリーでは小農業者党に五七パーセントの得票率を奪われて敗北した。

これにたいしてポーランドでは、他の政党が初めから妨害を受けた。農民党のミコワイチクは副首相に選ばれたものの、政府内では実権を与えられず、一九四六年夏、野に下ってポーランド人民党を結成した。同党は小農民層の強い支持を得ることになる。ミコワイチクの行く手にはありとあらゆる障害が置かれた――集会は解散させられ、代議員は逮捕され、事務所は手入れを受け、少なくとも二人の党幹部が殺害された。四七年一月にようやく選挙が実施されたが、ミコワイチクの言うところでは、党員のうち一〇万人以上が投獄され、同党の候補者のうち一四二名が逮捕されたという。また、五二ある選挙区のうち一〇の選挙区で、人民党の立候補者名簿は不適格とされたともいう。政府陣営は四四四の全議席のうち三九四議席を確保し、人民党は二八議席だった。政府は政権に社会党を参加させ、社会党書記長のツィランキェヴィチを首相にすることで連立政権の看板を維持した。選挙につづいて、ソ連憲法を手本とした憲法が採択され、社会党の大規模な粛清を経て四八年十二月、合同党大会の開催とともにソ連共産党にならったポーランド統一労働者党が結成された。

フランス共産党とイタリア共産党の政治戦術およびプロパガンダ活動をソ連のものと一致させるため、スターリンは一九四七年九月に東ヨーロッパの共産主義政党の指導者らとともに両国共産党の指導者を召集してポーランドで会議を開いた。この会議で共産党・労働者党情報局《コミンフォルム》が創設された。そして、すべての共産主義政党に、「あらゆる領域で拡張と侵略を図るアメリカ帝国主義者の計画にたいし、先頭に立って抵抗すること」が求められた。そのイデオロギー上の基盤となったのは、「二つの陣営」を主題とするジダーノフの論文である。

帝国主義・反民主主義陣営の基本的な目標は、アメリカ帝国主義による世界支配を確立し、民主主義を粉砕することにある。一方、反帝国主義・民主主義陣営の基本的な目標は、帝国主義を切り崩し、民主主義を強固にして、ファシズムの残滓を根絶することにある。

コミンフォルムは、スターリンが一九三〇年代の初めにコミンテルンに課した政策を思い起こさせる文言で、ヨーロッパの社会民主主義を攻撃した。

帝国主義者の兵器庫にはとっておきの戦術兵器がある。フランスのブルム、イギリスのアトリーとベヴィン、ドイツのシューマッハーら右派社会主義者の欺瞞的な政策を活用するという戦術である。これら右派社会主義者は、帝国主義者の真の貪欲さを何とか糊塗しようとして……彼らの忠実な共犯者の役割をはたし、労働者階級のあいだに紛争の種をまいたり、その精神を毒したりしているのである。[*24]

会議に出席したジダーノフとマレンコフは、これが単に再生したコミンテルン（実際にはコミンフォルム参加国はコミンテルンにくらべてはるかに数が少なかった）の見解にとどまらず、ソ連政府のお墨付きを得たものであることを明確にした。ジダーノフの基調演説は、コミンフォルムの機関誌『恒久平和と人民民主主義のために』の創刊号に掲載された。そのなかで、ジダーノフは友党であるフランス、イタリア、イギリスの各共産党に与えられた特別の任務は、自国の経済的・政治的隷属に抵抗する運動を率いることであると宣言した。

十一月二十五日、ロンドンで外相会議が始まったときには、マーシャル・プランに反対するソ連のプロパガンダの方法は充分に練り上げられていた。アメリカの政策は資本主義、帝国主義、ファシズム、戦争と結びつけられ、それにたいするソ連の抵抗は社会正義、民族の自立、民主主義、平和と結びつけられた。モロトフは、統一されたドイツのためのドイツ政府をただちに創設することを要求して、マーシャル・プランの目的は、イギリスとアメリカの商業上の利害から競争相手となるドイツの経済復興を妨げることであり、統一国家としてのドイツを破壊して、ルール地方をイギリスおよびアメリカのヨーロッパ支配のための軍需産業基地に変えることであると断定した。会議は十二月十五日までつづき、一七回あまりの討議を重ねたけれども、行きづまりを打開する真剣な努力は最後まで見られなかった。ソ連側は明らかに、反対派を結集して西側の計画の実施を阻止することはまだ可能だと信じていた。したがって、モロトフは交渉を進めるために譲歩案を示す必要があるとは思っていなかったのである。

5

ロンドンでの外相会議が終わった一九四七年十二月から、次の外相会議がパリのパレ・ローズで開かれる一九四九年五月までの一年半は、スターリンとかつての盟友たちが力くらべをするうえで決定的な時期となった。スターリンはもちろん、西側の多くの人が驚いたことに、西側諸国は強い政治的意志によって各国の立場の違いを乗り越え、非共産圏ヨーロッパが自信を取り戻し、一九五〇年代から六〇年代初めにいたる長い経済成長期を迎えるための基礎を築いたのであった。

史料で見るかぎり、スターリンが東ヨーロッパ諸国の連立政府を廃して、統一戦線の名のもとに画一的に共産党の単独支配を確立する計画や予定を、終戦時からもっていたという証拠はない。

ところが、マーシャルの提案はヨーロッパのすべての国を対象にしたもので、そこにはソ連もソ連の影響圏にある国々も含まれていた。スターリンの観点からすれば、これは由々しい事態だった。アメリカの援助は、規模からしてとてもソ連が太刀打ちできるものではない。その援助にあずかる道が約束されるとなれば、旧連合国の外交や原子爆弾の脅威などよりもはるかに危険な因子として、東欧および中欧諸国にたいするソ連の統制を揺るがしかねない。スターリンが提案を拒否することに決めた最大の理由は、この点にあったにちがいない。パリ特別会議でモロトフが拒否を表明したにもかかわらず、チェコ政府は、提案を受けて開かれるヨーロッパ再建会議に参加するようにとの招待（招待状は二二カ国に送られた）を受け入れた（七月七日）。スターリンがただちに禁止しなかったら、他の国々も受け入れていたかもしれない。

これにつづくコミンフォルム創設の意図は、マーシャルの提案の受け入れに反対するために、共同してプロパガンダ攻勢をしかけると同時に、東欧諸国の指導者が足並みを乱さないように圧力をかけつづけることにあった。一九四八年初頭の二つの出来事――プラハで共産党クーデタが起こったことと、ソ連とユーゴスラヴィアのあいだに亀裂が生じたこと――から、調整だけではスターリンにとって充分ではないことがはっきりした。彼は独立の痕跡を残らず消し去り、共産主義政党以外のすべての政党に傀儡政党の役割を演じさせる決意だった。

共産党が警察を掌握したことをめぐって一九四八年二月にプラハで起こった政治危機の裏に、モスクワから指令を受けた共産党員の工作があったのかどうか、いまのところはそれを証拠づける史料がない。だが、非共産党の閣僚が全員辞職したとき、実行委員会を設立し、この機会をとらえて全面的支配を確立する決定がなされたのは、スターリンに相談したうえでのことだったとしか考えられない。新政府はいぜんとして連立政権のかたちをとってはいたが、他政党は各党一名の「代表」閣僚を選ぶにあたって何の発言権も与えられず、社会民主党党首で共産党同調者のフィルリンゲルは、自党を共産党との合同へと導いた。ソ連憲法にもとづいた新憲法が採択され、新しく総選挙が行なわれた。この選挙では野党からの立候補は認められず、公認立候補者の得票率は、ボヘミア－モラヴィアで九〇パーセント、スロヴァキアでは八六パーセントと発表された。

チェコのクーデタは、西側の世論に深刻な影響を与えた。ヒトラーが声高にチェコスロヴァキアの解体を叫んで、ついにプラハを占領し、それが戦争への序曲になったのは、つい九年前のことだった。今回、共産主義者は赤軍の介入も戦争の脅威もなしに内部から権力を奪取する力があることを実証したのである。プラハで起こったことが再び先例となり、次はパリかローマか、それともベルリンで何か起こるだろうという結論を引きだすのはたやすいことだった。そして、この予想はその年の夏が終わる前に、ベルリンで現実のこととなった。

類似性があるとか先例になるかもしれないといっても、いまとなればそれが誤りだったことはわかるが、当時は誰も誤りだと言いきれなかった。国によって多少の違いはあるものの、ハンガリーもルーマニアもブルガリアも、一九四八年末までに同じ経過をたどったのである。十二月、老練なコミンテルン指導者で、いまはブルガリア政府の首班になっていたディミトロフは、党大会で人民民主主義諸国の変容を次のように要約した。

ソヴィエト体制と人民民主主義戦線は、形態こそ異なるが、同じ政治制度であり、どちらもプロレタリアの独裁を基礎にしている。

ソ連の経験は、他の人民民主主義国と同じく、わが国においても、社会主義建設のための唯一かつ最良の手本である。*25

この手本はまもなくドイツ東部にもおよんで、ドイツ民主共和国が成立し、それ以後四〇年間、一九五六年のハンガリー動乱と一九六八年のチェコの反乱を別にして、中欧および東欧はソ連を盟主とする政府によって統治された。かつてヒトラーとナチが押しつけた秩序に代わって、スターリン主義による新秩序が課せられたのである。

唯一の例外は、ユーゴスラヴィアだった。この国ではドイツにたいするパルチザンの戦いから内戦状態になり、これを制したチトーの共産主義体制が、赤軍による占領の結果ではなく自らの努力で政権を獲得したのだと主張するのも、しごくもっともだった。この共産主義政権は、西側にたいしてどこよりも攻撃的な態度を取り（そのためにソ連を一度ならず困惑させた）、どこよりも素朴にスターリンを偶像化し、どこよりも熱心にマーシャル提案の拒否を支持した。だが、これでも足りなかったのである。これほどまでにしてもなお、スターリンは彼らの姿勢のなかに独立のにおいを嗅ぎとった。ソ連の政策に同調していたにもかかわらず、自主的に態度を決めているとの印象を与えたのである。

この件にかぎっては充分な証拠が――ユーゴスラヴィア側から出た証拠であるにはちがいないが、それを補足し、また裏づけるソ連側の史料も――あり、これによって、クレムリンと他の東欧諸国の関係の実体をおおい隠す厚い壁に、一つの窓が開いたことになる。のちに明らかになったとおり、しばらく前からソ連とユーゴスラヴィアとの関係には摩擦が――ユーゴスラヴィアと近隣諸国との関係をめぐって、またソ連情報部の活動やソ連政府の対ユーゴスラヴィア経済政策をめぐって――生じていたのだが、表向きはそのような摩擦がないことになっていた。ユーゴスラヴィアの対アルバニア政策について協議するとして、ユーゴスラヴィア代表団がモスクワに召喚されたのは、一九四七年十二月のことだった。

スターリンは代表団にジラスが加えられるよう特別に要請し、一行が到着すると、その日のうちにジラス一人を夕食に招いた。その夕食よりも早く、まだクレムリンにいるうちから、スターリンは――モロトフ、ジダーノフと一緒に――ジラスに餌をまきはじめた。「アルバニアの中央委員会はきみたちのことで内輪もめしているそうではないか。実に憂慮すべき事態だ」。ジラスが説明しかけると、スターリンは最後まで言わせず、「わが国はアルバニアに特別な利害があるわけではない。ユーゴスラヴィアがアルバニアを併合しても一向にかまわない」と言った。ジラスは次のようにつづける。

スターリンはそう言うと、右手の指を丸めて口もとへもっていき、ものを呑みこむような仕草をした……

ジラスはびっくりし、さらに説明しようとした。

「併合ということではありません。統合です」

「だから、それが併合ですよ」とモロトフ。

するとスターリンが、また例の仕草をして言った。「そうだとも、併合だよ！　しかし、われわれも賛成だ。きみたちはアルバニアを併合すべきだ——それも早いにこしたことはない」

その夜、スターリンの別荘《ダーチャ》で、謹厳なジラスは居あわせた人びとの鯨飲馬食ぶりにまた反感をおぼえたが、ピョートル大帝も側近たちとこういう夕食をとっていたのだと思い返した。たらふく食べ、酔いつぶれるまで飲みながら、ロシア人民の運命を決定していたのである。三年ぶりに見るスターリンはずいぶん老けこんだ感じがする、とジラスは思った。精神にも以前のような鋭さがない。「もっとも、一つの点では、やはり昔ながらのスターリンだった。誰かが異論を唱えると、かならず頑固になり、辛辣かつ疑い深くなるところだ」[*26]

円卓を囲んでの六時間におよぶ宴会のあいだに、ジラスはジダーノフとベリヤが探りを入れてくるのを感じた。スターリンはその様子を見守り、待ちかまえていた。ジラスが、ユーゴスラヴィア首脳部を分裂させる役割を振れる人間かどうか、検分しようというのである。ジラスが話に乗らずにいると、会話はしだいに途切れがちになっていった。そして、最後まであからさまには何も言われなかった。

ソ連側の失望は、すぐに対ユーゴスラヴィア政策にはねかえった。軍事および経済援助について早急に決定するというソ連の約束は守られず、ユーゴスラヴィア政府は一カ月近くも待たされた。次いで一九四八年一月末、『プラウダ』がディミトロフを痛烈に攻撃した。公の席でバルカン連邦なる構想を語り、ブルガリアとユーゴスラヴィアをその構成国としておきながら、当然その一員たるべきソ連についてひとことも触れなかったというのが批判の理由だった。当時、ユーゴスラヴィアでは、ブルガリア、ハンガリー、ルーマニアと友好相互援助条約を結んだところで、ユーゴスラヴィアとブルガリアの当局者はモスクワに召喚され、事情の説明を求められた。ソ連側は、ディミトロフとともにチトーもくると思っていたが、すでに何が起こるかわからないと考えて警戒していたチトーは、自分の代わりにもう一人の側近のカルデリを派遣してジラスに合流させた。

二月十日の夕刻、全員がクレムリンに集まると、モロトフは両国が条約を結んだことを激しくなじり、ソ連政府は新聞報道で初めてそのことを知ったと告げた。つづいてスターリンが、高齢で体調もよくないディミトロフに向かって、連邦の構想を語ったことを非難した。ディミトロフが説明しようとして、あれは自分の誤りだったと認めると、スターリンの怒りは収まるどころか、逆に激しくなった。彼は相手の弁明を何度もさえぎった。

きみは娼婦のように言葉で人の気を引こうとする。まだコミンテルンの書記長でいるような気分で、世界をあっと言わせたかったのだ。ブルガリアもユーゴスラヴィアも、自分たちのしていることについてわれわれに何も言わないから、こちらは風の便りで知るしかない。

カルデリが、条約の草案は前もってソ連政府に提出されていること、ソ連側から何の反対も出なかったことを指摘して——モロトフがそれを認めたので——これを根拠に、両国とモスクワとのあいだには見解の相違はないと言うと、スターリンは叫んだ。「いや、あるとも。それも重大な相違だ……きみたちはまったく相談しない。それは過失ではなく、きみたちの政策なのだ——そうだとも、政策なのだ！」。関税同盟の提案が出されると、スターリンはそれを非現実的な考えだとしてあっさりしりぞけた。それがうまく機能している例として、カルデリがベネルックス関税同盟をあげたところ、その構成国をめぐってスターリンと議論になってしまった。スターリンは頑固に、ベルギーとルクセンブルクの二カ国だけで、オランダは関税同盟に入っていないと言い張った。間違っていると言われても耳を貸そうとせず、腹立たしげに言い返した。「私が『違う』と言ったら『違う』んだ」

次いでスターリンは、ディミトロフにたいする攻撃のしかたを変え、提案されたブルガリアとユーゴスラヴィアの連邦ではなく、ブルガリアとルーマニアの連邦に異議を唱えはじめた。「そのような連邦はおよそ考えられない。きみは目立ちたかったんだ」と、彼はディミトロフに向かってどなった。「独創的なところを見せたかったんだ。ブルガリアとルーマニアのあいだにどんな歴史的つながりがあるというのか。何もないではないか」。唖然とする聞き手をよそに、スターリンはブルガリアとユーゴスラヴィアの連邦を主張しはじめ、そこにアルバニアをも加えた。

「これなら歴史的なつながりがあるし、他のつながりもある。この連邦こそ成立させるべきで、それも早いほうがいい。ただちに、できれば明日にもだ！　そう、明日だな！　いますぐ合意したまえ。まずブルガリアとユーゴスラヴィアが連邦を結成し、それからアルバニアを加えるんだ[*27]」

その場にいたユーゴスラヴィアの代表が、ただちに連邦を結成せよというスターリンの要求は、ユーゴスラヴィアの国内を分裂させる意図に発するものだとの結論に達したのは、当然のことだった。

モスクワでの会談につづき、ユーゴスラヴィアを孤立させるための一連の動きがあり、ソ連人技術顧問と専門家は全員、ユーゴスラヴィアから引き揚げた。スターリンとモロトフがチトーとその側近らに書簡を送り、まるで目下の者をさとすような高圧的な調子で恭順を促したことから、辛辣な手紙のやりとりが始まった。チトーは相手の批判に理性的に応答しようと努めたが、返ってきた答は次のとおりだった。「われわれの思うに、貴下の回答は偽りであり、したがって、まったく不充分である」

初めは個々の点を批判していたのが、やがて誇張されてイデオロギー上の異端ということになり、チトーとその側近はトロツキズム、ブハーリニズム、メンシェヴィズムに染まっているとして糾弾された。チトーらはあくまでも無実を主張し、ユーゴは赤軍に占領された他の国々とは違って自ら革命をなしとげた国であり、独自の社会主義社会をつくりだす力があると訴えたが、それも彼らの罪状を大きくする結果を招いただけだった。

六月末、コミンフォルムはユーゴスラヴィアを除名することを求められた。さらにチトーら指導者の民族主義的逸脱を弾劾し、ユーゴスラヴィア共産党内の「健全分子」にたいし、チトーらに代わって主導権を取るよう呼びかけよとの要請も行なわれた。コミンフォルム加盟国は、あわててユーゴスラヴィアとの関係を断った。フルシチョフによれば、スターリンはこうして自分が不満であることを知らしめればチトーが屈服することを確信していたという。「私が小指を動かせば、チトーはそれで終わりだ。陥落するに決まっている」[*28]。しかしチトーは、だてにコミンテルン委員として粛清時代のモスクワにいたわけではなかった。スターリンが「健全分子」としてあてにしていたと思われるズヨヴィチやヘブランなど、ユーゴスラヴィア多数派の指導者は逮捕され、つづいて召集された党大会で、チトーは圧倒的多数の支持を得た。戦時中のパルチザンの苦闘を過小評価するソ連の声明は、激しい民族的な反発を引き起こすのに充分だった。

ユーゴスラヴィアは、ソ連の軍事行動をしのぎきれるように防備を固めた。ソ連側は、威嚇するように軍隊を動かしたり国境で小競りあいをしたりして神経戦をつづけたが、スターリンはあえて戦争の危険を冒すほど不用意ではなかった。一九五三年にスターリンが死ぬまで、ソ連のプロパガンダはチトーと「その一味」にたいして徹底した中傷キャンペーンを展開しつづけ、反革命の徒、社会主義にたいする裏切り者、「アメリカ帝国主義の手先」などと罵ったが、何と言おうと、モスクワに反旗をひるがえして、みごとに勝利を収めた共産党が初めて現われたという事実はおおい隠すべくもなかった。

バルカンの貧しい小国の共産党が意に従わなかったからといって、ドイツの敗北とヨーロッパの東半分を占領することによって基盤を強固にしたスターリンとソ連共産党の覇権は、少しも揺らぐものではなかった。だが、あらゆる圧力をかけたにもかかわらず、チトーと彼の党が反抗して生きのびたばかりか、除名を突きつけられても動じることなく、社会主義には別のモデルもありうることを実証しさえしたことは、共産主義者の団結という一枚岩のイメージを傷つけ、その後遺症はスターリンの死後も尾をひくことになった。

スターリンは、チトーを屈伏させようとしたことでは大きな判断の誤りを犯したとしても、ドイツの将来という問題の処理では確かな手腕を見せた。この問題はいぜんとしてソ連側と西側の双方にとって、核心をなす争点だった。一九四五年以来、イギリスとアメリカは両国の占領地域を合併する方向で話を進めてきた。イギリスを経済的苦境から救い出すためである。四七年のモスクワ外相会議が不調に終わったあと、統一ドイツとしての経済復興の実現が見込み薄になると、この二地域はしだいにドイツの経済復興の枠組みと見なされるようになり、つまるところは「西ドイツ」という国家の基礎としてとらえられた。一九四七年から四八年にかけて、アメリカとイギリスは、自分たちのヨーロッパ復興計画にとって、さらにはヨーロッパの安全保障にとって何よりも肝心なのは、ドイツの経済を復興し、ドイツ国民にソ連圏ではなく西側との連繋にこそ未来があると納得させることだと考えるようになった。

このような計画は、当然ながら、西側と提携するドイツの国力が復活することを意味するように見えたので、モスクワに不安感を抱かせずにはおかなかった。それはちょうど、ソ連側の東ヨーロッパでの行動や、彼らがドイツの復興と統一を妨げようとしてもちだす障害が、あるいはフランスとイタリアの共産主義者の破壊工作が、西側に不安感を抱かせるのと同じだった。ジダーノフのいう両「陣営」は、どちらも相手が攻撃の意図をもっているのではないかと恐れ、しだいにそう思いこむようになったのである。

しかし、イギリスとアメリカの両政府がその計画を実現するにあたっては、重大な問題があった。これを成功させるにはフランスの協力が不可欠だったが、フランスは計画のなかでドイツが中心的な位置を割り振られていることに強い難色を示し、戦争の脅威について大きな不安を抱いていた。アメリカは選挙の年で、トルーマン政府が推進しようとしているヨーロッパ政策を世論や議会が支持しつづけるかどうか、はなはだ心もとなかった。イギリスは自国の経済的困難と戦っているところで、政策の裏づけとなる財源がないという未曽有の事態に当惑していた。

計画はまだ実現にほど遠く、老練な敵手であればこうした状況を利用してそれを挫折させることも不可能ではなかった。スターリンが、圧力をかける場所としてベルリンを選んだのは絶妙な選択だった。四大国はベルリンをそれぞれ分割占領していたが、その条件は対等ではなかった。それというのも、この都市がソ連管理地域の真ん中に位置し、西側三国はベルリンの西側地区に駐留する自国の将兵や五〇万のドイツ人住民の生活を維持するのに必要な物資を搬入するために道路の使用を許可してもらうという、ソ連の善意に依存する立場だったからである。ソ連側としては、公然と挑戦状を叩きつける必要はなかった。ベルリンを西側から切り離す最初の措置が取られたのは一九四八年三月のことで、道路工事にともなう一時的な通行止めと説明された。封鎖が完了するのは八月になってからで、その間、段階的に封鎖を強化しては、しばらく様子を見て、西側の反応をうかがい、戦争の危険性を推し量るという手段が取られた。ソ連側は、最終的に西側も戦争は望んでいないと判断したが、この判断は正しかった。

西側諸国の軍による査定の結果は、悲観的なものだった。一九四八年六月当時、ベルリンの西側地区には、わずか三六日分の食糧と四五日分の電力用石炭の備蓄しかなかった。ソ連側および西側のどちらの計算でも、西側がベルリンで現在の立場を保持しうる期間はきわめてかぎられており、その期間が終われば次の三つのうちどれかを選ばざるをえないだろうと思われた。武力を用いて封鎖を破る、屈辱的な撤退を行なう、あるいはソ連側の条件を受け入れて駐留の権利をあがなう、である。このうち、撤退を選べば、ドイツの世論に大きな影響をおよぼし、西側の約束にたいする不信感を招くことは必至だった。一方、ソ連側はさしたる危険を冒さない。封鎖を緩和しさえすれば――いつでもまた強化できるのだから――ただちに危険を最小限にとどめることができるのである。スターリンは自分の条件をあまり明確に規定しないように注意した。あるときは、交通の遮断は技術上の困難が生じたからだと説明された。またあるときは、西側諸国がベルリンにとどまることを認めてもらいたければ、西側占領地区統合の計画を放棄し、ドイツの戦後処理に関してソ連は何ごとによらず拒否権を有するとしたポツダム合意に戻ることが条件になるとほのめかされた。

危機は、一九四八年の六月末に訪れた。西側三国が、ドイツ国内の西側三地域に新通貨を導入することを決定したのである。ドイツのエネルギーを解き放ち、経済をよみがえらせる鍵となった措置である。ソ連側は、東側地域に独自の新通貨を導入し、ベルリンの全地区でこの新通貨のみが有効であると通告することにより、それに対抗した。このとき、きわめて重大な問題になったのが、当のベルリン市民の反応である。数週間にわたって、ベルリン市民もその指導者も、ベルリンから撤退しないとの保証を西側諸国から得ないまま、共産主義者による神経戦にさらされていた。西側はベルリン市民を見捨てて引き揚げるだろう、そうなれば市全体がソ連側の手に落ち、西側に立って活動していた市民は目をつけられて報復されるだろうという宣伝が、この神経戦の戦術だった。六月二十三日、ベルリン市議会（ソ連地区で開かれ、警察の警護を拒否された）は、共産主義者の威嚇と群衆の暴力にさらされながら、ソ連通貨は市のソ連地区でのみ有効とし、他の三地区では西側通貨を有効とする決議を行なって、四国管理という枠組みを守り通した。これは勇気ある決定であり、翌日、約八万のベルリン市民を集めた集会で喝采をもって迎えられた。しかし、ソ連側が挑戦を受けて立ち、ベルリンに通じる道をすべて遮断した場合、九〇万世帯をかかえるこの都市にどうやって物資を供給するかという問題はなお未解決のまま残されていた。

考えられる解決策は一つしかなかった。空輸である。だが、一日あたりの必要量四〇〇〇トン（食糧ばかりでなく石炭も含む）にたいし、合同空軍が運べる量はせいぜい一〇〇〇トンどまりだろうとか、この数量ですら数週間以上は維持できないだろうといった見方が大半だった。しかし、決断を迫られたワシントンとロンドンの首脳は、断固とした態度を貫く以外に道はないと確信した。一九三〇年代のヒトラー宥和策の教訓を生かさなければならない。彼らは正当な権利によってベルリンにいるのであり、ソ連の圧力に負けて退却したとなれば、すでにフランスでもドイツでも低下している彼らの信用は地に堕ちる。これから実施しようとしている計画を成功させるには、少なくともこの信頼性の基盤が必要なのである。もしここで退却すれば、ベルリン市民のようにあえてアメリカとイギリスの支援を頼みとする者はいなくなるだろう。信頼したあげくに、無防備でロシア人と秘密警察と密告者に直面させられるのである。

イギリスとアメリカの合同空輸は、いつまでつづけられるかという見通しのないまま、六月二十六日に始まった。そして、掩護を装うために、原子爆弾を投下する機能を備えたアメリカのB29爆撃機三編隊がヨーロッパに移された。同時に、西側諸国は将来の西ドイツ国家の枠組みとなる「基本法」の制定を目指して協議をつづけ、ソ連はソ連でベルリンを首都とする東ドイツ国家について同様の作業を進めていた。八月、西側三国のモスクワ駐在大使は二度、スターリンと会見した。その席で、スターリンが示した態度は、いかにももののわかりのよい、宥和的なものだった。彼は、ソ連が西側をベルリンから追い出そうとするようなことはまったく考えていないと言った——「われわれはいまでも同盟国です」。もめごとの原因は、西側が独自のドイツ国家を樹立しようと計画していることにある。スターリンは、封鎖の解除を検討するかもしれないという印象さえ与えた。スターリンの態度がどのような希望的観測をもたらしたにせよ、それはたちまち砕かれた。モロトフがいつもの敵役を演じて、ソ連側の最低限の要求を気難しげな態度で述べた。西側がそれを受け入れれば、ベルリン市民は自分たちが占領国間の駆け引きの材料として利用されたにすぎず、両者が合意に達したその時点で切り捨てられるのだという思いを抱くにちがいない。

ソ連側は少しも焦らなかった。封鎖は、彼らにとって何の問題でもなかったからである。その間、共産主義者の組織する大衆デモがしだいに激化し、暴徒が市庁舎を占拠するにいたり、大多数の市議会議員と市参事会員は、イギリス地区へ避難せざるをえなくなった。彼らはイギリス地区で、新たなベルリン市議会選挙の実施を要求し、ソ連による封鎖に真っ向から挑戦状を叩きつけた。

とはいえ、すべては空輸にかかっていた。冬の天候にはばまれて空輸が失敗に終われば（現に一九四八年十一月三十日は霧のため、ベルリンに着陸できた輸送機は一〇機しかなかった）、籠城にひとしい生活を強いられているベルリン市民の勇気が徒労に終わる。この空輪作戦に深く関わっていた関係者でさえ驚いたことに、アメリカ空軍とイギリス空軍による合同空輪は成功し、一九四八年から冬を越して四九年五月までの一一カ月間に、一日あたり計八〇〇〇トンの食糧と石炭を二五〇万人の市民に供給しつづけた。その間、ベルリン市民の側も二四時間体制で荷おろしと輸送機の方向転換の作業に従事した。

この成功に加えて、同じように意外な二つの出来事があり、振り子は決定的に西側に有利な方向へと振れた。一九四八年十一月、トルーマンが再選をはたし、北大西洋相互援助条約の締結をめぐる協議が続行される見通しがついたこと、および十二月五日に行なわれた市議会選挙で、ベルリン市民が威嚇に屈せず、共産主義者の圧力に抵抗した三つの民主主義政党に、八三パーセントという圧倒的多数の支持を与えたことである。

一九四八年は、ソ連と西側の関係に関して重要な年となった。スターリンの行動は以下の前提にもとづいていた。たとえばドイツの将来というような重大な争点をめぐって対立が生じた場合、西側の事実上のリーダーであるアメリカおよびイギリス政府はソ連の反対にあえば自分たちの考えを通そうとしない――通そうとしてもうまくいかない――だろうということだった。だがこの年には、西側は自分たちの意向を通そうとし、両者が衝突したとき、ソ連側は相手の意向を受け入れざるをえなかったのである。ソ連側の退却のしかたは、いかにも彼らしく迂遠だった。一九四九年二月、アメリカ人ジャーナリストがソ連の封鎖解除の条件について質問したのに答えたとき、スターリンは通貨問題にはいっさい触れなかった。アメリカの外交官フィリップ・ジェサップがソ連の国連代表マリクに、スターリンが通貨問題に触れなかったことには何か意味があるのかと非公式に問いあわせると、マリクは確認することを約束し、一カ月後の三月十五日、これは「偶然ではない」と伝えた。一方、ソ連の外相はモロトフに代わってヴィシンスキーとなり、ヴィシンスキーは外相会議開催の期日が定められれば封鎖解除もありうると通告した。

こうした情勢のなか、イギリス、フランス、アメリカの外相が、ワシントンでNATO条約に調印し、同時に西ドイツ国家の誕生に向けて準備を進めるための枠組みを定めた詳細な協定を結んだ。

これにたいし、モスクワはNATOを非難する大々的なキャンペーンを展開するという対抗措置に出た。NATOはソ連を標的とした好戦的な条約であり、国連憲章に違反しているというのである。反対派を結集する主な受け皿となった組織は「平和のパルチザン」である。「前線の戦闘技術」を基本とするこの組織は、指導的な役割を非共産主義者の著名人にゆだね、組織全体を共産主義者が掌握するという構造で、

「アメリカの戦争挑発者」とそれに同調するヨーロッパ人にたいする戦いを唯一の目標として掲げていた。「平和を目指す知識人の国際委員会」が設置され、左翼志向の著名な多くの文学者、科学者、芸術家の支持を集めた。一九四九年四月に、パリで「平和のパルチザン世界大会」が開かれてからは、「世界の平和運動」がソ連外交政策の重要な道具となる。一九三〇年代の人民戦線運動にも比すべきこの運動は、一九五〇年の「ストックホルム平和アピール」のために共産主義と縁もゆかりもない何百万もの人びとから署名を集めることに成功し、ピカソが特別に平和の鳩をデザインした（このアピールには韓国に攻撃をかける直前の北朝鮮軍兵士の全員が署名した）。一方、東ドイツ地区でも共産主義の指導者が「統一」と「正しい平和」を掲げてキャンペーンを行ない、分断されたドイツではなく、統合されたドイツの未来のために戦う「国民戦線」の結成を呼びかけて、東ドイツ地区だけでなく西ドイツ地区でも、中立派や民族主義者の支持を得ようとして努力を傾けた。

こうした情勢を背景として、外相会議が一九四九年五月末からパリで始まった。西側諸国もソ連側とともに、それぞれのドイツ統合案をこれ見よがしに提示した。だが実のところ、どちらも自らの意にかなう分離した二つのドイツの成立を目指して進めてきた準備が、台無しにならないようにすることに腐心していたのである。

ジラスの記すところによれば、この一年三カ月前、スターリンは二度にわたって、ドイツは今後も分断されたままだと確信すると明言したという。「西側はドイツ西部を自分たちのものにするだろうし、われわれはドイツ東部をわれわれ自身の国家にしてみせる」[*29]。過去一年間の激動のあげくに生じた結果が、これだった。一九四九年八月、将来のドイツ連邦共和国で選挙が行なわれ、九月には国会でアデナウアーが初代首相に選ばれた。四八年十月、ソ連はドイツ東部の党指導者を呼んで、建国に向けて準備を進めるよう指示した。その準備は一年後の一九四九年十月に完了し、ドイツ民主共和国が誕生した。ベルリンは四国による占領というかたちがつづいた。こうして危機は終わり、その結果——西側の三国が必要にせまられて創設した連邦共和国——は、最初こそ前途が危ぶまれたが、その後は戦後のヨーロッパで最も繁栄する国となったのである。

二つのドイツの体制固めと並んで、二つのヨーロッパの体制を強固にする方策が取られていくことになる。ソ連がドイツ問題で敗北を喫したところへ、チトーがモスクワに反旗をひるがえして成功するということが重なったため、ヨーロッパの東半分での体制固めは必然的に、ソ連支配の強化というかたちをとった。ヨーロッパ経済協力機構とマーシャル・プランに対抗して、一九四九年一月に経済相互援助会議《コメコン》が設置され、ついで五三年のスターリンの死までつづく一連の粛清が始まった。この粛清により、潜在的に反対派の中核となりうる、もしくは独立を目指す勢力が次々に抹殺されていった。その手口は、一九三〇年代にソ連共産党とコミンテルンを震撼させたものと同じだった――公然たる非難、逮捕、拷問、自白、指導者の見せしめ裁判を含む「裁判」、投獄または処刑という手順である。非難の対象となる者を決めるにあたっては、個人的な対抗意識や地域に根ざす確執が大きくものを言ったが、粛清の推進力の源となっていたのはクレムリン、すなわちスターリンとベリヤであり、粛清の波は中央委員会のメンバーを含むソ連共産党そのものにまでおよんだ。

こうした裁判の最初のものは、一九四九年一月にハンガリーで開かれた同国の内務大臣ラスロ・ライクの裁判である。内通者および警察のスパイとして、ずっとアメリカおよびユーゴスラヴィア内務大臣ランコヴィチのために働いていたというのがその容疑だった。ライクはこの容疑や、それと同じように荒唐無稽な他の容疑を認める自白をしたのち、有罪を宣告されて銃殺された。ブルガリアの副首相トライチョ・コストフは、同志を告発させようとして加えられる拷問にこれ以上耐えられなくなるのではないかと恐れて、ソフィアの警察本部の窓から身を投げた。彼は両足を骨折した身で裁判にかけられ、公判で自白を撤回したが、反逆罪で絞首刑に処せられた。アルバニアの第三副首相コシ・ホウへイは、「チトー主義」の容疑で裁判にかけられ、処刑された。チェコスロヴァキアでは、一九五一年十一月まで大がかりな見せしめ裁判は行なわれなかったが、そのころになると、スターリンは急激に反ユダヤ主義の傾向を強めていた（原注：本章7節参照）。彼は、ミコヤンをプラハに送って、チェコで最も勢力のある人物でスターリン主義者のチェコ共産党書記長スランスキーを逮捕するよう命じた。スランスキーはたまたまユダヤ人であり、チェコスロヴァキア政治局のもう一人のユダヤ人政治局員B・ゲミンデルも同時に逮捕された。そのあとに行なわれた裁判では、一四人の被告のうち一一人がユダヤ人だった。チトーやCIAやゲシュタポがいぜんとして告発と「自白」のなかに出てくる一方で、ミコヤンの指示のもと、裁判が本当に重きを置いたのは、彼らとシオニズムとのつながりだった。シオニストはアメリカが新国家のイスラエルを支援するお返しとして、社会主義国家でスパイ活動と破壊活動をしているとされた。

ほかにも多くの人びとが裁判にかけられ、長期刑に処せられた。ポーランドのゴムルカやルーマニアのアナ・パウケルもそれに含まれる。チェコスロヴァキアでは二三〇万人の党員の四分の一が粛清されたと言われ、ポーランドと東ドイツで三〇万人、ハンガリーでは二〇万人とされている。一九三〇年代のソ連と同じく、誰も安心してはいられなかった――それこそ狙いどおりの効果である。ヒトラーとスターリンに刃向かって生き延びた共産主義者はチトーだけで、彼は一九八〇年に自らが三〇年前に樹立した共和国の大統領として天寿をまっとうした。

スターリンの晩年、共産主義がさらに地歩を固めた地域は、ヨーロッパでも近東でもなく、極東だった。しかし、極東の共産主義は、少なくとも一九五〇年までは、ソ連の支持を得るどころか、その活動をスターリンから疑いの目で見られ、激励されるよりはむしろ妨害された。例外は、一九一〇年以来日本に併合されていた朝鮮である。太平洋戦争が終結に近づいた段階で、ソ連はあわただしく大規模な作戦を実施し、朝鮮の北緯三八度線以北を占領した。朝鮮南部にはアメリカ軍が入っていた。金日成の共産党政府樹立にあたって、地元の共産主義勢力はほとんど指導的な役割をはたさなかった。政府をつくったのは、一九四九年一月まで駐留していたソ連軍であり、モスクワで訓練を受けた者を含む政府首脳の人選を行なったのもロシア人だった。これ以外の地域——たとえば中国、インドシナ、インドネシア——では、それぞれの土地の共産主義政党が独力で政権を握り、独自の政策を実施する気配を見せるという事実はもちろん、そうした考えさえ、スターリンにとってはユーゴスラヴィアの場合と同様、容認しがたかった。

6

一九四〇年代のソ連の中国政策は、二〇年代および三〇年代と変わらず、中国で政治の鍵を握る存在は国民党と蔣介石だという想定にもとづいており、中国共産党はこの想定に沿って自らの役割を調整しなければならなかった。中国共産党が蔣介石を国の最高指導者と認めて、一九三七年に蔣介石と協定を結んだことは、東側国境を安定させるというソ連の政策からすれば、きわめて重大な成果だった。中国共産党の利害は二義的な問題でしかなかった。

戦後も、スターリンは中国国民党との協調政策を取りつづけた。一九四五年八月十四日に蔣介石とのあいだで結んだ友好同盟条約により、スターリンは、ソ連が日本に宣戦布告する代償としてヤルタでローズヴェルトから得た約束について、中国側から黙認されることになった。その約束には、ソ連の保護下での外モンゴルの独立を認めること、満州鉄道と大連の港湾施設および旅順口の海軍基地をソ連の取り分とすることが含まれていた。これらはすべて、中国の指導者にとっては受け入れるのに苦痛をともなう譲歩事項だった。しかし、共産主義者の規律のもとでは、中国共産党はスターリンの決定に異を唱えることが許されなかった。

スターリンは、中国共産党が戦時中に蔣介石および国民党と結んだ協力関係を戦後も維持するよう強く求め、中国全土もしくはその一部を共産主義国家にしようとする中国共産党の動きを抑えた。そうすることで、アメリカに疑惑を起こさせず、アメリカが軍の撤退を遅らせないようにしたかったのである。一方、毛沢東は国民党政権が弱体であること、その腐敗ぶりにアメリカが幻滅を深めていることをよく知っていたから、スターリンがこの地域にたいするアメリカの関心を過大視するあまり、共産主義者の立場の強さを見損ない、ふたたび内戦になった場合、共産主義者が圧倒的な勝利を収める可能性があるという思い切った見方ができないのだと確信していた。モスクワの路線に公然と逆らうことはとうてい不可能だったため、毛沢東の第一の側近である周恩来が、一九四七年まで蔣介石と交渉をつづけたが、話しあいは進展しなかった。四八年二月、スターリンはジラスにこう語っている。

日本との戦争が終わったとき、われわれは中国の同志に説いて、蔣介石と暫定協定を結ぶ方途を探るよう勧めた。彼らは口ではわれわれに同意したが、帰国して実際にとった行動は、彼ら独自のものだった。兵力を集めて攻撃したのだが、結局は彼らが正しくて、われわれが間違っていたことが証明された。[*30]

その後の展開を予見していたら、スターリンはこれほど鷹揚に自分の間違いを認めはしなかっただろう。毛沢東の軍は、一九四八年のうちに満州全体と中国北部を攻略し、さらに九カ月後には残りの中国本土をすべて制圧して、北京で政府の樹立を宣言するのである。その政府は連立政権ではなく、れっきとした共産党政権であり、中華人民共和国が誕生したのである。そのことにもましてスターリンを驚かせたにちがいないと思われるのは、アメリカの対応である。ベルリン封鎖をめぐっては戦争も辞さぬ強い態度を示し、ヨーロッパの復興に何兆ドルもの金を注ぎこむ用意のあるアメリカ政府が、スターリンの見るところでは、アメリカの利害にとってヨーロッパよりも重大な意味をもつこの地域にたいし、真剣に介入しようともせず、このような形勢の逆転が起こるのにまかせたのである。

共産主義者による統治が、世界最大の人口を擁する国にまで広がったこの劇的な展開を、ソ連の新聞は故意に小さな記事として扱った。新聞が大きく取り上げたのはギリシアの共産主義者（当時、敗北の瀬戸際にあった）の活動であり、さらに大きな紙面を占めたのは、チトーを弾劾する記事、およびチトー主義に同調していることが発覚した東ヨーロッパ各国の「裏切り者」を激しく論難する記事だった。北京で中華人民共和国の樹立が宣言された翌日になってようやく、中国からのニュースが初めて『プラウダ』の第一面に掲載された――周恩来がソ連総領事に連絡して、ソ連政府の承認を要請したその日のことである。この異例な手抜かりが偶然だとは考えにくい。そのかげには、中国で起こっていることの重要性を認めたくないというスターリンの心情が、そして――これは彼が七十歳の誕生日を迎える年で、周囲の阿諛《あゆ》追従もその極に達していた――別の国の共産主義運動とその指導者に主役を奪われたくないという本能的な気持ちがはたらいていたのである。

一九四九年前半の毛沢東は、アメリカが最後の瞬間に介入してくる危険を避けようとするより、ソ連との友好関係を保つことに腐心しているように見えた。四月、中国共産党はヨーロッパ各国の共産党と歩調を合わせてNATOを非難し、「友邦ソ連」への忠誠を表明した。七月には、毛沢東が「われわれはどちらか一方へ行かざるをえない……中国だけでなく全世界で、人は帝国主義か社会主義のどちらかへ行くしかない」と言明した。ユーゴスラヴィアが、対ソ連関係で自国と中国共産党の状況に類似性を見てとり、中国共産党の成功を熱狂的に報じたのにたいし、中国共産党はソ連圏の他の共産党にならってチトー批判の大合唱に加わった。[*31]

毛沢東がのちに語ったところでは、すでにスターリンから第二のチトーとなるかもしれないと思われているにちがいないと感じ、スターリンの疑いを晴らそうと最善の努力をしたという。各国の共産党指導者（チトーを除く）の例にならって、十二月、毛沢東もスターリンに誕生祝いの挨拶をすべく、鉄道ではるばるモスクワにおもむき、あなたは「全世界の師であり友であり、そして中国人民の師であり友である」とスターリンを称えた。スターリンはその返礼として、毛沢東が到着した日に開かれた政治局主催の式典で、毛沢東にこう語った。「あなたがこれほど若くて、しかも強いとは、まったく思いもかけなかった。あなたは偉大な勝利を収めたのだし、勝者は非難の埒外なのだ」[*32]

しかし、毛沢東がモスクワまでやってきたのは、外交辞令をやりとりするためではなかった。当時は権力を掌握したばかりで、北京には彼を必要とする緊急の案件が控えていたにもかかわらず、毛沢東は二カ月もモスクワにとどまった。彼が求めたものは、同盟と経済援助、つまり一九四五年に蔣介石がソ連と結んだ条約の改正である。彼は、それが得られるまでは帰らないと決意のほどを明らかにしていた。

両者はともに相手の意図に不信の念を抱き、相手の態度に怒りをあらわにした。毛がモスクワに到着したのは一九四九年十二月六日だったが、どちらの側も政治的なチェス・ゲームを戦わせるばかりだった。突破口が開かれたのはやっと一月二日になってからで、中国の周恩来首相がやってきて交渉の細部の詰めに入れたのは一月二十二日になってからだった。条約は一九五〇年二月十四日に締結された。その前文は、蔣介石が譲歩を余儀なくされた先の条約との違いを強調している。

中国を一つに結ぶ新しい人民政府が樹立され……中国の国家としての独立を堅持し、領土を保全して、中国国民の名誉と尊厳を守る能力があることを証明した。

条約では、日本の侵略または「日本と結んで直接的あるいは間接的に加担する他の国家の侵略」があった場合の相互援助が約束されていた。この条約は、日本を隠れ蓑にしたアメリカの間接的侵略を恐れるソ連にとっては格好の担保だったが、蔣介石がアメリカの支援を受けて台湾（蔣介石の退却地）から攻撃をしかけた場合、ソ連が中国を援助するという保証を与えるものではなかった。中国側が得た最大の収穫は、満州鉄道（この地域の産業開発の基盤として日本が建設した鉄道）を付属する資産もろとも、日本との平和条約が締結されたとき、もしくは遅くとも一九五二年のうちに中国に譲渡するというソ連の合意だった。この合意には、旅順口と大連の返還（ソ連は上陸権の留保を認められた）も含まれていた。それに加えて、ソ連は向こう五年間で三億ドルを一パーセントの低利で融資することに同意した。ソ連側のこうした譲歩は、スターリンが強硬に主張した秘密付加条項によって埋め合わされた。第三国の市民は満州および新疆に移住し、産業を興し商業に従事することは許されないという内容のものである。中国人の観点からすれば、これは帝国主義列強（帝政ロシアを含む）が過去に中国を蹂躙《じゅうりん》した手口をしのばせる内政干渉にほかならず、毛はのちにこれをスターリンが無理強いして自分に呑ませた「苦い丸薬」だと言及している。スターリンにしてみれば、もともとロシアが革命前に獲得し、日本の敗北後に再び手にした領土と権利を放棄するのは不本意だったにちがいない。しかし、内心どういう思惑があったにせよ——その点では毛沢東も同じだが——スターリンは現実主義者であり、中国はユーゴスラヴィアと同じように扱うわけにはいかないことを承知していた。

当時、ソ連の政策がヨーロッパで根強い抵抗にあっていただけに、毛沢東の成功は植民地を擁していたかつての列強——イギリス、フランス、オランダ——が戦争で国力を弱めたこと、その結果、共産主義者が影響力を拡大するのに有利な状況が生じていることをあらためて浮き彫りにした。ソ連首脳はこうした事態にたいする認識が遅れていたのである。その原因の一端は、共産主義者を自称し、マルクス主義に啓発されたと主張する人びとの運動を、ソ連が真剣に理解しようとしなかったことにあった。そのために、ソ連はこれを民族解放と農業改革の運動としか見ず、大事なことは一国の経済的・社会的発展段階ではなく、革命の潜在力であり、革命の機会であることになかなか思いいたらなかったのである。

中国共産党の成功のほかにも、このような事実を裏づける証拠があった。マレーシアでは、イギリスが共産主義者によるゲリラ戦に直面しており、インドネシアの旧オランダ植民地では共産主義者のクーデタ未遂があり、インドシナではホー・チ・ミンがフランス人を追い出そうとして戦っていた。これらを合わせて考えれば、そこから得られる結論は、西側帝国主義は正統派マルクス主義者の予測よりもはるかに弱体化していること、そしてアメリカ帝国主義についていろいろ言われていたにもかかわらず、アメリカは同盟国が残した帝国主義の遺産を引き継ごうとか、立て直そうとする意欲を見せていないことであった。

ヴェトナムは、スターリンがアジアで行動するために採用せざるをえなかった共産主義者の展望と戦術の変化を示すもう一つの実例である。ホー・チ・ミンがスターリンの七十歳の誕生日を祝うためにモスクワを訪問したあと、一月十八日に中国が、つづいて三十日にソ連がホー・チ・ミン政府を承認したことは偶然の一致ではありえない。このころ、毛沢東はまだモスクワにいた。先の中国の場合、スターリンは中国共産党がたしかに内戦に勝利したとわかるまで承認に踏み切らなかった。ギリシアの共産主義者に外交上の承認を与えなかったのも、同じ慎重さから出たことである。同席したフルシチョフによると、スターリンはホー・チ・ミンにちょっとした恥をかかせて楽しんだあと、晩年によく見られた独特の気まぐれから、思いがけなく承認に同意して、そのあとすぐ、「急ぎすぎた。承認するには早すぎる」と言明した。そして、ホー・チ・ミンがモスクワでヴェトナム大統領として正式に歓迎されたと発表する許しを与えるのを拒んだ。しかし、承認は撤回されず（ホー・チ・ミンの勝利はスターリンの死後になった）、アジアの出来事とヨーロッパの東西対立がたがいに関連していることが認められた。たとえば、インドシナの場合、フランス軍が東南アジアでの戦いに深入りすれば、それだけNATOへの貢献が低下することになり、フランス政府としてはますますドイツをめぐってソ連と戦う危険を避けたいと思うようになった。

金日成もまた、モスクワを訪問してスターリンの誕生日を祝う式典に参列した。彼はこの機会を利用して、ある作戦についてスターリンの合意を取りつけようとした。その作戦とは、韓国で共産主義者の主導による反乱を起こし、アメリカの意を受けて成立した李承晩政権を倒すというものだった。フルシチョフによれば、スターリンは慎重な態度を示し、アメリカが介入する危険性を充分に考慮して綿密に計画を練り上げるよう金日成に指示したという。金日成は、同時に毛沢東にも助言を求めた。毛沢東も初めは慎重だったが、アメリカはこの一件を朝鮮の国内問題と考え、朝鮮人が自らの手で解決すべきことだと見なすだろうと答えた。毛は、台湾侵攻についてソ連による援助の約束を取りつけたばかりであり、その事実に影響されていた。アメリカが介入することへの危惧の念を表明すれば、台湾についても同じ問題を指摘せざるをえなくなるのである。しかし金日成は自信たっぷりであり、作戦全体を迅速に遂行すれば、アメリカの介入は避けられるとした。それを根拠に、毛は支援することに同意した。

アメリカは、これよりはるかに重要な中国内戦にさえ介入せず、蔣介石を敗北するにまかせたのだから、韓国のことに介入するはずはない。アメリカの国務長官アチソンは、一九五〇年一月二十日の演説で、太平洋におけるアメリカの利益および防衛圏について述べたとき、明確にこの地域を除外したではないか。こうした論拠のもとに、スターリンは承認を与え、北朝鮮は年に二万五〇〇〇トンの鉛をソ連に供給してもらいたいと求めた。その代わりに、ソ連の軍部は北朝鮮軍に装備をほどこし、訓練するとともに、奇襲攻撃の計画を練った。北朝鮮軍は見事に勝利を収め、韓国の首都ソウルを奪取した。

しかし、二つの誤算が重なって金日成の計画は挫折した。一つは、彼があてにしていた韓国の共産主義者の蜂起が不発に終わったことである。もう一つは、アメリカのすばやい積極的な対応だった。奇襲攻撃から四八時間以内に、国連安全保障理事会はアメリカの動議にもとづいてこの攻撃を侵略行為と断定し、非難した。これにより、トルーマン大統領には国連の名のもとに行動する道が開かれ、大統領はアメリカ軍に命令を発して、包囲された李承晩の支援にあたらせた。アメリカの憂慮は大きく、トルーマンは韓国に支援を約束したのに加えて、中国共産党軍の台湾侵攻を阻止すべくアメリカ第七艦隊に出動を命じた。同時に、インドシナには軍事使節団を派遣し、共産主義ゲリラの動きが活発だったフィリピンにたいしてはアメリカからの援助を増額することに決めた。

戦後の一〇年間に起こったさまざまな事件のなかでも、この思いがけない朝鮮半島での戦争勃発ほど西側の世論に深刻な衝撃を与えたものはなかった。プラハのクーデタ、ベルリン封鎖、中国内戦における毛沢東の勝利とつづいたところに、この戦争である。非共産主義世界は意図的な侵略行為にさらされているとの確信が、これで裏づけられたかに見えた。そして、ヒトラーが一九三〇年代にとった「一度に一つずつ」の戦術がすぐに思い起こされた。一方では、ドイツを東西に分ける境界線を越えて同様の攻撃が始まるのではないかという不安が生まれ、ドイツ人のあいだには、当時の流行語に見られるように「私は除外してくれ」という気分が広がっていた。また一方では、三〇年代の宥和政策がもたらした苦い教訓から、ただちに行動するべきだとの気運が盛り上がった。手遅れにならないうちに、過去の例を思わせる事態の進展を阻止し、三度目の世界大戦にいたる危険を避けなければならないのである。一九四九年九月、ソ連が原子爆弾の開発に成功したことが伝えられると、どちらの論調もいっそう切実さを増した。

しかし、これまでに明らかになった証拠を見るかぎり、スターリンは、西側が戦争勃発に驚いたのと同じくらい、アメリカの反応に驚いたのではないかと思われる。彼は(ベルリンの場合と同じく)西側の決意の強さを探り、試すつもりで、弱いところがあればそれに乗じようとしていたのだが、金日成の提案に同意したのは、作戦を実施してもアメリカとの対決を招く恐れはないと確信したからだった。

スターリンは北朝鮮軍の戦力拡充を補佐してきたソ連の軍事顧問を、攻撃が始まる前に引き揚げさせた。その理由として、彼がフルシチョフに語ったのは、ソ連が作戦に関わっているという非難の根拠になりそうなことは避けなければならないからだった。同じ理由から、彼はソ連の国連代表団に北朝鮮の侵略を非難するアメリカの動議を拒否するのではなく、安全保障理事会をボイコットして国連加盟国の大多数への反対の意を表明するよう命じた。北朝鮮が苦境におちいったとき、フルシチョフがマリノフスキー元帥のような人物を派遣して金日成に状況打開策を助言させてはどうかと進言すると、「スターリンは言下にそれをしりぞけた」。*33

アメリカ軍がソウルを奪回して鴨緑江沿いの中国国境に迫ると、毛は非常に意外な対応をした。中国の政治局の大多数は朝鮮に介入してアメリカに真っ向から挑戦することに深刻な懸念を抱いたが、毛は朝鮮に介入しなければアメリカ軍は朝鮮の他の地域を席巻して中国をも脅かしかねないと確信していたのである。そういう事態になるのを座視するくらいなら、朝鮮で対抗するほうが好ましいではないか、と。

十月八日に、中国軍にたいし「義勇軍」として北朝鮮へ出動するよう命令が下され、周恩来はクリミアへ飛んで中国の同盟国たるソ連に援助を求めた。スターリンの返事は、ソ連はまだアメリカに挑戦する準備がととのっていないことを説明するものだったが、彼は中国が介入を決断したことを支持し、軍需品を供給すると約束した。

しかし、周がそのメッセージを毛に送った直後にモロトフがモスクワで彼をつかまえ、スターリンが完全に方針転換したことを告げた。「われわれは貴国の軍隊派遣の決断に同調できないし、軍需品を供給することもできない」

スターリンの変心に驚いて、毛は眠れない幾夜かを過ごし、アメリカに自力で立ち向かうべきかどうかを考えた。しかし十月十八日に行なわれた中国の政治局の会合は、前の命令の実行を確認する場となった。

スターリンがなぜあのように振る舞ったのかは、満足のいく説明ができない。明らかに、彼が最も心にかけていたのはアメリカと対決するのを回避することであり、毛の行動が毛自身の判断によるものだと強く印象づけることだった。毛の決断を知らされたとき、彼は賞賛の意を表した——「中国の同志たちは非常に優秀です」。そして、新たな約束をし、ソ連の戦闘機による空からの掩護と、補給品を送ることを申し出た。

中国軍はソ連の戦闘機による掩護なしで参戦し、アメリカ軍の空からの攻撃にあって壊滅的な損害をこうむった。スターリンは中国の援助の要請に応えて第六七戦闘機隊を派遣し、それは十一月の後半に戦闘に加わった。それにつづいて、ソ連はさらに毛の軍隊の後方を守るべく、中国の北東部に空軍一三個師団（戦闘機だけでなく爆撃機をも含む）と機甲一〇個連隊を動員した。ソ連軍が特に関心をもっていたのは、アメリカの戦術と技術に関する情報を集めることであり、拿捕した航空機は自分たちで試乗し、アメリカのパイロットは尋問のためＫＧＢに引き渡された。彼らはソ連へ送られ、消息は途絶えた。

しかし、スターリンはアメリカとの直接的な対決を回避するという目的をはたした。この酸鼻をきわめた戦争はだらだらとつづき、終わったのは一九五三年七月だった。中国は少なくとも七五万人が戦死するという大きな損害をこうむった。北朝鮮はソ連軍が戦闘に加わらずに救われ、アメリカの怒りと敵意はソ連から共産主義中国に移された。*34

ベルリン封鎖の場合と同じく、スターリンは引き際を心得ているところを見せた。しかし今回もソ連外交にとっては深刻な痛手となった。長期的に見ると、朝鮮戦争はアメリカと日本が緊密な関係を結ぶ結果をもたらしたからである。スターリンが望んでいたアメリカ軍の日本撤退は実現せず、アメリカはソ連の反対を押し切って一九五一年九月に対日講和条約を締結し、つづいて日米安保条約が結ばれた。これにより、アメリカはひきつづいて日本に基地を置き、軍を駐留させる権利を得た。

しかしヨーロッパでは、朝鮮戦争の影響はソ連にとって有利にはたらいた。アメリカが戦争に深入りし、アメリカ国内の反共産主義感情が高まる――一九五〇年代初めはマッカーシー上院議員の「アカ狩り」の時代だった――につれ、当初、侵略に反対するアメリカの強硬姿勢を支持していた同盟国は、アメリカの指導部に不信感を抱くようになり、アメリカは世界を三度目の大戦に巻きこむのではないかとの不安をつのらせた。核兵器廃絶のための「ストックホルム平和アピール」に署名した何百万という人びとの目には、共産主義よりもむしろアメリカの帝国主義のほうが侵略的であるように映った。アメリカはアメリカで、自由世界と国際連合のために一人でこの戦争を戦っているという感情があり、批判ばかりしてほとんど支援しようとしない同盟国にたいして苛立ちをつのらせていた。

一九五二年十月、スターリンは第一九回党大会での演説で最後の干渉を行ない、資本主義と社会主義という「二つの陣営」の対立抗争よりも「帝国主義ブロック」内部での対立抗争のほうが大きいと論じた——同じ主張が同年に出版された『社会主義の経済的諸問題』でも述べられている。スターリンが西側の足並みの乱れを最も利用しようとした領域は、ドイツの再軍備だった。NATOの条約は一九四九年四月に調印されたが、五二年当時、加盟国がNATO軍に配備した兵力はわずかにアメリカ、イギリス、フランスの数個師団と、小国がかたちばかりに派遣した二、三の旅団のみで、(ベルリン封鎖の時期にモントゴメリーとブラッドリーが指摘したとおり)中央ヨーロッパに配備された強大なソ連軍と対峙するにふさわしい戦力とはとても言えなかった。ソ連がワルシャワ条約に加盟する東ヨーロッパ諸国の兵力を動員すべきだと考えたのは五五年になってからで、それは西ドイツがNATOに加盟したことへの対応策としてであった。

フランス軍はインドシナ戦争に、アメリカ軍は朝鮮戦争に、それぞれ兵力を取られていたので、アメリカ側がすでに強く求めていたように、西ドイツの強力な分担により、NATO軍の兵力増強を図るよりほかないことは明白だった。それがないかぎり、ソ連がNATOの存在を真剣に受けとめることはないと思われた。裏返して言えば、ソ連としては、第二次大戦の経験から、ドイツの軍事力復活は何にもまして避けたい事態であり、核兵器開発でアメリカが一歩先んじていること以上に大きい、この上ない脅威だった。フランスはすでにドイツの経済復興が自国のそれよりも優先されるという苦い思いを味わわされており、ドイツがNATOの軍事機構にも参加する正規の加盟国となることについては、ソ連に劣らず反発していた。そのため、一九四九年から五四年までの五年を費やして、「ヨーロッパ防衛共同体」として実現可能な方式が模索された。それは、西ドイツをNATO軍に参加させるものではあるが、独立したドイツ軍の再建を許すものであってはならなかった。

一九四九年、スターリンは西ドイツに誕生したドイツ連邦共和国に対抗して、東にドイツ民主共和国を成立させた。しかし、そのあと二度、東ドイツを手放すことでドイツの再軍備を阻止できるなら、そうしてもよいと申し出ている。最初は五〇年十一月、ソ連とその衛星国の外相がプラハで会議を開いたときである。この会議では、ドイツを占領する四大国にたいし、ドイツ軍の創設を禁じること、ポツダム協定を遵守し、非武装の統一ドイツを確立するとともに、四国の占領軍をすべて撤退させることを求めた。二度目は五二年三月、ソ連が外交文書を発して、平和条約とドイツ統合を話しあう四大国会議を提唱したときである。これには、ドイツが中立政策を守るならドイツに再軍備を認めるという付帯条件がついていた。

これらの提案をめぐっては、当時の人びとも歴史家も意見が分かれ、はたしてどこまで本格的な交渉の機会を逸したと言えるのか、評価が定まっていない。ソ連は本当に、再統合されたドイツの中立が約束されることと引き換えに、共産主義体制の東ドイツを手放す用意があったのだろうか。それとも、これも一九四七年のモスクワ外相会議にさかのぼる一連の試みの一つで、西側の管理する三地域の経済的および政治的復興計画を遅らせ、ドイツの将来を再び振り出しに戻すための方策だったのだろうか。スターリンの性格からすれば、単に探りを入れてみたということだったかもしれない。しかし、西側諸国としてはこれ以上計画が遅れたり、不安定な状況に立ち戻ったりする危険を冒してまで、スターリンがどこまで本気なのかをたしかめるつもりはなかった。

アメリカ政府に共産主義者が浸透しているとする（ついに立証されなかった）マッカーシー上院議員の赤狩りキャンペーンに始まり、アメリカがヴェトナム戦争に関与して（一九六五〜七三年）惨憺《さんたん》たる結果を招くという事態がつづいて、アメリカの世論は外交政策をめぐっていちじるしく分裂した。当然のことながら、いわゆるリヴィジョニズム（歴史修正主義）の世代に属する歴史家たちはアメリカの核政策に疑義を呈し、核兵器を国際管理にゆだねることによって米ソ関係の膠着状態を打破する機会を逸したことに非を唱えた。しかしその後、「ポスト・リヴィジョニスト」世代はこう論じた。機会が生まれるのは両陣営がそれを利用できるかぎりにおいてだ、と。この場合、両陣営とも国際管理に原則として賛成だと言ったが、両者はドイツの将来、マーシャル・プラン、共産主義者による東欧の支配、NATOなどの争点で足並みが揃わず、そのためにおたがいの不信感がかもしだされた。そのなかで、アメリカは自らの優位を手放すまいとし、ソ連は何としてもそれを帳消しにしようとした。アメリカ政府があえてリスクを冒し、率先して自らを国際管理にゆだねた場合、それによってスターリンから同様の反応を引きだしたかどうかについては、裏づけのある答が見出せない。スターリンは国際管理という考えを真剣に検討しなかった。彼にとって、問題は核爆弾でも、それが人類におよぼす脅威でもなく、アメリカがそれを独占していることだった。それを解決するには、ソ連も核爆弾の製造を推し進めて、アメリカの優位を打破するしかなかったのである。

スターリンだけがそのような考えをもっていたわけではなかった。ロシアの物理学者で、のちに反体制者として世界に知られ、ノーベル平和賞を授与されたアンドレイ・サハロフは、それ以前にソ連の水爆開発に指導的な役割をはたしている。一九八八年のインタビューで、彼は自分と同僚の科学者たちについてこう語っている。

われわれは自分たちの仕事が、世界の力の均衡を達成するうえで絶対に必要だと信じていた(原注:デーヴィド・ホロウェイ『スターリンと原爆』川上洸、松本幸重訳、大月書店刊、一九九七)。

また、もう一方の陣営では、トルーマンが同様の結論に達していた。一九四九年七月に、彼は自分の顧問たちにこう語っている。

私としては、国際管理は決して実現できないと思っている。国際管理が実現しないのであれば、われわれは最強の核兵器をもたなければならないのだ(原注:『アメリカの対外関係』一九四九)。

一九五三年にスターリンが死に、同じ年にロシアとアメリカがともにより強力な水素爆弾の開発に成功したあとになってやっと、平和共存の可能性が芽生えた。一九五六年に、フルシチョフは第二〇回党大会でこう語った。「平和共存か、さもなければ人類の歴史で最も破壊的な戦争だ。第三の道はありえない」。それからさらに一〇年経って、相互抑止にもとづく安定した関係が培われた。東と西の対立、軍事的な優位の模索と軍備競争はつづいたが、両陣営の指導者たちは核戦争がいかに無残な結果を招くかを理解するようになり、それぞれが相手もそのことを認識し、核戦争につながりそうなリスクを冒さないだろうと信じるようになった。

こうして、ヨーロッパに占めるドイツの位置、および独ソ関係におけるドイツの位置の問題は、何百万人の生命が奪われた原因であり、本書で振り返った歴史の支配的な要素でありながら、答が得られないまま探究を終わることになった。一九五二年といえば、ヒトラーが死んでから七年経っていたが、彼の死後、ヨーロッパで開かれたあらゆる会議にその存在が影を落としていた。というのも、この問題を最初にもちだしたのがヒトラーだったからである。ヒトラーが、まだドイツ政界の片隅の取るに足りない人物だったころの一九二〇年代半ばに『わが闘争』のなかで述べた、ソヴィエト国家を滅ぼし、そのかわりに東ヨーロッパとソ連西部を支配するドイツ人の新しい帝国をつくって、住民を奴隷にするという計画がそれである。四一年六月に、史上最強の軍隊をソ連領内に侵攻させて自分の計画を実現しようとしたのは、ヒトラーだった。そして、計画が失敗すると、スターリングラードののち二年以上も戦争の続行を主張し、ヴォルガ河畔にドイツ軍を進軍させるはずが、エルベ河畔にソ連軍の侵入を許すという結果を招いたのも、ヒトラーだった。戦後処理が挫折し、解決の見通しが立たなくなったいま、ヒトラー＝スターリン時代の事実上の遺産は、ヨーロッパの半分とドイツの半分をさまざまなかたちでソ連支配のもとに置いたことだった。

7

スターリンがソ連を世界から隔離しようとして設けた目に見えない壁の内側で、ソ連経済は戦後の五年間にめざましい回復をとげた。

これがどの程度まで賠償によるものか、経済学者の見解は一致していない。イエナにあったツァイス工場のように施設全体が運び去られた例をはじめ、多くの輸送および産業設備がドイツ東部、オーストリア、ハンガリー、ルーマニア、そして満州でも接収された。これらをすべて合わせれば膨大な数になるはずである。しかし、その数量を記録した資料がソ連にはなく、全体のうちどれくらいがソ連に届いたのか、あるいは届いたもののうちでどれだけが実用に耐えたのかは不明である。同じことは、ソ連がその占領国や影響圏内にある国々と結んだ通商条約や合弁会社の契約についても言える。この種の取り決めは、相手の犠牲のうえにソ連側が有利になるようにしてあったと考えられる根拠はいくらでもある。だが、それがどの程度有利であったかを数字で示す資料はない。接収がどういうかたちで行なわれたにせよ、賠償がはたした役割はせいぜいのところ、戦争中にドイツとその同盟国が略奪と破壊によってソ連に与えた損害を相殺する程度のことでしかなかっただろう。工場と労働者の疎開が行なわれて戦時中に生産性が急上昇したように、戦後の経済の再建も、とりわけソ連国民自身の努力によることだったのだ。

この広大な国は、一九四五年から四六年にかけてはまだ混乱がはなはだしく、兵器生産が減少したにもかかわらず、全体としての工業生産も減少し、食糧事情は極度に悪化して、ウクライナその他の地域では飢饉に見舞われた。しかし四六年以後、第四次五カ年計画の数値目標は、繊維業と製靴業——そして言うまでもなく農業——を除くすべての主要産業で達成された。[*35] ウクライナは産業の崩壊による被害が他のどの地域よりも大きかったが、五〇年ごろには浸水した鉱山を復旧し、巨大なドニエプル・ダムの再建を報告できるまでになり、石炭産出量、電力供給量、冶金業、土木業は、戦前の最後の平和な一年である一九四〇年の水準を上回った。ウラルとシベリアの生産能力は戦時中もとぎれることなく増大しつづけていたから、ソ連全体ではこれらの生産高は四〇年の数値を大きく超えたことになる。

この結果は、重工業と資本財の生産に投資を集中（八八パーセント）することによって達成されたものだった。消費財、食糧、とくに住宅は、いぜんとして供給不足がつづいていた。一九四七年から五二年にかけて、嬉しい驚きとも言うべきことだが、労働者（農民はつねに例外である）の実質賃金が上がった——四〇年の数値にくらべて四三パーセント増——が、モノを買おうにも商品はあまりにも少なく、流通機構は不備で、商店の前には行列ができるという、ソ連の生活の特徴としてよく知られる現象が現われた。

スターリンは議論の経過を報告され、この産業復興の背景をなした決定を承認したにちがいない。しかし、自ら推進力となってソ連の工業化を推進した一九三〇年代の初めのように、それに積極的に関わった証拠はない。また、政治局そのものがこの問題をどこまで綿密に議論して結論を出したのかを示す史料もない。そして、国家経済を管掌する各省の上層部で、政策、投資、配分をめぐり、裏でどんな戦いが繰りひろげられたか、経済部門の監督を司る個々の政治局員から政治的支援を得るためにどんな駆け引きが演じられたかをうかがわせる史料もない。スターリンはまだときには専断的な介入をすることができたが、すでに自分がつくった機構の支配者ではなくなっていた。

しかし、スターリンの影響がいぜんとして絶大な重みをもっていた分野がある。官僚による案件の決裁のプロセスは、スターリンがもちこんだ高度に中央集権的な性格を保っていたし、品質と原価を顧慮せずにできるだけ多くを生産すること——この伝統は、統計の公表を差し止めたり、公表するわずかな統計にさまざまな工作をして数字をふくらませたりすることでさらに強化された――は、スターリンがつねに最重要課題としていたことである。大事だったのは――報酬や昇進につながるのは――「五カ年計画」の目標数値を達成すること、できればそれを上回ることであり、そのための最も簡単な方法は、たとえ時代遅れになっても同じ規格を使いつづけることだった。

その結果、保守主義がよしとされ、技術革新は阻害された。技術革新とはすなわち、ソ連のエコノミストがつくりあげた戦後の産業復興のパターンを批判するものだったからである。こうした傾向を助長したのが、外界との接触は最小限にとどめるというスターリンの強固な方針であり、ソ連は堕落した西側諸国から学ぶことは何もないという公式見解だった。戦争はロシア人の発明の才を大いに刺激し、設計技師は敵国からも同盟国からも学んだ。しかし、戦争が終わると、競争という刺激は失われ、西側とのつながりが絶たれた。ソ連の産業は、合成樹脂など化学工業の分野をはじめ、ソ連がとくに豊かな埋蔵量に恵まれている天然ガスのような新しい非固体燃料やコンピューター技術の分野で技術開発に後れをとった。しかし、冷戦によって生じた軍事圧力――再軍備とソ連軍の兵力増強が一九五〇年に再開された――によって、ソ連にも核兵器開発と宇宙探査の分野で科学的な才能がないわけではないことがまもなく明らかになった。一九五七年のスプートニクの打ち上げは、四七年のソ連最初の原爆実験成功にも劣らぬ大きな衝撃を与え、アメリカの自信を揺るがした。だが、こうした特殊な分野での成功は、その他のソ連産業が煙突と石炭と鋼鉄の段階にとどまっていることをかえって目立たせることになった。
これより一五年から二〇年前には、スターリン自身が革新者だった。七十代に入った現在、もはやスターリンには往時の推進力を発動する力がなかった。しかし、ソ連の歴史に唯一無二の名を残したいという気持ちは年とともに強くなり、側近たちが知っていたとおり、後継者になる可能性のある人間が硬直化した革命を再生し拡大しようとすることなど許すはずがなかった。

産業についてはともかく、ソ連農業の戦後の展開にスターリンの影響があったことは間違いない。一九四六年の飢饉――当時スターリンはその証拠を信じようとしなかった――のあと、何よりも農業生産の拡大に力を入れなければならないという共通認識が生まれた。必要な投資のための計画や資金にはこと欠かず、五二年の第一九回党大会で、マレンコフは（壇上に着席したスターリンを前にして）穀物問題は最終的に解決したと宣言した。スターリンが生きていたあいだは、これが公式見解だった。すなわち、スターリンの後ろ盾により一九四八～五二年に鳴りもの入りで導入された施策が状況を変えたというわけである。農業の実態が明らかになったのは、一九五三年のスターリン死後のことで、フルシチョフはこのとき初めて最高会議に真相を伝えることができた。それによれば、ソ連農業は（綿花収穫量を除いて）戦前の水準を回復していなかったし、なかでも畜産業は一九二八年の水準どころか、一九一六年の水準にもおよばなかったのである。

フルシチョフが描いて見せた陰鬱な見取図は、その後、ソ連のエコノミストが出版した論文によって実証された。これらの論文が示唆するところによれば、状況を改善するための努力が失敗した理由は、二つの原因に求められる。一つは、コルホーズ労働者に物質的な報奨を与え、彼らの協力を促して生産性を上げる措置をスターリンが承認しなかったことである。スターリンは一貫して自国の農民を敵視し、上からの命令を強制的に実行させるしかない、信用の置けない存在と見なしていた。

戦後の復興にともなう負担のうち、スターリンは不釣り合いなほど大きい部分を農民に担わせながら、復興による利益の分け前にはあずからせまいと決めていたようである。国営農場（コルホーズではない）には特別な財源が割り当てられ、機械－トラクター・ステーションが整備されたり、発電所が建設されたりする一方で、コルホーズの労働者は次々と新たな重荷を負わされた。集団農場にかかる税も労働者の私有する小農地にかかる税も一様に引き上げられた。また、国から種子を仕入れることが許されなくなり、各自で種子を備蓄しなければならなくなった。そして、畜産品、農作物ともども政府の調達量が五〇パーセント増加した。

スターリンは、農村の貧困化を訴える報告をかたくなに信じようとせず、そうかといって自ら実状を視察せぬまま、財政相ズヴェレフに、農民は鶏を一羽よけいに売りさえすれば収税吏を満足させられるのだと言い、ズヴェレフが、一頭かぎりの牛を売っても税金が払えない者さえいると答えても取りあわなかった。[*36]

この第一の理由に加えて、失敗を招いた二番目の理由は、スターリンが、非正統的な科学者の提唱した「奇跡を起こす」というふれこみの計画に進んで耳を傾けたことである。そうした科学者のなかでも最も有名なのはトロフィーム・ルイセンコだが、同類の学者はほかにもいた。たとえば「ミチューリン主義」と呼ばれる科学上の教義は、独学の果樹の育種家の名前に由来する。ミチューリンは実際に新しい品種をつくりだしたわけではないが、その学説はソ連のプロレタリアートが科学にはたした重要な貢献だとしてもてはやされた。人が「いわゆる自然の法則」を克服し、環境を制御する能力を備えていることを実証したというのである。

そもそもルイセンコが注目を集めたのは、秋蒔き小麦の種子を「春化処理」する、つまり種子を湿らせて冷蔵し、春に蒔くという方法を用いれば、穀物生産に革命をもたらせると主張したことによる。実験データが不確かだったうえ、自分は遺伝学にマルクス主義の原則を応用しているのだと主張したため、ルイセンコは学会を敵にまわすことになった。しかし、自由裁量を与えられれば大きな成果をあげてみせるというルイセンコのまことしやかな公約は、農作物の生産高を上げるための突破口を探していた党の高官の強い関心を集めた。ルイセンコは「ブルジョワ遺伝学」を攻撃し、環境を変化させる社会主義的な試みを妨げる反動的な科学だとして批判した。これは、科学の分野を含め、西側の影響力を否定してロシア人の技術革新の才能を重視したスターリンの姿勢に合致していた。

ルイセンコは「レーニン農業科学研究所」の所長となり、一九四八年には自分の立案した植樹計画にスターリンの関心をひくことに成功した。計画は、全長五〇〇〇キロあまりの三つの巨大な緑地帯を建設するというもので、土壌の流出を防ぎ、極寒と極暑を緩和する効果がある、とルイセンコは主張した。重要なことは、彼がこれをきっかけにスターリンという後ろ盾を得たことである。ルイセンコは以前から科学アカデミーのなかでソ連の他の生物学者や農学者と敵対し、彼らから山師扱いされていた。一九四八年四月、ルイセンコはスターリンに手紙を書き、アカデミーの学者に研究を妨害されていると直訴した。それは農業科学の分野全体にまたがる画期的な業績となるはずの研究で、学者たちがこれを妨害するのは、彼らが「ミチューリン主義」の哲学に反対しているからだというのだ。ミチューリン主義とは、「自然」は変えられると説き、獲得形質は遺伝すると唱える学説だった。スターリンは、ルイセンコの報告に大いに心を動かされた。報告では、スターリンに試験を委託された種子を使って実験した結果、最終的には小麦の収穫量を現在の五倍から一〇倍に引き上げられる見込みだとされていた。仮に五〇パーセントの増量にとどまったとしても上々ではないか、とスターリンは言明した。

スターリンは、レーニン・アカデミーで会議を開くよう命じ、ルイセンコはその席上で「生物学の現状」と題する報告を行なった。彼は、スターリンの後援を得てこの報告をまとめたと高言し、遺伝学上の主流となっていたワイスマン－メンデルの伝統を否定して、独自に「ミチューリン主義」の見解を打ち出した。これ以後、ルイセンコ主義が新たな正統となり、ソ連のすべての科学者がこれを受け入れるよう求められた。スターリンの庇護を得たことによってルイセンコは権力を握り、おかげで三〇〇〇人の生物学者が職を解かれた。[*37]

ルイセンコの勝利を物語る具体的成果は、植樹計画が認められて、一九四八年十月に採択された「スターリン自然変革計画」の目玉として取り上げられたことである。この壮大な事業は、主としてコルホーズから徴用された農民の労働によって五〇年に始まり、完成に一五年を要するはずだった。マレンコフの言うところによれば、五一年末までに一五〇万ヘクタールの植樹を終えたという。雨の少ない土地の気候を変えるために植えられた苗木の多くがその気候に負けて枯死したが、その事実は報告されなかった。スターリンはひるむことなくさらに四つの政令に署名して、「大スターリン建設計画」を発進させた。新たに運河を四本、ダムを四基建設して、灌漑と交通の便をよくするという計画である。スターリンは、そのうちの一つ、ヴォルガ＝ドン運河がヴォルガ川に合流する地点に巨大なスターリン像を建てるよう命じ、像の原料として三三トンの銅が用意された。

これらの計画のどれも、低水準にある農業生産性を引き上げる有効な手だてとはなりえず、誰の目にも明らかな唯一の解決策に注ぐべき配慮と労力と資金を浪費させたにすぎなかった。その解決策とは、ソ連で最も貧しくて最も搾取されている階級、すなわちコルホーズで働く農村労働者により公平な利益の分配をすることだったが、スターリンはどうしてもこの解決策を検討しようとしなかった。世界最初の社会主義社会の指導者を自任する人間らしからぬ偏見である。

一九四八年八月に、ジダーノフが死んだ。その前から健康を害し、心臓が悪いと伝えられていたから、その死に驚いた者はいなかった。のちにスターリンが、医学的な手段を用いてジダーノフを殺害したとクレムリンの医師たちを公に非難するにおよんで、初めて疑念が生じた。スターリンは、三八年にもこれとよく似たことをやっており、そのときはスターリンの寵を失ったヤゴーダが、ゴーリキーの医療殺害とキーロフの暗殺を指示した罪に問われ、「自白」している。

死の真相はともかく――自然死だったとする見方が現在も有力である――ジダーノフは死ぬ前、すでに寵を失いつつあった。スターリンとしては、ジダーノフの権力が大きくなりすぎたと感じて側近たちの勢力図を書き換える時機がきたと考えたか、またジダーノフは失敗したと見て政策を変更するべき時機がきたと考えたのだろう。あるいはその両方かもしれない。そのことを示す事実は、マレンコフがジダーノフの死の一カ月あまり前に中央委員会書記局に復職したことである。

書記局のポストを外されたあと、マレンコフは中央アジアに左遷されていた（マレンコフはその間、政治局員の地位は保ちつづけていた）。彼がモスクワへの帰還をはたしたのはベリヤの尽力によると言われ、二人はスターリンが死ぬまでは盟友の関係にあった。ベリヤについては、スターリンの娘のスヴェトラーナもフルシチョフも回想録のなかで強い嫌悪感をもって語っており、晩年のスターリンを毒した悪の天才だと評している。スターリンが死ぬと、他の政治局員たちは勇気をふるいおこして、一九五三年六月にベリヤを逮捕して銃殺刑に処した。* スターリンとベリヤの関係は非常に複雑だった。ベリヤはグルジア人で、スターリンとはグルジア語で話すことができたし、二人の出身地であるザカフカースに関わる秘密をすべて知っていた。彼が初めてスターリンの注意をひいたのは、ソチ近くの夏の別荘《ダーチャ》を定期的に訪れていたからで、三三年十一月に、ベリヤはザカフカースの第一書記に任命された。彼がめざましい昇進をとげたのも、三五年に『ザカフカースのボリシェヴィキ組織の歴史』という本を書いて、スターリンをザカフカースのボリシェヴィキの指導者として、またメンシェヴィキを叩く男として、その役割を大げさに誇張したことによる。スターリンに承認されたおかげで、この本は初版が一〇万部も出版され、そのあと八回も版を重ねたうえ、外国語にも翻訳された。三年後の三八年、エジョーフの後任として内務人民委員に任命され、国の公安責任者になるとともに、常時スターリンに連絡がとれる立場に立った。しかし、その一方で、スターリンはベリヤに不信感を抱き、晩年には恐れるようにもなって、彼を破滅させるための手を打っていた。

内務人民委員部（ＮＫＶＤ）が解体されて（一九四六年一月）、内務省（ＭＶＤ）と国家保安省（ＭＧＢ＝政治警察）に再編されると、そのどちらについてもベリヤはもはや実質的な長ではなくなった。しかし、それと同時に、彼は正規の政治局員に昇

＊　原注：フルシチョフとマレンコフは秘密警察がベリヤを拘留するかどうか信用できず、主だった元帥と将軍を一一人、声の届く隣室に完全武装で待機させ、逮捕にあたらせた。先頭に立って現われたのはジューコフ元帥で、元帥がベリヤに手を上げるよう命じた。逮捕されたベリヤは、ルビヤンカ（秘密警察本部）ではなく、防空司令本部の地下壕に連行された。取り調べを担当したＲ・Ａ・ルジェンコは、ナチの指導者たちにたいするニュルンベルク裁判でソ連の主席検事を務めた人物である。

格した——おそらくは埋めあわせのためだろう——ほか、ひきつづき隠然とした権力を保持して、秘密警察が指示を仰ぐ人物でありつづけた。たとえば、スターリンが国家保安相に任命したアバクーモフはベリヤの子飼いの一人で、(フルシチョフによれば)いつもまずベリヤに報告し、スターリンと会うのはそのあとだったという。

政治警察は、各省を含めてソ連の国家機構のあらゆる組織に「特別課」を設けていた。ベリヤの勢力はその政治警察ばかりか、内務省とスメルシュにまでおよんでいた。内務省は「収容所群島」の収容所と強制労働をも管轄していたし、スメルシュは国の内外に密告者のネットワークをつくっていた。

古代ギリシアの昔から専制につきものの習わしとして、寵臣の失脚にともない、その取り巻きたちも追放された。ジダーノフのあとを襲って(スターリンのもとで)書記局の実権を握ったマレンコフは、ジダーノフが登用した三人の書記——A・A・クズネツォフ、ポポフ、パトリチェフ——を更迭し、ロシア連邦共和国の州共産党第一書記五八名のうち三五名を入れかえた。ジダーノフの政策は、たとえば文化面などで一部継続されたものもある。だが、党の指導的役割を復活させる試みは放棄された。マレンコフは書記局で頭角を現わした人物だったが、その権力基盤は党ではなく、閣僚会議と国家官僚機構にあった。閣僚会議では第一議長代理になり、経済関係の省庁と国有企業に数百万もの職員を擁する国家官僚機構のなかで戦時中に行政官として評判を高めていた。

このあとは、かつての混乱期をひとまわり小さくしたような、先の見通しの立たない不安な時期がつづき、スターリンが死ぬ一九五三年三月までの六カ月間、情勢の不安定はその極に達した。一九四九年三月、政治局と閣僚会議の三人の長老、モロトフ、ミコヤン、ブルガーニンの辞職が発表された。モロトフは外相の地位をヴィシンスキーに譲り、ミコヤンは外国貿易相の地位をミハイル・メンシコフに譲り、ブルガーニンは国防相の地位をヴァシレフスキーに譲った。辞任の理由は明らかにされず、三人はいずれも、閣僚会議議長代理のポストは保っていた。しかし、この議長代理は名誉職で、三人が失った権力基盤とスターリンの庇護を埋めあわせるに足るものではなかった。とはいえ、スターリンが死ぬと、三人ともただちにもとの地位に復帰した。

一九四九年に彼らの後任となったヴィシンスキーらは、いずれも地位が劣り、政治局員でもなければ閣僚会議のメンバーでもなかったから、この異動はマレンコフとベリヤの立場を強化するためだったと言うこともできる。またとくに、それまで誰もがスターリンの右腕と見ていたモロトフが遠ざけられたことにより、いざというときスターリンの後継者と目される候補者のなかで最も年少だった彼らにも勝ち目がでてきたことになる。後継者の話は口には出せない事柄だったが、「ボス」も七十代で健康も思わしくないというので、側近たちの胸中ではこの問題がしだいに大きくなっていった。モロトフとミコヤンにたいする追放工作にマレンコフとベリヤが関わっていたかどうか、関わっていたとすればどんな役割を演じたのかは、いまもって不明である。工作できたはずの人間はスターリンしかいないが、あるいは誰かの進言を入れてそうしたのかもしれない。一九三九年以来、モロトフは国際関係の面で重要な役割をはたしてきたわけだから、この更迭で大きな衝撃を受けたにちがいない。しかし、彼がスターリンの寵を失ったことを示す兆候はほかにもあった。妻の逮捕と流刑はその顕著な例である。モロトフはその後、失った寵を回復できなかった。

同じ一九四九年三月、レニングラード事件が幕を開け、今度はマレンコフとベリヤより若い者たち――クズネツォフ、ヴォズネセンスキー、コスイギン――が失脚した。彼らはすべてをスターリンに負う世代に属し、順当にいけば、一九一七年の革命以前に入党した古参党員――モロトフ、ミコヤン、ヴォロシーロフ――に取って代わる人びとだった。もう一つ、三人に共通していたのは、レニングラード派および同派の前の領袖ジダーノフとつながりがあったことだ。彼らが具体的にどんな罪を問われたのかは明らかにされていない。フルシチョフもそれについては知らないというが、政治局の会議で刑の執行命令書がまわってきたときに署名したことは認めている。[*38]

他の誰よりもスピード出世した男、誰よりもスターリンに目をかけられているように見えた男が、ニコライ・ヴォズネセンスキーだった。一九三八年には三十四歳でレニングラードの経済計画局長から国家計画委員会《ゴスプラン》議長に抜擢された。四一年には閣僚会議の議長代理になり、四二年には国家機構のなかでもとくに重要な国家防衛委員会の議長代理に任命された。国家防衛委員会で経済問題が論じられるときには、スターリンの代役を務めることも多かった。戦後は再びゴスプランの指揮をとり、四七年には正規の政治局員に昇進した。翌年、スターリン自身が目を通して承認を与えたという著書『ソヴィエト連邦の戦時経済』でスターリン賞を授与された。

しかし、この輝かしい経歴も唐突に終わりを告げて、ヴォズネセンスキーはいっきょにすべての職を解かれた。その理由については何の説明もなかったが、一九六三年になって、彼が重要書類を紛失するか盗まれるかしたという嫌疑で秘密裁判にかけられていた事実が明るみに出た。部下のなかには「職務怠慢」で実刑を言い渡された者もいたが、ヴォズネセンスキー自身は無罪となった。しかし、この仕組まれた冤罪事件は所期の目的を達した。スターリンの猜疑心を呼びさますことに成功したのである。ヴォズネセンスキーは新しい職務を与えられず、その著書は回収された。スターリンに会おうと——彼はまだスターリンの誠意と善意を信じていた——何度試みても、門前払いを食わされた。フルシチョフによれば、スターリンは一度ならずマレンコフとベリヤに、「ヴォズネセンスキーの処置をどうするか決めるまで、彼に仕事をさせないでおくのは時間の浪費ではないか」と言ったという。二人は反論せず、そうかといって何の手も打たなかった。スターリンは再びこの問題を取り上げ、「ヴォズネセンスキーに国営銀行をまかせてはどうだろう。彼は経済の専門家だし、財務の天才なのだから」と言った。[*39] 誰も反対しなかったが、今度も何も起こらなかった。

同じころ、政治警察はアバクーモフの指示のもと、ジダーノフが任命したレニングラードの党の役員と官僚を何十人も巻きこむ陰謀事件を捏造する仕事に追われていた。スターリンの死後、アバクーモフと数人の部下は、レニングラードで開かれた特別法廷で、一九四九～五〇年の粛清のもととなった事件をでっちあげた罪を問われて有罪になり、死刑を宣告された。六二年には、レニングラード事件の責任がベリヤとマレンコフにあるとする公式声明が出され、それに加えて「事件は初めから終わりまで虚構であり挑発であった」ことも明らかにされた。

しかし、事件当時、例のとおり「自白」と糾弾に終始する取り調べが行なわれて、一〇〇〇人――二〇〇〇人という説もある――もの人びとが逮捕されたのであり、スターリンは、フルシチョフが言うようにこの一件を自ら指示したわけではないとしても、少なくとも容認していた。生きるか死ぬかの瀬戸際にいた、とフルシチョフが言う人びとのなかには、コスイギンもいた。コスイギンもレニングラード派の一人で、のちのブレジネフ時代に閣僚会議の議長になった人物である。モスクワの党第一書記だったのを解任され、その後任としてフルシチョフがウクライナから呼び出された。

スターリンがフルシチョフに言うには、レニングラードで陰謀が発覚したばかりであり、「モスクワにも反党分子がうようよいる」とのことだった。

ヴォズネセンスキーはクレムリンから何の音沙汰もないまま六カ月のあいだ放っておかれ、そのあいだに自らの正気を保つため、共産主義の政治経済に関する八〇〇ページの論文を書き上げた。一九四九年十一月、ついに警察が彼を逮捕した。クレムリンの沈黙のうちに待つだけの半年のあとでは、逮捕もある意味では救いだった――これも注意深く計算されたやりかたで、囚人の神経をまいらせ、自白に導くプロセスの一部なのである。五〇年一月十三日、「人民の要求に応えて」、反逆罪にたいする死刑を復活することが発表された。死刑は四七年に廃止されていたのである。スターリンがつねに自白を不可欠の要件としていたことから、他の者と同じくヴォズネセンスキーも拷問にかけられて自白を強いられ、そのあと最終的に罪が確定して、五〇年九月に銃殺されたという。刊行された彼の論文は一つ残らず破棄するよう命じられた。ほかに何人の者が処刑もしくは投獄されたかは、今日にいたるまで明らかにされていない。コスイギンは、しかし、生きのびた。

一九四八～五〇年は、これとはまったく性質の異なる公安作戦が始まった時期でもあった。それは、スターリンの最晩年を特徴づける反ユダヤ主義の運動である。反ユダヤ主義は革命前のロシアの病弊（「ユダヤ人虐殺」を意味する「ポグロム」はロシア語である）で、革命後もロシア社会から消えなかった。若いころの経歴を見るかぎり、スターリンは積極的な反ユダヤ主義者ではなかったが、ロシア人と共通するユダヤ人への偏見はもっていたようである。しかし、スターリンが反ユダヤ主義者による組織的な迫害を側面から支援しはじめたのは戦後のことだった。戦時中、「反ファシズム・ユダヤ人委員会」が彼の承認を得て設立されたが、それはソ連に国際的な支援を、とくにアメリカのそれを確保するためだった。ところが、一九四六年十一月、ミハイル・スースロフがスターリンに手紙を送って、委員会が「有害な活動」にたずさわっていると警告した。それは以後につづく隠れたユダヤ人迫害の端緒となるもので、五三年初頭の「医師団事件」でにわかに表沙汰となった。

この時期は、社会的および文化的な要素――ソ連は世界から孤立し、ロシア国粋主義の気運が高まり、ソ連文化にたいする外国の影響を排するジダーノフ批判が起こっていた――が、政治情勢の変化によって増幅された時期だった。たとえば、ソ連は、アメリカを最大の帝国主義国として同国との溝を深めていた。アメリカは、影響力も発言力もあるユダヤ人のロビイストをかかえてシオニズムを支持していた。イスラエル国家が誕生し、ソ連を含む世界中のユダヤ人に忠誠を求めていた。そして、ソ連国内では再び「人民の敵」「内なる裏切り者」にたいする監視の目を厳しくしようとの呼びかけがなされていた。これらが相まって、ユダヤ人といえばすなわち異分子、「根なし草のコスモポリタン」、ヨーロッパかぶれの知識人、退廃的な現代美術を広めた張本人、ひいては「アメリカ帝国主義のシオニスト・スパイ」と見なされるような状況が生まれたのである。

スターリンは、ヒトラーと同じ反ユダヤ主義のウイルスに感染し、ヒトラーが「クレムリンを本拠とするユダヤ人のボリシェヴィズム推進の世界的陰謀」と言ったのにたいし、スターリンは「ウォール街を本拠とするユダヤ人の資本主義とシオニズム推進の世界的陰謀」と言った。スターリンにとって腹立たしいことに、長男ヤーコフはユダヤ人女性と結婚し、娘のスヴェトラーナは年長のユダヤ人男性——その無謀な行為がもとで一〇年間、収容所生活を送った——と恋をしたあげく、別のユダヤ人と結婚するというような親不孝を働いた。スターリンは彼女に、「おまえの最初の夫だったあの男はシオニストのまわし者だ」[*40]と怒鳴りつけて、娘がその男を家に連れてくることを決して許さなかった。

実のところ、ソ連は一九四八年に樹立されたイスラエル政府を最初に承認した国の一つだった。だが、イスラエルの初代大使ゴルダ・メイアが一九四八年十一月にモスクワに赴任したのを境に、ソ連の姿勢は一変した。メイアがモスクワのシナゴーグに姿を現わしたとき、ユダヤ系ロシア人が彼女を歓呼の声で迎え、自然発生的なデモとなったのを見て、スターリンは、シオニストに同調する者はすべてソ連にたいする裏切り者であると確信した。父の猜疑心にスヴェトラーナが抗議すると、スターリンは頭ごなしに言い放った。「古い世代は全部、シオニズムに汚染されている。それが今度は若い世代を感化しようとしているのだ[*41]」

反ユダヤ・キャンペーンの初期の犠牲者の一人に、偉大なユダヤ人俳優で「モスクワ・イディッシュ劇場」の演出家だったソロモン・ミホエルスがいる。年老いた暴君リア王を演じて評判をとり、私的にスターリンの前でリア王をはじめとするシェイクスピア劇の登場人物を演じてみせたことも何度かあった。一九四八年の初め、ミンスクで交通事故にあって死んだと伝えられたが、スヴェトラーナの言うところでは、秘密警察の工作による殺害を交通事故に見せかけてはどうかと父親が電話で話しているのを耳にしたという。

学術文化面から「根なし草のコスモポリタンによる影響」を一掃するキャンペーンは、いとも容易に反ユダヤ主義の様相を呈した。ユダヤ人評論家は、ソ連の雑誌に寄稿することを禁じられた。ユダヤ人の学校、劇場、出版社は閉鎖された。大学や学術機関、外交および法律部門の官庁へのユダヤ人の入学と就職は割り当てによる人数制限が設けられた。

反ファシズム・ユダヤ人委員会はいまや、隠れたシオニスト運動の拠点であるかに見えた。スターリンが外国からの敵性思想の影響をせきとめようとして築いた防壁の下に掘り進められた、秘密のトンネルのように思われたのである。政治警察はすぐさま、必要な「証拠」を見つけだした。委員会は一九四八年十一月に解散され、同委員会理事長で元外務人民委員代理のソロモン・ロゾフスキーは逮捕されたのち、ソ連の有名なイディッシュ語の作家を含む他の一二人とともに、五二年に処刑された。

ロゾフスキーと同時に逮捕された委員たちのなかに、ユダヤ人でモロトフの妻のポリーナがいた。ポリーナは、ゴルダ・メイアとイディッシュ語で熱心に語りあっていたという。スターリンは、ポリーナが妻ナジェージダの親友の一人で、ナジェージダが自殺する前に話をした最後の人物だったため、以前からポリーナを疑いの目で見ていた。外相の妻だということも、彼女を救う役には立たなかった。ポリーナは実刑を申し渡されて中央アジアの収容所に収監され、スターリンが死んでからようやく釈放された。スターリンの最も親しい協力者の妻たちのなかで、こうした扱いに苦しんだ者は彼女が最初でも最後でもなかった。一九四六年に死去するまでソ連の国家元首だったミハイル・カリーニンの妻のエカテリーナ・カリーニンは、ベリヤの前で、NKVDの女性警官に気絶するまで殴られて強制労働収容所に送られている。

8

死刑の復活と軌を一にして、強制収容所に入れられた者やシベリアに流刑された者にたいする取り扱いがより苛酷になった。戦時中、収容所にいる囚人の数は、死者が出た場合を除いて減らなかった。粛清を生きのびて収容所暮らしをする人びとは、刑期を五年、八年、一〇年と延長され、その多くは一般収容所から「強化された」体制をもつ特別収容所へ移された。戦争末期になると、収容所の人口はまたふくれあがった。前線からの帰還兵、強制移住させられてドイツで働いていた者、ドイツの占領地域で生活していた人びとの多くが、反逆罪に問われて強制労働の刑に処せられたからである。一九四七年のことだが、スターリンがふとしたはずみで「ロシア国民は北極海への安全な出口を長らく夢見てきた」と言ったばかりに、ツンドラを横切ってイガルカに達する長さ一八〇〇キロの鉄道の建設に、何万という囚人が駆りだされた。この鉄道は、八〇あまりの収容所のぞっとするようなひどい状況のせいで「死の鉄道」として知られ、莫大な人命を犠牲にしてスターリンが死ぬまでに八五〇キロの線路が完成したが、スターリンの死後、このプロジェクトは放棄され、施設と機関車は雪に埋もれて錆びるにまかされた。[*42]

収容所人口の総計は、一九四〇年代後半に一二〇〇万から一四〇〇万を数えた。四〇年代の終わりには、刑期を終えて釈放された人びとは、戦争中に流罪になったり強制移住させられた人びとともに、生活条件の厳しい北の奥地に「永久に」とどまることを強いられ、家族のもとに帰ることも故郷に戻ることもできなかった。人目につかず、公の場で話題にされることもなかったが、しかし人の心から決して離れることはなく、「収容所群島」はソ連社会の背景に厳然と控えていた（原注：第3巻図13参照）。

レニングラード事件はほとんど報道されず、ましてやユダヤ人迫害については言うまでもなかった。しかし、モスクワおよびレニングラードの二大都市、および党と国家官僚機構の最上層部ではさかんに噂がとびかい、当局の沈黙と相まって、往時の恐怖がよみがえった。一九三七〜三八年のときとくらべれば、直撃された者の数はまだごく少数にとどまっていたが、今後どこまで広がるのか、次は誰の番かは誰にもわからなかった。

一九四九年十二月、こぞってスターリンの七十歳の誕生日を祝ったソ連国民と世界各国の共産党は、「万能の天才」と称されるにいたったこの人物に贈る新しい賛辞を探すのに苦労した。レーニンの後継者に始まって、レーニンと対等の協力者、相たずさえてボリシェヴィキ党を創設し、十月革命を遂行した「二人の最高実力者」へとエスカレートしたスターリン崇拝は、もともとその雛形であったレーニン崇拝の威光を曇らせるところまできていた。歴史の記述は、それと歩調をあわせて絶えず書きあらためられた。

一九五六年の第二〇回党大会で行なった秘密演説のなかで、フルシチョフはスターリン著『小伝』の一九四八年版に新たに挿入された文章をいくつか引用した。たとえば、戦略家としての才能を自己評価した次のような箇所がある。

同志スターリンは、積極的防衛、反攻と攻勢の法則……近代戦における戦車集団と空軍の役割といった、戦争の勝敗を決する不変の実践要因について精緻な理論を築き上げた。今次大戦のさまざまな段階で、スターリンは天賦の才を駆使し、あらゆる要素を考慮に入れた的確な解決策を打ち出した……彼は、防衛と攻勢の両面でその軍事的力量を遺憾なく発揮した。そして、天才的能力により敵の計画を見破って、敵を打ち負かした。

スターリンはこれに次のように書き加えた。

党の指導者、国民の指導者としての責務を比類のない技量をもってはたし、全ソ連人民の惜しみない支持を得たにもかかわらず、スターリンは自分の功績がいささかなりとも虚栄心、自惚れ、自画自賛で傷つくことのないよう、厳しく自己をいましめていた。[*43]

スターリンの誕生日を祝う行事を取り仕切る委員会には、政治局の全員をはじめ、ルイセンコやショスタコーヴィチら、各界の指導者が七五人も名を連ねた。ソヴィエト科学アカデミーは「人類最大の天才」を称える特別会議を開催し、さまざまな学問の分野にたいするスターリンの貢献を紹介した大部の本を出版した。政治局のメンバーはそれぞれ、多くの雑誌に掲載された特集記事に論文を寄稿した。マレンコフはその先頭を切って、「同志スターリン――進歩する人類の指導者」と題する一文を発表した。その書き出しは、「同志スターリンはつねに、ボリシェヴィキを飾るものは自惚れではなく謙虚さであるとわれわれをいましめる」というものであった。

祝賀行事は、ボリショイ劇場を会場にした記念式典で最高潮に達した。毛沢東、トリアッティ、ウルブリヒトら外国からの訪問者は、一人だけ離れて座る謎めいた人物に祝辞を述べた。老人は笑みを浮かべていたが、式典の始めから終わりまで一言も発しなかった。政治局のメンバーは全員出席していたが、彼らもまた何も発言しなかった。訪問客の祝辞にまじって小物のソ連指導者が祝辞を述べたのみで、毛沢東以下、各国の共産党指導者とスターリンをへだてる距離の大きさをことさら強調しているようだった。

ソ連国内の各地は言うにおよばず、世界中の共産主義者から贈られた祝いの品の数々が披露され、大衆の親愛と賞賛の気持ちが伝えられた。恒久的な博物館が建設されるまでのあいだ、贈り物のなかから一部を選んで革命博物館に展示されることになった。夜になると、一組のサーチライトが、首都上空に浮かんでいる気球から吊るされた巨大なスターリンの肖像を照らしだした――指導者は「星座になった古代の英雄のように夜空にかかっていた」。[*44]

こうした熱狂と賞賛のなかに強制されたものがあることを、スターリンは意識のレベルで充分承知していたにちがいない。彼は人間の本性については心底から懐疑的だったから、そのことで気に病むことはなかっただろう。人びとが恐怖から忠節を示すのと、信念から忠節を示すのとではどちらがいいかという質問にたいするスターリンの答は、しばしば引用されている。それは「恐怖。信念は変わることがあるが、恐怖は去らない」というものだった。しかし同時に、彼は別のレベルでは、たとえ演出されたものでしかないにせよ、民衆の親愛の念の自発的な現われと見えるものを必要としていた。自分の同胞、とくに党員たちを相手にするとき、心から決して消し去ることのできない猜疑心をなだめるためにもそれが必要だった。ボリショイ劇場の舞台に座って賛辞の数々を聞くスターリンの心中には、誠意を疑う気持ちと、にもかかわらず賛辞を聞きたいという、抗いがたい欲求があった。しかも彼は、賛辞に誠意の欠けるところが少しでもあれば、それを過たずに聞き取る耳をもっていた。

スターリンの誕生日の祝賀が行なわれたころ、フルシチョフはすでにモスクワに戻っていた。スターリンの寵を失い、カガノーヴィチにその座を奪われた時期を耐えしのいで、いまや歓迎されて帰還をはたしたのである。陰謀の脅威に備えるための補強要員というだけでなく、党の最上層部で支配的地位にあるマレンコフとベリヤにたいする対抗勢力としての役割を担ってのことだった。再びスターリンの側近として働くようになったフルシチョフを驚かせたのは、スターリンが「いちだんと情緒不安定になり、苛立ちやすく、粗暴に」なったことで、「とくにその猜疑心は信じられないほど大きくふくれあがっていた[*45]」。

スターリンが謀反の報告を鵜呑みにしがちであり、文書による報告の場合はとくにその傾向がはなはだしいことを知ったうえで、ベリヤは断片的な証拠を示してはスターリンの猜疑心をあおった。少しでも手応えがあれば、政治警察がそれらの証拠をもとに「小説」（と、担当者は呼んでいた）をつくりあげ、「自白」を強要して、起訴することもできた。ベリヤは、エジョーフも利用していた特権をうまく利用した。つまり、スターリンは「反逆」の証拠について口頭で報告を受けるときには異議をはさむこともあるが、それが書面になると額面どおりに受け入れる傾向がはるかに強かったのである。誰かが書面にしてまで自分を欺こうとするなどとは、彼にはとうてい信じられなかった。しかしスターリンは、また一方でベリヤを信用せず、恐れてもいた。二人の頭の片隅には、スターリンがベリヤの前任者ヤゴーダとエジョーフを破滅させた経緯がつねにあった。ベリヤは自分が同じ運命におちいらないように警戒し、スターリンは、ベリヤが先手を打って自分の生命を狙うのではないかと目を光らせていた。

こうした理由から、スターリンはベリヤのほのめかしにいつも耳を貸すとはかぎらなかった。ベリヤが罪を着せようとしたのをスターリンが許さなかった人びとのうち、三人の名前が一九八八年になって明るみに出た。一人はジューコフである。ミコヤンは、スターリンがベリヤにこう言ったと伝えている。「ジューコフは渡さない。ジューコフの人となりは知っている。謀反を起こすような人間ではない」[*46]。二人目は、ソ連の代表的な物理学者カピッツァで、原子爆弾の開発にたずさわるようにというベリヤの指示に従おうとしなかった人物である。残る一人は、戦時中に赤軍砲兵隊を指揮したヴォーロノフ元帥である。イサコフ提督は、あるときヴォーロノフが会議に姿を現わさず、スターリンがベリヤを詰問したことを回想している。

「ラヴレンチ、元帥はきみのところか？」

ベリヤは部屋のなかを歩きまわりながら肩ごしに答えた。「そうです」

スターリンは意味ありげにベリヤを見た。ベリヤが怯むのがわかった。背丈まで縮んだように見えた。

「明日はこちらに戻れるか？」スターリンは聞いた。

「明日は無理です」ベリヤは手のやり場に困って、身の置きどころもないようだった。

「明後日は？」スターリンはベリヤに目を据えながら聞いた。

「明後日は戻られるでしょう。間違いありません」

会議はその明後日まで延期され、当日、ヴォーロノフはたしかに出席した。それまでどこにいたのか誰も聞かなかったし、ヴォーロノフのほうから打ち明けることもなかった。*47

しかし、いったん疑念をかきたてられると、スターリンの猜疑心は容易なことでは消えなかった。フルシチョフがウクライナから戻るとすぐ、スターリンはその目の前でG・M・ポポフを糾弾した。ポポフはフルシチョフの前にモスクワ党組織の実権を握っていた人物である。フルシチョフの言うところでは、スターリンを説得して、何らかの措置を講じるのをやめさせたという。しかし、ポポフの落度を見つけないかぎり、スターリンの気持が収まらないことは明らかだった。そこでクイブイシェフの工場長の仕事がポポフにあてがわれた。その後、スターリンは折りにふれてポポフにたいする嫌疑を蒸し返し、彼の所在を問いただしたが、答はいつも「クイブイシェフにいます」だった。スターリンはその答で気が休まるらしかった。

もはやスターリンには、政府の機構を掌握しつづけていく集中力もエネルギーもなかった。執務室にいる時間が減り、クンツェヴォの別荘《ダーチャ》で過ごすことが多くなった。毎年恒例の黒海沿岸での夏休みも、八月末から十月下旬もしくは十一月上旬までと、長くなった。官僚機構はスターリンがいなくても機能し、やがて彼のもとには、決裁を仰ぐ書類そのものではなく、提案された決裁事項の確認を求めるリストだけが送られてくるようになった。閣僚会議を主宰することもめったになくなった。思いもかけず、スターリンが会議に出てくると、閣僚たちはとまどった。フルシチョフは、資源の配分をめぐって難しい議論が予想されていたあるときの会議のことを回想している。スターリンが予告もなく不意に現われ、議長席についた。そして、目の前に積み重ねられている書類を指して言った。「これが計画だ。何か異議は？」どの閣僚も人より先に発言したくなかったので、その場はしんと静まりかえった。スターリンは、異議がなければ本日の会議はこれで終わると告げ、午後は映写会を予定しているから行って観るようにと言った。会議室を出ながら、スターリンが「してやったりだ」と言うのが聞こえた。[48]

スターリンはなおも、政治家としてのイメージに加えて、独創的な思想家としてのイメージをも歴史に残そうと意欲を燃やしていた。すでに『全集』が出版され、レーニン全集の隣に並んでいた。生物学の分野の「進歩的傾向」を支持して決定的な介入をしたのにつづいて、一九五〇年の夏、彼は再びソ連の学会を驚かせた。朝鮮危機の最中だというのに、今度は言語学の分野で、先の例に劣らず強引に介入したのである。そのころ、戦闘的なマルクス主義言語学者の一派がニコライ・マールの理論を奉じていた。マールは一九三四年に死んだ言語学者で、言語は生産関係の基礎の上に立てられて階級に依存する、社会の「上部構造」の一部だとする理論を唱えていた。この、イデオロギーで研ぎすました武器を手に、マール主義者は正統派の言語学者を迫害する運動を起こすことに成功した。そして四九年六月、ルイセンコの勝利につづき、ソヴィエト科学アカデミーは、マールの説を「唯一の唯物論的マルクス主義言語理論」と見なすとの決議を採択した。

今回、スターリンは、進歩派を押さえつける介入を行なった。マール主義者の一派に属していない言語学者A・S・チビコーヴァをダーチャに招き、マールの説についてくわしくたずねたうえ、『プラウダ』に解説論文を書くよう委託したのである。スターリンは届けられた二篇の草稿にコメントを書き入れ、再びチビコーヴァを招いて意見を交換した。「世評とは裏腹に、スターリンに反論することは可能だったし、彼がその反論を受け入れる場合もあった」とチビコーヴァは語っている。チビコーヴァの論文が掲載されると、マール主義者は激しい攻撃を浴びせた。それだけに、ほかならぬスターリンが『プラウダ』に三篇も論文を寄稿し、言語はマルクス主義でいう「上部構造」にも「下部構造」にも属さないとして、マールの考えはばかげていると決めつけたとき、マール主義者が仰天したであろうことは想像に難くない。同じ号で、八人もの言語学教授がスターリンの卓見を手放しで賞賛し、言語学に新たな時代が開かれたともちあげた。

スターリンの考えには少しも独創的なところはなかったが、マールの追随者を攻撃した箇所は時を経たいまでもその言いまわしの痛烈さを失っていない。スターリンはマール主義者を、十九世紀の初めに皇帝アレクサンドル一世治下で独裁的な権力を振るったアラクチェーエフ伯爵になぞらえて、彼らは「アラクチェーエフ体制」をつくりあげようとしていると批判した。

いかなる科学も、意見の衝突なくして、自由な批判なくして、発展や繁栄はありえない。この規則が破られたのである……無謬の指導者による閉ざされたグループができあがり、自らを批判から守る一方、独善的、高圧的な態度で行動しはじめたのである。[*49]

七十歳を過ぎると、スターリンはしだいに自分の年齢を意識し、年齢にたいする怒りをおぼえるようになった。長いあいだ、周囲の人間にふるいつづけてきた問答無用の独裁的権力を維持することが、体力的にも精神的にもできなくなるのではないかとの不安が大きくのしかかってきた。モロトフやミコヤンのように彼の全盛期を知っている者が衰えに気づくのではないかと恐れ、マレンコフやベリヤのように二十歳も年下の者は彼がもはや昔の彼ではないことを知ってひそかに陰謀をたくらむのではないかと恐れた。スターリン時代のソ連の首脳部は、通常の政府とは似ても似つかぬもので、陰謀の渦まくマフィアと宮廷をつきまぜたようなものだった。このころの首脳部は、年老いた親分のいるマフィアであり、貴族たちが皇帝の寿命はあとどれくらいか、後継者は誰かということにばかり関心をもっている宮廷であった。スターリンの苛立ちやすさ、晩年になっていっそうはなはだしくなった猜疑心、唐突な気分の変化、自ら招いた孤立などはすべて、こうした不安の反映である。彼の好きなオペラが『ボリス・ゴドノフ』だったというのも理由のないことではなかった。

一方は勝者、一方は敗者という状況の違いにもかかわらず、スターリンとヒトラーの晩年にはいくつかの類似点がある。どちらも、誰が自分のあとを継ぐかということに興味をもたなかった。どちらも、権力を放棄したり譲り渡したりするつもりが毛頭なかった。二人とも、自分の描いた幻想のなかに閉じこもり、現実を締め出して、自らの支配のおよぶ狭い私的世界に生きた。二人とも、死ぬまで自分の権力を守ることを固く心に決め、実際に守り通した。

ヒトラーと同じく、スターリンも演説することをやめた――一九四五年から五三年のあいだに二度しかしていない――ほか、インタビューにも応じなくなった。出版されたインタビュー記事は、提出された質問に書面で回答したものをもとにして書かれたものである。二人とも公の場に姿を現わさなかった。ヒトラーの場合は外に表われた心労を隠すため、スターリンの場合は年齢による衰えを隠すため、ということもあった。また、総統のイメージにせよスターリン聖像にせよ、生身の本人とくらべることができなければ、それだけ効果が高まることを、二人とも本能的に感じとっていた。

スターリンを護衛する警護隊の規模は、時とともに大きくなった。夜は、どこで過ごすときも警備兵と番犬が建物のまわりを固めた。どこへ行くにも飛行機は使わなかった。休暇をとるため列車で南下するときは、同じ線を走る他の列車はすべて運休し、内務省の部隊が行程九〇メートルごとに配備された。列車は二、三組が別々に発車し、そのうちのどれで行くかは最後の瞬間にスターリンが決めるのである。モスクワにいるときも、クンツェヴォのダーチャへの行き帰りのルートは絶えず変更された。

自ら招いたこの孤立のなかで、スターリンの主な気晴らしといえば相変わらず、私設劇場で上映される映画であり、そのあとダーチャで開かれるおきまりの夜を徹する夕食会だった。いま、彼が何とか我慢できる五、六人の取り巻きたち――モロトフ、ミコヤン、ヴォロシーロフの三人はついに追放された――は、スターリンから呼び出しがかかれば、何をしていようとそれを中断して駆けつけなければならなかった。食事はすべて自邸の台所で調理されたにもかかわらず、スターリンは他の者が毒味したあとでなければ食物にも飲物にも手をつけようとはしなかった。同じ話を何度も繰りかえしたが、聞いている者はいかにも初めて聞くように笑ったり拍手したりしなければならなかった。スターリンはいつも会食者にしつこく酒をすすめ、彼らが酔っ払って醜態をさらすのを見ては喜んだ。フルシチョフは次のように書いている。

どういうわけか、スターリンは人が屈辱を味わうのを面白がった。あるとき、ウクライナのゴパック踊りをさせられたことを覚えている。私はしゃがんだ姿勢で足を蹴り出しながら、楽しそうな顔をしなければならなかった。しかし、あとでミコヤンにも言ったとおり、「スターリンが踊れと言ったら、賢い人間は踊るものだ」。

大事なことは、スターリンの暇な時間をつぶして孤独感を味わわせないようにすることだった。彼は一人でいると気がふさぐので、そうなるのを恐れていた。*50

だが、スターリンと一緒にいると、気の休まることがなかった。「スターリンと夕食をともにする以上にたいへんなことがあるとすれば、それはスターリンの休暇のお供をすることである……これは肉体的にひどくこたえた[*51]」。スターリンの娘のスヴェトラーナは、戦後、気まずいながらも再び父と連絡をとっていたが、彼女にしても同じだった。南で父と一緒に休暇を過ごしたときのことを回想して、彼女はこう書いている。「いつもの自分に戻るのに数日かかった……ひどく気疲れしたのだ[*52]」。その後、一九五一年に、グルジアで二週間をスターリンとともに過ごしたとき、スヴェトラーナは、父が自然に集まってきて騒々しく歓迎の声をあげる群衆にたいして怒りを感じていることに気づいた。彼女の考えでは、このころには「父はあまりに寂しく、心が空っぽになってしまい、人が本当に温かい心をもって誠実になれるとは、もう信じられなくなっていたのだ[*53]」。

一九四八年末に新たに吹き荒れた逮捕の嵐のなかで、スヴェトラーナの二人の伯母が投獄された。彼女がその理由をたずねると、スターリンは不機嫌そうにこう答えた。

「おしゃべりだったからだ。何かと知りすぎていたし、しゃべりすぎた。それが敵を助ける結果になったのだ」

父はいたるところに敵を見た。それは病的な、被害妄想の域に達していた。それも寂しくて孤独であることによる結果だった。[54]

こんな状態は、いつまでもつづくものではなかった――スターリン自身もそのことは感じていたようである。一九五一年に、南のアフォンで休暇を過ごしていたスターリンは、話し相手にフルシチョフとミコヤンを呼び寄せた。フルシチョフはこう語っている。「ある日、われわれが庭を散歩していると、スターリンがポーチに出てきた。ミコヤンと私に気づかないようだった。そして、『私はもうおしまいだ』と、誰に言うともなくつぶやいた。『私は誰も信用していない、自分さえも』」[55]。一九三九年以来絶えたままの党大会を開くよう誰が提案したのか、さだかではない。フルシチョフはスターリンだと言う。別の見方として、側近たちが、不安定な情勢に終止符を打ち、変化をもたらして、信頼を回復する最善の方法だと判断して提案したのだろうとする説もある。

誰が提案したかはさておき、一〇〇〇人以上の代議員が集まった一九五二年十月の第一九回党大会で、人びとを驚かせたのはスターリンのほうだった。彼はもはや「中央委員会報告」を担当する体力はないと感じていた。そもそもこの役割によって党の支配を確立し、一九二四年から三九年までのすべての党大会を通じ、これによって党の支配を堅固にしたのである。今回はその職責をマレンコフに託し、二番目に重要な演説はフルシチョフにさせ、開会の辞はモロトフ、閉会の辞はヴォロシーロフに述べさせた。

それでも、スターリンが確実に脚光を浴びるように、十月五日に開会する党大会の直前の三日と四日、『プラウダ』はつづけて全面を割いてスターリンの思いがけない新しい著作『ソ連邦における社会主義の経済的諸問題』を掲載した。これにより、演壇に上る者は全員、即席でこの論文を称える言葉を入れなければならなかった。真っ先に述べたマレンコフの賛辞は、「マルクス主義の発展に新しい段階を画す……世界史的に重要な論文」というものだった。当の著作はとてもそのような賛辞に値しなかったが、スターリンはそのなかで三一ページを費やし「同志ヤロシェンコの誤り」を批判していた。ヤロシェンコは経済学者で、軽率にも、経済学の教科書を書く仕事は自分が適任だというようなことをほのめかしたため、ブハーリンの轍を踏むものだとして責められたのである。スターリンがあらためて正統論を述べたことで、ソ連の経済学者は争って自説を撤回する論文を発表した。先に、言語学者や遺伝学者がそれぞれの分野におけるスターリンの厳かな宣言を受けてとった行動とまったく同じだった。

このほか、スターリンは二つの決議を採択させることにも成功した。一つは、党の名称から「ボリシェヴィキ」の一語を削除する決議、もう一つは「政治局」という名称をやめて「幹部会」にする決議で、どちらの変更も党のそれまでのレーニン主義的色彩を薄めるものだった。

大会中、討議にはあまり出席しなかったスターリンだが、意表をついて終わり近くに演壇に立ち、人類を帝国主義と戦争から解放しようと世界の共産主義者に呼びかける六分間の煽動的な演説をして満場総立ちの喝采を浴びた。「ほら、見たまえ！ まだできるではないか」と彼は取り巻きたちに言った。スターリンが打ち出した最も独創的な改革は、中央委員会の定員を二倍にし、書記局の定員を二倍以上に増やすことだった。この大会を通じて最も劇的な場面が演じられたのは、拡大された中央委員会が最初の総会を開いたときだった。出席していた作家のコンスタンチン・シーモノフが、その場面を回想録に描いている（原注：『ズナーミャ』第四号、一九八八年）。

クレムリンのスヴェルドロフ・ホール。スターリンは後方の扉から入ってきたが、厳しい決然とした表情を浮かべていた。全員が拍手しはじめたが、彼は手を上げてそれを制した。マレンコフが議長を務めており、スターリンに演説するよう求めた……

議事は二時間にわたってつづき、スターリンの演説――彼はメモなしで話をした――でそのうち一時間半が費やされた。自分は老いた、他の者に仕事を引き継いでもらわなければならない時期が近づいている、と彼は言った。さらに彼は、勇気と断固とした態度を求めた。一九一八年におけるレーニンの断固たる態度だ。レーニンを引き合いに出したのは、「一部の同志」の行動のためだ、と彼は言った。スターリンはそのあとモロトフとミコヤンを名指しで攻撃し、自分が休暇を取っていたあいだに臆病にも敗北を受け入れた。二人は西側のどこかの政府のまわし者のようだ、と彼は決めつけた。

会場は静まりかえった。スターリンの激しい怒りからして、この非難は直接的な脅威となった。政治局の全員が顔をこわばらせ、茫然自失していた。彼らは、スターリンが次に誰を攻撃するかを、おののきながら考えていた。モロトフとミコヤンは顔面蒼白だった。彼らの応答は法廷に立たされた被告の最終陳述のようだった。

スターリンは自分に託されている仕事にもはや対処しきれないと言い、書記長の地位から解任してほしいと求めた。そう言いながら、彼は聴衆をじっと見つめた。マレンコフが顔におびえの色を浮かべるのが見えた——生死に関わる危険にさらされていることを知った人間の表情だった。その表情と仕草は、出席者にスターリンの要求を拒否することを求めていた。たちまち、会場全体からどよもすような声があがった。「どうか、どうか留任してください！」

慰留を受け入れると、スターリンはポケットから紙片を取りだして新しい幹部会の新メンバーのリストを読み上げた。それをもって旧政治局と入れ替えてはどうか、と彼は提案した。その提案は何の意見もなしに受け入れられた。そのリストには現政治局員一一名のほとんどが含まれていたが、それよりも多く、より若くてあまり知られていない人びとが名を連ねていた。モロトフとミコヤンのどちらも排除されていた。スターリンは最後に、幹部会事務局のメンバーを指名したが、新たに改定された党規約にはそのような機関の設置を求めた条項はなかった。

しかし、晩年のスターリンの特徴である一貫性のなさが出て、彼はこの改変に手をつけておきながら最後まで仕上げようとしなかった。すべては前のままだった。幹部会は一度も召集されず、事務局といっても、スターリン本人、マレンコフ、ベリヤ、フルシチョフ、ブルガーニンからなる前と同じ首脳部をさすのが普通だった。違いは、モロトフとミコヤンがいまでは完全に排除されたこと、カガノーヴィチとヴォロシーロフがあまり招かれなくなったことである。幹部会のメンバーには幅広い職務が定められたが、具体的な仕事も指導もなく、まったく有名無実のポストだった。フルシチョフはまとめている。

政府は事実上、機能を停止した。オーケストラの団員はそれぞれ好きなときに自分の楽器を演奏し、指揮者からの指示はなかった。*56

スターリンの指導力の低下は、健康状態の悪化を反映したものだった。長年、座りがちの不健康な生活をしてきたことの影響が現われはじめたのである。高血圧で、狭心症の発作があり、若いころから吸いつづけてきた煙草をやめようとしてその禁断症状に苦しんでいた。党大会ののち、恒例の南での休暇を初めてとりやめた。

スターリンが情緒不安定になっていたことは、最も早くから彼に個人的に仕えてきた忠実このうえない二人の使用人、ヴラーシクとポスクリョブイシェフを突然切り捨てたことに表われている。二人のどちらについても、ベリヤがもちかけたものだった。ベリヤはスターリンを孤立させようと決心し、いまやすべてを消耗しつくすようになった猜疑心につけこんだ。ヴラーシクは一九一九年に護衛として勤めはじめ、少将の地位に昇格してスターリンの身辺警護に責任を負うとともに、住居、食事、使用人を取り仕切ってもいた。ベリヤに呼び出されて尋問を受けたヴラーシクは、さんざん殴打されたあげく、自白書にサインしなければ殺すと脅迫された。自白には、ポスクリョブイシェフを罪におとしいれる証言も含まれていた。いったん応じてしまうと、彼はスターリンのもとでの勤務から追われたが、生命は助けられ、流刑に処せられた。

ポスクリョブイシェフは、スターリンのスタッフのなかで最も古くから仕えてきた一人であり、長年にわたり彼の第一秘書および「特務課」の責任者として働いた。スターリン本人および部下のもとに届く情報を一手に管理して、スターリンの秘密を知りつくしていた。主人に劣らず非情だったが、スターリンに献身的に仕えた彼は、すでにモロトフと同じ屈辱を味わっていた。妻のブロニスラヴァが逮捕されて三年間収監されたあと、彼がスターリンに嘆願したにもかかわらず銃殺されたのである。ポスクリョブイシェフはスターリンのために働きつづけたが、スターリンの死の少し前に逮捕され、国家機密漏洩の疑いをかけられ、即座に解任された。自宅で保安警察が逮捕しにくるのを待っていたとき、スターリンが死んだ（原注：スターリンが死んだおかげで、ポスクリョブイシェフは生きながらえ、一九六六年に死んだ）。

護衛として、また腹心として長いあいだ仕えてきた二人に加えて、スターリンは主治医でアカデミー会員のA・N・ヴィノグラードフにも矛先を向けた。スヴェトラーナによれば、「父が信頼した唯一の人」である。ヴィノグラードフは、ソ連のエリート専用の診療所であるクレムリン病院の医師団の一人で、数人の同僚とともに十一月に逮捕された。医師たちの逮捕は、若い放射線学者リジア・チマシュークの告発によって命令された。チマシュークが初めてスターリンに注目されたのは、彼女が医学生だった一九三九年に「ソ連と全人類にとってたいへん貴重な」同志スターリンの寿命をのばす方法を見つけるコンクールを提案したときのことだという。それがいま、保安警察に徴用されて密告者となり、クレムリンの医師団が誤った治療をほどこしてスターリンをはじめとする指導者を殺そうとしていると告発したのだ。

誰がチマシュークに告発の手紙を書かせたかは、明らかになっていない。広く信じられているところでは、フルシチョフが言うように、スターリン自らが「医師団事件」を実際にお膳立てしたのでないとしても、彼は何が計画されているかを知っていた。チマシュークの手紙の一件で、ベリヤは機嫌を損ね、国家保安省の高官を不安におとしいれたという。監視が不充分だったとして咎められることを恐れたのである。国家保安相のアバクーモフは、捜査部長のM・D・リューミンに捜査をしないよう命じ、彼を逮捕することまでした。ところが、スターリンが介入してリューミンの釈放を命じ、ベリヤの息のかかったアバクーモフを解任して、それまで公安機関とは関係がなかったS・D・イグナチエフをその後任とした。[*57] これらの措置は、スターリンのひそかなベリヤ追放工作と関わりがあったのかもしれない。

スターリンは「医師団事件」を自ら取り仕切り、ヴィノグラードフを投獄して、他の医師は笞刑に処するよう命じた。一九五六年の党大会における秘密演説で、フルシチョフは出席していたイグナチエフを指さしながら、スターリンがイグナチエフに

「医師たちから自白を取らなければ、きみの首をいただく」と言ったことを暴露している。自白が得られると、スターリンは供述書を幹部会事務局のメンバーに見せてこう言った。「諸君は生まれたての仔猫のように目が見えない。私がいなければどうなるのかな？ 諸君はどうやって敵を見破るか知らないから、この国は滅びてしまうだろう」[*58]

捜査の「結果」は、一九五三年一月十三日に発表され、全部で九人の名前があげられたが、そのうちの六人がユダヤ人だった。彼らは一九四八年にジダーノフを、またそれ以前にモスクワ党組織の指導者で中央委員会書記のシチェルバコフを殺害したことを自白したと報告された。この自白から思い起こされるのは、ゴーリキーとクイブイシェフの医療殺害を仕組んだというヤゴーダの「自白」であり、さかのぼって一九二五年、軍事人民委員フルンゼの医療殺害をスターリンが仕組んだという根強い噂である。

スターリンが死んでから一カ月もたたないうちに、医師たちは全員釈放され、名誉を回復された。一方、捜査部長のリューミンは逮捕され、のちに銃殺された。しかし、一九五三年一月の段階では、ソ連の宣伝機関はあらゆる手段によって医師たちの名を汚すことに努めた。医師たちは二つのグループに分けられた。一つは、「ジョイント」と呼ばれるブルジョワ的なユダヤ人シオニストの国際組織」を通じてアメリカ情報局のために働いていたとされた。ジョイントとは、ロシア在住のユダヤ人の援助を目的として一九一七年以前に創立された慈善団体「アメリカ合同分配委員会《ジョイント・ディストリビューション・コミッティ》」をさすらしい。ユダヤ人俳優ミホエルスがその委員長だったことにされ、あらためてこの陰謀グループに加えられた。もう一つの人数の少ないグループは、イギリス情報部のスパイとして働いていたとされた。こうしたシナリオによって、新聞は二重の論点からさまざまに書きたてることができた。外国のために働くスパイや裏切り者にたいする監視という論点と、「内部の敵」であるユダヤ人にたいする監視という論点である。

このスターリン最後の宣伝キャンペーンでは、彼が長年、疑いの目を向けてきた者たち――かつてのメンシェヴィキやトロツキスト、ソ連内の少数民族、医師から経済学者にいたるソ連のインテリゲンチャ、外国の流行を追いかける作家や芸術家、外国人と接触したために毒された者――がすべて槍玉にあげられ、人びとは彼らを告発するよう奨励された。そのような公共心にたいする褒賞としてレーニン勲章を与えられることが、リジア・チマシューク博士の例で知れわたると、利己主義者は争ってそれにならった。「同じような光景がいたるところで繰りひろげられた」と、ナジェージダ・マンデリシュタームは書いている。「誰もが、破壊活動の主謀者や人殺しの医師についてわめきちらしていた」

このキャンペーンでは、意図的に、ロシア人の病弊である反ユダヤ主義に訴える手段がとられた。国内各地でユダヤ人排斥の行動や示威運動が起こっていると伝えられ、ウクライナからはポグロムの報告も入ってきた。一月三十一日付の『プラウダ』は、あの医師たちがポーランドおよびチェコスロヴァキアで発覚した陰謀事件、とくにプラハのスランスキー裁判で明らかになった陰謀団とつながりのあることが立証されたと報じた。スランスキー裁判で、西側のスパイとして活動していたとして実刑判決を受けた党職員および国家職員のうち、一一人が「シオニストに徴用された」ユダヤ人だった。

しかし、繰り返された「敵の仮面を剝げ」の号令におびえる理由があったのは、ユダヤ系市民だけではなかった。レニングラードの党第二書記フロル・コズロフが『コミュニスト』誌の一月号に書いた記事は、再び党内で大粛清が行なわれることをほのめかして、当時人びとのあいだに広がっていた不安に言及した。検察副長官の言葉は、スターリンの演説のなかでも最も不気味なものの一つを思い起こさせた。一九三七年二～三月の中央委員会で行なわれた「大粛清」の序曲となった演説である（原注：第2巻12章5節参照）。この演説で、スターリンはいま繰り返されているのとまったく同じ警告を発した――真正面から体制に反対する勇気がなく、「社会主義の大義を奉じているという……偽りの主張によって、ソ連国民の監視を弱め[*59]」ようとする敵に備えよというのだ。

いかにも巧妙なこのプロパガンダが、あらかじめ計算されていたとおりに人びとの心に不吉な予感を抱かせたことは、当時の証言からして疑いない。一九五三年初頭にスターリンに提示された秘密の覚書は、収容所の囚人の総数は一二〇〇万人であると記している。[*60]

スターリンは陰謀を見破ったと主張するが、その陰謀を彼自身、どこまで本気で信じていたのだろうか。あるいは、自分の地位を脅かすように見えた者たちを孤立させ破滅させる手段としてどの程度まで利用したのだろうか。すでに指摘したように、この問題に結論を出そうとしても無益である。スターリン当人はそうした区別をしなかったと思われるからだ。それは、ユダヤ人の世界的陰謀をめぐって激情に駆られたヒトラーが本気だったのか、それとも俳優のように効果を狙っていただけなのかを考えるのが無益であるのと同じである。

これは、スターリンがまさにその生涯を終えようとする時期であり、前に引用したソ連の精神科医の説によれば、妄想症の最後の発作に襲われていた時期でもあった。彼は本当に——フルシチョフが示唆するように、今度はいままで忠実に仕えてきた政治局の古参党員も含めて——一九三〇年代のそれに匹敵する粛清にとりかかるつもりだったのだろうか。そしてベリヤについても、その前任者のヤゴーダとエジョーフの場合と同じ処置をするつもりだったのだろうか。七十三歳にして病身のスターリンは、それをやりとげる力と権威がまだ自分にあると信じていたのだろうか。それとも、スターリン自身、自分がどこまで行こうとしているのか知らなかった、どこまで行けるかは、ことの成り行きによってのみ――彼自身にたいしても、われわれにたいしても――明らかになる、というのが本当のところなのだろうか。

ことの成り行きで答が明らかになる前に、スターリン本人は死んでいた。二月二十八日の夕刻、ベリヤ、マレンコフ、フルシチョフ、ブルガーニンの側近グループは、スターリンと一緒にクレムリンで映画を見た。そのあと、車でクンツェヴォのダーチャへ行き、午前四時まで酒を飲み、おしゃべりをして過ごした。スターリンはいつも午前十一時から十二時のあいだに起きるが、召使はいなかった。護衛はスターリンを起こすのを恐れ、あえて彼の部屋に入ったのは、三月一日の夕刻、午後七時になってからだった。部屋に入った護衛たちは、スターリンが床に横たわったまま、発作のために口がきけずにいるのを発見した。マレンコフとベリヤにすぐ知らされたが、彼らは二日の午前三時までダーチャに姿を現わさなかった。だが、二人はスターリンが安らかに眠っているのだと自分に言いきかせて、そそくさとダーチャを立ち去った。医師がやってきたのはやっと午前九時で、全身麻痺の診断を下した。スターリンが息を引き取るまでに、このあと三日半かかった。ときおり意識を取り戻したが、スターリンは口がきけなかった。最後に死が訪れたのは、一九五三年三月五日の夜、十時になろうとするころだった。

見守っているあいだ、側近たちは早くも、スターリンが死んだあとのことばかり考えていた。その場にいたフルシチョフとスヴェトラーナはともに、内心の葛藤をあらわにした唯一の人間はベリヤだったと語っている。フルシチョフは書いている。

スターリンが意識を回復する様子が見えると、ベリヤはたちまちひざまずき、スターリンの手を取ってキスしはじめるのであった。スターリンが再び意識を失って目を閉じると、ベリヤは立ち上がって唾を吐き……憎悪をむきだしにした。[*61]

スヴェトラーナ自身、苦しい葛藤にさいなまれていた。「あの数日間、私は泣くこともできず、食べることもできなかった。悲しみとある種の冷静さで、石のようになっていた」。われわれがスターリンの最期の様子を知ることができるのは、スヴェトラーナのおかげである。

断末魔の苦しみはすさまじかった。神が安らかな死をたまわるのは、義にかなった者のみだ。私たちが見守るなか、父は文字どおり喉をつまらせて死んだ。いよいよ臨終と思われたとき、父は突然目を開き、部屋にいた全員をぐるりと見まわした。それは恐ろしい眼差しで、狂気（それとも怒りかもしれない）を帯び、死の恐怖に満ちていた……そのとき、わけのわからぬ恐ろしいことが起こった。私は今日もなお、それを忘れることができない……父は突然、両手をもちあげ、上空の何かを指さすような、私たち全員に呪いをかけるような仕草をした。わけのわからない不気味な仕草だった……次の瞬間、最後の苦しみののち、魂は肉体を離れて自由になった。[*62]

ヒトラーと同じく、スターリンは自己のイメージを最後まで損なうことなく守り抜き、撤回も後悔もしなかった。二人とも敵に挑みながら死んだ。ヒトラーは、彼を生け捕りにして裁判にかける満足を連合国に与えなかった。スターリンは、彼を追い落として後釜に座る望みを側近から奪った。

二人が生きているかぎり――ヒトラーが地下壕で自殺の用意をし、スターリンがダーチャで昏睡状態で横たわっているあいだも――その魔法は解けず、ヒトラーはいぜんとして「総統《フューラー》」であり、スターリンはいぜんとして「指導者《ヴォーシチ》」だった。二人が死んだとたんに魔法が解けた。地下壕にいた者はすぐさま逃亡の準備にかかった。ダーチャでは、「私たちはみな凍ったように立ちすくみ、しばらく沈黙していた」とスヴエトラーナは書いている。「長い時間と感じられた。そのとき、政治局のメンバーが、ベリヤを先頭に戸口へ突進した」[*63]。恐怖の影は消え、生き残った彼らには、戦い取るべき未来があった。

しかし、スターリン死去のニュースがソ連全土に伝わると、国民は呆然とし、恐れた。彼が埋葬されたときには、多くの人びとが通りで涙を流した。二〇年以上つづいたスターリン体制のあとで、人びとはスターリンのいない未来を想像できなかったのである。

第20章　展望

一九三〇―一九九一

1

ヒトラーとスターリンのどちらにも、後継者がいなかった。だが、二人とも遺産をのこした。一方は敗北の遺産、他方は勝利の遺産であり、この二つは相まって、その後数十年にわたり、ヨーロッパに重くのしかかった。その遺産が、一九八九年から九〇年の出来事によって崩れはじめた現在、ヨーロッパの歴史のなかのヒトラー＝スターリン時代を、これまでとは異なる歴史的観点からとらえられるようになった。

そのための一つの方法は、この時代を二十世紀のヨーロッパ地図を書き換えようとして行なわれた一連の企てのなかに置いて見ることである。最初の企てはドイツ人によって、一九一四～一八年の戦争のときに行なわれた。それを最も端的に示す証拠が、一九一八年三月のブレスト＝リトフスク条約である。二番目の企ては、第一次世界大戦の終結と四王家の帝国（ハプスブルク家、ホーエンツォレルン家、ロマノフ家、オスマン・トルコ）の瓦解にともなう戦後の処理である。三番目は、一九三八年のオーストリア併合から、ドイツの勢力が頂点に達して東ヨーロッパ全体とソ連西部の広い地域までおよんだ一九四二年にいたる時期に、ヒトラーによってもたらされた変化である。四番目は、ヒトラーがあくまでも戦争をつづけようとしたこと、および戦後の講和問題の処理によって結論が出せなかったことから生じた結果である。具体的には、スターリンとソ連が、東ヨーロッパとドイツ東部を事実上支配下に置くようになった事実である。

どの段階をとっても、変化の影響を最も大きく受けた地域、そして最も多く係争の的になった地域は、リューベックとヴェネツィアを結ぶ線の東に広がるヨーロッパの一帯だった。これはドイツ－ロシアの軸の重要性を裏づける事実である。「はしがき」でこれが本書の主要なテーマだと述べたとおり、ドイツ－ロシアの軸は、これ以前のヨーロッパ史の各時代にさまざまなかたちをとって現われたように、この時代にあってもやはり大きなテーマだった。さらに、東ヨーロッパの共産主義体制とソ連の影響圏の解体を受けてヨーロッパの地図を塗りかえようとする五度目の試みでも、大きな問題になることは確実だろう。東ヨーロッパの安定と、何よりもロシアとウクライナをはじめとするソ連のあとをうけた諸国が再び内戦にまきこまれたり独裁制に戻ったりすることを避けうるかどうかは、これまたヒトラー－スターリン時代とその遺産に根差す問題であり、その答は東ヨーロッパばかりでなく、西ヨーロッパの未来に大きな影響をおよぼすだろう。

この時代とその遺産を考える二つ目の方法は、イデオロギーの次元に焦点を当てることである。共産主義とナチズムは、フランス革命以後、絶えてなかったほどに戦闘的なイデオロギーだった。ナチズムとファシズムの関係についてはいろいろと議論がある。ナチズムをファシズムのドイツ版と見るべきか、それとも生物学的要素を強調したことや人種主義、反ユダヤ主義を標榜したことを考えて別の現象と見るべきだろうか。占領下のポーランドでヒトラーとヒムラーの人種主義の計画が発動したあとは、ナチズムとファシズムの違いのほうがいっそう目につくようになる。しかし、一九三〇年代には両者の類似性が目立っていた。ファシズムに反対する人民戦線の集会に参加した人びとやスペインの共和制を支援した人びとのなかでは、この二つを区別していた者は少なかった。同じように、彼らは盟友である共産主義者の善意を疑うこともしなかった。両大戦間に生きた若い世代の多くにとっては、「未来の潮流」の選択肢として、おおまかに左と右のどちらかを選択するしかなかったのである。

ナチズムとファシズムは、意志、力、戦いを称揚した。この二つのイデオロギーが通用したのは、あくまでもそれが成功を収めていたあいだだけだった。どちらも、ヒトラーとムッソリーニを襲ったような全面的敗北を経て生きのびえなかったのである。これに関わった者たちは躍起になってそのつながりを否定し、過去の痕跡をおおい隠すことに努めた。

一方、共産主義は、ソ連が大戦ではたした役割のおかげで大いに得をした。戦後、東ヨーロッパで共産主義者が権力を握り、中国で毛沢東が目ざましい成功を収める（一九四九年）と、新世代の信奉者や同調者は——西側のみならず「第三世界」でも——共産主義の究極の勝利は必然だと宣言した。幻滅がやってくるのは遅く、フルシチョフが秘密演説でスターリンについて暴露したことが人びとに伝わりはじめ、赤軍がハンガリーの動乱を武力で押さえつけた——どちらも一九五六年——あとですら、なかなか広がらなかった。それから三〇年以上経って、テレビ・カメラが北京の天安門広場とチャウシェスクのブカレストに入りこむとともに、共産主義者の政権が、まず東ヨーロッパで、つづいてソ連自体で崩壊したあと、ようやく共産主義が——一九三〇年代から四〇年代にかけて覇権を競いあった対立イデオロギーのナチズムおよびファシズムと同じく——政治的にも道義的にも破綻したことが明らかになった。

スターリン主義が「共産党の有機的発展における論理的かつ多分に不可避的な段階」[*1]であったのかどうかについては、なお議論がある。スターリンの統治システムを特徴づける要素の多くは、レーニンの統治システムにも見られる。独裁制に「プロレタリアートの」という言葉をつけ加えたところで、恐怖政治や他のすべての政党の弾圧を含む無制限の非情な権力行使という事実は糊塗できなかった。だが、一説によると、レーニンの初期の権力とスターリンの権力は「直線」的につながるものではないという。[*2] クロンシュタットの反乱（一九二一年）のあと、レーニン自身、唐突な路線変更をして新経済政策《ネップ》を採用したが、レーニンの意図の不明確さは彼が死んだときには解明されないままだった。たとえばブハーリンは、レーニン自身、ネップは戦術的後退ではなく、党が直面している諸問題に段階的に対処する新しい手法だと見るようになった、と主張している。

フランスの異端的なコミュニストのボリス・スヴァーリンは別の言いかたをしている。「レーニン時代に存在していた事柄は、スターリンによって極端なところまで押し進められた結果、まさにその本質が変わってしまった……程度の差が大きくなって、質の差になったのである」[*3]。スターリンが他のボリシェヴィキ指導者と異なっていたところは、どこまで進むべきか覚悟を決めていたことで、そのために他の指導者はいつも不意打ちを食らった。「スターリン主義の歴史的本質は行きすぎにあった」[*4]

これとは別に、高度に中央集権化された単一政党制はボリシェヴィキ革命の帰結だが、この単一政党制がスターリンの個人支配と結びつくことによって生じた政治制度は、それとまったく異なるとして、両者を区別して考える説もある。[*5] レーニンの人柄は独裁的ではなく、制度そのものが個人独裁の可能性をはらんでいたのだとしても、レーニンが生きているあいだはそれが現実とはならなかった。その間、行なわれていたのは複数の党指導者による寡頭政治である。スターリンが党内の抵抗を克服して、この寡頭制のかわりに個人支配を確立するまでには長い時間を要した。そして、スターリンが死んだあとは、もとの集団指導体制に戻ったのである。

スターリンについては何が言われようとも、レーニン批判を容認することにはまだ強い抵抗が残っている。そのレーニンは、トロッキーの言葉を借りれば、「偶像化のプロセスに苦慮していた」という。一九九〇年代になって、ソ連邦が崩壊してからやっと、歴史家――なかでもドミートリ・ヴォルコゴーノフが最初だった――は、レーニン関係文書のなかの未刊の文書三七二四通（ほかにレーニンがただ署名しているだけのものが三〇〇〇通ある）にアクセスし、レーニンが例外ではなく通例として容赦なく力を行使することにどれほど深くコミットしていたかが明らかになった。レーニンとスターリンは非常に異なった人間だったが、偶像をレーニンの実像と入れ替えてみれば、レーニンにとってもスターリンにとってそうだったように、革命的な権力を保持し、その後は行使するうえで、テロルは不可欠の武器だったのである。そのことは新経済政策にもそれ以前の時代と同じように当てはまったのである。一九二二年三月、レーニンはカーメネフに宛てて書いている。

ネップによってテロルが終わると考えるのは大きな間違いだ。われわれはそこに立ち返るだろう。経済のテロルに。（原注：ヴォルコゴーノフ『レーニンの秘密』序文（邦訳、NHK出版刊））

スターリンの死後、個人支配の要素が除かれたときでさえ、ロシアと東ヨーロッパにおけるスターリンの後継者たちや中国の毛沢東の後継者たちの集団指導体制は、レーニンが未解決のまま残した問題に適切な答を見出してはいない。その問題とは、武力によって革命を強行した場合、そのあと後退して、革命がもたらした変化をなしくずしにするか、それともスターリンのように、それらの変化を力で維持し強化する解決策を探るか、またこの二つの中間に現実問題として他の選択肢があるのかどうかということである。スターリン主義がレーニンの革命の不可避的帰結であろうとなかろうと、一つの論理的帰結であることは確かであり、スターリンの歩んだ道は、貧しい者と搾取されている者「の名において」上から行なわれたレーニン主義革命というものをいまなお信じる人びとに、最大の難問を突きつけているのである。

だからといって、イデオロギーが終わったことにはならない。相変わらず不平等と不正が存在するところでは、公正でより平等な社会を求める心と、そうした社会をつくる希望を絶やさないために（ジョルジュ・ソレルの言う意味での）神話を求める心が生きつづけるであろう。同様に、外国人を憎み、難民が大量に流入するのを恐れる、緊張の絶えない多人種社会では、民族間の対立がつづくとともに、そうした対立を助長する人種主義的な幻想が生きつづけるだろう。これらのことが、階級、人種、あるいは宗教的原理主義に根差す千年王国論の復活をもたらすかどうかは、いまのところは何とも言えない。

ナショナリズムについては疑問の余地がない。最も古くからある普遍的な「主義」であり、共通の歴史、言語、文化にもとづいて共有される自己認識の一つの形態である。ナショナリズムは戦争を起こす原因になり（それはナチズムの不可欠の要素だった）、戦争をしかけられた人びとを結束させて反撃させもする（ドイツを打ち負かしたのは共産主義ではなく、ロシア人のナショナリズムだった）。それは憎悪のプロパガンダによって煽られ、節度を超えた行動を引き起こし（民間人への爆撃、強制移住、残虐行為、大量虐殺など）、そのためにその戦争を人類の歴史で最も野蛮かつ破壊的なものとした。ヨーロッパ諸国は、民族の一体感を支えに、国が滅びてもおかしくないほどの体験をして、そこから復活した。しかし、ユーゴスラヴィアで「民族浄化」を唱える内戦が勃発し、また東ヨーロッパや旧ソ連国境地帯や中東でも同様の紛争が起こる危険性があることを考えると、大戦中およびそれ以後に、幾多の苦難を経て大きな損失をこうむっているにもかかわらず、諸民族が人種や文化や歴史の違いによって対立し、争いあうための大義名分として、ナショナリストの記憶や憎悪というものがいかに容易に利用されうるかがわかる。

2

ヒトラー－スターリン時代を見る第三の方法は、人びとの苦しみという観点からそれをとらえることである。負傷したり、生涯にわたる後遺症を負ったりした何百万という人びとを勘定に入れなくても、一九三〇年から五三年までのあいだに非業の死をとげた人の数は、成人男女、それから子供も含めて、六〇〇〇万～七〇〇〇万人と推定される。災厄もこれほどの規模になると人間の想像力を超え、にわかに理解することも対応することもできない。そのうえ、十四世紀にヨーロッパの全人口の三分の一ほどにあたる人びとの生命を奪ったとされる黒死病とは異なり、これは天災ではなく人災なのである。

何百万という人びとが戦闘員として死んだ。さらに多くの人びとが非戦闘員として、空襲や飢餓など、戦争のもたらす災禍によって死んだ。しかし、他に類を見ないこの時代の特徴は、戦死者に加えて、その二倍もの人びとが、強制移送（ソ連政府による富農《クラーク》の場合とドイツによるスラヴ人の処遇）、刑務所や収容所での拷問や虐待の結果

（粛清、ソ連とナチの強制収容所）として、また謀殺や大量虐殺や絶滅計画（ホロコースト）にあって死んだという事実である。戦争を生きのびた世代、戦後の各世代ともに、ヨーロッパの人間の意識と良心にこれほど重くのしかかる事実はない。同時に、これと相関するもう一つの事実、すなわち何十万もの人びと――数は多くなかったが女も含めて――が、年齢性別に関わりなく同胞たる人びとに、進んでこのような残虐行為をはたらきえたという事実もまた重い。

先に掲げた地図（第3巻図13）はこうした事実を地理的に表わそうとしたもので、ドイツの収容所とロシアの収容所を並べてあげてある。これらの場所で起こったことは、人類共有の人間性に反する犯罪であることを明示するためである。この地図はまた、これらの犯罪にきわめて多くの人びとが関与していた事実をも示している。その全員が責任を分かちもっているのだ。ここに含まれるのは、ＳＳ隊員やＮＫＶＤの特殊工作員、収容所や刑務所の看守、拷問係、処刑隊員だけではない。行政当局者、逮捕にあたった警察、鉄道職員、運転手、技師、遺体を片づけ、死者の所持品をくすねた「手伝い人」、さらには審問官や裁判所や誰とも知れぬ密告者の群もまた含まれる。

そのなかで関心を集めてきた一群は、ナチの医師たちである。彼らは人種主義の思想を科学的に「正当化」するうえで指導的な役割をはたし、死の収容所の運営に関わり、収容者の人体実験に従事した。人体実験は麻酔なしで行なわれ、被験者の苦痛も死も考慮されなかった。もう一つ、関心を集める一群は、ソ連の収容所に関する記述にかならずと言ってもいいほど登場する「模範囚」である。彼らは他の囚人を監視し密告する見返りとして特典を得ていた。多くは刑事犯で、同房の「政治犯」や自分より教育のある者を侮辱したり脅したりすることに喜びを感じる者たちだった。

そこには革命的な目的が手段を正当化すると信じていたナチ党員や共産主義者がいたことは疑いない。また権力欲に駆られた者、あるいは地位という報酬目当ての者、サディスティックな衝動につき動かされた者もいただろう。同時に、普通の人間がどこまで非情になれ、残虐行為や他人の苦しみに無感覚になれるのかは、種々の記録で跡づけられているとおりである。そのなかに不安や嫌悪感を抑えかねて悩んだ者があったとしても、自分だけではないという意識が大きな原動力となっていた。これは、決して逃れることのできない罪悪感と恐怖心のクモの巣と化していた制度そのものを考えればよくわかる。そのほかに、実際に関与しなくても、何が起こっているかを知りながら沈黙を守っていた者がどれほど多くいたかは、誰にも答えられない疑問である。ヒトラーやスターリンのそれのような政権のもとで暮らしたことのない人間には間違いなく答えられないのである。

下は現場の担当者から、上はアイヒマンを典型とする計画立案者や組織をまとめた者まで、さらに上層のヤゴーダ、エジョーフ、ベリヤ、またヒムラー、ハイドリヒにいたるまで、それぞれが責任を負っていた。ところが、ヒトラーもスターリンも、知られているかぎりでは、恐怖政治と弾圧に直接手を下すことはおろか、現場を見ることさえしなかった。二人がその権力を行使し維持するのに、恐怖政治と弾圧は二義的であるどころか、まさに中心的な要素だったにもかかわらず、である。

スターリンは抜け目なく、死刑執行令状に署名するときは、自分だけでなくかならず政治局員にも署名させた。そして、公の責任はヤゴーダとエジョーフが負い、スターリンはそれを楯に二人の「行き過ぎ」を非難して、二人とも詰腹を切らされた。ヒトラーは、自分を「最終的解決」と直接結びつけるような総統命令や議事録や覚書をいっさい残していない。また、「行き過ぎ」があったこと、それらの行為が「下から」その場の発案で行なわれ、自然の勢いで初めに意図した範囲を逸脱した例もあることは疑いない。

とはいえ、これらの因子を差し引いたうえでもなお、強制移住や投獄、拷問、そして大規模な殺戮を考えついたヒトラーとスターリンの責任——これらの措置を命じた責任、なかんずくそれらを合法化した責任——は、彼ら以外の人間が負う責任とは質が違う、と私は信じる。

ドストエフスキーは『死の家の記録』のなかで次のように書いている。

ひとたびこの権力を経験した者は……他の人間を、このうえなく惨虐な方法で侮辱する完全な権力と可能性を経験した者はすでに、それと意識することなくおのれの感覚を自制する力を失ってしまうものである。暴虐は習慣である。それは発達すべき性能を賦与されているので、ついにはつのりにつのって病気になってしまう……暴君のなかにあっては、人間と公民は永久に滅びてしまい、人間らしい品位を取り戻し、悔悟の念とともに改心することなどは、もはやほとんど不可能になるのである。

ドストエフスキーの言葉は、念入りにつくりあげられた両国の恐怖政治の制度に関わったすべての人間に当てはまるが、主たる責任を負うこの二人の男ほど、この言葉にぴったり該当する人間はいない。

3

ヒトラーとスターリンの役割は誇張されてきたのだろうか。

一九六〇年代から七〇年代にかけて、若い世代の歴史家は一枚岩の全体主義国家というモデルに反発し（彼らに批判的な人びとはこれを「冷戦のメンタリティ」の産物と見る）、ヒトラーは圧倒的権力をもって事態を動かした独裁者であるとの、型には史であった。

まった通念に反発した。こうした反発の動きは、戦後の歴史学の支配的趨勢に合致し、そこから力を得ていた。その趨勢とは、社会経済史の勃興である。これは、従来の歴史学の中心だった政治史、すなわち「上から」見た歴史に挑戦する「下から」見た歴史であった。

社会経済史家は、社会科学者と同様、人口統計学上の変化、人口動態、工業化や技術革新が社会におよぼす影響といった、非人文的な因子をもとに歴史を解釈するのが当然だとする。また、人間を各グループの成員として集合的にとらえるのが自然だとするため、個々の人間の特徴は平均値のなかに埋没することになる。こうした手法は、二十世紀のような時代には適している。人口が急増し、経済組織や社会組織の規模が拡大し、何によらず変化が非常にすみやかなので、個人が歴史の進路に影響をおよぼしうるとは容易に信じられなくなった時代だからである。

また、こうした手法はアメリカ、イギリス、フランスのような国に適している。そこの政治制度の欠点が民主的ということにあって、変化がすみやかでありながら、社会が充分に安定しているため、常態を支える枠組みが保たれている国である。そこではリーダーシップを握る野心に駆られる者が、疑い深いメディアの詮索をしのぎきれる公算が低いのである。

しかし、戦争や革命などの動乱で常態が乱され、連続性が絶たれたときには、状況が変わってくる。そのとき、共同体は不安定になり、人びとの行動は予測しがたくなって、より極端な方向も考えられるようになる。こういう状況では、個人が強大な、場合によっては決定的な影響力を発揮して、情勢の推移や方針の立て方を左右しうるのである――一九一七年にロシアに帰国してからのレーニンが、その例だ。

こうした例は、よく見られるわけではない。指導力の欠如から危機がいつまでも解消されず、決断の時機を逃がす場合のほうがはるかに多い。とかく肝心なときに適切な人材が現われない例が多いのは、一九〇五年のロシアの場合が示すとおりである。しかし、インドのガンディーや中国の毛沢東の場合がそうであったように、いざ指導者が現われると、その指導者は自分の人格や才能や見解が通常では考えられないほど大きな比重をもつような地位を確立することができる。そして、ひとたびそのような地位が確立してしまうと、指導者をそこから引きずりおろすことは非常に難しくなる。ヒトラーとスターリンの場合もそういうことだったのだろう、と私は確信する。

一九三〇年代初めのドイツ、および一九二〇年代のソ連という状況以外では、ヒトラーもスターリンもその名を知られずに終わっていたかもしれない。また、それらの状況をもってしても、ドイツにせよソ連にせよ、二人が登場しない展開も充分にありえた。どちらも絶対に不可避ではなかった。それはドイツの場合、右翼連合（おそらくグレゴール・シュトラッサーの率いる「国家社会主義党」の参加を得て）のかたちをとり、議院内閣制を恒久的に廃して大統領内閣制を敷くことになっただろう。そして、少なくともヴェルサイユ条約の賠償条項と非武装化条項は廃止させていたことだろう。ソ連の場合は、レーニンが五十四歳で死ななかったならば、新経済政策《ネップ》は修正され、レーニンが晩年の著作で予見した方向、ブハーリンが論陣を張った方向への転換が図られたことだろう。

ヒトラーとスターリンのほかにも、状況を支配しようとした者は大勢いた。運と他者の失敗が大きな役割をはたしたことは確かだが、それを自分に有利に生かす方法を知っていたのは、フォン・パーペンでもフーゲンベルクでもなく、ヒトラーであり、トロツキーでもブハーリンでもなく、スターリンだったのである。

どちらの場合も、ライバルたちから過小評価されていたことは明らかに利点だった。勝者が誰であったかによってどれほど大きな違いが生じえたかが明らかになったのは、後年のことである。しかし、それがわかったうえで、ドイツの他の指導者のもとで右翼急進政党が一九三〇年から三三年にかけてのナチのような驚異的成功を収めたとは想像しにくい。一九三六〜四一年の外交政策および軍事上の成功についても同じである。ソ連への攻撃、東に新たな奴隷帝国を築くという企て、そこから生じた人種主義にもとづく大量虐殺、その究極となるヨーロッパの全ユダヤ人を抹殺するという企てについてもまた同じである。これと同様に、スターリン以外の指導者のもとで、人命の損失を度外視した強制的な農業集団化を押し進めたうえでの「大躍進」がありえたとは想像しがたい。レーニンが整えた党の原型を破壊し、赤軍を粛清し、収容所帝国をつくりあげ、マルクス－レーニン主義をツァーリの専制主義と組み合わせたスターリン主義国家を誕生させるということがありえたとは信じがたいのである。二人の役割にたいする評価が振り子のように過大評価から過小評価へ振れたあとで、より長期的な視点でとらえるならば、どちらの場合も歴史的状況と個人的な人間性の一方だけでは充分な説明はできないことがわかる。

ドイツのナショナリストはのちに、ヒトラーの問題は、いつやめるかという潮時を知らなかったことだと論じた。一九三八年までになしとげたこと、たとえばオーストリア併合で満足して戦争に突入しなかったら、あるいはせめてフランスの敗北で満足してソ連攻撃を思いとどまっていたら——そうすればヒトラーは、ドイツの最も偉大な指導者の一人として歴史に名を残し、「大ドイツ」というナショナリストの夢を実現してビスマルクの仕事を完成させたことを称えられ、そのあとの惨事を招くこともなかった、というのだ。

しかし、これではヒトラーの性格をも、また彼の計画をも見誤ることになる。ソ連侵攻は、ヒトラーが打った危険な二度目の賭けではない。戦争をしかけた最初の賭けで期待以上の成果をあげ、損失が非常に小さかったのでつい欲に駆られたというわけでもないのだ。ヒトラーはその気質からして革命家であり、右翼急進主義者だった。ドイツのナショナリストの多くが未練がましく振り返っていた伝統的社会、硬直した階級意識の強い因習的な階層社会を復活させるつもりなど毛頭なかった。ヒトラーは自分の革命を成就させようとしていたが、左翼が言うように階級と階級を対立させるのではなく、国民を結束させてそのエネルギーを外へ向けること、東方を征服し、そこに昔から住む諸民族を奴隷化して、まったく異なるドイツ帝国を築くことを意図していた。

不測の事態があったとすれば、それは西での戦争である。ヒトラーは、できればイギリスと同盟を結んで、あるいは少なくとも説得したうえでイギリスに中立を守らせ、この地域での戦争を回避したいと考えていた。人種主義者としてドイツの未来に思い描いた夢の実現に専念するためである。彼がつねに見つづけてきたその未来は、東にあった。もしヒトラーが成功していたら、階級闘争を旗印とする左翼革命と同じく、ドイツ社会を完全に変えることになっただろう。しかも、そのための犠牲はドイツ人ではなく他の民族が負うという利点まである。幸い、これは現実のこととはならなかったが、皮肉にも、ヒトラーが自分の計画の失敗を認めようとせず、ドイツ全土を占領されるまで戦争を長びかせたこと自体から革命的な効果が生じ、終戦後、新しいドイツが誕生することになったのである。

敗戦はドイツの人びとに恐るべき代価を支払わせたが、少なくとも敗戦によって、彼らは——そして世界も——ナチ体制の永続化という事態を免れることができた。ソ連の人びとは勝利を得るのにドイツ人にもまさる代価を支払わされたが、勝利は彼らを解放しなかった。スターリンにとっては、「大祖国戦争」を指揮してドイツを完敗させ、ソ連人民の感謝を勝ちえただけで充分というわけにいかなかった。戦争を経て、ソ連がアメリカ合衆国を除外すれば唯一の超大国となったことも、ローズヴェルトが死にチャーチルが首相の地位を失って、スターリンだけが世界の指導者としての威信を保ちつづけていたことも充分ではなかった。それどころか、彼はソ連国民にたいする要求を緩めるかわりに、いっそう強めた。以前の猜疑心と不信感が再び頭をもたげてきた。年をとるとともに自分の権力が弱まり、最後には死によって無に帰するという思いが、その猜疑心と不信感を増大させた。

一九五二年、収容所にはそれまでになく多くの人間が収容されていた。スターリンの最晩年には、老いゆく暴君に忠実に仕えてきたモロトフやポスクリョブイシェフのような人びとまでが寵を失って脅威にさらされた。

スターリンが死んだことで、一九三〇年代のような粛清が繰り返される恐れはなくなった。しかし、だからといってソ連の諸民族が解放されたわけではないことは、ソ連が第二次世界大戦に勝利したときと同じだった。スターリンによる支配から集団指導体制になったことで多少の変化はあったが、スターリン主義体制の軛《くびき》は緩まず、国民はその後三五年にわたってエネルギーを封じられ、自由を奪われたままだった。一九一七年の革命から数えて実に七〇年である。二十世紀最後の一〇年が始まったとき、ソ連とドイツの国民が置かれていた状況が逆転し、ドイツ連邦共和国はそれまでにヨーロッパの他のどの国も匹敵しえない繁栄と安定を謳歌して、ドイツ再統一という課題に立ち向かった。ソ連の諸民族は経済的に破綻したうえ、政治的には四分の三世紀にわたってそのもとで暮らしてきた共産主義政権にとって代わるべきものについて、明確な意見はもちろん、同意もないまま、四分五裂してソ連は崩壊した。

4

中央ヨーロッパから中央アジアを経てロシアの極東領土にいたる広大な地域に住む数億の人びとの政治的・経済的未来を予見しうる者は、いまのところ誰もいない。われわれは、一九八九年から九一年にかけての出来事に端を発した変化の規模を、まだつかみきれていない。だが、これらの出来事がかもしだした幸福感は、世界的な景気後退に増幅された未来への不安感によって、幻滅と焦燥感に変わってしまった。未来を読めないことに関しては、歴史家も他の人と変わるところがない。しかし、一つだけ強みがある。歴史家は史実から学んで、未来がしばしば予想と非常にかけ離れた現実となっていったことを知っている。このことがヒトラーとスターリンの時代の終わりと、それ以後の時期ほどよく当てはまる時代はない。

第二次世界大戦直後にヨーロッパを訪れるというのは、人命を失い、事物を破壊しつくし、これまで一度もなかった規模で社会全体をそっくり移住させた結果がどうなったかを目のあたりにすることにほかならなかった。一九四五年七月、ルールの谷を見晴らす丘に立った私は、足を引きずりながら東をさして歩むポーランド人とロシア人の隊列が、いつ終わるともなくつづくのを見守った。彼らが通り抜けていく地域の鉱山や工場は、かつてはドイツの工業力の象徴だったが、いまでは荒れはてて静まりかえっていた。その晩、私は手紙をしたため、ドイツが今後、立ち直れるとはとうてい思えないと書いた。さらに数日間、フランス、オーストリア、チェコスロヴァキアへと旅をつづけるうちに、その印象はますます強まり、他の多くの人びとの思いも同じだった。ヒトラーとスターリンが権力を握ってから戦争の終結までの時代にこうむった痛手から、ドイツは言うまでもないが、ヨーロッパははたして回復できるのだろうか。とてもできるとは思えなかった。

これらの痛手に新たに加わったのは、ヨーロッパ分割の負の遺産、ソ連対西側の争い、そこから生まれた数々の恐怖だった。たとえば、ヨーロッパに住む人びとは食べていけなくなる、この先働き口が見つからなくなるという不安、東ヨーロッパを手中に収めた共産党がその支配を西側に広げるのではないかという恐怖、今度は核兵器で戦われることになる第三次世界大戦の恐怖などである。

いまとなれば、こうした恐怖が大げさだったと言うのはやさしい。しかし、信じられないことが起こるのを目撃し、戦争とは、占領とはいかなるものかを、人生のなかで身をもって経験した人びとにとって、恐怖はかならず現実のものになると思われた。そして、一連の危機によって、恐怖はそのつど新しく生まれ変わった。すなわち一九四八年の共産党によるプラハ占領に始まり、ベルリン封鎖、朝鮮戦争（これが前兆となって分割されたドイツでも同じことが起こるのではないかと思われた）とつづいて、ソ連軍のハンガリー侵入、ベルリンの壁、一九六二年のキューバ・ミサイル危機にいたる諸事件がそれにあたる。

当時は誰にもわからなかったのだが、一九四七年から六二年にかけての、まさに恐怖が絶頂に達した時期に、実に多くのことが現実になしとげられていた。五〇年代と六〇年代に、ヨーロッパの諸国民が、西ドイツとオーストリアも含めて、回復力と活力に目ざめて史上まれに見る繁栄と安定の時期を招来しようとは、誰にも予想できなかった。もちろん、回復に向かう最後の段階で、西ヨーロッパ、なかでも西ドイツは、今後二度とあずかれないようなアメリカの援助に多大な恩恵をこうむったことは事実わったのである。

である。しかし——他の国々が再三再四経験しているように——自ら生みだすエネルギーの急激な高まりがともなわない場合、援助だけで経済を回復させえないこともまた事実である。そしてヨーロッパでは、まもなく自前のエネルギーが援助に取って代わったのである。

一八七〇年以来三度も戦火を交じえたフランスとドイツが、戦後に力をあわせてヨーロッパ共同体を創設し、もはや両国間の戦争が考えられなくなるなどと誰が信じていただろうか。同じように、スペイン国民が再び内乱におちいることなく、フランコ政権の遺産を払いのけて民主主義国家の確立に成功することも予測できなかった。最後に、東ヨーロッパの共産主義政権とソ連の影響圏が、ルーマニア一国を除いて、暴力に訴えることなく消え去るとは、それらが永続きすると信じていなかった者でさえ、思ってもみなかっただろう。ましてやその世界から、一九一七年以来なじんできたソ連そのものが消え失せ、ロシアと西側の核戦争の恐怖も除かれようとは、誰が予想しただろうか。ヒトラーとスターリンを打ち負かすには実に長い時間を要し、驚くべき数の人命の犠牲を払わざるをえなかった。しかし結局、ヒトラーとスターリンは敗れたのである。

しかし、言うまでもなく、ヨーロッパが一九四五年以後、自らの再生をなしとげた努力を再び傾けうるとはかぎらない。ヨーロッパの人びとが自らの歴史の教訓を学ばず、より統合されたヨーロッパを目指さなくなるかもしれない。ロシアが再び西側に背を向け、東ヨーロッパが人種紛争の淵に沈むことも考えられる。しかし、未来はこうなると決めつけることはできない。まだ記憶に新しい一九六二年のキューバ・ミサイル危機は戦後一七年目の出来事だったが、その当時に人類が核戦争を経験することなく二十一世紀を迎えられると誰が予測しえただろうか？　しかし、西ヨーロッパと中央ヨーロッパのもつ潜在的な可能性、つまり新しい環境に適応し、統一ドイツの結束をさらに確固たるものとし、少なくともポーランドとチェコとハンガリーを拡大共同体に吸収する可能性まで否定してしまうのは、あまりにも早すぎる。一九四五年から五年を経たあとでさえ、自信を回復するきざしはほとんどなかった。だが、五〇年代には自信がよみがえったではないか。もし右に述べた今後の課題を遂行するのに、一九八九〜九〇年の革命から一〇年間、二十世紀の終わりまでかかったとしても、一九五七年にローマ条約の調印（訳注：これにより翌年一月にヨーロッパ経済共同体とヨーロッパ原子力共同体が発足した）にこぎつけるまでの期間とくらべて一年短いのである。

私がヨーロッパの未来に絶望しない理由は、いささか性質を異にするけれども、もう一つある。本書で述べてきたこの時代は、人間が同じ人間にたいしてどこまで邪悪になれるかを示した時代だった。だが、歴史のこれまでの記録に明らかなとおり、最悪の状況にあってさえ――戦場はもとより、すし詰めの刑務所や収容所で、拷問のもとで、レジスタンス活動のなかで、そして確実な死を前にして——人がどんな高みにのぼりうるかを身をもって示した一握りの人びとが、かならずどこの国にも存在したのである。

ユダヤの人びとはエルサレムに「ヤド・ヴァシェム」という記念博物館を建てた。大虐殺の恐怖を自分たちも忘れず、世界にも忘れさせないようにするためである。館内をまわってそこに集められた証拠を見終わったあとは、圧倒され、打ちのめされた気持ちにならざるをえない。しかし、博物館を出れば「義人の並木道」と呼ばれる並木道がのびている。その並木の一本一本が、苦難にあったユダヤ人を見殺しにすることなく生命を賭けても救おうとした、ユダヤ人以外の人びとを記念して植えられたものなのである。一九九〇年までに二〇〇〇本以上の木が植えられており、そこにはたとえばドイツの工業家でナチ党員だったオスカー・シンドラーを記念するものも含まれている。シンドラーは一三〇〇人のユダヤ人の生命を救ったのである。

ホロコースト博物館と義人の並木道が隣接するというこの取り合わせを、私は決して忘れられない。人間の信じられないような残酷さと勇気、非情さと同情心が併存した時代のダブル・イメージとして、人間が邪悪にも、そして気高くもなりうることを再確認させる証《あかし》として、私の心に刻まれているのだ。そして、それ以上に、決して忘れ去ることなく、困難に直面しても絶対にあきらめないことが、幸せにも生き残った者の責務であるということを、この二つはわれわれに訴えかけているのである。

訳者あとがき

著者が「はしがき」で記しているように、本書は二十世紀前半のヨーロッパの歴史を、欧米の歴史学者になじみの深いベルリン－西側という軸に沿ってではなく、ベルリン－東側の軸、言い換えればドイツ－ロシアの軸に沿って考察し、レーニン以後のソ連におけるスターリン体制とナチズムという二つの革命的権力機構の比較をそこに組み入れようとする試みである。この両体制は、どちらも「ヨーロッパの既存秩序にたいする政治的・思想的挑戦」だった。著者がそこに見出した執筆の枠組みは、両体制を体現するスターリンとヒトラーという二人の独裁者の比較研究だった。この「二人の経歴を見るだけで、革命、独裁、イデオロギー、外交、戦争における両者の異なる側面がすべて網羅される」のである。

著者の意図は、この作業によって、たとえば全体主義の一般概念の基礎をかため、全体主義国家のモデルを構築することではなかった。つまり、「両体制がどちらも一般的なカテゴリーに含まれることを論証するのではなく、比較を通じて、それぞれの体制のもつ独自の個性を浮き彫りにする」ことだったのである。著者が副題としてプルタルコスから借用した「対比列伝《パラレル・ライヴズ》」という言葉を用いた所以である。「戦争と革命の世紀」と言われる二十世紀において、ヒトラーとスターリンは「モンスター」あるいは「悪の権化」とされ、言わば負のヒーローとして誰にもよく知られている。当然、二人のどちらかを取り上げた歴史学者の著作はおびただしく、そのなかで多くの著者が二人の類似点や相違点をあげているが、ヒトラーとスターリンの生涯を並列させ、それを誕生から終焉までたどろうとした例は、この著書以前には皆無だった。ブロックは前記の意図に基づいてこれを試みたわけである。著者のその試みが成功しているかどうかは、読者がテキストにあたってそれぞれに判断していただきたい。訳者の手元には、この本の初版が刊行されてから欧米の新聞や雑誌に掲載された批評が何篇もあるが、いずれも絶賛する内容のものばかりだった。その一部を抜粋して紹介すると以下の通りである。

「二十世紀について何も知らないとして、それを学びたいと思うなら、この『ヒトラーとスターリン』こそ取り組むべき本だ」

――デイリー・メイル

「大冊にもかかわらず、終わりまで一気に読ませてしまう。解釈は穏当で、いくつかの選択肢を示しているのは、すぐれた歴史家の証である」

――フィナンシャル・タイムズ

このように、学者の手になる著作でありながら、表現の明快さ、説明のわかりやすさは特筆するに価する。書評子のなかには、ブロックの叙述をディケンズ、トルストイ、ドストエフスキーにたとえている例も散見されるほどである。これはまさに現代の叙事詩と言っても過言ではないと思う。

著者のアラン・ブロックは一九一四年生まれだから、もう九十歳になろうとしているが、なお健在で執筆活動に専念している。彼はオクスフォード大学で学んだのち、オクスフォード大学セント・キャサリンズ・カレッジの学寮長、オクスフォード大学副学長を務めた。このように教育者としての活動が目立つブロックのこととて、「日曜歴史家」と冗談交じりに自称している。一九五二年に、ブロックは *Hitler —— A Study in Tyranny*（邦訳『アドルフ・ヒトラー』みすず書房）を公刊して絶賛を博し、世界の各国語に翻訳されてベストセラーとなった。私事にわたるが、訳者も四〇年ほど前に邦訳を一読したが、それは訳者にとってヒトラーについて書かれた本に接した最初の機会だった。ブロックは英国学士院会員であり、レジオン・ドヌール勲章を受けている。一九七六年には、男爵に叙せられた。ブロックの他の著作には、戦後の労働党を率いたアーネスト・ベヴィンの三巻からなる伝記 *The Life and Times of Ernest Bevin* などがあり、また *Fontana Dictionary of Modern Thought*（『フォンタナ現代思想辞典』）の共編者でもある。

この本の翻訳は、一九九一年に刊行されたHarperCollins版のハードカバーによった。なにぶん大部の本のため作業に手間がかかり、それが制作段階に入ったときには改訂版が出ることがわかった。それで制作を中断し、改訂版の刊行を待つことにした。したがって、この翻訳は原著の初版を基にしたが、最終的には一九九八年に刊行され、さらに改訂されたFontanaの第二版を底本にして全面的に改めている。初版から改訂版が出るまでのあいだに、ベルリンの壁の崩壊につづく共産主義ブロックの消滅という世界史上の大事件があり、新しい情報が公開されたこともあって、著者の加筆訂正は入念をきわめた。そのことは、著者が「序」に「この改訂版の準備にあたり、ソ連で入手可能となった新しい資料と、ロシアならびにドイツの歴史を取り上げた数多くの新著を参照することができた。最も大きく手を加えたのは第16章で、全面的に書きなおして、構成をより明確にした」と記している通りである。

この長期にわたった仕事にお付き合いいただき、入念にフォローしてくれた草思社の平山濶二氏に深く感謝するものである。大学でドイツ語とロシア語を学んだ平山氏のサポートは、本書にとっても訳者にとっても実に貴重なものであった。本書は鈴木訳となっているが、実質は平山氏との共訳と言うべきであろう。やむをえない事情があったとはいえ、翻訳に着手してから刊行するまで長時間にわたって迷惑をかけたことでは、草思社に深くお詫びしなければならない。

二〇〇三年六月

鈴木主税

付表 III：ホロコースト

1939〜45 年に犠牲となった男性、女性、子供をあわせたユダヤ人の数は以下のとおり。分類は死亡した場所ではなく国籍にしたがっている。

付表 III　1939 ~ 45 年に虐殺された全ユダヤ人の合計

国　籍	人　数
ポーランド（1939 年の国境による）	2,900,000
ソ連（1939 年以前の国境による）	1,250,000
ハンガリー	300,000
ルーマニア	250,000
チェコスロヴァキア	245,000
バルト諸国	200,000
ドイツ（1938 年の国境による）	160,000
オランダ	104,000
フランス	64,000
オーストリア	58,000
ギリシア	58,000
ユーゴスラヴィア	54,000
イタリア	8,000
ヨーロッパのその他の国	11,000
合　計	約 5,662,000

1942 年 1 月のヴァンゼー会議でナチが発表した統計によると、ロシアとウクライナを含むヨーロッパにおけるユダヤ人の総数は約 1100 万人である。

第一次と第二次の世界大戦の死者数に、スペインおよびソ連での内戦における死者数を加えると、31年間で約5830万人が死亡したことになる。

付表II-3

第二次世界大戦	約40,000,000人
第一次世界大戦	約7,700,000人
スペイン内戦	約600,000人
ソ連内戦	約10,000,000人
合計	約58,300,000人

さらに、1921～22年にロシアを襲った飢饉による死者500万人のほか、1930年代にスターリンが行なった集団農場化計画に伴うロシア農民の死者、並びに粛清と強制収容所における死者もいる。これらの人数を加えると、1914～53年のヨーロッパにおける暴力による死者はおよそ7500万人になる。

付表 II-1：その他のヨーロッパ諸国の死者

	兵士	民間人		合計
ハンガリー	300,000	540,000	(ユダヤ人を含む)	840,000
フランス	250,000	350,000	(レジスタンス活動団体を含む)	600,000
ギリシア	20,000	450,000	(レジスタンス活動家を含む)	470,000
ルーマニア	300,000	200,000		500,000
オーストリア	230,000	144,000		374,000
チェコ	250,000	90,000		340,000
イタリア	200,000	100,000		300,000
その他のヨーロッパ各国合計				378,000

査結果を採用するにしても（2000万人、または2600〜2700万人）、ヨーロッパ全体の戦死者の総数は4000〜5000万人になる。その約半数がソ連市民。別の側面から見ると、約半数が男性、女性、子供をあわせた民間人である。

参考までに、第一次大戦における戦死者数（民間人は除く）は以下のとおり。

付表 II-2：第一次大戦における戦死者数（民間人は除く）

イギリス*	744,702
フランス*	1,327,000
イタリア	460,000
ソ　連**	1,700,000
アメリカ	115,660
ドイツ	1,200,000
オーストリア－ハンガリー**	1,200,000
トルコ	325,000
合　計	約7,800,000

* イギリスおよびフランスの合計は、両国の植民地から召集された部隊の死者を除いた、本国部隊のみの人数。

** この2カ国の数値は必ずしも正確ではない。またソ連の内戦における死者は除く。

いについて定めたジュネーヴ条約を批准していなかったので、ドイツ軍はソ連兵を条約の適用外と見なした。その結果、1941〜42年にとらえられたり部隊とはぐれたりして捕虜になったソ連兵の大半は、ドイツ軍の監視のもとで銃殺されるか、放置され、または飢えや負傷によって、死に至った。のちにドイツで労働力が不足したことから方針が変わり、ソ連兵捕虜は労働収容所へ送られ、文字どおり死ぬほどこき使われた。捕虜になった570万人（*Oxford Companion*, p. 465）のうち、なんと6分の5を超える人数（470万人）（同上 p. 914）が戦争を生き延びられなかった。この数値については、もっと少ない250万人、あるいは330万人（同上 p. 468）であるとする意見もある。

ドイツの死者数については、それほど複雑ではない。公式発表によるとドイツ陸・海・空軍の全戦線における死者は390万人で、なかでも東部戦線における死者が圧倒的多数を占める。民間人の死者数は、こういった統計はとられていないが、約300万人とする意見が大半であり、したがって総計では約690万人になる。

そのほか、ポーランドとユーゴスラヴィアの2カ国は死者の割合が非常に高くなっている。ポーランドの場合は約600万人が死亡しており、そのうち約300万人がユダヤ人である。1939年当時のポーランド人口に照らすと、死亡率は各国のなかで最も高い(17.2%)。だが注意してほしいのは、ホロコーストで死亡したユダヤ人600万人のなかに、やはり300万人のポーランド系ユダヤ人が含まれていることである。ユーゴスラヴィアは兵士、ゲリラ、民間人あわせて170万6000人が死亡した。これは、1939年当時のユーゴスラヴィア人口の10.9%にあたる。

最後にイギリスとアメリカについて述べる。イギリスの東南アジアおよび中東を含む全戦線における死者は38万8000人で、そのうち32万6000人が兵士。アメリカの死者数（太平洋戦線における死者を含む）は29万5000人である。

結論すると、ソ連の戦死者数について欧米、ソ連のどちらの調

付表Ⅱ：第二次大戦におけるヨーロッパ各国とアメリカの死者

第二次大戦における死者の統計をとるには、ソヴィエト連邦の集団農場化計画や、大粛清、強制収容所における犠牲者の数を見積もる場合と同様の困難がともなう。中国や日本などのアジア各国をのぞき、1939〜45年のヨーロッパ（ソ連を含む）、イギリス連邦およびアメリカの死者数は、兵士と民間人あわせて4000〜5000万人と考えられている。このうち約半数をソ連邦の国籍をもつ人びとが占めている。このソ連の死者数——兵士と民間人あわせて2000万人以上——は、フルシチョフが1956年に調査した結果である。フルシチョフによると、それより多い可能性はあるが、少なくはないはずだという。

そのすぐあとに行なわれた欧米の調査では、フルシチョフの調査に近い結果が出ている。ソ連の死者は兵士が1360万人、民間人が640万人［*The Oxford Companion to the Second World War* (Oxford 1995), p. 434］。同書の別の記事には（p. 1235）、戦闘中または捕虜になって死亡した兵士は1100万人とあるが、民間人の死者数は書かれていない。

ソ連の死者数については、1994年にロシア科学アカデミーで国際会議が開かれ、討議がなされた。戦闘中または捕虜になって死亡した兵士が866万8000人（軍事専門家の調査による数値）、民間人が1800万人、総数2600〜2700万人とのことで、ほぼ意見が一致した。モスクワの軍事史研究所の所長で、同研究所の文書保管所の資料をもとにスターリンの伝記を執筆したドミートリ・ヴォルコゴーノフは、総数2600〜2700万人については同意見だったが、内わけを兵士1600万人、民間人1000〜1100万人とした。こうして、事実上は欧米の調査結果の2000万人か、ロシアの調査結果の2600〜2700万人かの二者択一ということになった。

問題を難しくしている要素の一つに、捕虜になったソ連兵の数がはっきりせず、意見がまちまちなことがある。ソ連政府は戦争捕虜の扱

国会選挙								
1932年11月6日			1933年3月5日			1933年11月12日		
44,373,700	—	584	44,685,800	—	647	45,141,900	—	661
35,471,800	79.9	—	39,343,300	88.0	—	42,988,100*	95.2	—
得票数	%	議席数	得票数	%	議席数	得票数	%	議席数
7,248,000	20.4	121	7,181,600	18.3	120	—	—	—
—	—	—	—	—	—	—	—	—
5,980,200	16.9	100	4,848,100	12.3	81	—	—	—
4,230,600	11.9	70	4,424,100	11.7	74	—	—	—
1,094,600	3.1	20	1,073,600	2.7	18	—	—	—
336,500	1.0	2	334,200	0.8	5	—	—	—
661,800	1.9	11	432,300	1.1	2	—	—	—
110,300	0.3	1	—	—	—	—	—	—
2,959,000	8.8	52	3,136,800	8.0	52	—	—	—
11,737,000	33.1	196	17,277,200	43.9	288	39,638,800	92.2	661
1,526,100	4.4	11	766,146	1.9	7	—	—	—

＊ 無効票数 3,349,363

国　会　選　挙

1924年12月7日			1928年5月20日			1930年9月14日			1932年7月31日		
38,987,300	—	493	41,224,700	—	491	42,957,700	—	577	44,226,800	—	608
30,290,100	77.7	—	30,753,300	74.6	—	34,970,900	81.4	—	—	83.4	—
得票数	%	議席数	得票数	%	議席数	得票数	%	議席数	得票数	%	議席数
7,881,000	26.0	131	9,153,000	29.8	153	8,577,700	24.5	143	7,959,700	21.6	133
—	—	—	—	—	—	—	—	—	—	—	—
2,709,100	9.0	45	3,264,800	10.6	54	4,592,100	13.1	77	5,282,600	14.6	89
4,118,900	13.6	69	3,712,200	12.1	62	4,127,900	11.8	68	4,589,300	12.5	75
1,134,000	3.7	19	945,600	3.0	16	1,059,100	3.0	19	1,192,700	3.2	22
1,919,800	6.3	32	1,505,700	4.9	25	1,322,400	3.8	20	371,800	1.0	4
3,049,100	10.1	51	2,679,700	8.7	45	1,578,200	4.5	30	436,000	1.2	7
1,005,400	3.3	17	1,397,100	4.5	23	1,362,400	3.9	23	146,900	0.4	2
6,205,800	20.5	103	4,381,600	14.2	73	2,458,300	7.0	41	2,177,400	5.9	37
907,300	3.0	14	810,100	2.6	12	6,409,600	18.3	107	13,745,800	37.4	230
1,389,700	4.4	12	2,903,500	9.2	28	3,724,300	10.5	49	1,119,300	2.8	9

付表 I：1919 ～ 33 年におけるドイツの政党と総選挙結果

	国会選挙								
	1919 年 1 月 29 日			1920 年 6 月 6 日			1924 年 5 月 4 日		
有権者	36,766,500	—	423	35,949,800	—	459	38,375,000	—	472
有効票数	30,400,300	82.7	—	28,196,300	78.4	—	29,281,800	76.3	—
政党	得票数	%	議席数	得票数	%	議席数	得票数	%	議席数
社会民主党	11,509,100	37.9	165	6,104,400	21.6	102	6,008,900	20.5	100
独立社会民主党	2,317,300	7.6	22	5,046,800	17.9	84	—	—	—
共産党	—	—	—	589,500	2.1	4	3,693,300	12.6	62
中央党	5,980,200	19.7	91	3,845,000	13.6	64	3,914,400	13.4	65
バイエルン人民党	—	—	—	1,238,600	4.4	21	946,700	3.2	16
ドイツ民主党	5,641,800	18.6	75	2,333,700	8.3	39	1,655,100	5.7	28
ドイツ人民党	1,345,600	4.4	19	3,919,400	13.9	65	2,964,400	9.2	45
ドイツ経済党	275,100	0.9	4	218,600	0.8	4	692,600	2.4	10
ドイツ国家人民党	3,121,500	10.3	44	4,249,100	14.9	71	5,696,500	19.5	95
国家社会主義ドイツ労働者党（ナチ党）	—	—	—	—	—	—	1,918,300	6.5	32
その他	209,700	0.6	3	651,200	2.5	5	2,059,700	6.9	19

原 注

↓原注で使用されている略語　↓英訳

DBFP　*Documents on British Foreign Policy, 1919–1939* (London 1949–57)

DGFP　*Documents on German Foreign Policy, 1918–1945*

ND　ニュルンベルクの国際主要戦争犯罪人裁判で提示された Nuremberg Documents

VB　*Völkischer Beobachter* (ナチ党の新聞)

VfZ　*Vierteljahresheft für Zeitgeschichte* (Munich)

FRUS　*Papers Relating to the Foreign Relations of the United States* (Washington)

PRO　Public Record Office, Kew, London

RIIA　Royal Institute of International Affairs

TMWC　Trial of the Major War Criminals: Proceedings and Evidence (Nuremberg 1947–49)

第1巻

第1章　出自 (Origins)

1　Robert C. Tucker, *Stalin as Revolutionary* (New York 1973), p. 73 で引用されている。Iremashvili の回想録はドイツ移住後の 1932 年に早くも刊行されている。Joseph Iremashvili, *Stalin und die Tragödie Georgiens* (Berlin 1932), pp. 11–12. スターリンの伝記作家のほとんどはこれを利用しているが、その信憑性についてはさまざまな疑念を抱いている。

2　Tucker, *Stalin as Revolutionary,* p. 80 で引用されている。

3　August Kubizek, *Young Hitler* (London 1954), ch. 8. Bradley F. Smith, *Adolf Hitler: His Family, Childhood and Youth* (Stanford 1967) も参照。

4　*Mein Kampf,* trans. James Murphy (London 1939), p. 30. アドルフ・ヒトラー著、平野一郎・将積茂訳『完訳わが闘争』上下巻、角川文庫、1973。

5　同上、p. 31.

6　Sigmund Freud, *Collected Papers,* vol. IV (London 1952). Tucker,

Stalin as Revolutionary, p. 76 で引用されている。

7 たとえば以下を参照。J. Brosse, *Hitler avant Hitler. Essai d'interpretation psychoanalytique* (Paris 1972) ; R. G. L. Waite, *The Psychopathic God : Adolf Hitler* (New York 1977) ; Rudolph Binion, *Hitler among the Germans* (New York 1977).

8 Erik H. Erikson, *Childhood and Society* (3rd edn, New York 1963), p. 337. E. H. エリクソン著、仁科弥生訳『幼児期と社会 (1・2)』みすず書房、1977/1980。

9 Erich Fromm, *The Anatomy of Human Destructiveness* (pb. edn, London 1977), pp. 498–515 を参照。エーリッヒ・フロム著、作田啓一・佐野哲郎訳『破壊 人間性の解剖』紀伊國屋書店、2001。

10 同上、pp. 271–9.

11 Robert C. Tucker, *Stalin in Power : The Revolution from Above, 1928–1941* (New York 1990), p. 4 および Karen Horney, *Neurosis and Human Growth* (New York 1950). カレン・ホーナイ著、我妻洋・安田一郎編、榎本譲・丹治竜郎訳『ホーナイ全集・第6巻 神経症と人間の成長』誠信書房、1998。

12 Alex de Jonge, *Stalin and the Shaping of the Soviet Union* (London 1986), p. 33. 参照。アレクス・ド・ジョンジュ著、中沢孝之訳『スターリン』心交社、1989。Adam Ulam, *Stalin : The Man and His Era* (2nd edn, London 1989), p. 24.

13 Svetlana Alliluyeva, *Only One Year* (*New York 1969), pp. 313–14. 同書でスターリンは神学校に 10 年いたとされているが、これは誤りで、実際には 5 年しか在学していない。

14 Tucker, *Stalin as Revolutionary,* p. 120.

15 Messame Dassy (Third Group) という名称が採用されたのは、1880 年代の進歩的でリベラルな組織 Meori Dassy (Second Group)、さらにそれ以前の、農奴制廃止を提唱した Pirvali Dassy と区別するためである。ロシアのマルクス主義の展開については、Leopold H. Haimson, *The Russian Marxists and the Origins of Bolshevism* (Cambridge, Mass. 1955) を参照。

16 Iremashvili, *Stalin,* p. 24.

第 2 章　修業時代 (Experience)

1　Bradley F. Smith, *Adolf Hitler: His Family, Childhood and Youth* (Stanford 1967), p. 145. Honisch が 1938 年、NSDAP Hauptarchiv に提出した報告を引用している。

2　*Mein Kampf*, trans. James Murphy (London 1939), pp. 32-3.

3　同上、p. 39.

4　同上、p. 40.

5　同上、p. 47.

6　同上、p. 62.

7　同上、p. 42.

8　このことを初めて認識したのは Hugh Trevor-Roper であり、*Hitler's Table Talk, 1941-1944* (London 1953)（アドルフ・ヒトラー著、ヒュー・トレヴァー＝ローパー解説、吉田八岑監訳『ヒトラーのテーブル・トーク 1941-1944』上下巻、三交社、1994）の英訳版の序文として書かれた小論 'The Mind of Adolf Hitler' で発表している。

9　*Mein Kampf*, trans. Murphy, pp. 59-60.

10　A. G. Whiteside, *Austrian National Socialism before 1918* (The Hague 1962) を参照。

11　Alec Nove, *An Economic History of the USSR* (2nd edn, London 1989), ch. 1 を参照。アレク・ノーヴ著、石井規衛ほか訳『ソ連経済史』岩波書店、1982。

12　Alex de Jonge が翻訳した Arsenidze, *Novyi Zhurnal* から引用。Jonge, *Stalin and the Shaping of the Soviet Union* (London 1986), pp. 55-6 を参照。

13　J. Stalin, *Collected Works* (Moscow 1952-5), vol. I, pp. 62-73.

14　ロシアの革命の伝統の歴史の初期段階については、Franco Venturi, *Roots of Revolution* (*London 1960) および Tibor Szamuely, *The Russian Tradition* (London 1974), part II を参照。

15　Bertram Wolfe, *Three Who Made a Revolution* (London 1956), p. 193 で引用されている。ベルトラム・D・ウルフ著、荒畑寒村訳『三人の革命者』実業之日本社、1956。

16　Emil Ludwig によるインタビュー。Issac Deutscher, *Stalin: A Political Biography* (London 1949), p. 19 で引用されている。アイザック・ドイッチャー著、上原和夫訳『スターリン　政治的伝記』みすず書房、

1984。
17 同上、pp. 25-6.
18 Robert C. Tucker, *Stalin as Revolutionary* (New York 1973), p. 140.
19 日付は、Robert H. McNeal, *Stalin : Man and Ruler* (London 1988), p. 339, nn. 36, 39 で確証されている。
20 Joseph Iremashvili, *Stalin und die Tragödie Georgiens* (Berlin 1933), pp. 39-40. Ronald Hingley, *Joseph Stalin : Man and Legend* (London 1974), p. 32 で引用されている。
21 Tucker, *Stalin as Revolutionary,* pp. 133-4 で引用されている。
22 *Khrushchev Remembers,* trans. and ed. Strobe Talbot (London 1971). ストローブ・タルボット編、タイムライフブックス編集部訳『フルシチョフ回想録』タイムライフインターナショナル、1972。Sergei Khrushchev（ニキータの息子）, *Khrushchev on Khrushchev* (Barton 1990) を参照。セルゲイ・フルシチョフ著、ウィリアム・トーブマン編、福島正光訳『父フルシチョフ解任と死』上下巻、草思社、1991。
23 Deutscher, *Stalin,* p. 104 で引用されている。
24 Bogdanov および Lunacharsky との論争。この論争がもとで、レーニンは一時的に政治から離れ、対立者たちをつぶす活動の一環として *Materialism and Empirio-Criticism*（レーニン著、佐野文夫訳『唯物論と経験批判論』上中下巻、岩波書店〔岩波文庫〕、1951-1953）を執筆した。
25 Deutscher, *Stalin,* p. 110 で引用されている。
26 Adam Ulam, *Stalin : The Man and His Era* (2nd edn, London 1989), p. 123 で引用されている。
27 Hingley, *Stalin,* p. 76 で引用されている。
28 Roy Medvedev の未刊の回顧録 *Let History Judge* (*2nd edn, Oxford 1989), p. 36 からの引用。ロイ・ア・メドヴェーデフ著、石堂清倫訳『共産主義とは何か　スターリン主義の起源と帰結』上下巻、三一書房、1973/1974。
29 1934 年 8 月 17 日、ハンブルクでの演説。*The Speeches of Adolf Hitler,* trans. and ed. Norman H. Baynes (London 1942), vol. I, p. 97.
30 *Mein Kampf,* trans. Murphy, p. 117.
31 同上、p. 145.

32 ヒトラーの戦友の1人の話。Konrad Heiden, *Der Führer* (*reissued London 1967), p. 74 で引用されている。Heiden は、1920 年以降のヒトラーとナチの活動を綿密に追跡し、1932 年、この政党についての彼の最初の記録を出版した (*A History of National Socialism* というタイトルで翻訳された)。1944 年に初版が刊行された *Der Führer* は、1934 年のレームの処刑までのナチの動きとその指導者に関するすぐれた研究であり、現在でも読むに値する。

33 Joachim Fest, *Hitler* (*London 1974), pp. 69–70. ヨアヒム・フェスト著、赤羽竜夫ほか訳『ヒトラー』上下巻、河出書房新社、1975。

34 *Mein Kamph,* trans. Murphy, p. 146.

第3章　十月革命、十一月一揆 (October Revolution, November Putsch)

1 Merle Fainsod, *How Russia Is Ruled* (Cambridge, Mass. 1953), pp. 85–6. マール・フェインソド著、井上勇訳『ソ連の統治形態』時事通信社、1969。

2 Raskolnikov の記憶。Robert M. Slusser, *Stalin in October: The Man Who Missed the Revolution* (Baltimore 1987), p. 49 で引用されている。

3 レーニンが4月4日に党協議会に提出した 'April Theses' は、'The Tasks of the Proletariat in the Present Revolution' というタイトルで『プラウダ』紙に掲載された。*The Essentials of Leninism* (*London 1947), vol. II, pp. 17–21.

4 E. Yaroslavsky, *Landmarks in the Life of Stalin* (*Moscow 1940), p. 94.

5 1918 年1月6日、ソヴィエト中央執行委員会の会合で行なわれた、憲法制定会議解散についてのレーニンの演説。*Essentials of Leninism,* vol. II, p. 250.

6 George Leggett, *The Cheka: Lenin's Political Police* (Oxford 1981), p. 17 で引用されている。

7 同上、p. xxxii で引用されている。

8 同上、Appendix, p. 468 を参照。Robert Conquest の推定数が使われている。

9 *The Bolsheviks and the October Revolution: Central Committee Minutes of the RSDLP (Bolsheviks), 1917–18* (*London 1974), pp. 173–8.

10 Leggett, *Cheka,* p. 111.
11 K. D. Bracher, *The German Dictatorship* (*London 1971), p. 30 で引用されている。K・D・ブラッハー著、山口定・高橋進訳『ドイツの独裁　ナチズムの生成・構造・帰結（1・2）』岩波書店、1975。
12 K. A. von Müller, *Im Wandel einer Welt: Erinnerungen, 1919–32* (Munich 1966), Joachim Fest, *Hitler* (*London 1974), p. 113 で引用されている。
13 全文は Ernst Deuerlein により *VfZ* (1959), 2, pp. 201ff. に掲載されている。
14 ヒトラーの政治的遺言。Max Domarus (ed.), *Hilter. Reden und Proklamationen, 1932–1945* (Würzburg 1963), vol. II, pp. 2236–9.
15 *Mein Kampf,* trans. James Murphy (London 1939), p. 298.
16 同上、p. 48.
17 J. P. Stern, *Hitler: The Führer and the People* (London 1975), p. 35 で引用されている。J. P. スターン著、山本尤訳『ヒトラー神話の誕生　第三帝国と民衆』社会思想社、1989。
18 *Mein Kampf,* trans. Murphy, pp. 394–5.
19 同上、pp. 391–2.
20 同上、p. 403.
21 この議定書の由来については Norman Cohn, *Warrant for Genocide* (London 1967) を参照。ノーマン・コーン著、内田樹訳『シオン賢者の議定書　ユダヤ人世界征服陰謀の神話』ダイナミックセラーズ、1986。
22 *Fest, Hitler,* pp. 128–9.
23 Hermann Rauschning, *Hitler Speaks* (*London 1939), p. 89. ヘルマン・ラウシュニング著、船戸満之訳『ヒトラーとの対話』学芸書林、1972。
24 Martin Broszat, *The Hitler State* (*London 1981), ch. 2 を参照。
25 この2つの引用文は、Aryeh L. Unger, *The Totalitarian Party: Party and People in Nazi Germany and Soviet Russia* (Cambridge 1974), pp. 8–9 に並べて掲載されている。
26 Maurice Duverger, *Political Parties* (*London 1954), p. 2.
27 Michael Kater, *The Nazi Party: A Social Profile of Members and Leaders, 1919–1945* (Oxford 1983), chs 1, 7 を参照。

28 Konrad Heiden, *Hitler: A Biography* (*London 1936), pp. 102-3.
29 Friedelind Wagner, *The Royal Family of Bayreuth* (London 1948), p. 8.
30 *Hitler's Table Talk, 1941-1944* (*London 1953), p. 107.
31 裁判記録の謄本 *Der Hitler-Prozess* (Munich 1924) から引用。
32 1919年から23年については Henry Ashby Turner Jr, *German Big Business and the Rise of Hitler* (New York 1985), pp. 47-60 を参照。
33 同上、p. 60.
34 *Adolf Hitlers Reden* (Munich 1933), pp. 89-93.
35 Albrecht Tyrell, *Vom Trommler zum Führer* (Munich 1975) を参照。
36 Dietrich Orlow, *The History of the Nazi Party*, vol. I: *1919-33* (Newton Abbot 1971), p. 45.

第4章 書記長 (The General Secretary)

1 Merle Fainsod, *How Russia Is Ruled* (Cambridge, Mass. 1953), p. 303 で引用されている。
2 Robert C. Tucker, *Stalin as Revolutionary* (New York 1973), pp. 184-6 で引用されている。
3 以下で引用されている。Ronald Hingley, *Joseph Stalin: Man and Legend* (London 1974), p. 117; Issac Deutscher, *Stalin: A Political Biography* (London 1949), pp. 196-7.
4 Tucker, *Stalin as Revolutionary*, pp. 192-3 で引用されている。
5 D. A. Volkogonov, *Stalin: Triumph and Tragedy* (*London 1991), p. 57 で引用されている。ドミートリー・ヴォルコゴーノフ著、生田真司訳『勝利と悲劇　スターリンの政治的肖像』上下巻、朝日新聞社、1992。
6 Tucker, *Stalin as Revolutionary*, p. 201 で引用されている。
7 Roy Medvedev, *Let History Judge* (rev. edn, Oxford 1989), p. 64 で引用されている。1937年1月4日付のトロツキーの未発表の覚書から。
8 1921年10月17日の演説。Leszek Kolakowski, *Main Currents of Marxism*, vol. II: *The Golden Age* (*Oxford 1978), p. 484 で引用されている。
9 1921年に刊行された英語版の pp. 122-7.
10 The *Essentials of Leninism* (*London 1947), vol. I, p. 177.

11 Deutscher, *Stalin,* p. 221 で引用されている。

12 Leonard Schapiro, *The Communist Party of the Soviet Union* (2nd edn, London 1970), p. 221 で引用されている。

13 R. V. Daniels, *The Conscience of the Revolution : Communist Opposition in Soviet Russia* (Cambridge, Mass. 1960), pp. 211-12 で引用されている。ロバート・V・ダニエルズ著、国際社会主義運動研究会訳『ロシア共産党党内闘争史』現代思潮社、1967。

14 決議案第 3 節 : *Essentials of Leninism,* vol. II, p. 684.

15 Schapiro, *Communist Party,* p. 212 で引用されている。

16 Aryeh L. Unger, *The Totalitarian Party : Party and People in Nazi Germany and Soviet Russia* (Cambridge 1974), p. 15 で引用されている。

17 1922 年 11 月 13 日 : Essentials of Leninism, vol. II. p. 819

18 Tucker, *Stalin as Revolutionary,* p. 208 で引用されている。Preobrazhensky は 1921 年の第 10 回党大会後に中央委員を解任された。のちに銃殺されたが、それは告発された犯罪について自白を拒否したためである。(Schapiro, *Communist Party,* p. 426)。

19 L. Trotsky, *Stalin* (*London 1947), p. 357. トロツキー著、マルミュス編、武藤一羊・佐野健治訳『スターリン』第 1・第 2・第 3 巻、合同出版、1967。

20 Alex de Jonge, *Stalin and the Shaping of the Soviet Union* (London 1986), p. 157 で引用されている。

21 Tucker, *Stalin as Rovolutionary,* pp. 252-3 で引用されている。

22 同上。

23 1963 年に初めてソ連で公表され、Adam Ulam, *Stalin : The Man and His Era* (2nd edn, London 1989), p. 216 で引用された。

24 Trotsky, *Stalin,* p. 365,

25 Volkogonov, *Stalin,* pp. 78-81.

26 同上、p. 81.

27 Lenin, *Collected Works* (Moscow 1960-80), vol. XXXVI, pp. 605-10.

28 これらの論文は *Essentials of Leninism,* vol. II, pp. 840-55 に再掲されている。

29 レーニンの Mdivani 宛書簡 (1923 年 3 月 6 日) : L. Trotsky, *The Stalin School of Falsification* (*New York 1937), p. 69. トロツキー著、中野潔・大屋史朗訳『トロツキー選集・補巻第 1 偽造するスターリ

ン学派』現代思潮社、1968。

30 フルシチョフが1956年の秘密報告で全文を引用している。*The Anti-Stalin Campaign and International Communism* (New York 1956), pp. 8–9を参照。

31 R. W. Daviesが1990年4月22日付『オブザーバー』紙で引用している。

32 Deutscher, *Stalin,* p. 258で引用されている。

33 この論文は、定期刊行の *Questions of Soviet Economy and Administration,* January 1924に発表され、Daniels, *Conscience of the Revolution,* p. 167で引用された。

34 Trotsky, *My Life* (New York 1931), p. 481. トロツキー著、森田成也訳『わが生涯』上下巻、岩波文庫、2000/2001。

35 スターリンが1927年、第14回党大会に提出した報告 (Stenographic Report, Moscow 1928).

36 Daniels, *Conscience of the Revolution,* p. 212で引用されている。

37 この書簡はL. Trotsky, *the New Course* (*New York 1943), pp. 153–6に再掲されている。トロツキー著、藤井一行訳『新路線』柘植書房、1989。

38 'Declaration of the 46' の翻訳は、E. H. Carr, *A History of Soviet Russia,* vol. IV: *The Interregnum, 1923–24* (London 1954), pp. 369–73に掲載されている。

39 Danielsによる引用。*Conscience of the Revolution,* pp. 220–1.

40 トロツキーの書簡はTrotsky, *The New Course,* pp. 89–98に再掲されている。

41 第13回党協議会: J. Stalin, *Collected Works,* vol. VI, pp. 5–46.

42 Boris Bazhanovは1923年8月から25年末までスターリンのもとで政治局担当の秘書を務め、政治局の全会議に出席した。コミュニズムに幻滅し、1928年初めにソ連を脱出して、回顧録 *Avec Staline dans le Kremline* (Paris 1930) を出版した (ボリス・バヂヤノフ著、姫田嘉男訳『赤露の皇帝スターリン』先進社、1931)。ドイツ語版は *Der Rote Diktator* (Berlin 1931)。1979年にはさらにくわしい記録がパリで出版され、1990年にはその英訳版 *Bazhanov and the Damnation of Stalin* (Ohio U. P.) がアメリカで出版された。この引用部分はG. R. Urban (ed.), *Stalinism: Its Impact on Russia and the World* (pb. edition,

Aldershot 1985), p. 26 に掲載のラジオのインタビューからとった。

43 Nadezhda Mandelstam, *Hope abandoned* (pb. edn, *London 1975), pp. 237-8. ナジェージダ・マンデリシュターム著、木村浩・川崎隆司訳『流刑の詩人 マンデリシュターム』新潮社、1980。

44 Walter Duranty, *I Write as I Please* (New York 1935), pp. 225-6 で引用されている。

45 Ronald Hingley の言葉。*Stalin*, p. 155.

46 Stalin, *Collected Works* (Moscow 1952-5), vol. VI, pp. 47-53.

47 Robert Tucker, *Stalin as Revolutionay*, pp. 279-88 を参照。

第5章 ナチ党の創設 (The Creation of the Nazi Party)

1 すべて裁判記録の謄本 *Der Hitler-Prozess* (Munich 1924) からの引用。

2 Joachim Fest, *Hitler* (*London 1974), p. 195 で引用されている。

3 1933年11月8日のビュルガーブロイケラーでのヒトラーの演説。Max Domarus (ed.), *Hitler. Reden und Proklamationen, 1932-45* (Würzburg 1962), vol. I. p. 327.

4 1934年11月、レームをはじめとするSA指導者たちにたいする措置によって、「第二革命」の可能性が退けられたあとのヒトラーの談話。*VB*, 10 November 1934.

5 *Mein Kampf*, trans. James Murphy (London 1939), p. 183.

6 1938年4月2日、ケムニッツでの演説。*Hitler's Words*, Speeches 1922-43, ed. Gordon W. Prange (*Washington DC, 1944), pp. 8-9.

7 *Mein Kampf*, trans. Murphy, p. 242.

8 同上、p. 243.

9 同上、p. 242.

10 *Mein Kampf*, trans. Manheim, p. 598.

11 *Mein Kampf*, trans. Murphy, p. 330.

12 *Hitler's Secret Book. Hitlers Zweites Buch* の英訳 (New York 1961), p. 24.

13 同上、p. 27.

14 H. Preiss (ed.), *Adolf Hitler in Franken. Reden aus der Kampfzeit* (Munich 1939), p. 81.

15 *Hitler's Secret Book*, pp. 212-13.

16 *Mein Kampf,* German edn (Munich 1930), p. 225.
17 このインタビューは1924年8月17日発行のライプツィヒの報道紙 *Der National-Sozialist* に掲載されたもので Eberhard Jäckel, *Hitler's World View* (*Middletown 1972), p. 57 で引用されている。エバーハルト・イエッケル著、滝田毅訳『ヒトラーの世界観　支配の構想』南窓社、1991。
18 *Mein Kampf,* trans. Murphy, p. 392.
19 同上、p. 32.
20 Otto Strasser, *Hitler and I* (*London 1940), pp. 76–7.
21 *Mein Kampf,* trans. Murphy, p. 392.
22 同上、pp. 160–1.
23 同上、p. 161.
24 同上、p. 437.
25 同上、p. 438.
26 Kurt G. W. Lüdecke, *I Knew Hitler* (*London 1938), p. 214.
27 1925年3月7日付 *VB* に掲載された報告。Fest, *Hitler,* p. 227 で引用されている。
28 Dietrich Orlow, *The History of the Nazi Party,* vol. I: *1919–33* (Newton Abbot 1971), p. 70 で引用されている。
29 同上、p. 69.
30 交通事故で負傷したため Strasser は1926年9月までこの地位につけなかった。その後1927年末までこの地位にとどまった。
31 Fest, *Hitler,* p. 241 で引用されている。Henry Ashby Turner Jr (ed.), *Nazism and the Third Reich* (New York 1972), pp. 21–44 にある Joseph L. Nyomarkay, 'Factionalism in the NSDAP, 1925–1926: The Myth and Reality of the Northern Faction' を参照。
32 Henry Ashby Turner Jr, *German Big Business and the Rise of Hitler* (New York 1985), p. 65 で引用されている。
33 Orlow, *Nazi Party,* vol. I, p. 87, n. 43 で引用されている。
34 Michael Kater, *The Nazi Party* (Oxford 1983), pp. 34–8 を参照。
35 Turner, *German Big Business,* pp. 65–8 を参照。
36 同上、pp. 83–99 を参照。以下の記録にもとづいている。1926–7年にエッセンで開かれた会議でヒトラーが非公開で行なった演説；1928年2月 Hamburg National Club で行なわれた演説；1928年3月、ハイ

デルベルクで実業家を招待して行なったスピーチ。
37 議長は退役した将軍 Heinemann で、1928 年初頭に 21 年に入党したより若い退役将校 Walter Buch に引き継がれた。
38 Orlow, *Nazi Party,* vol. I, p. 80.
39 Turner (ed.), *Nazism and the Third Reich,* pp. 45-88 にある Horst Gies, 'The NSDAP and Agrarian Organization in the Final Phase of the Weimar Republic' を参照。
40 同上で引用されている。
41 Turner, *German Big Business,* pp. 111-24 を参照。
42 この会談については Otto Strasser による記録しか残されていないが、その内容はだいたいにおいて正確だと認められるだろう。この記録は間をおかずに発表され、ヒトラーによって変更あるいは否認されたことは一度もなかった。いくつかの点で彼にとってかなり不利なものであったはずなのに、ヒトラーが述べたとされる言葉は、すべて彼の見解として知られていることと完全に一致しているからだ。つづく記述は、当時 (1939 年) 出版されたパンフレット Otto Strasser, *Ministersessel oder Revolution?*と、*Hitler and I* の英語要約版の pp. 109-27 からとられている。
43 Fest, *Hitler,* p. 277 で Tucholsky の警句とともに引用されている。

第 6 章 レーニンの後継者 (Lenin's Successor)

1 Leonard Schapiro, *The Communist Party and the Soviet Union* (2nd edn, London 1970), p. 314.
2 1979 年に行なわれたラジオのインタビューから。G. R. Urban (ed.), *Stalinism : Its Impact on Russia and the World* (Aldershot 1982), p. 18. Bazhanov, *Avec Staline dans le Kremline* (Paris 1930), pp. 43-5 の記述と比較せよ。Roy Medvedev は、Bazhanov によるスターリン像は真実味があるとする一方で、レーニンの遺言は総会で読まれなかったと述べている (*Let History Judge*〔rev. edn, Oxford 1989〕, p. 84)。しかし、Volkogonov は *Stalin,* p. 92 で、「総会で読みあげられた文書の公表」は大会で行なうべきであるとする中央委員会の決議を引用している。
3 Bazhanov, *Avec Staline,* p. 21, Issac Deutscher, *Stalin* (London 1949), p. 274 で引用されている。
4 Ruth Fischer, *Stalin and German Communism* (*Cambridge, Mass.

1948), p. 366.
5 同上、p. 369.
6 同上、p. 368.
7 Bazhanov, *Avec Staline,* p. 21.
8 Robert C. Tucker, *Stalin as Revolutionary* (New York, 1973), p. 310 で引用されている。
9 A. I. Mikoyan の回顧録 (Moscow 1970), pp. 136–9, 同上 p. 298 で引用されている。
10 Deutscher, *Stalin,* p. 290 で引用されている。
11 Tucker, *Stalin as Revolutionary,* P. 313.
12 Medvedev, *Let History Judge,* pp. 821–2 および Tucker, *Stalin as Revolutionary,* pp. 324–9 を参照。この Ksenofontov はスターリンの書記局のメンバーだった I. K. Ksenofontov とは別人。
13 スターリンの死までに『レーニン主義の基礎』は 1700 万部以上発行された。これらの引用はスターリンの演説・著作集の英訳版 J. Stalin (ed.), *Leninism* (*London 1940), pp. 1–85 からとっている。
14 Walter Laqueur, *Stalin : The Glasnost Revelations* (London 1990), p. 46. ウォルター・ラカー著、白須英子訳『スターリンとは何だったのか』草思社、1993。
15 1926 年、カーメネフ宅で交わされたジノヴィエフとトロツキーの会話の記録より。3 人が合同反対派内で和解したあとのことである。会話の覚書は 1929 年に亡命中のトロツキーによって公表された。*The Stalin School of Falsification* (*New York 1962), pp. 89–95.
16 同上。
17 上記註 13 を参照。
18 スターリンが「一国社会主義」論を唱えたのは 1924 年 12 月に書かれた 'The October Revolution and the Tactics of the Russian Communists' が最初で、1925 年に出版された論文集 *On the Road to October* (スターリン著、佐伯嶺三訳『十月革命への道』民主評論社、1946) の序文に使用された。英訳は Stalin, *Leninism,* pp. 86–117.
19 Tucker, *Stalin as Revolutionary,* p. 379 で引用されている。
20 R. V. Daniels, *The Conscience of the Revolution : Communist Opposition in Soviet Russia* (Cambridge, Mass. 1960), p. 252.
21 J. Stalin, *Collected Works* (Moscow, 1952–5), vol. VI. p. 246.

22 Fischer, *Stalin,* p. 405. このときスターリンの招いた代表の1人が Heinz Neumann だった。彼はロシア語を話し、スターリンの親友となった。スターリンはドイツだけでなく中国でも彼を利用したが、この関係は1930年代初期のナチにたいするスターリンの寛大な政策に彼が反抗したときに終わった。その後、1937年に逮捕されて粛清された。(同上、pp. 446–7, n. 9)。

23 1925年4月17日：*Bolshevik,* no. 8 (1925).

24 ブハーリンと Preobrazhensky の討論については Stephen F. Cohen, *Bukharin and the Bolshevik Revolution, 1888–1938* (New York 1974), ch. 6 (スティーヴン・F. コーエン著、塩川伸明訳『ブハーリンとボリシェヴィキ革命　政治的伝記、1888-1938年』未来社、1979) および Daniels, *Conscience of the Revolution,* pp. 288–95 を参照。

25 この問題は Medvedev, *Let History Judge,* pp. 155–9 で論じられている。1926年、作家 Boris Pilnyak は *Novy Mir* に 'The Tale of the Unextinguished Moon' を発表した。いくらか名前を変えて書かれている（スターリンはナンバーワンと呼ばれている）が、Frunze の死についてそのときの状況が詳細に記され、彼の死の責任はスターリンにあるとほのめかしている。これを掲載した *Novy Mir* は刊行後ただちにすべて没収された。

26 Daniels, *Conscience of the Revolution,* pp. 268–9 にある第14回党大会の速記録からの引用。

27 J. Stalin, *Problems of Leninism* (Moscow 1931), pp. 306–10. 中城竜雄訳、『スターリン全集・別巻（レーニン主義の諸問題）』真理社、1950。

28 Daniels, *Conscience of the Revolution,* p. 266.

29 同上、p. 278 で引用されている。

30 Issac Deutscher, *The Prophet Unarmed: Trotsky, 1921–1929* (London 1959), pp. 296–7 で引用されている。アイザック・ドイッチャー著、田中西二郎ほか訳『武力なき予言者　トロツキー：1921-1929』新潮社、1964、新評論、1992。

31 第15回党大会での各演説は、1926年11月5日から12日の『プラウダ』に掲載された。

32 Cohen, *Bukharin,* p. 240 で引用されている。

33 Daniels, *Conscience of the Revolution,* p. 315 で引用されている。

34 同上。

35 *Khrushchev Remembers,* trans. and ed. Strobe Talbot (*London 1971), pp. 25–6.
36 Medvedev, *Let History Judge,* p. 183 で引用されている。
37 Robert C. Tucker, *Stalin in Power: The Revolution from Above, 1928–1941* (New York 1990), p. 80. モスクワの Academy of Agricultural Sciences の Vladimir Tikhonov が 1988 年 8 月に発表した 2 つの論文を引用している。
38 Medvedev, *Let History Judge,* 2nd edn, p. 217 で引用されている。
39 Tucker, *Stalin as Revolutionary,* p. 407 で引用されている。
40 Stalin, *Collected Works,* vol. XI, p. 5. スターリンの演説は、当時は報道されなかった。25 年後に初めて簡約したかたちで刊行された。
41 Moshe Lewin, *Political Undercurrents in Soviet Economic Debate* (Princeton 1974), p. 74 で引用されている。
42 Cohen, *Bukharin,* pp. 190–1 で引用されている。
43 Leonard E. Hubbard, *The Economy of Soviet Agriculture* (London 1939), p. 100 で引用されている (L. E. ハッバード著、東亜研究所第二部訳編『ソ聯邦農業経済論』東亜研究所、1943)。この段落の数字は Tucker, *Stalin in Power,* p. 72 からとった。Moshe Lewin の評論集 *The Making of the Soviet System: Essays in the Social History of Inter-War Russia* (London 1985) に収められている 'Who Was the Soviet Kulak?' も参照。
44 Daniels, *Conscience of the Revolution,* p. 326 で引用されている。
45 1928 年 4 月のスターリンの演説。*Collected Works,* vol. XI, pp. 160–206 に収められている。
46 カーメネフの覚書はハーヴァード大学のトロツキー文書館に保管されており、Daniels, *Conscience of the Revolution,* p. 332 で引用されている。
47 Stalin, *Collected Works,* vol. X, p. 57.
48 1928 年 9 月 30 日付『プラウダ』に発表された。
49 'The Industrialization of the USSR and the Epigones of Populism'. Daniels, *Conscience of the Revolution,* p. 349 で引用されている。
50 Cohen, *Bukharin,* p. 296 で引用されている。
51 同上、pp. 305–7.
52 J. Stalin (ed.), *Leninism* (Moscow 1940), pp. 240–93.

第7章 権力を視野に入れたヒトラー (Hitler Within Sight of Power)

1 この要約は、これまでに発表された多数の論文と以下の4つの包括的な研究にもとづいている。H. A. Winkler, *Mittelstand, Demokratie und Nationalsozialismus* (Cologne 1972) ; Richard F. Hamilton, *Who Voted for Hitler?* (Princeton 1982) ; Michael Kater, *The Nazi Party : A Social Profile of Members and Leaders, 1919–1945* (Oxford 1983) ; Thomas Childers, *The Nazi Voter : The Social Foundations of Fascism in Germany, 1919–33* (Chapel Hill, NC 1984).

2 Martin Broszat, *Hitler and the Collapse of Weimar Germany* (*Leamington 1987), p. 86.

3 Mierendorff の論文 'Was ist Nationalsozialismus?' は *Neue Blätter für Sozialismus,* vol. II, no. 4 に発表され、Joachim Fest, *The Face of the Third Reich* (*London 1970), p. 221 で引用されている。

4 Childers, *Nazi Voter,* p. 178.

5 Hamilton, *Who Voted?,* p. 499.

6 同上、pp. 37–8.

7 W. S. Allen, *The Nazi Seizure of Power : The Experience of a Single Town, 1930–35* (Chicago 1965), p. 133. ウィリアム・シェリダン・アレン著、西義之訳『ヒトラーが町にやってきた ナチス革命に捲込まれた市民の体験』番町書房、1973。

8 重要な資料は Theodore Abel 収集の、ワイマル時代に入党したナチ党員たちが1934年に書いた600あまりの記録。これは現在 Hoover Institution Archives に保管されている。Abel が収集した記録の再調査については Peter H. Merkl, *Political Violence under the Swastika : 581 Early Nazis* (Princeton 1975) を参照。

9 Deuerlein によるヒトラーの伝記については Fred Weinstein, *The Dynamics of Nazism* (New York 1980), p. 81 を参考にした。

10 これは *Dreams and Illusions : The Drama of German History* (London 1988) (フリッツ・スターン著、檜山雅人訳『夢と幻惑 ドイツ史とナチズムのドラマ』未来社〔ポイエーシス叢書 34〕、1996) にある Fritz Stern による2つの小論 'Germany 1933 : Fifty Years Later' と 'National Socialism as Temptation' で示唆されている。引用部分は前者の p. 145 から。

11 同書、pp. 168–9 で、Fritz Stern が Freud の 'Thought for the Time

of War and Death' から引用している。

12 1932年9月8日付 *Berliner Tageblatt* に掲載されている。

13 Gregor Strasser. Joachim Fest, *Hitler* (*London 1974), p. 289 で引用されている。

14 Childers, *Nazi Voter,* p. 325, n. 7.

15 R. W. M. Kempner, 'Blue Print of the Nazi Underground' (*Research Studies of the State College of Washington,* vol. xiii, no. 2, p. 121) で引用されている。

16 1936年9月26日付 *Frankfurter Zeitung.*

17 K. D. Bracher, *The German Dictatorship* (*London 1971), p. 189 で引用されている。

18 H. Brüning, *Memoiren, 1878–1934* (Stuttgart 1970), pp. 247ff. ハインリヒ・ブリューニング著、三輪晴啓、今村晋一郎、佐瀬昌盛訳『ブリューニング回顧録　1918–34年　上巻』ぺりかん社、1974。同下巻、金森誠也、片岡哲史、佐瀬昌盛訳、ぺりかん社、1977。

19 F. L. Carsten, *The Reichswehr and Politics, 1918–33* (Oxford 1966), pp. 334–5 で引用されている。

20 F. Meinecke, *Die Deutsche Katastrophe* (Wiesbaden 1947), p. 74. フリードリッヒ・マイネッケ著、矢田俊隆訳『ドイツの悲劇』中公文庫、1974。

21 Goebbels' Diary, 5 January 1932; English trans., *My Part in Germany's Fight* (London 1935), p. 15. ゲッベルス著、西城信訳『ゲッベルスの日記　第三帝国の演出者』番町書房、1974。

22 確定している党員数は、1930年9月、129,563人；1933年1月30日、849,009人 (Kater, *Nazi Party,* p. 365). Dietrich Orlow は *The History of the Nazi Party,* vol. I: *1919–33* (Newton Abbot 1971) で1933年についてもっと低い数字 (719,446) をあげており、1932年初めの党員数として妥当な数字を450,000と推測している (p. 239)。Orlow によると11月だけで53,000人が入党したが、これを相殺するだけの人数が離党したという。

23 Fest, *Hitler,* p. 336 で引用されている。

24 Goebbels' Diary, 11 June 1932, p. 105.

25 1932年8月3日：*Documents on British Foreign Policy, 1919–39,* 2nd Series, 1930–7 (London 1949–57), vol. IV, no. 8.

26 Goebbels' Diary, 8 August 1932, p. 133.
27 9月4日の演説：H. Preiss (ed.), *Adolf Hitler in Franken: Reden aus der Kampfzeit* (Munich 1939), p. 194.
28 ヒトラーのこの抗議によって、彼らの終身刑への減刑が保証された。ヒトラーが権力の座に就いてまもなく、彼らは釈放され、自由の闘士として迎えられた。
29 Goebbels' Diary, 4 October 1932, Eng. trans., p. 167.
30 同上、15 October 1932, p. 172.
31 Henry Ashby Turner Jr, *German Big Business and the Rise of Hitler* (New York 1985), pp. 293-5.
32 Goebbels' Diary, 5 November 1932, p. 184.
33 同上、9 December 1932, p. 209.
34 同上、23 December 1932, p. 215.
35 詳細についてはMartin Broszat, *Hiter and the Collapse of Weimar Germany* (Leamington 1987), ch. 4およびHenry Ashby Turner Jr, *Hitler's Thirty Days to Power: January 1933* (New York 1996)を参照。
36 Turner, p. 166を参照。
37 Bracher, *German Dictatorship*, p. 183で引用されている。
38 *Hitlers Auseinandersetzung mit Brüning* (Munich 1932), pp. 49-51.

第2巻

第8章 スターリンの革命 (Stalin's Revolution)

1 Adam Ulam, *Stalin: The Man and His Era* (2nd edn, London 1989), p. 291で引用されている。
2 Stephen F. Cohen, *Bukharin and the Bolshevik Revolution, 1888-1938* (New York 1974), pp. 327-9.
3 同上、p. 328で引用されている。
4 同上、p. 295.
5 Robert Conquest, *The Harvest of Sorrow* (London 1986), p. 74.
6 E. H. Carr, *A History of Soviet Russia: Socialism in One Country, 1924-26*, vol. I (London 1958), p. 99.
7 Robert C. Tucker, *Stalin in Power: The Revolution from Above, 1928-1941* (New York 1990), p. 131.
8 1928年7月9日、中央委員会総会で行なわれたスターリンの演説。

同上 p. 84 で引用されている。

9 1929 年 11 月 7 日付『プラウダ』に発表され、J. Stalin (ed.), *Leninism* (Moscow 1940), pp. 294–305 に再掲された。

10 同上、pp. 306–27 にあるスターリンの 'Address to the Conference of Marxist Students of the Agrarian Question'.

11 Tucker, *Stalin in Power,* p. 176 を参照。

12 Stalin (ed.), *Leninism,* pp. 333–9 に再掲されている。1930 年 4 月 3 日付『プラウダ』に発表されたものを再掲した、pp. 339–58, 'Reply to Collective Farm Comrades' も参照。

13 Tucker, *Stalin in Power,* p. 147 で引用されている。

14 Moshe Lewin が *The Making of the Soviet System* (London 1985), p. 219 の 'Society, State and Ideology' で引用している。

15 数字はソ連の情報筋から。Alec Nove, *An Economic History of the USSR* (2nd edn, London 1989), pp. 230–1 による。

16 Conquest, *Harvest of Sorrow,* p. 184 で引用されている。

17 R. W. Davies, *Soviet History in the Gorbachev Revolution* (London 1989), pp. 184, 217 n. 18 を参照。R. W. デイヴィス著、富田武ほか訳『ペレストロイカと歴史像の転換』岩波書店、1990。

18 Conquest, *Harvest of Sorrow,* p. 219.

19 同上。

20 Petro D. Grigorenko, *Memoirs* (*London 1983), p. 36. Conquest, *Harvest of Sorrow,* p. 221 で引用されている。

21 Conquest, *Harvest of Sorrow,* p. 223.

22 Lev Kopelev, *The Education of a True Believer* (New York 1977), 同上、pp. 232–3 で引用されている。

23 Terekhov の報告は 1964 年 5 月 26 日付『プラウダ』に掲載され、Conquest, *Harvest of Sorrow,* pp. 324–5 で引用されている。

24 Moshe Lewin が *The Making of the Soviet System,* p. 155 の 'Taking Grain' で引用している。

25 Victor Kravchenko, *I Chose Freedom* (New York 1946), p. 130. V. クラフチェンコ著、井村亮之介訳『私は自由を選んだ』上下巻、ダヴィッド社、1949。

26 1933 年 6 月 24 日付『プラウダ』に掲載され、Conquest, *Harvest of Sorrow,* p. 261 で引用されている。

27 Conquest, *Harvest of Sorrow*, p. 260 で引用されている。
28 同上、p. 264.
29 同上、p. 263.
30 *Testimony: The Memoirs of Shostakovich*, ed. Solomon Volkov (*London 1979), p. 165. ショスタコーヴィチ述、ソロモン・ヴォルコフ編、水野忠夫訳『ショスタコーヴィチの証言』中央公論新社、2001。
31 Conquest, *Harvest of Sorrow*, pp. 266-71 を参照。
32 *Khrushchev Remembers*, trans. and ed. Strobe Talbot, (*London 1971), p. 120.
33 Tucker, *Stalin in Power*, pp. 180-1 で引用されている。
34 Wolfgang Leonhard, *Child of the Revolution* (London 1957), p. 136. ウォルフガング・レオンハルト著、井上勇訳『党員はこうして鍛えられる』時事通信社（時事新書）、1959。
35 Robert Conquest, 'Excess Deaths and Camp Numbers: Some Comments', *Soviet Studies*, vol. 43, no. 5, 1991.
36 Ronald Hingley, *Joseph Stalin: Man and Legend* (London 1974), p. 210.
37 Roy Medvedev, *Let History Judge* (1st edn, London 1972), pp. 101-2.
38 John Scott, *Behind the Urals* (London 1942), p. 9.
39 この演説は Stalin (ed.), *Leninism*, pp. 359-67 に全文採録されている。
40 Ulam, *Stalin*, p. 341.
41 同上、p. 312 で引用されている。
42 この過程について説明した著作には、たとえば以下のものがある。Lynne Viola, *The Best Sons of the Fatherland: Workers in the Vanguard of Soviet Collectivisation* (New York 1987); Sheila Fitzpatrick (ed.), *Cultural Revolution in Russia, 1928-31* (Bloomington 1978); Hiroaki Kuromiya, *Stalin's Industrial Revolution: Politics and Workers, 1928-32* (Cambridge 1988).
43 K. Vorbei の手記。1961 年にレニングラードで刊行され、Kuromiya, p. 110 で引用されている。
44 Fitzpatrick (ed.), *Cultural Revolution*, pp. 368-87 にある Sheila Fitzpatrick, 'Cultural Revolution as Class War'.
45 Medvedev, *Let History Judge*, 1st edn. p. 113 で引用されている。
46 Stalin (ed.), *Leninism*, pp. 368-87.

47　同上。
48　J. Stalin, *Problems of Leninism* (*Moscow 1953), p. 530.
49　1934年1月に開催された第17回党大会で。
50　Winston S. Churchill, *The Second World War*, vol. IV: *The Hinge of Fate* (London 1951), pp. 447-8. W. S. チャーチル著、毎日新聞社訳編『第二次世界大戦回顧録：抄』毎日新聞社、1965。
51　Lewin, *The Making of the Soviet System*, p. 271. Marc Bloch, *La Société feodale* (Paris 1968), p. 347（マルク・ブロック著、堀米庸三監訳『封建社会』岩波書店、1995）を引用している。
52　数字は、Alec Nove, *Stalinism and After* (2nd edn, London 1981), p. 44から。アレク・ノーヴ著、和田春樹・中井和夫訳『スターリンからブレジネフまで　ソヴェト現代史』刀水書房（刀水歴史全書18）、1983。
53　Stephen CohenおよびRoy Medvedevによるものに加え、たとえばMoshe Lewin, *The Making of the Soviet System*, 'The Immediate Background of Soviet Collectivisation' (London 1985)がある。
54　Leonard Schapiro, *The Communist Party of the Soviet Union* (2nd edn, London 1970), p. 464.
55　同上、p. 387.
56　Roy Medvedev, *Let History Judge* (rev. edn, Oxford 1989), pp. 253-4.
57　Stephen F. Cohen, *Re-thinking the Soviet Experience: Politics and History since 1917* (Oxford 1985), ch. 3.
58　第17回党大会に提出されたスターリンの報告：Stalin (ed.), *Leninism*, pp. 470-539.
59　1930年5月27日付『プラウダ』。
60　Cohen, *Bukharin*, p. 348で引用されている。
61　Medvedev, *Let History Judge*, p. 142; Robert Conquest, *The Great Terror: A Re-Assessment* (London, 1990), p. 51; Cohen, *Bukharin*, pp. 342-3を参照。
62　Alexander Barmine, *One Who Survived: The Life Story of a Russian under the Soviets* (New York 1945), pp. 101-2. アレクサンドル・バルミン著、佐藤亮一訳『私は何故ソ連を逃げたか　生き残った人々の記録』逍遥書院、1949。Conquest, *The Great Terror: A Re-Assessment*, P. 60で引用されている。

63 中央委員会の決議。Conquest, *The Great Terror: A Re-Assessment,* p. 54 で引用されている。
64 Davies, *Soviet History,* pp. 83–5; Medvedev, *Let History Judge,* pp. 296–8.
65 Medvedev, *Let History Judge,* p. 329 で引用されている。
66 Schapiro, *Communist Party,* pp. 459–64.
67 Boris Nicolaevsky, *Power and the Soviet Elite: 'The Letter of an Old Bolshevik' and Other Essays,* ed. Janet D. Zagoria (*London 1966), pp. 31–2, 76.
68 Tucker, *Stalin in Power,* p. 248 で引用されている。
69 第 17 回党大会に提出されたスターリンの報告：Stalin (ed.), *Leninism,* pp. 507, 516.
70 *History of the CPSU* (2nd rev. edn, *Moscow 1962), p. 486.
71 Medvedev, *Let History Judge,* p. 331.
72 *Ogonek,* no. 50, 1987 に発表された。
73 Ulam, *Stalin,* pp. 372–3.
74 同上、P. 373. Congress Report を引用している。
75 同上、pp. 371–2.
76 Tucker, *Stalin in Power,* p. 251 で引用されている。
77 Stalin (ed.), *Leninism,* pp. 517–18.
78 Medvedev, *Let History Judge,* pp. 331–3 を参照。
79 Tucker, *Stalin in Power,* p. 265.
80 同上、p. 240 で引用されている。
81 同上、p. 212.
82 同上、p. 275. *Nedelia* (no. 31, August 1989) に掲載された Valentin Berezhkov による記事を引用している。Berezhkov はのちにスターリンに関する解説者となった人物で、その情報源はミコヤンである。

第 9 章　ヒトラーの革命 (Hitler's Revolution)

1 Jeremy Noakes and Geoffrey Pridham (eds), *Nazism, 1919–1945: A Documentary Reader,* vol. I: *The Rise to Power, 1919–1934* (Exeter 1983), no. 87.
2 同上。
3 同上、no. 90.

4 K. D. Bracher の表現。Bracher, *The German Dictatorship* (*London 1971), pp. 191-8 を参照。

5 Noakes and Pridham (eds), *Nazism,* vol. I, pp. 150-1.

6 Rudolph Diels, *Lucifer ante Portas* (Stuttgart 1950), p. 200.

7 この火災の責任はナチ自身にあるという説は、Willi Münzenberg とパリのコミンテルン・プロパガンダ・センターによって巧みにつくりあげられ、長く信じられてきた。著書 *The Reichstag Fire* (*London 1964) によって、これに初めて異議を唱えたのは Fritz Tobias である。現在、ほとんどの歴史家は Tobias と Diels の見解を正しいものとして認めている。

8 Diels, *Lucifer,* pp. 142-4.

9 Noakes and Pridham (eds), *Nazism,* vol. I, no. 95.

10 これらの報告については、プラハに亡命中の SPD 指導部が収集した報告とともに、Ian Kershaw が *Popular Opinon and Political Dissent in the Third Reich* (Oxford 1983) および *The Hitler Myth : Image and Reality in the Third Reich* (Oxford 1987)（イアン・ケルショー著、柴田敬二訳『ヒトラー神話　第三帝国の虚像と実像』刀水書房〔人間科学叢書 21〕、1993）で入念に研究している。

11 1933 年 3 月 5 日付 *Deutsche Allgemeine Zeitung.*

12 Martin Broszat, *The Hitler State* (*London 1981), p. 79 で引用されている。

13 Joachim Fest, *Hitler* (*London 1974), p. 415 で引用されている。

14 1933 年 3 月 21 日：Max Domarus (ed.), *Hitler, Reden und Proklamationen, 1932-45* (Würzburg 1962), vol. I, p. 228.

15 1933 年 3 月 23 日：同上、pp. 229-37.

16 同上、pp. 239-46.

17 *Documents on German Foreign Policy,* Series C, vol. I, no. 16.

18 Jeremy Noakes and Geoffrey Pridham (eds), *Nazism, 1919-1945 : A Documentary Reader,* vol. II: *State, Economy and Society, 1933-1939* (Exeter 1984), no. 266.

19 同上、no. 282.

20 *Mein Kampf,* trans. James Murphy, (London 1939), p. 506.

21 Fest, *Hitler,* pp. 428-9.

22 1937 年の公式声明：Noakes and Pridham (eds), *Nazism,* vol. II, no.

311.

23 Martin Heidegger, *Die Selbstbehauptung der deutschen Universität* (Breslau 1934), pp. 22ff. E.フッサール、M.ハイデッガー、M.ホルクハイマー著、清水多吉ほか訳『30年代の危機と哲学』イザラ書房、1976のなかに、ハイデッガーの「ドイツ的大学の自己主張」が収載されている。

24 Jeremy Noakes and Geoffrey Pridham (eds), *Nazism, 1919-1945: A Documentary Reader,* vol. III: *Foreign Policy, War and Racial Extermination* (Exeter 1988), no. 485.

25 同上、no. 484.

26 同上、no. 485.

27 Harold W. James, *The German Slump: Politics and Economics, 1924-1936* (Oxford 1986), p. 347.

28 Noakes and Pridham (eds), *Nazism,* vol. I, no. 117.

29 *Die Deutsche Volkswirtschaft,* 8, 1933-4. James, *German Slump,* p. 355で引用されている。

30 1937年5月20日：Noakes and Pridham (eds), *Nazism,* vol. II, no. 178.

31 同上、vol. III, no. 472.

32 Domarus, *Hitler. Reden,* vol. I, pp. 270-8.

33 1934年8月6日付『デイリーメール』。

34 Broszat, *The Hitler State,* p. 234.

35 Bracher, *German Dictatorship,* p. 230.

36 当時プロイセンの内相だったゲーリングが、1933年4月25日の閣議で、この法律の施行のガイドラインについて述べた。Noakes and Pridham (eds), *Nazism,* vol. II, no. 152.

37 もう一人はHans Kerrlで、1935年に無任所大臣に任命されて教会との関係の調整にあたった。

38 Noakes and Pridham (eds), *Nazism,* vol. I, no. 115.

39 同上、no. 117.

40 Ian Kershawが*The Hitler Myth,* chs 2, 3で発表しているこれらの報告の研究（亡命SPDの報告で確認）にもとづいている。

41 ナチはこの裁判でできるかぎりの宣伝を行なったが、検察側はコミュニストの被告とvan der Lubbeとのあいだになんらかの関係がある

ことを証明できず、ライプツィヒの最高裁判所はコミュニストの釈放を命じた。

42 Kershaw, *The Hitler Myth,* p. 85.

43 Diels, *Lucifer,* p. 278.

44 1934年2月のベルリン訪問についてのAnthony Edenの記録は、彼の回顧録 *Facing the Dictators* (London 1962), pp. 69-75にある。

45 1934年6月7日：Noakes and Pridham (eds), *Nazism,* vol. I, no. 120.

46 Domarus, *Hitler. Reden,* vol. I, pp. 410-24.

47 Kershaw, *The Hitler Myth,* p. 92およびchs 2, 3.

48 Bracher, *German Dictatorship,* p. 241で引用されている。

49 ND 1919-PS.

50 Broszat, *The Hitler State,* p. 214.

51 Noakes and Pridham (eds), *Nazism,* vol. II, p. 236.

52 1934年11月のフリックの声明、同上、no. 158.

第10章 スターリンとヒトラーの比較 (Stalin and Hitler Compared)

1 G. W. F. Hegel, *Lectures on the Philosophy of History,* trans. J. Sibree (London 1902), pp. 31-2. ヘーゲル著、長谷川宏訳『歴史哲学講義』上下巻、岩波文庫、1994。

2 同上、p. 70.

3 同上、p. 34.

4 Dmitri Volkogonov, *Stalin, Triumph and Tragedy* (*London 1991), p. 101.

5 G. R. Urban (ed.), *Stalinism : Its Impact on Russia and the World* (pb. edn, Aldershot 1985), p. 133で引用されている。

6 J. P. Stern, *Hitler : The Führer and the People* (London 1975), p. 43 (J. P. スターン著、山本尤訳『ヒトラー神話の誕生　第三帝国と民衆』社会思想社、1989). たいへん参考になった本である。

7 Friedrich Nietzsche, *Zur Genealogie der Moral* (1887), sec. II, para. 17 (ニーチェ著、吉沢伝三郎編、信太正三訳『ニーチェ全集11　道徳の系譜』ちくま学芸文庫、1993). J. P. Stern, *Hitler,* p. 45で引用されている。

8 ムッソリーニ　(1) Emil Ludwigとのインタビューから。(2) Mussolini, *Collected Works,* vol. XX, p. 93から。J. P. Stern, *Hitler,* p. 45で引

用されている。

9 K. D. Bracher, *The German Dictatorship* (*London 1971), pp. 141-2.

10 Hermann Rauschning, *Hitler Speaks* (London 1939), p. 257.

11 *Hitler's Table Talk, 1941-1944* (*London 1953), pp. 76-9 (21 October 1941).

12 Theodore Abel, *Why Hitler Came to Power* (New York 1938), p. 244.

13 Weber の用語の使いかたをめぐって生じた論争と混乱は、Ann Ruth Willner, *The Spellbinders: Charismatic Political Leadership* (New Haven 1984), esp. chs 1, 2 および付録で整理され、解きほぐされている。彼女が選んだのは、カストロ、ガンディー、ヒトラー、ムッソリーニ、F・D・ローズヴェルト、スカルノの6人である。さらに以下の人びとが20世紀のカリスマ候補としてあげられている。アタチュルク、ホメイニ、レーニン、毛沢東、ナセル、エンクルマ、ペロン。

14 Otto Strasser, *Hitler and I* (London 1940), pp. 74-7.

15 Friedrich Nietzsche, *Human, All Too Human,* para. 52. J. P. Stern, p. 35 で引用されている。ニーチェ著、吉沢伝三郎編、池尾健一訳『ニーチェ全集5 人間的、あまりに人間的 (1)』ちくま学芸文庫、1994。中島義生訳『ニーチェ全集6 人間的、あまりに人間的 (2)』同、1994。

16 *Khrushchev Remembers,* trans. and ed. Strobe Talbot (*London 1971), pp. 41-2.

17 Harold Lasswell, *Psychopathology and Politics* (New York 1960), p. 173.

18 R. W. Davies, *Soviet History in the Gorbachev Revolution* (London 1989), p. 61. 1988年8月3日付 *Literaturnaya Gazeta* より。

19 Robert C. Tucker, *Stalin as Revolutionary* (New York 1973), ch. 12.

20 1927年10月23日、中央委員会でのスターリンの演説。

21 Svetlana Alliluyeva, *Twenty Letters to a Friend* (*London 1967), p. 86. スベトラーナ・アリルーエワ著、江川卓訳『スベトラーナ回想録 父スターリンの国を逃れて』新潮社、1967。

22 Lydia Dan, 'Bukharin o Staline', *Novy Zhurnal,* no. 75 (1964). Tucker, *Stalin as Revolutionary,* pp. 424-5 で引用されている。

23 Hjalmar Schacht, *Account Settled* (*London 1948), p. 219.

24 同上、p. 220.

25 どちらも K. Sontheimer, *Anti-demokratisches Denken in der Weimarer Republik* (K. ゾントハイマー著、河島幸夫・脇圭平訳『ワイマール共和国の政治思想 ドイツ・ナショナリズムの反民主主義思想』ミネルヴァ書房、1976) からの引用。Ian Kershaw, *The Hitler Myth: Image and Reality in the Third Reich* (Oxford 1987), pp. 19–20 で引用されている。

26 1936年3月14日、ミュンヘンでのヒトラーの演説。Max Domarus (ed.), *Hitler. Reden und Proklamationen, 1932–45* (Würzburg 1962), vol. I, p. 606.

27 Robert H. McNeal, *Stalin: Man and Ruler* (London 1988), p. 151 で引用されている。

28 Kershaw, *The Hitler Myth,* pp. 26–7 で引用されている。Albrecht Tyrrell, *Führer befehl!* (Düsseldorf 1969) より。

29 Kershaw, *The Hitler Myth,* pp. 94–5.

30 P. E. Schramm, *Hitler: The Man and the Military Leader* (*London 1972), appendix II, p. 205 にあるヨードルの書簡。

31 *Khrushchev Remembers: The Glasnost Tapes* (London 1990), pp. 15–16.

32 Roy Medvedev, *Let History Judge* (rev. edn, Oxford 1989), p. 303.

33 Volkogonov, *Stalin,* p. 146. 一時 KGB 長官をつとめた A. N. Shelepin を引用している。

34 Alliluyeva, *Twenty Letters,* p. 217 および *Only One Year* (*New York 1969), pp. 381–2.

35 Alliluyeva, *Twenty Letters,* p. 155.

36 同上、p. 164.

37 Speer, *Inside the Third Reich,* p. 129. アルバート・シュペール著、品田豊治訳『ナチス狂気の内幕 シュペールの回想録』読売新聞社、1970。アルベルト・シュペーア著、品田豊治訳『第三帝国の神殿にて ナチス軍需相の証言』上下巻、中公文庫、2001（上記『ナチス狂気の内幕』の改題)。

38 Heinrich Hoffmann, *Hitler Was My Friend* (*London 1955), p. 162.

39 Speer, *Inside the Third Reich,* p. 92.

40 Ernst ('Putzi') Hanfstaengl, *Hitler: The Missing Years* (*London 1957), p. 52.

41 Erich Fromm, *The Anatomy of Human Destructiveness* (pb. edn, London 1977), p. 546.

42 1936年7月の *Current History* に掲載されたIgnatius Phayreの記事。John Toland, *Adolf Hitler* (New York 1976), p. 394 (ジョン・トーランド著、永井淳訳『アドルフ・ヒトラー (1～4)』集英社文庫、1990) で引用されている。

43 Speer, *Inside the Third Reich,* p. 129.

44 同上、ch. 7.

45 同上、p. 131.

46 Rauschning, *Hitler Speaks,* p. 220.

47 *Khrushchev Remembers,* p. 111.

48 D. A. Volkogonov, *Stalin: Triumph and Tragedy* (*London 1991), pp. 225-8.

49 Hildegard Brenner, *Die Kunstpolitik der National Sozialismus* (Reinbek 1963) を参照。

50 Speer, *Inside the Third Reich,* p. 42.

51 同上、p. 31.

52 同上、p. 55.

53 同上、p. 56.

54 Alexei Tarkhanov and Sergei Kavtaradze, *Stalinist Architecture* (London 1992) を参照。

55 Rauschning, *Hitler Speaks,* p. 62.

56 *Hitler's Table Talk,* p. 51.

57 同上、p. 87.

58 Jane Degras (ed.), *The Communist International, 1919-43: Documents,* vol. II: *1923-1928* (London 1960), p. 525. ジェーン・デグラス編著、荒畑寒村・大倉旭・救仁郷繁訳『コミンテルン・ドキュメント (第1)』現代思潮社、1969。荒畑寒村ほか訳『同 (第2)』1970。対馬忠行・雪山慶正・石井桂訳『同 (第3)』1972。

59 第17回党大会に提出された報告：J. Stalin (ed.), *Leninism* (Moscow 1940), p. 484.

60 同上、p. 486.

61 1933年9月23日、「鉄兜団の日」の演説。1936年9月25日付 *Völkischer Beobachter.*

62 *Hitler's Table Talk,* p. 497.

63 Fabian von Schlabrendorff, *Offiziere gegen Hitler* (Zurich 1946), pp. 47–8.

64 Nadezhda Mandelstam, *Hope against Hope: A Memoir* (pb. edn, *London 1975), ch. 9.

65 *Der Kongress zu Nürnberg von 5–6 Sept.* 1934, p. 134.

66 Aryeh L. Unger, *The Totalitarian Party: Party and People in Nazi Germany and Soviet Russia* (Cambridge 1974), p. 170 で引用されている。

67 Jan Sten の親友 Yevgeny Frelov による覚書。Medvedev, *Let History Judge,* pp. 438–9 に掲載されている。Central Party Archives を引用している Volkogonov, *Stalin,* pp. 230–2 も参照。

68 Robert C. Tucker, 'The Rise of Stalin's Personality Cult', *American Historical Review,* 84 (1979), pp. 347–66 で引用されている。

69 Bracher, *The German Dictatorship,* pp. 256–9 を参照。

70 *The Fontana/Harper Dictionary of Modern Thought,* ed. Alan Bullock and Stephen Trombley (rev. edn, London and New York 1988) に収録されている John Willetts, 'Socialist Realism'.

71 Jeffrey Herf, *Reactionary Modernism: Technology, Culture and Politics in Weimar and the Third Reich* (Cambridge 1984), p. 196 を参照（ジェフリー・ハーフ著、中村幹雄ほか訳『保守革命とモダニズム ワイマール・第三帝国のテクノロジー・文化・政治』岩波書店〔Selection21〕、1991)。

72 Otto Wagener, *Hitler: Memoirs of a Confidant,* ed. Henry Ashby Turner Jr (*New Haven 1985), p. 213.

73 Rauschning, *Hitler Speaks,* ch. 3.

74 Alexander Dallin, *German Rule in Russia* (rev. edn, London 1981), p. 9 で引用されている。

75 Arthur Schweitzer, *The Age of Charisma* (Chicago 1984), pp. 106–7.

76 G. R. Urban のインタビューより。Urban (ed.), *Stalinism,* pp. 264–5.

77 Leszek Kolakowski, *Main Currents of Marxism,* vol. III: *The Breakdown* (Oxford 1978), p. 38.

78 このスローガンはブハーリンが創案したものだが、これをとりあげ、国家主義的な意味をもたせたのはスターリンである。Stephen F.

Cohen, *Bukharin and the Bolshevik Revolution : 1888-1938* (New York 1974), ch. 6, esp. pp. 186-8 を参照。

79 Stalin, 'The Right Deviation in the CPSU', 1929 年 4 月、中央委員会総会での演説。Stalin (ed.), *Leninism,* pp. 257-60.

80 *Mein Kampf,* trans. James Murphy (London 1939), p. 110.

81 1931 年 6 月 23 日、企業幹部に向けて行なわれたスターリンの演説：Stalin (ed.), *Leninism,* p. 372.

82 Medvedev, *Let History Judge,* p. 601 で引用されている。

83 Robert C. Tucker (ed.), *Stalinism : Essays in Historical Interpretation* (New York 1977) にある Robert C. Tucker, 'Stalinism as Rovolution from Above', p. 95.

84 Merle Fainsod, *How Russia Is Ruled* (Cambridge, Mass. 1953), p. 111 で引用されている。Kolakowski (*Main Currents,* vol. 3, p. 101) によれば、この主張は 1933 年 1 月の中央委員会総会でスターリンによって繰り返されたが、スターリンが最初に唱えたのではなく、内戦中にトロツキーによってすでに明確に述べられていた。

85 第 17 回党大会に提出されたスターリンの報告。Stalin (ed.), *Leninism,* pp. 470-539.

第 11 章 総統国家 (The Führer-State)

1 Jeremy Noakes and Geoffrey Pridham (eds), *Nazism, 1919-1945 : A Documentary Reader,* vol. II : *State, Economy and Society, 1933-1939* (Exeter 1984), nos 170-3.

2 どちらもフリックからヒトラーへの日付のない手紙からの引用。この手紙は Martin Broszat, *The Hitler State* (*London 1971), pp. 257-8 に複写されている。

3 Broszat, *The Hitler State,* pp. 284, 286.

4 Hans Frank, *Im Angesicht des Galgens* (Neuhaus bei Schliersee 1955), pp. 122-3. Noakes and Pridham (eds), *Nazism,* vol. II, no. 140 で引用されている。

5 E. R. Huber, *Verfassungsrecht der Grossdeutschen Reiches* (Hamburg 1939), p. 142. H. Krausnick, H. Buchheim, M. Broszat and H. A. Jacobsen, *Anatomy of the SS State* (*London 1968), p. 128 で引用されている。

6　Broszat, *The Hitler State,* pp. 331-2 にある統計。

7　Max Domarus (ed.), *Hitler. Reden und Proklamationen, 1932-45* (Würzburg 1962), vol. I, pp. 229-37.

8　*Mein Kampf,* trans. James Murphy (London 1939), p. 330.

9　本節および次節を通してとりあげた史実と数字はすべて Harold W. James, *The German Slump: Politics and Economics, 1924-1936* (Oxford 1986) にもとづいている。同書第 10 章を参照のこと。農業と土地問題については David Schoenbaum, *Hitler's Social Revolution: Class and Status in Nazi Germany* (*London 1966), ch. 5 (D. シェーンボウム著、大島通義・大島かおり訳『ヒットラーの社会革命　1933〜39 年のナチ・ドイツにおける階級とステイタス』而立書房、1988) も参考にした。

10　推定値はさまざまである。1938 年初めの Reichsnährstand の報告では、1933 年以降、都市へ逃亡した者は 65 万人と見積もっている。すでに引用した調査 (Schoenbaum, *Hitler's Social Revolution,* ch. 5 で引用されている Josef Müller, *Deutsches Bauerntum* [Würzburg: 1940] の見積もりでは、1940 年までに 80 万人、家族を含む場合は 100 万人となっている。

11　429,934 ヘクタールの面積に農場が 38,771 にたいして、総面積 325,611 ヘクタールに農場が 20,748。

12　1933 年から 39 年までに都市部の人口は着実に増加し、特にマグデブルクやハレなどドイツ中部の化学産業都市ではめざましかった。一方、ドイツの総人口の 21 パーセント足らずだった農村部の人口は 18 パーセントに落ち、農業および林業にたずさわる労働者の割合は、総労働人口の 29 パーセント弱から 26 パーセントに落ちた。

13　R. J. Overy, *The Nazi Economic Recovery* (London 1982), chs 1, 2 を参照。

14　James, *German Slump,* pp. 380-4.

15　どちらも同上、p. 353 から引用。

16　どちらも R. J. Overy, *Goering: The 'Iron Man'* (London 1984), pp. 42-3 からの引用。

17　1936 年 9 月 4 日の閣議での報告：Noakes and Pridham, *Nazism,* vol. II, no. 186.

18　Overy, *Goering,* p. 47 で引用されている。

19 同上、p. 251 および Noakes and Pridham, no. 19 を参照。
20 Noakes and Pridham (eds), *Nazism,* vol. II, no. 185 にある英訳。
21 Overy, *Goering,* pp. 357-8 を参照。
22 同上、p. 60.
23 Hjalmar Schacht, *Account Settled* (*London 1948), p. 103.
24 同上、p. 104.
25 ND 1301-PS.
26 Peter Hayes, *Industry and Ideology: IG Farben in the Nazi Era* (Cambridge 1987), p. 161. このなかには四カ年計画の主要7部門のうちの3部門の責任者、すなわち Keppler（工業用油脂）、Köhler（原料分配）、Josef Wagner（物価統制）がいた。ゲーリングの経済帝国では他に以下の3人が台頭した。Paul Pleiger（低品位鉄およびヘルマン・ゲーリング製作所）、Hans Kehrl（化学繊維）、Paul Körner（四カ年計画の副長官）。
27 John R. Gillingham, *Industry and Politics in the Third Reich: Ruhr Coal, Hitler and Europe* (London 1985), p. 5.
28 1929年、ルールの石炭生産量はドイツの石炭総生産量163,441,000トンのうち123,603,000トンを占めていた。1937年には総生産量184,489,000トンにたいして127,752,000トンだった。新しい合成石油プラントだけで年間650万トンの石炭を必要とし、さらに、ザルツギッターに建設中のヘルマン・ゲーリング製作所では、低品位の鉄鉱床の開発のために570万トンの石炭が必要だった。
29 Gillingham, *Industry and Politics,* pp. 58-9.
30 Overy, *Goering,* p. 64.
31 1914年、ドイツは、シュレージエンおよびザールの石炭と同様、ロレーヌおよびルクセンブルクの豊かな鉄鉱石資源を利用していたが、これらは1919-21年の平和条約によって失われた。
32 Overy, *Goering,* p. 64.
33 同上、p. 65.
34 Hayes, *Industry and Ideology,* pp. 165-6.
35 1934年1月20日の法律の主な条項は Noakes and Pridham (eds), *Nazism,* vol. II, no. 227 に翻訳されている。
36 同上、no. 445.
37 労働奉仕法の条項3は1935年6月26日に可決された。

38 Schoenbaum, *Hitler's Social Revolution,* p. 79. ドイツの社会構造を崩壊させたこの社会革命は、ヒトラーが開始し、そして敗北した戦争だった。
39 Ian Kershaw, *The Hitler Myth : Image and Reality in the Third Reich* (Oxford 1987), pp. 6–8 を参照。
40 Noakes and Pridham (eds), *Nazism,* vol. II, no. 446.
41 Bormann が記録した *Hitler's Table Talk, The Testament of Adolf Hitler : The Hitler-Bormann Documents* (*London 1961) で引用されている。
42 Krausnick, Buchheim, Broszat and Jacobsen, *Anatomy of the SS State,* p. 197 で Hans Buchheim が引用している。
43 Schacht, *Account Settled,* p. 102 で引用されている。
44 Broszat, *The Hitler State,* p. 353.
45 Domarus (ed.), *Hitler. Reden,* vol. I, pp. 973–7.
46 Joachim Fest, *Hitler* (*London 1974), p. 536 で引用されている。
47 1937 年 11 月 21 日、古参党員のアウグスブルクの集会での演説：Domarus (ed.), *Hitler. Reden,* vol. I, pp. 759–60.

第 12 章 革命はサタンのようにわが子を貪り食う (The Revolution Devours its Children)

1 ヴェルニョーはフランス革命時の穏健派ジロンド党の指導者。彼の不安は 1793 年末には現実となり、過激なジャコバン党に捕らえられ、仲間とともに革命裁判で有罪を宣告されてギロチン刑に処された。
2 Z. K. Brzezinski, *The Permanent Purge : Politics in Soviet Totalitarianism* (Cambridge, Mass. 1956) を参照。Z. ブルゼジンスキー著、皆藤幸蔵訳『ソヴェト全体主義と粛清』時事通信社（時事新書)、1957。
3 *Khrushchev Remembers,* trans. and ed. Strobe Talbot (*London 1971).
4 Merle Fainsod, *How Russia Is Ruled* (Cambridge, Mass. 1953), ch. 13 で使われている表現。Fainsod は当時ハーヴァード大学 School of Russian Studies の学部長。
5 最新の分析については Robert Conquest, *Stalin and the Kirov Murder* (London 1989) を参照（ロバート・コンクエスト著、新庄哲夫訳『誰がキーロフを殺したのか』時事通信社、1992)。

6 1934年12月5日付『プラウダ』に掲載され、Robert C. Tucker, *Stalin in Power: The Revolution from Above, 1928–1941* (New York 1990), p. 298で引用されている。

7 これらについての詳細は、1961年、第22回党大会でフルシチョフが報告した。

8 *Khrushchev Remembers*、p. 518. 1956年のフルシチョフの秘密報告がソ連で初めて公表されたのは、国外での公表の30年後、1989年夏のことだった。

9 N. S. Khrushchev, 'Vospominaniia', *Ogonek,* no. 28, 1989.

10 1935年11月17日、300人のStakhanoviteを集めてクレムリンで開かれた会議でのスターリンの言葉。J. Stalin, *Problems of Leninism* (*1940 edn), p. 670.

11 1936年夏、ブハーリンは亡命したメンシェヴィキの歴史家Boris Nicolaevskyとパリで一連の会談をもった。1936–7年、Nicolaevskyはこの会談をもとに匿名で*Letter of an Old Bolshevik*を発表し、のちにこれを*Power and the Soviet Elite* (New York 1965)に再掲した。Stephen F. Cohen, *Bukharin and the Bolshevik Revolution, 1888–1938* (New York 1975), pp. 471–2, n. 143を参照。

12 1936年11月25日：Stalin, *Problems of Leninism,* p. 571.

13 同上、p. 589.

14 スモレンスク州の党の非常に貴重な資料が一地区（raion）についてくわしく記している。1935年5月13日、党員資格についてさらなる「検証」を求める秘密回状が出され、その結果、審査を受けた4100人の党員のうち455名が除名された——口頭により700件、書面により200件の告発があった。エジョーフとマレンコフは8月1日までにこの地区の23パーセントの党員証が回収あるいは保留されたと報告している。

15 これらは以下の通り。秘密政治部門、産業と農業の安全確保を担当する経済部門、さまざまな職務をもつが、特にスターリンの警護を担当し、3000人の人員がかかわっていた工作部門、秘密警察網を運営する特別部門、外国の諜報活動やテロに対処する外国部門、ソ連の鉄道の保安にあたり破壊活動に対処する運輸部門。

16 Conquest, *The Great Terror: A Re-Assessment,* ch. 4を参照。

17 *Khrushchev Remembers,* p. 510.

18 G. R. Urban (ed.), *Stalinism : Its Impact on Russia and the World* (pb. edn, Aldershot 1985), pp. 218–19.

19 Robert C. Tucker, *The Soviet Political Mind* (New York 1971), pp. 70–1 にある 'Stalin, Bukharin and History as Conspiracy'.

20 *Khrushchev Remembers,* p. 510.

21 Alexander Orlov, *The Secret History of Stalin's Crimes* (London 1954), pp. 129–30. Orlov と Nicolaevsky の力強い答弁についての信頼できる情報源として Conquest, *Stalin and the Kirov Murder,* ch. 13 を参照。

22 Orlov, *Secret History,* pp. 131–2.

23 1936年8月21日付『プラウダ』に掲載され、Conquest, *The Great Terror,* p. 99 で引用されている。

24 *Report of the Court Proceedings : The Case of the Trotskyite-Zinovievite Centre* (*Moscow 1936), p. 119.

25 同上、p. 171.

26 Nicolaevsky, *Power and the Soviet Elite,* p. 63.

27 1936年9月10日付『プラウダ』

28 N. Valentinov との会話より。Leonard Schapiro, *The Communist Party of the Soviet Union* (2nd edn, London 1970), pp. 384–5 で引用されている。

29 Orlov, *Secret History,* p. 190.

30 同上、p. 207.

31 *Report of the Court Proceedings in the Case of the Anti-Soviet Trotskyite Centre* (*Moscow 1937), pp. 127, 135.

32 同上、pp. 463–516.

33 同上、p. 541.

34 Robert Conquest, *The Great Terror : Stalin's Purges of the Thirties* (London 1968), p. 266 で引用されている。ロバート・コンクェスト著、片山さとし訳『スターリンの恐怖政治』上下巻、三一書房、1976。

35 Conquest, *The Great Terror : A Re-Assessment,* p. 168 で引用されている。

36 同上、p. 169, *Izvestia,* 22 November 1963 を引用している。

37 同上、p. 169, *Great Soviet Encyclopaedia* (2nd edn, Moscow 1949–58) の解説を引用している。

38 *Khrushchev Remembers,* p. 548. ここで引用した情報源に Ordzhonikidze の弟 Konstantin の証言を付け加えることができる。この人物はスターリンの訪問中このアパートメントにおり、監禁状態で 16 年間にわたり彼に仕えた。Roy Medvedev, *Let History Judge*（rev. edn, Oxford 1989）, pp. 590–1 を参照。

39 Medvedev, *Let History Judge,* pp. 362–5, ブハーリンの妻 Larina の回想を引用している。

40 同上。

41 同上、pp. 366–7 で公表されている。

42 1937 年 3 月 29 日付『プラウダ』に掲載されたスターリンの演説。

43 *The Moscow Trial,* ed. W. P. and Z. P. Coates（London 1937）, pp. 275–6 で引用されている。

44 Conquest, *The Great Terror : A Re-Assessment,* ch. 7.

45 *Testimony : The Memoirs of Shostakovich,* ed. Solomon Volkov（*London 1979）, pp. 72–9.

46 Walter Laqueur, *Stalin,* pp. 85–91 を参照。

47 Tucker, *Stalin in Power,* p. 436. 1989 年、初めて *Izvestia* に発表された記録を引用している。

48 Conquest, *The Great Terror : A Re-Assessment,* p. 450. *Ogonek,* no. 28（1987）と no. 25（1989）を引用している。

49 Medvedev, *Let History Judge,* p. 424.

50 *Khrushchev Remembers,* pp. 526–7. フルシチョフによる Zakovsky の言葉の記録は、1955 年、ある問い合わせにたいする Rosenblum の証言からとられている。

51 当時イヴァノヴォにいた NKVD 諜報員 Mikhail Schreider の回想録 'Ivanovo 1937'. Mocow News, no. 48（1988）に掲載された。

52 Conquest, *The Great Terror : A Re-Assessment,* p. 223.

53 Z. T. Serpyuk, 1961 年 10 月 30 日、第 22 回党大会での演説。同上、p. 235 で引用されている。

54 *Ogonek,* no. 16, 1988 に発表された。R. W. Davies, *Soviet History in the Gorbachev Revolution*（London 1989）, p. 67 で引用されている。

55 *Proceedings in the Case of the Anti-Soviet 'Bloc of Rightists and Trotskyites'*（*Moscow 1938）, p. 36.

56 Fitzroy Maclean, *Eastern Approaches*（London 1949）, p. 86.

57 *Proceedings,* pp. 49-59.
58 Maclean, *Eastern Approaches,* p. 87.
59 *Proceedings,* pp. 157-8.
60 Fitzroy Maclean, *Escape to Adventure* (London 1950), pp. 61-83.
61 *Proceedings,* p. 370.
62 同上、p. 413.
63 同上、p. 474.
64 モスクワからイギリス外務省へ急送された公文書：PRO, FO 371. N1291/26/38.
65 Cohen, *Bukharin,* p. 380 で引用されている。
66 *Proceedings,* pp. 777-8.
67 Medvedev, *Let History Judge,* p. 375 で引用されている。
68 同上、pp. 458-9.
69 同上、p. 460.
70 フルシチョフのあげた数字は 1956 年の彼の秘密報告にある。*Khrushchev Remembers,* pp. 516-17. Medvedev, *Let History Judge,* p. 396 も参照。
71 Stalin, *Problems of Leninism* (1945 edn), p. 625.
72 1995 年 2 月 24 日の *The Times Literary Supplement* にある Robert Conquest の論文 'Playing down the Gulag: Attempts, to Minimise the Numbers of Stalin's Victims' を参照。
73 Alexander Solzhenitsyn, *The Gulag Archipelago* (pb. edn, *London 1974), pp. 3-4. ソルジェニーツィン著、木村浩訳『収容所群島 1918-1956 文学的考察 1』新潮文庫、1975。同 2 (1975)、同 3-4 (1976)、同 5 (1978)、同 6 (1978)。
74 同上、pp. 12-13.
75 Aristotle, *Politics,* V. ii, trans. Benjamin Jowett (Oxford 1905), p. 228. アリストテレス著、山本光雄訳『政治学』岩波文庫、1961。
76 Leszek Kolakowski, *Main Currents of Marxism,* vol. III: *The Breakdown* (Oxford 1978), p. 96.
77 Boris Souvarine, *Stalin* (*London 1930), pp. 362-3 で引用されている。ボリス・スヴァーリン著、江原順訳『スターリン ボルシェヴィキ党概史』教育社 (World Books)、1989。
78 Conquest, *The Great Terror: A Re-Assessment,* p. 113 で引用されて

いる。
79 同上、p. 112.
80 *Proceedings,* pp. 777-8.
81 Conquest, *The Great Terror : A Re-Assessment,* p. 125で引用されている。
82 1956年、第20回党大会でのフルシチョフの演説。
83 1988年4月5日付『プラウダ』。Davies, *Soviet History,* esp. chs 5, 10を参照。

第3巻

第13章 無効にされた1918年 (1918 Revoked)

1 Jane Degras (ed.), *Soviet Documents on Foreign Policy,* vol. III (London 1953), pp. 48-61.
2 *Documents on German Foreign Policy* (以下 *DGFP*), Series C, vol. III, no. 373.
3 Max Domarus (ed.), *Hitler. Reden und Proklamationen, 1932-45* (Würzburg 1962), vol. I, pp. 505-14.
4 Hermann Rauschning, *Hitler Speaks* (*London 1939), p. 116.
5 Geoffrey Roberts, *The Unholy Alliance* (London 1989), p. 70で引用されている。
6 Gerhard L. Weinberg, *The Foreign Policy of Hitler's Germany : Diplomatic Revolution in Europe, 1933-36* (Chicago 1970), p. 245.
7 Paul Schmidt, *Statist auf diplomatischer Bühne* (Bonn 1949), p. 320で引用されている。パウル・シュミット著、長野明訳『外交舞台の脇役 ドイツ外務省首席通訳官の欧州政治家達との体験 1923-1945』日本図書刊行会(発売・近代文芸社)、1998。
8 *Hitler's Table Talk, 1941-1944* (*London 1953), pp. 258-9 (27 January 1942).
9 1936年3月22日 : Domarus (ed.), *Hitler. Reden,* vol. I, pp. 609-10.
10 Degras (ed.), *Soviet Documents,* vol. III, p. 179.
11 同上。
12 Hugh Thomas, *The Spanish Civil War* (3rd edn, London 1977), p. 232で引用されている。ヒュー・トマス著、都築忠七訳『スペイン市民戦争』みすず書房、1988。

13　以下の数字は、モスクワで1988年1月、*Istoriya SSSR* に公表され、Roberts, *The Unholy Alliance,* p. 78で引用されている。

	ソ 連	ドイツ	イタリア
航空機	648	593	656
戦車	347	250	950
装甲車	120		
大砲	1,186	700	1,930
機関銃	20,486	31,000	3,436
ライフル	497,813	157,306	240,747
迫撃砲	340	6,174	1,426

14　Raymond Carr, *Spain, 1808–1975* (2nd edn, Oxford 1982), p. 683.
15　Jane Degras (ed.), *The Communist International, 1919–1943: Documents,* vol. III: *1929–1943* (London 1965), p. 398.
16　同上、p. 396.
17　Thomas, *Spanish Civil War,* p. 363で引用されている。
18　*DGFP,* Series D, vol. I, no. 19.
19　*Ciano's Diplomatic Papers,* ed. Malcolm Muggeridge (London 1948), p. 58.
20　同上、p. 146.
21　Winston Churchill, *The Second World War,* vol. I: *The Gathering Storm* (London 1948), p. 174.
22　Weinberg, *Foreign Policy 1933–36,* p. 347.
23　Ribbentrop, 'Report on the Anglo-German Relationship and the Way to Deal with the Chamberlain Initiative', 28 December 1937; Jeremy Noakes and Geoffrey Pridham (eds), *Nazism, 1919–1945: A Documentary Reader,* vol. III: *Foreign Policy, War and Racial Extermination* (Exeter 1988), no. 507.
24　John Erickson, *The Soviet High Command: A Military-Political History, 1918–41* (London 1962), p. 489で引用されている。
25　1945年8月16日。Berenice Carroll, *Design for Total War* (The Hague 1968), p. 73で引用されている。
26　数字は、R. J. Overy, *Goering: The 'Iron Man'* (London 1984), p. 151

から。

27 同上、pp. 148-9 で引用されている。

28 *DGFP,* Series C, vol. V, no. 490.

29 同上、Series D, vol. I, no. 19.

30 Wilhelm Deist, *The Wehrmacht and German Re-armament* (London1981), pp. 48-52 を参照。

31 *DGFP,* Series D, vol. I, no. 19.

32 General Walter Warlimont, *Inside Hitler's Headquarters, 1939-45* (*London 1964), p. 13.

33 同上、p. 14.

34 Ulrich von Hassell, *The Von Hassell Diaries, 1938-44* (*London 1948), p. 28.

第14章 独ソ不可侵条約 (The Nazi-Soviet Pact)

1 この訪問についての Schuschnigg の記録。*Austrian Requiem* (*London 1947), pp. 19-32.

2 Göring の調査部によるウィーン経由の電話での会話の記録：ND 2949-PS.

3 Grolmann の宣誓供述書。Jürgen Gehl, *Austria, Germany and the Anschluss, 1931-38* (Oxford 1963), p. 191 で引用されている。

4 Göring の調査部の記録：ND 2949-PS.

5 Peter Gay, *Freud : A Life for Our Time* (London 1988), p. 620 で引用されている。ピーター・ゲイ著、鈴木晶訳『フロイト 1』みすず書房、1997。

6 同上、p. 619 で引用されている。

7 世論についての報告に見られる典型的な表現。ここでは、ベルヒテスガーデン地域の世論調査。Ian Kershaw, *The Hitler Myth : Image and Reality in the Third Reich* (Oxford 1987), pp. 127-30 にある公式報告と Sopade の報告の要約を参照。

8 Max Domarus (ed.), *Hitler. Reden und Proklamationen, 1932-45* (Würzburg, 1962), vol. I, p. 849.

9 Geoffrey Roberts, *The Unholy Alliance* (London 1989), p. 85 で引用されている。

10 Jane Degras (ed.), *Soviet Documents on Foreign Policy,* vol. III

(London 1953), p. 277.

11 Gerhard L. Weinberg, *The Foreign Policy of Hitler's Germany: Starting World War II, 1937-39* (Chicago 1980), pp. 353-4 で引用されている。

12 *DGFP,* Series D, vol. II, no. 175.

13 Domarus (ed.), *Hitler. Reden,* vol. I, p. 861.

14 *DGFP,* Series D, vol. II, no. 221.

15 Jodl's Diary, 10 August 1938: ND 1780-PS.

16 カイテルの副官 Captain Eberhard による記録から。David Irving, *The War Path* (pb. edn, London 1983), pp. 123-4 で引用されている。

17 Ulrich von Hassell, *The Von Hassell Diaries, 1938-44* (*London 1948), p. 6.

18 Irving, *War Path,* p. 119 で引用されている。

19 General Franz Halder, *Kriegstagebuch, 1939-42,* ed. H. A. Jacobsen (Munich 1962-6), vol. I, 2 August 1938.

20 Jodl's Diary, 12-13 September 1938: ND 1780-PS.

21 Irving, *War Path,* p. 134 で引用されている。

22 ベルヒテスガーデンでのヒトラーとチェンバレンの討論のドイツ語の覚書。*DGFP,* Series D, vol. II, no. 487.

23 *Die Weizsäcker-Papiere, 1938-50,* ed. L. Hill (Frankfurt 1974).

24 Degras (ed.), *Soviet Documents on Foreign Policy,* vol. III, pp. 282-94.

25 私が Oleg Rzheshevsky 教授の *Europe 1939: Was War Inevitable?* (*Moscow 1989) に着目したのは、オーストラリア国立大学の G. Jukes 博士のおかげである。

26 Kirkpatrick によるゴーデスベルク会談の覚書。*Documents on British Foreign Policy, 1919-39* (以下 *DBFP*), 3rd Series, 1938-9 (London 1949-57), vol. II, nos 5, 1033, 1073; *DGFP,* Series D, vol. II, no. 583.

27 *DBFP,* 3rd Series, vol. II, no. 1118 にある Kirkpatrick の覚書。

28 Domarus (ed.), *Hitler. Reden,* vol. I. pp. 923-33.

29 William Shirer, *Berlin Diary* (London 1941), pp. 118-19. ウィリアム・シャイラー著、大久保和郎・大島かおり訳『ベルリン日記　1934-40』筑摩書房（筑摩叢書）、1977。

30 *DGFP,* Series D, vol. II, no. 635.

31 同上、no. 670.

32 *The Testament of Adolf Hitler: The Hitler-Bormann Documents* (*London 1961), pp. 84-5. ヒトラー著、マルティン・ボルマン記録、篠原正瑛訳・解説『ヒトラーの遺言 1945年2月4日—4月2日』原書房、2011。

33 この論争を要約した Christopher Browning の表現。*Fateful Months: Essays on the Emergence of the Final Solution* (New York 1985), pp. 8-14.

34 Ian Kershaw, *The Hitler Myth: Image and Reality in the Third Reich* (Oxford 1987), p. 235.

35 ミュンヘンの警察長官 Freiherr von Eberstein. 戦後、ニュルンベルクの主要戦犯裁判で証言した。

36 ND 3063-PS.

37 ND 1816-PS.

38 Max Domarus (ed.), *Hitler. Reden und Proklamationen, 1932-45* (Würzburg 1963), vol. II, pp. 1057-8.

39 *The Testament of Adolf Hitler,* p. 66.

40 ND 1301-PS.

41 ND 3575-PS.

42 Donald Watt, *How War Came* (London 1989), p. 40. ドナルド・キャメロン・ワット著、鈴木主税訳『第二次世界大戦はこうして始まった』上下巻、河出書房新社、1995。

43 同上、p. 41 で引用されている。

44 J. Dülffer, *Weimar, Hitler und die Marine* (Düsseldorf 1973), p. 502 で引用されている。

45 David Kaiser, *Economic Diplomacy and the Origins of the Second World War* (Princeton 1980), pp. 277-83 を参照。

46 同上、p. 282.

47 Jeremy Noakes and Geoffrey Pridham (eds), *Nazism, 1919-1945: A Documentary Reader,* vol. III: *Foreign Policy, War and Racial Extermination* (Exeter 1988), no. 529.

48 Irving, *War Path,* p. 175 で引用されている。

49 Weinberg, *Foreign Policy 1937-39,* p. 505 で引用されている。

50 *DGFP,* Series D, vol. IV, no. 228.

51 同上、no. 229.

52 A. Zoller (ed.), *Hitler Privat* (Düsseldorf 1949), p. 84. ヒトラーの秘書 Christa Schroeder の回顧録を編集したもの。
53 Degras (ed.), *Soviet Documents,* vol. III, pp. 315–22.
54 Molotov については同上 pp. 363–71 を参照。Ribbentrop については *DGFP,* Series D, vol. VI, no. 441 を参照。
55 *Soviet Peace Efforts on the Eve of World War II,* vol. I (*Moscow 1976), doc. 54.
56 Cabinet Conclusions 12 (39), 18 March 1939: PRO, FO 371/22967–C3632/15/18.
57 Domarus (ed.), *Hitler. Reden,* vol. II, p. 1125.
58 1939 年 4 月 11 日に出された「白」作戦(ポーランド攻撃)の指令:*DGFP,* Series D, vol. VI, pp. 224–5.
59 Sir Nevile Henderson, *Failure of a Mission* (London 1940), p. 228. N. ヘンダーソン著、早坂二郎訳『使命の失敗』岡倉書房、1946。
60 *Ciano's Diary, 1939–1943* (London 1947), p. 44.
61 *Ciano's Diplomatic Papers,* ed. Malcolm Muggeridge (London 1948), pp. 282–7.
62 RIIA, *Documents on International Affairs, 1939–46* (London 1958), vol. I, pp. 168–70 にある文章。
63 *Soviet Peace Efforts on the Eve of World War II,* vol. I, p. 203; *DBFP,* 3rd Series, vol. IV, no. 597.
64 David Dilks (ed.), *Retreat from Power* (London 1981) にある 'The Moscow Negotiations, 1939'.
65 1939 年 6 月 29 日付『プラウダ』。*Soviet Peace Efforts,* no. 269.
66 *DGFP,* Series D, vol. VII, no. 700.
67 Schnurre の報告。*DGFP,* Series D, vol. VI, no. 729.
68 Anthony Read および David Fisher によるインタビューでの Schnurre の言葉。*The Deadly Embrace: Hitler, Stalin and the Nazi-Soviet Pact, 1939–41* (London 1988), p. 126 で引用されている。アンソニー・リード、デーヴィッド・フィッシャー著、根岸隆夫訳『ヒトラーとスターリン 死の抱擁の瞬間』上下巻、みすず書房、2001。
69 Volkogonov, *Stalin,* p. 352.
70 Von der Schulenburg の報告:*DGFP,* Series D. vol. VII, no. 70.
71 同上、no. 105.

72 同上、no. 132.
73 同上、no. 142.
74 同上、no. 159.
75 Albert Speer, *Inside the Third Reich* (*London 1970), p. 161.
76 *DGFP,* Series D, vol. VII, no. 228 (Pact) ; no. 229 (Protocol).
77 書きとめることは禁じられていたが、数人の将校がメモをとった。*DGFP,* Series D, vol. VII, nos 192, 193 にあるのは、Admiral Canaris による記録。Halder による記録は、同書の Appendix I に収められている。この情報源をめぐる議論については Weinberg, *Foreign Policy 1937–39,* p. 610n を参照。
78 *DGFP,* Series D, vol. VII, no. 193.
79 Ernst von Weizsäcker, *Memoirs* (*London 1951), p. 203.
80 *DGFP,* Series D, vol. VII, no. 266.
81 同上、no. 265.
82 同上、no. 271.
83 ヒトラーのムッソリーニ宛書簡（8月26日）。同上、no. 307, 341.
84 Birger Dahlerus, *The Last Attempt* (London 1948), ch. 6.
85 Halder's Diary, 28 August 1939; *DGFP,* Series D, vol. VII, pp. 565–6.
86 *Weizsäcker-Papiere,* 日記、1939年8月29日付。
87 Halder's Diary, 29 August 1939; *DGFP,* Series D, vol. VII, p. 567.
88 *Weizsäcker-Papiere,* 日記、1939年8月30日付。
89 Paul Schmidt, *Statist auf diplomatischer Bühne* (Bonn 1949), p. 460.
90 *DGFP,* Series d, vol. VII, no. 493.
91 Dahlerus, *Last Attempt,* pp. 119–20.
92 Schmidt, *Statist,* p. 464.

第15章 ヒトラーの戦争 (Hitler's War)

1 Robert C. Tucker, *The Soviet Political Mind* (2nd edn, New York 1971), p. 123 で引用されている。V. O. Klyuchevsky (1841–1911) は、1879年、モスクワ大学の歴史学教授になった。ロシア史についての彼の講義は熱心な聴衆をひきつけたが、1900年代まで刊行されなかった。1911–31年に、その全研究が5巻にわたって刊行された。
2 Robert C. Tucker, *Stalin in Power: The Revolution from Above, 1928–1941* (New York 1990), PP. 115–18 でトルストイの回想を引用し

ている。
3 同上、p. 117. 国外在住のロシア人画家 Annenkov の回想を引用している。トルストイは 1917 年にパリの Annenkov のもとを訪れた。
4 Merle Fainsod, *How Russia Is Ruled* (Cambridge, Mass. 1953), p. 113 で引用されている。
5 Merle Fainsod の表現。同上、ch. 6 にある 'Terror as a System of Power' を参照。
6 Robert Conquest, *The Great Terror: A Re-Assessment* (London 1990), p. 7 で引用されている。
7 *Khrushchev Remembers*, trans. and ed. Strobe Talbot (*London 1971), p. 226.
8 T. H. Rigby, 'Was Stalin a Disloyal Patron?', *Soviet Studies*, vol. XXXVIII, no. 3, July 1986, pp. 311-24 を参照。
9 Andrei Vyshinsky, *Soviet Legal Philosophy*, trans. Hugh W. Babb (Cambridge, Mass. 1951), p. 339.
10 Leonard Schapiro, *The Communist Party of the Soviet Union* (2nd edn, London 1970), p. 477.
11 Leszek Kolakowski, *Main Currents of Marxism*, vol. III: *The Breakdown* (Oxford 1978), p. 97.
12 Carl Burckhardt, *Meine Danziger Mission, 1937-39* (Munich 1969), p. 272.
13 Jeremy Noakes and Geoffrey Pridham (eds), *Nazism, 1919-1945: A Documentary Reader*, vol. III: *Foreign Policy, War and Racial Extermination* (Exeter 1988), no. 529.
14 Charles E. Bohlen, *Witness to History, 1929-1969* (London 1973), p. 91. ボーレンは当時モスクワのアメリカ大使館につとめていた。
15 *DGFP*, Series D, vol. VIII, no. 161.
16 Max Domarus (ed.), *Hitler. Reden und Proklamationen, 1932-45* (Würzburg 1963), vol. II, pp. 1377-93.
17 *Ciano's Diary, 1939-1943* (London 1947), p. 162.
18 *Ciano's Diplomatic Papers*, ed Malcolm Muggeridge (London 1948), pp. 309-16.
19 H. A. Jacobsen (ed.), *Dokumente zur Vorgeschichte des Westfeldzuges, 1939-1940* (Göttingen 1956), pp. 5ff.

20 A. Zoller (ed.), *Hitler Privat* (Düsseldorf 1949), p. 181.
21 Domarus (ed.), *Hitler. Reden,* vol. II, pp. 1421-7.
22 ヒムラーをドイツ民族強化委員に任命した1939年10月7日付の命令：Noakes and Pridham (eds), *Nazism,* vol. III, no. 649.
23 *VfZ,* April 1963, p. 203にあるHelmut Krausnick, 'Hitler und die Morde in Polen'で引用されている。
24 同上、p. 202. Martin Broszat, *Nationalsozialistische Polenspolitik, 1939-1945* (Stuttgart 1961), p. 22も参照。
25 'Some Thoughts on the Treatment of the Alien Population in the East', 15 May 1940: Noakes and Pridham, Nazism, no. 651.
26 Christopher Browning, *The Path to Genocide* (Cambridge 1992), p. 17.
27 同上、pp. 28-56, pp. 145-161.
28 Jan T. Gross, *Revolution from Abroad: The Soviet Conquest of Poland's Western Ukraine and Western Byelorussia* (Princeton 1988), ch. 1.
29 1920年には強硬政策をとったとはいえ、Paasikiviは1944年から56年までソ連との関係をうまくさばき、東欧諸国のなかで唯一、フィンランドはソ連の占領と支配を免れたのである。彼の考えは、第二次世界大戦後、ソ連がフィンランドにたいして、独立した外交政策を許さないことに憤りを示した同僚に答えた次の言葉に要約されている。「わが国は人口2億人の国に隣接する人口500万人の国だ。もしもフィンランドの人口が2億、ロシアの人口がたった500万だったとしたら、われわれはロシアに独立した外交政策を許すと思うかね？」
30 Margarete Buber-Neumannは1901年生まれで、釈放後、1989年秋まで生きながらえた。1950年にCommittee for the Liberation of the Victims of Totalitarian Oppressionという組織を設立し、その代表としてたゆまぬ努力をつづけ、国際的な評価をかちとった。彼女は3冊の自伝を発表しているが、3冊目の自伝には次のようなタイトルがつけられている（ドイツ語）。*Freedom, You Are Mine Again... The Strength to Survive.*
31 *DGFP,* Series D, vol. VIIIのpp. xxiv-xxix, Analytical Listを参照。
32 同上、no. 474.
33 Schnurreの報告、1940年2月26日。同上、no. 636.

34 Jodl's Diary : ND 1780-PS.
35 Von Manstein による OKH 計画の批判と、彼の計画にもとづく新しい指令は、Noakes and Pridham (eds), *Nazism,* vol. III, nos 559, 560 に載っている。
36 General Franz Halder, *Kriegstagebuch : 1939–42,* ed. H. A. Jacobsen (Munich 1962–6), vol. I, 17–18 May 1940.
37 *Ciano's Diary,* p. 176.
38 ムッソリーニのヒトラー宛書簡（1940 年 1 月 4 日）。*Hitler e Mussolini : Lettere e documenti* (Milan 1946), pp. 33–9.
39 *Ciano's Diary,* pp. 220–1.
40 David Irving, *Hitler's War* (London 1977), p. 128. 居合わせた者による覚書を引用している。デイヴィッド・アーヴィング著、赤羽竜夫訳『ヒトラーの戦争』早川書房（ハヤカワ文庫）、1988。
41 P. E. Schramm, *Hitler : The Man and the Military Leader* (*London 1972), pp. 104–5 で引用されている。
42 同上、Appendix II に記載されている。ヨードルの回想 'The Influence of Hitler on the Leadership of the War : Brief Reflections on Hitler as a Strategist'.
43 'Thoughts of the C-in-C of the Navy on the outbreak of war on 3 September 1939' : Noakes and Pridham (eds), *Nazism,* vol. III, no. 555.
44 R. J. Overy, *Goering : The 'Iron Man'* (London 1984), p. 98 で引用されている。
45 Ian Kershaw, *The Hitler Myth : Image and Reality in the Third Reich* (Oxford 1987), pp. 143–57 を参照。
46 Domarus (ed.), *Hitler : Reden,* vol. II, pp. 1540–59.
47 Halder, *Kriegstagebuch,* vol. II, 31 July 1940, pp. 46ff.
48 *DGFP,* Series D, vol. XI, pp. 204–5 にある文章。
49 *Ciano's Diary,* p. 297.
50 Paul Schmidt, *Statist auf diplomatischer Bühne* (Bonn 1949), p. 506.
51 *DGFP,* Series D, vol. XI, no. 323 にある Führer's Directive, no. 18, 12 November 1940 の文言。
52 同上、nos. 176, 211.
53 この討議のドイツ側の記録は、同上、Series D, vol. XI, pp. 533–70 にある。

54 空襲時にリッベントロープがモロトフに提出した覚書の本文は、同上、Series D, vol. XI, no. 329 にある。ソ連の返答（11 月 26 日付）は no. 404.
55 Halder, *Kriegstagebuch,* vol. II, 5 December 1940, p. 186.
56 *Nazi-Soviet Relations, 1939–41* (Washington DC 1948), pp. 260–2.

第 16 章 ヒトラーの新秩序 (Hitler's New Order)

1 *Mein Kampf,* p. 533.
2 *Völkischer Beobachter,* 13 Sept. 1936 に掲載された。
3 *Hitler's Table Talk,* 17–18 September 1941, p. 33.
4 *Mein Kampf,* p. 533.
5 同上。
6 *DGFP* D, XI, no. 660.
7 *The Testament of Adolf Hitler: The Hitler-Bormann Documents* (*London 1961), pp. 63–4.
8 *DGFP,* D, XI, no. 612.
9 同上、no. 640.
10 William L. Langer と S. Everett Gleason が *The Undeclared War* (New York 1953), p. 538 で引用している。
11 ND. 126–EC.
12 *Hitler's Table Talk,* p. 44, night of 25–26 Sept. 1941.
13 同上、pp. 15–16, 27 July 1941.
14 同上、pp. 68–9, 17 Oct. 1941.
15 同上、pp. 92–3, 26–27 Oct. 1941.
16 同上、p. 7, 11–12 July 1941.
17 同上、p. 76, 21 Oct. 1941.
18 同上、p. 143, 13 Dec. 1941.
19 同上、p. 261, 28–29 November 1942.
20 ND 447–PS.
21 数字は Alec Nove, *An Economic History of the USSR* (2nd edn, London 1989), pp. 247–8 から。
22 1940 年 7 月 13 日付ベルリンへの Schulenburg の報告：*DGFP,* D, X, no. 164.
23 Alec Nove, pp. 260–1.

24 Domarus, vol. 2, pp. 1652–3.
25 John Erickson, *The Road to Stalingrad,* p. 40 で引用されている。
26 同上、p. 52. 居合わせた Kazakov 将軍の 1965 年の談話を引用している。
27 Erickson, p. 62 にもとづいている。Marshal Rokossovsky を引用している。
28 Volkogonov, pp. 397–8, Erickson, pp. 80–1.
29 Volkogonov, p. 398 で Soviet Defence Ministry Archives から引用している。
30 Medvedev (2nd edn), p. 743 で引用されている *Oktyabr* (1963), no. 11 の記事より。
31 Winston S. Churchill, *The Second World War,* vol. III: *The Grand Alliance* (London 1949). ヘスのエピソードについてくわしくは James Douglas-Hamilton, *Motive for a Mission: The Story Behind Hess's Flight,* 3rd ed. (Edinburgh 1993) を参照。
32 *DGFP,* D, XII, no. 333.
33 *DGFP,* D, XII, no. 423.
34 1941 年 5 月 7 日および 12 日、ベルリンへの Schulenburg の報告。同上、nos 468, 505.
35 Read and Fisher, p. 618. A. M. Nekrich, *1941, 22 Iyunia* (Moscow 1965) を引用している。
36 同上、p. 619.
37 *Khrushchev Remembers,* p. 148.
38 G. Zhukov, *Reminiscences and Reflections* (Eng. tr. Moscow 1985), vol. I, p. 236. ゲ・カ・ジューコフ著、清川勇吉・相場正三久・大沢正共訳『ジューコフ元帥回想録　革命・大戦・平和』朝日新聞社、1970。
39 *DGFP,* D, XII, no. 628.
40 Kuznetzov. *Stalin and His Generals,* ed. S. Bialer (New Yrok 1966) に収録されている。
41 *The Goebbels Diaries, 1939–41,* ed. Fred Taylor (London 1982), 21 June 1941.
42 Speer, p. 180.
43 Zhukov, vol. I, pp. 281–2.
44 居合わせた Gustab Hilger による記述。G. Hilger and A. G. Meyer,

The Incompatible Allies (New York 1953), pp. 336-7.

45 Medvedev, pp. 756-7 で引用されている。N. N. Voronov, *Na sluzhbe voennoi* (Moscow 1963) より。

46 同上、p. 754. *Znamya* (1968), no. 11, p. 49 に発表された Chakovsky, 'Blokada' を引用している。

47 Svetlana Alliluyeva, *Only One Year* (New York, 1970), p. 392.

48 1945 年 5 月 24 日、Alex de Jonge, *Stalin*, p. 460 で引用されている。

49 *Politicheskoe obrazovanie* 1988, no. 9, p. 75 にあるミコヤンの回想。

50 Pavlov が Blyukher、Rokossovsky らの逮捕に抗議する請願書をスターリンに送った 3 人の将校の 1 人であったことは、1988 年に明らかになった。Rokossovsky は釈放され、第二次世界大戦で大きな役割をはたした。しかしその後、3 人の請願者全員が逮捕され、処刑された。スターリンは記憶力がよかったのだ。(R. W. Davies, *Soviet History in the Gorbachev Revolution*, London 1989, p. 103.)

51 Volkogonov, *Stalin*, p. 422.

52 APRF (Archive of the President of the Russian Federation) f2, op. 1, d. 259. Volkogonov, *Lenin : Life and Legacy*, p. 314 で引用されている。ドミートトリー・ヴォルコゴーノフ著、白須英子訳『レーニンの秘密』上下巻、NHK 出版、1995。

53 General Heusinger へのヨードルのコメント。Warlimont, *Inside Hitler's Headquarters*, p. 189 で引用されている。

54 Erickson, vol. I, pp. 178-9 で引用されている。ジューコフの回顧録より。

55 諜報機関員 S. M. Yakomenko の報告。Medvedev, p. 757 で引用されている。

56 Albert Zoller, *Hitler Privat*, p. 160 で引用されている。

57 John Erickson, vol. I, p. 253 で引用されている。P. A. Belov の *Za nami Moskva* (Moscow 1963) より。

58 同上、p. 258.

59 Heinz Guderian, *Panzer Leader* (*London 1953), pp. 254-5. ハインツ・グデーリアン著、本郷健訳『電撃戦　グデーリアン回想録』上下巻、中央公論新社、1999 (フジ出版社 1974 年刊の再刊　原タイトル *Erinnerungen eines Soldaten* の翻訳)

60 B. H. Liddell Hart, *The Other Side of the Hill* (3rd edn, London 1951),

p. 289 で引用されている。

61 Overy, *Goering,* p. 120 で引用されている。

62 Noakes and Pridham, vol. III: p. 906.

63 Overy, p. 144.

64 1941 年 3 月 3 日、ヒトラーの意向についてのヨードルの覚書。Warlimont, pp. 150–1.

65 Halder's Diary, 30 March 1941. Warlimont, pp. 160–2 も参照。

66 Doc. 050–C, TMWC, xxxiv, pp. 252–5.

67 Doc. 877–PS, TMWC, xxvi, pp. 403–6.

68 *Hitler: Tischgespräche,* ed. H. Picker (Bonn 1951), p. 50.

69 *The Goebbels Diaries,* 24 Feb. 1942, p. 61.

70 Dallin, *German Rule in Russia,* p. 497 で引用されている。

71 ND, 389–PS.

72 ND NG–4900. Norman Rich, *Hitler's War Aims: The Establishment of the New Order* (New York 1974), p. 341 で引用されている。

73 この総統命令はニュルンベルク裁判で言及され (ND 630–PS)、R. J. Lifton, *The Nazi Doctors* (London 1986), p. 63 に掲載されている。

74 Lifton, *The Nazi Doctors,* p. 95 で引用されている。

75 Christopher Browning, *The Path to Genocide,* p. 103 で引用されている。

76 Noakes and Pridham (eds), *Nazism,* vol. III, no. 630.

77 SS-RSHA 文書より。Gerald Fleming: *Hitler and the Final Solution* (London 1985), pp. 109–10 で引用されている。

78 R. M. W. Kempner, *SS im Kreuzverhör* (Munich 1964), p. 29. これはバビ・ヤールの虐殺として知られるようになった。

79 Noakes and Pridham, vol. III, no. 889.

80 同上、no. 889.

81 Eduard Schulte の驚くべき物語については Walter Laqueur and Richard Breitman, *Breaking the Silence* (New York 1986), ch. 6 を参照。

82 Noakes and Pridham, vol. III, no. 826.

83 Christopher Browning: *The Path to Genocide,* p. 25.

84 Noakes and Pridham, vol. III, no. 824.

85 Chrisopher Browning, p. 113.

86 同上、p. 116.

87 Fleming, p. 79.
88 Noakes and Pridham, vol. III, no. 850.
89 Wannsee Conference の議事録、同上、no. 849.
90 Fleming, p. 138.
91 1943年10月4日、ポーゼンにて。ND 1919-PS.
92 *The Testament of Adolf Hitler,* p. 57.
93 Domarus, vol. II, pp. 1794-1811.
94 Warlimont, p. 214 で引用されている。
95 Medvedev, pp. 768-9 で引用されている。
96 Batov の回想と彼へのインタビュー。Erickson p. 287 で引用されている。
97 Peter Calvocoressi, Guy Wint and John Pritchard, *Total War* (2nd edn, London 1989), p. 484（P. カルヴォコレッシーほか著、八木勇訳『トータル・ウォー 第二次世界大戦の原因と経過 上巻（西半球編）・下巻（大東亜・太平洋戦争編）』河出書房新社、1993。；*Oxford Companion to World War II,* pp. 216-18 で引用されている。
98 Nove, *Economic History,* p. 263. E. Lokshin, *Promyshlennost' SSSR, 1940-63* (Moscow 1964) を引用している。
99 Nove, p. 265.
100 Speer については Alan Milward, *The German Economy at War* (London 1965), pp. 65-71 に、Todt については Richard Overy, *Goering,* 'The Iron Man' (London 1984), pp. 205-8 に示されている。
101 Irving, p. 367 で引用されている。
102 Erickson, pp. 337-8 で引用されている。
103 *The Goebbels Diaries,* p. 27.
104 同上、p. 92.
105 Erickson, p. 370 にある引用とコメント。
106 Halder, *Kriegstagebuch,* pp. 55-6.
107 同上、p. 57.
108 同上、1942年9月24日。

第4巻

第17章 スターリンの戦争 (Stalin's War)

1 *Stalin's Correspondence with Churchill, Attlee, Roosevelt and Tru-*

man, 1941–45 (*Moscow 1957), no. 57, 23 July 1942.

2 Winston S. Churchill, *The Second World War,* vol. IV: *The Hinge of Fate* (London 1951), p. 428.

3 *Stalin's Correspondence,* no. 65; Churchill, *Second World War,* vol. IV, pp. 440–1.

4 Churchill, *Second World War,* vol. IV, pp. 445–9.

5 Robin Edmonds, *The Big Three: Churchill, Roosevelt and Stalin in Peace and War* (New York 1991), p. 302 で引用されている。

6 *Stalin's Correspondence,* no. 89, 27 November 1942.

7 David Irving, *Hitler's War* (London 1977), p. 459 で引用されている。

8 Felix Gilbert (ed.), *Hitler Directs His War* (New York 1950), pp. 17–22. Varus は、AD9 年、ライン川地方でローマ軍を指揮した司令官。配下の軍隊が奇襲にあって壊滅し、自殺した。

9 John Erickson, *The Road to Berlin: Stalin's War with Germany* (pb. edn, London 1983), pp. 26–7.

10 Volkogonov, *Stalin: Triumph and Tragedy* (*London 1991), pp. 455–6. ch. 45 全体を参照。

11 A. M. Vasilevsky の回想（1974）。Roy Medvedev, *Let History Judge* (rev. edn, Oxford 1989), pp. 768–9 で引用されている。

12 Von Richthofen の未発表の日記。Irving, *Hitler's War,* p. 484 で引用されている。

13 Ian Kershaw, *The Hitler Myth: Image and Reality in the Third Reich* (Oxford 1987), p. 192.

14 Albert Speer, *Inside the Third Reich* (London 1970), p. 258.

15 Irving, *Hitler's War,* pp. 483–4. Herbert Backe を引用している。

16 Jeremy Noakes and Geoffrey Pridham (eds), *Documents on Nazism* (London 1974), pp. 319–20.

17 Kershaw, *The Hitler Myth,* p. 195.

18 チャーチルのスターリン宛書簡（1943 年 2 月 9 日）。Churchill, *Second World War,* vol. IV, pp. 666–7.

19 *Stalin's, Correspondence,* no. 129, 15 March 1943.

20 Irving, *Hitler's War,* p. 494 で引用されている。

21 Jane Degras (ed.), *The Communist International, 1919–1943: Documents,* vol. III, *1929–1943* (London 1965), pp. 476–7.

22 Milovan Djilas, *Conversations with Stalin* (*London 1962), p. 77.
23 Heinz Guderian, *Panzer-Leader* (London 1952), p. 442.
24 *VfZ* 1958 (3), pp. 284ff. に発表された Helmut Heiber, 'Der Generalplan Ost' より。
25 Helmut Krausnick, Hans Buchheim, Martin Broszat and H. A. Jacobsen, *Anatomy of the SS State* (*London 1968), p. 273.
26 同上、pp. 103-4 で引用されている。
27 同上、p. 97.
28 Norman Davies, *God's Playground: A History of Poland* (Oxford 1981), vol. II, p. 463 で引用されている。
29 Krausnick et al., *Anatomy of the SS State,* p. 123 で引用されている。
30 Jeremy Noakes and Geoffrey Pridham (eds), *Nazism, 1919-1945: A Documentary Reader,* vol. III: *Foreign Policy, War and Racial Extermination* (Exeter 1988), no. 908.
31 Krausnick et al., *Anatomy of the SS State,* p. 123 で引用されている。
32 細かい数字は Martin Gilbert, *Atlas of the Holocaust* (London 1982), pp. 178-9 からとった。マーチン・ギルバート著、滝川義人訳『ホロコースト歴史地図 1918〜1948 年』東洋書林、1995。
33 同上。
34 同上、pp. 196-9.
35 ヒトラーの演説はヒムラーのファイルに記録されており、Irving, *Hitler's War,* pp. 631-2 で引用されている。
36 *The Ribbentrop Memoirs* (*London 1954), pp. 170-1.
37 1943 年 9 月 23 日：Joseph Goebbels, *The Goebbels Diaries, 1942-43,* ed. Louis P. Lochner (*London 1948), p. 383.
38 同上、p. 377.
39 Irving, *Hitler's War,* p. 583 で引用されている。
40 Mark Walker, *German National Socialism and the Quest for Nuclear Power, 1939-49* (Cambridge 1989), ch. 5. Weizsäcker の Schumann との会話は 1992 年 2 月 24 日に放映された BBC の番組 'Horizon: Hitler's Bomb' の解説書 p. 25 からとった。
41 Warren F. Kimball (ed.), *Churchill and Roosevelt: The Complete Correspondence* (Princeton 1984), vol. II, C-471.
42 Adam Ulam, *Stalin: The Man and His Era* (2nd edn, London 1989),

p. 587.

43 Alan Brooke の覚書。David Fraser, *Alan Brooke* (pb. edn, London 1983), p. 385 で引用されている。

44 テヘラン会談については以下の資料にもとづいている。*Foreign Relations of the United States: The Conferences at Cairo and Teheran* (Washington 1961); *The Teheran, Yalta and Potsdam Conferences: Documents* (*Moscow 1969); Winston S. Churchill, *The Second World War,* vol. V: *Closing the Ring* (London 1952), chs 20–22; Edmonds, *The Big Three.* イギリスの記録は出版されていない。公文書館にあるイギリスの関連ファイルは、CAB 80/77, CAB 120/113, PREM 3/136/10.

45 Churchill, *Second World War,* vol. V, p. 330.

46 同上、p. 320.

47 同上、p. 351.

48 *FRUS* にあるボーレンの覚書（上記註 45 を参照）。ソ連の記録による確認については Robin Edmonds, *The Big Three,* p. 357 を参照。

49 Alexander Dallin, *German Rule in Russia, 1941–44* (rev. edn, London 1981), p. 541, n. 1 を参照。Dallin 教授の著作はドイツの占領政策の矛盾と複雑さに関する情報の宝庫である。

50 同上、p. 550 で引用されている。

51 同上、p. 575.

52 同上、p. 574.

53 Irving, *Hitler's War,* p. 628 で引用されている。

54 Hans Speidel, *We Defended Normandy* (London 1951), p. 106.

55 1964 年、Rokossovsky の記録。Erickson, *Road to Berlin,* p. 203 で引用されている。

56 同上、p. 207.

57 Fabian von Schlabrendorff の表現。彼は 7 月 20 日の陰謀後、逮捕を免れて生き残った。Schlabrendorff, *The Secret War against Hitler* (*New York 1965) にある Oster についての記述を参照。

58 Peter Hoffmann, *The History of the German Resistance, 1933–45* (*London 1977) を参照。

59 Gerhard Ritter, *Carl Goerdeler und die Deutsche Widerstandbewegung* (Stuttgart 1955) を参照。英語の要約版は *The German Resistance: Carl Goerdeler's Struggle against Tyranny* (London 1958).

60 Von Schlabrendorff, *Secret War,* p. 121.

61 この詩は、Sir Maurice Bowra による英訳とともに、John Wheeler-Bennett, *The Nemesis of Power: The German Army in Politics, 1918-1945* (London 1953), p. 582 で引用されている（J. ウィーラー＝ベネット著、山口定訳『権力のネメシス　国防軍とヒトラー』みすず書房、1984）。これは、1944 年 7 月 20 日の出来事についての英語で書かれた最良の書である。

62 Von Schlabrendorff, *Secret War,* p. 277.

63 Paul Schmidt, *Statist auf diplomatischer Bühne* (Bonn 1949), p, 582.

64 Max Domarus (ed.), *Hitler. Reden und Proklamationen, 1932-45* (Würzburg 1963), vol. II, pp. 2127-9.

65 Von Schlabrendorff, *Secret War,* pp. 294-5.

第 18 章　ヒトラーの敗北 (Hitler's Defeat)

1 Max Domarus (ed.), *Hitler. Reden und Proklamationen, 1932-45* (Würzburg 1963), vol. II, pp. 2127-9.

2 Albert Speer, *Inside the Third Reich* (*London 1970), pp. 390-1.

3 *Ciano's Diary, 1939-1943* (London 1947), p. 430.

4 Speer, *Inside the Third Reich,* pp. 396-8.

5 H. R. Trevor-Roper (ed.), *The Bormann Letters* (London 1954), p. 42.

6 スターリンのチャーチル宛書簡（1944 年 7 月 23 日）。*Stalin's Correspondence with Churchill, Attlee, Roosevelt and Truman, 1941-45* (*Moscow 1957), no. 301.

7 John Erickson, *The Road to Berlin: Stalin's War with Germany* (London 1983), p. 280 で引用されている。

8 同上、p. 283.

9 Winston S. Churchill, *The Second World War,* vol. VI: *Triumph and Tragedy* (London 1954), pp. 119-20.

10 同上、p. 120.

11 同上、p. 127.

12 Winston S. Churchill, *The Second World War,* vol. V: *Closing the Ring* (London 1952), p. 623.

13 Malinovsky へのインタビュー。Erickson, *Road to Berlin,* p. 396 で引用されている。

14 Milovan Djilas, *Conversations with Stalin* (*London 1962), p. 56.
15 同上、pp. 59-60.
16 同上、p. 70.
17 Vladimir Dedijer, *Tito Speaks* (London 1953), pp. 232-5 で引用されている。ウラジーミル・デディエ著、高橋正雄訳『チトーは語る』新時代社、1970。
18 Djilas, *Conversations with Stalin,* pp. 72-3.
19 同上、p. 67.
20 Speer, *Inside the Third Reich,* p. 473.
21 ここで記録は途絶えており不完全である。Felix Gilbert (ed.), *Hitler Directs His War* (ヒトラーの軍事会議の記録：New York 1950).
22 Heinz Guderian, *Panzer-Leader* (London 1952), p. 378.
23 同上、p. 387.
24 アメリカ陸軍によるグデーリアンへの尋問。Chester Wilmot, *The Struggle for Europe* (London 1952), p. 622 で引用されている。
25 Churchill, *Second World War,* vol. VI. p. 198.
26 W. Averell Harriman and Elie Abel, *Special Envoy to Churchill and Stalin, 1941-46* (New York 1975), p. 369.
27 ヤルタ会談については、以下の資料をもとにしている。*Foreign Relations of the United States : Diplomatic Papers, 1945 : The Conferences at Malta and Yalta* (Washington 1955); *The Teheran, Yalta and Potsdam Conferences : Documents* (*Moscow 1969); 未刊行のイギリスの報告は、公文書館で閲覧できる (CAB 120/170 と PREM 4/78/1).
28 イギリス政府公式報告書、Cmd 7088 (1947).
29 Speer, *Inside the Third Reich,* p. 423.
30 同上、p. 446.
31 1945 年 1 月 30 日に行なわれた会議ののちのヒトラーのコメント。Guderian, *Panzer-Leader,* p. 337 で引用されている。
32 General Franz Halder, *Hitler as Warlord* (*London 1950), pp. 69-70.
33 Captain Gerhardt Boldt, *In the Shelter with Hitler* (*London 1948), ch. 1. ゲルハルト・ボルト著、松谷健二訳『ヒトラー最後の十日間』TBS 出版会、1974。
34 Gilbert, *Hitler Directs His War,* pp. 117-18.
35 David Irving, *Hitler's War* (London 1977), p. 768 で引用されている。

36 *The Testament of Adolf Hitler : The Hitler-Bormann Documents* (*London 1961), p. 6.
37 同上、p. 41.
38 同上、p. 63.
39 同上、p. 66.
40 同上、pp. 58-9.
41 同上、pp. 30-2.
42 同上、p. 57.
43 同上、p. 107.
44 A. Zoller (ed.), *Hitler Privat* (Düsseldorf 1949), pp. 203-5.
45 ND, Speer Document 026.
46 Speer, *Inside the Third Reich,* p. 473.
47 Hugh Trevor-Roper, *The Last Days of Hitler* (2nd edn, London 1950), pp. 112-13 で引用されている。H. R. トレヴァ＝ローパー著、橋本福夫訳『ヒトラー最期の日』筑摩書房、1975。
48 同上、pp. 134-5.
49 同上、p. 145.
50 ニュルンベルク裁判でのシュペーア、TMWC, Part XVII, p. 57.
51 *Nazi Conspiracy and Aggression* (Washington 1946-8), Supp. volume B, pp. 1281-2.
52 Count Folke Bernadotte, *The Curtain Falls* (New York 1945), p. 22. フォルケ・ベルナドット著、衣奈多喜男訳『幕おりぬ　ヨーロッパ終戦秘史』国際出版、1948。
53 同上、pp. 106-13.
54 地下壕にいた Hanna Reitsch の証言。ND 3734-PS.
55 同上。
56 この政治的遺言は ND 3569-PS に収められている。
57 同上。
58 Rudolf Semmler, *Goebbels : The Man Next to Hitler* (London 1947), p. 194.
59 Trevor-Roper, *Last Days,* p. 214 で引用されている。
60 Lev Bezymenski, *The Death of Adolf Hitler : Unknown Documents from Soviet Archives,* *London 1968. レフ・ベジュメンスキ著、大河原順訳『ヒットラーの死神　モスクワ公文書館の知られざる記録』国書

刊行会、1984。

第19章　スターリンの新秩序 (Stalin's New Order)

1　Winston S. Churchill, *The Second World War*, vol. VI: *Triumph and Tragedy* (London 1954), pp. 392–4.

2　チャーチルのイーデン宛書簡（1945年5月4日）。同上、p. 438.

3　チャーチルのスターリン宛書簡（1945年4月29日）。同上、pp. 431–4.

4　スターリンのチャーチル宛書簡（1945年5月5日）。同上、pp. 435–7.

5　この部分の記述は、以下の資料にもとづいている。W. Averell Harriman and Eli Abel, *Special Envoy to Churchill and Stalin, 1941–46* (New York 1975), pp. 463–75; Charles E. Bohlen, *Witness to History, 1929–1969* (London 1973), pp. 218–21; Robert E. Sherwood, *Roosevelt and Hopkins* (New York 1950), pp. 890–908.

6　この書簡はボーレンに宛てられたもので、彼の著書 *Witness to History*, pp. 175–6 に転載された。

7　David Holloway, *Stalin and the Bomb: the Soviet Union and Atomic Energy 1939–1956* (Yale U. P. 1994), chs. 4–5 にもとづいている。デーヴィド・ホロウェイ著、川上洸・松本幸重訳『スターリンと原爆』上下巻、大月書店、1997。

8　Alan Bullock, *Ernest Bevin, Foreign Secretary, 1945–51* (London 1983), p. 25 で引用されている。

9　Kenneth Harris, *Attlee* (London 1982), p. 267 で引用されている。

10　Marshal A. M. Vasilevsky, *A Lifelong Cause* (*Moscow 1981), p. 453 で引用されている。

11　たとえば、軍事史の第一人者 A. V. Samsonov による論文。読者が寄せた書簡とともに本として出版されている。*Znat i Pomnit* (Moscow 1988).

12　J. Stalin, *Collected Works* (Stanford 1967), vol. XVI, p. 7.

13　Vasily Grossman は1905年にウクライナ系ユダヤ人コミュニティで生まれ、従軍記者としてスターリングラードの戦い、トレブリンカ絶滅収容所の解放、ベルリン占領を直接に目撃した。1941年から45年にかけての戦時のロシアの描写に関して、しばしばトルストイの『戦

争と平和』と比較される『人生と運命』は、1960年に完成したが、ただちに発禁処分となった。ロシア語のテキストはGrossmanの死後16年を経た1980年にローザンヌで出版された。

14 Nikolai Tolstoy, *Victims of Yalta* (London 1977), p. 409.

15 R. W. Davies, *Soviet History in the Gorbachev Revolution* (London 1989), pp. 80-1.

16 Roy Medvedev, *Let History Judge* (rev. edn, Oxford 1989), p. 782. N. N. Kuznetsov, *Nakanune* (Moscow 1966), p. 212を引用している。

17 A. G. Zverev, *Zapiski ministra* (Moscow 1973).

18 *Poems of Akhmatova,* selected and trans. Stanley Kunitz and May Haward (Boston 1967), p. 99.

19 Jerry Hough, *The Soviet Prefects: The Local Party Organs in Industrial Decision-Making* (Cambridge, Mass. 1968) を参照。

20 *Foreign Relations of the United States,* 1947, vol. II にある、モスクワ会談についてのアメリカの記録。

21 同上。

22 B. R. von Oppen, *Documents on Germany under Occupation, 1945-54* (London 1955), pp. 219-27 にあるマーシャルの放送のテキスト。

23 パリ会議の議事録は当時フランス語で出版された。*Documents de la Conférence à Paris 1947* (Paris 1947).

24 RIIA, *Documents on International Affairs, 1947-48* (London 1952), pp. 122-46.

25 Hugh Seton-Watson, *The East European Revolution* (London 1950), p. 167で引用されている。ヒュー・セトン＝ワトソン著、初岡昌一郎訳『東欧の革命』新時代社、1969。

26 Milovan Djilas, *Conversations with Stalin* (London 1962), pp. 154-68.

27 Vladimir Dedijer, *Tito Speaks* (London 1953), ch. 19.

28 1956年の第20回党大会でのフルシチョフの秘密報告。*Khrushchev Remembers,* trans. and ed. Strobe Talbot (*London 1971), p. 544.

29 Djilas, *Conversations with Stalin,* p. 139.

30 同上、p. 164.

31 Adam Ulam, *Expansion and Coexistence* (London 1968), pp. 489-92を参照。アダム・B.ウラム著、鈴木博信訳『膨張と共存 ソヴエト外交史1〜3』サイマル出版会、1978/1979。

32 Robert H. McNeal, *Stalin : Man and Ruler* (London 1988), p. 289. 1983年に出版された伍修権の回顧録を引用している。
33 *Khrushchev Remembers,* p. 335.
34 Goncharov, Lewis and Xue Litai, *Uncertain Partners : Stalin, Mao and the Korean War* (Prinston 1979) にもとづいている。
35 Alec Nove, *An Economic History of the USSR* (London 1989) の第2版による。物的生産量の数字は穀物生産量を例外として「ほぼすべての学者が信頼できると見なしている」と彼は述べている (pp. 280–6)。
36 Medvedev, *Let History Judge,* p. 801. Zverev の回顧録を引用している。
37 Z. A. Medvedev, *The Rise and Fall of T. D. Lysenko* (New York 1971)(メドヴェジェフ著、金光不二夫訳『ルイセンコ学説の興亡　個人崇拝と生物学』河出書房新社、1971) および Davies, *Soviet History,* pp. 70–3 で引用されている V. Soifer の2つの論文にもとづいている。
38 *Khrushchev Remembers,* ch. 8.
39 同上。
40 Svetlana Alliluyeva, *Twenty Letters to a Friend* (*London 1967), p. 206.
41 同上。
42 Robert Conquest, *Stalin, Breaker of Nations* (London 1991), p. 294. ロバート・コンクエスト著、佐野真訳『スターリン　ユーラシアの亡霊』時事通信社、1994。
43 *Khrushchev Remembers,* p. 550.
44 Alex de Jonge, *Stalin and the Shaping of the Soviet Union* (London 1986), p. 486.
45 フルシチョフの演説、1956年。*Khrushchev Remembers,* p. 541.
46 1986年2月21日付 *Komsomol'skaya Pravda* に発表されたミコヤンの日記の抜粋。
47 Davies, *Soviet History,* p. 68 で引用されている。これは *Zvezda,* no. 3 (1988) にある Isakov を引用している。
48 Adam Ulam, *Stalin : The Man and His Era* (2nd edn, London 1989), p. 702 で引用されている。
49 Ronald Hingley, *Joseph Stalin : Man and Legend* (London 1974), p. 410 で引用されている。

50 *Khrushchev Remembers,* pp. 267, 265.
51 同上、p. 269.
52 Alliluyeva, *Twenty Letters,* p. 206.
53 同上、p. 212.
54 同上、pp. 206-7.
55 *Khrushchev Remembers,* pp. 272-3.
56 同上、p. 263.
57 Medvedev, *Let History Judge,* p. 805.
58 *Khrushchev Remembers,* p. 545.
59 Ulam, *Stalin,* p. 738 で引用されている。
60 Ignatiev の覚書は、それを読むことができた Yulien Semenov が *Moskovski Komsomol's* に初めて発表し、1988 年 2 月 26 日付英『タイムズ』紙で引用された。
61 *Khrushchev Remembers,* p. 284.
62 Alliluyeva, *Twenty Letters,* p. 18.
63 同上、pp. 15-16.

第 20 章　展望 (Perspective)

1 *Survey,* April 1965, p. 9 にある H. T. Willets. Leszek Kolakowski, *Main Currents of Marxism,* vol. III : *The Breakdown* (Oxford 1978), pp. 1-5 も参照。
2 Stephen F. Cohen, *Re-thinking the Soviet Experience* (Oxford 1985), chs 2, 3 を参照。彼は、「連続性」というテーゼに異議を唱え、レーニンとスターリンのあいだの不連続性を強く主張している。
3 M. M. Drachkovich (ed.), *Marxism in the Modern World* (Stanford 1965), p. 102 にある Boris Souvarine, 'Stalinism'.
4 Cohen, *Re-thinking the Soviet Experience,* pp. 48-9.
5 Robert C. Tucker (ed.), *Stalinism : Essays in Historical Interpretation* (New York 1977) にあるオーストラリア人学者 T. H. Rigby の論文 'Stalinism and the Mono-Organizational Society' を参照。

◆事項索引◆

タ行

ハ行

マ行

ヤ行

ラ行

ワ行

A-Z

◆人名索引◆

カ行

サ行

タ行

マ行

ヤ行

ラ行

ワ行

＊本書は、二〇〇三年に当社より刊行された著作を文庫化したものです。

草思社文庫

対比列伝
ヒトラーとスターリン（第4巻）

2021年6月8日　第1刷発行

著　　者　アラン・ブロック
訳　　者　鈴木主税
発 行 者　藤田　博
発 行 所　株式会社 草思社
〒160-0022　東京都新宿区新宿 1-10-1
電話　03(4580)7680(編集)
　　　03(4580)7676(営業)
　　　http://www.soshisha.com/
印 刷 所　株式会社 三陽社
付物印刷　中央精版印刷 株式会社
製 本 所　大口製本印刷 株式会社
本体表紙デザイン　間村俊一

ISBN978-4-7942-2520-7　Printed in Japan